Burchert (Hrsg.)

Lexikon Gesundheitsmanagement

Online-Version inklusive!

Stellen Sie dieses Buch jetzt in Ihre „digitale Bibliothek" in der NWB Datenbank und nutzen Sie Ihre Vorteile:

- Ob am Arbeitsplatz, zu Hause oder unterwegs: Die Online-Version dieses Buches können Sie jederzeit und überall da nutzen, wo Sie Zugang zu einem mit dem Internet verbundenen PC haben.
- Die praktischen Recherchefunktionen der NWB Datenbank erleichtern Ihnen die gezielte Suche nach bestimmten Inhalten und Fragestellungen.
- Die Anlage Ihrer persönlichen „digitalen Bibliothek" und deren Nutzung in der NWB Datenbank online ist kostenlos. Sie müssen dazu nicht Abonnent der Datenbank sein.

Ihr Freischaltcode: IMXDLLWYACHNJFXXQ

Burchert, Lexikon Gesundheitsmanagement

So einfach geht's:

1. Rufen Sie im Internet die Seite **www.nwb.de/go/online-buch** auf.
2. Geben Sie Ihren Freischaltcode ein und folgen Sie dem Anmeldedialog.
3. Fertig!

Die NWB Datenbank – alle digitalen Inhalte aus unserem Verlagsprogramm in einem System.

www.nwb.de

NWB Studium Betriebswirtschaft

Lexikon Gesundheitsmanagement

Von
Professor Dr. Heiko Burchert
unter Mitarbeit zahlreicher
namhafter Autoren

nwb STUDIUM

Kein Produkt ist so gut, dass es nicht noch verbessert werden könnte. Ihre Meinung ist uns wichtig! Was gefällt Ihnen gut? Was können wir in Ihren Augen noch verbessern? Bitte verwenden Sie für Ihr Feedback einfach unser Online-Formular auf:

www.nwb.de/go/feedback_bwl

Als kleines Dankeschön verlosen wir unter allen Teilnehmern einmal pro Quartal ein Buchgeschenk.

ISBN 978-3-482-**69381**-6 (online)
ISBN 978-3-482-**63371**-3 (print)

Satz: Griebsch & Rochol Druck GmbH & Co. KG, Hamm
Druck: Stückle Druck und Verlag, Ettenheim

VORWORT

Das Lexikon enthält Begriffe, die

- eine Auswahl der wesentlichen Akteure bzw. Institutionen eines Gesundheitsmanagements widerspiegeln,
- deren gesundheitsbezogenen Ziele und Aufgaben – wie z. B. medizinische, therapeutische oder pflegerische Leistungen erbringen oder Gesundheitsbildungsaufgaben erfüllen – erläutern,
- deren gesetzliche und gesellschaftlichen Rahmenbedingungen verdeutlichen – gedacht sei hier nur an die hohe Gesetzgebungsdynamik im Gesundheitswesen – und
- die zur Erfüllung ihrer Aufgaben genutzten Methoden, Modelle, Instrumente und Konzepte in Kurzform erklären.

Es werden begriffliche oder inhaltliche Erklärungen von über 600 Begriffen für ein Studium des Gesundheitsmanagements bereitgestellt. Literaturempfehlungen ergänzen die inhaltlichen Erklärungen und können zum weiteren Recherchieren genutzt werden. Gelegentlich erfolgen Verweise auf einschlägige Internet-Seiten.

Die Erläuterungen umfassen ggf. auch einen kurzen historischen Abriss der Entwicklung der entsprechenden Institution. Ebenso enthalten sie Hinweise auf die Entstehung bestimmter gesundheitsbezogener Ziele und Aufgaben sowie möglicher Phasen oder Stufen der Entwicklung, Umsetzung, Evaluation oder Überarbeitung bestimmter Methoden, Modelle, Instrumente und Konzepte im Rahmen des Gesundheitsmanagements.

Gelegentlich werden auch kurze Erläuterungen von umgangssprachlichen aber dem Gesundheitsmanagement nur „nahen" Begriffen zu lesen sein. Einige der Begriffe, die eine entsprechende Veranlassung dazu geben, werden auch gesundheitsökonomisch interpretiert bzw. die gesundheitsökonomischen Aspekte daran verdeutlicht. Medizinische Fachbegriffe finden eine Erklärung, sofern sie von besonderer ökonomischer Relevanz sind.

Abschließend sei den Unterstützern, Ratgebern und beteiligten 29 Autoren u. a. aus 15 Universitäten und Hochschulen sowie Einrichtungen des Gesundheitswesens gedankt. Zu den Unterstützern zähle ich insbesondere Frau Lisa Hunder, Frau Claudia Küper sowie Herrn Michael Groth, die beim Konzipieren und bei der Entstehung des Lexikons selbst wertvolle Dienste geleistet haben.

Bielefeld, Dezember 2010

Prof. Dr. Heiko Burchert

INHALTSVERZEICHNIS

ABBILDUNGSVERZEICHNIS

ABKÜRZUNGSVERZEICHNIS

A

AAPV	Allgemeine ambulante Palliativversorgung
Abk.	Abkürzung
Abs.	Absatz
ABDA	Bundesvereinigung Deutscher Apothekerverbände
AG MTG	Arbeitsgemeinschaft Medizinalfachberufe in der Therapie und Geburtshilfe
AGnES	Arztentlastende Gemeindenahe E-Health gestützte Systemische Intervention
AHD	Ambulanter Hospizdienst
AHPB	Ambulanter Hospiz- und Palliativberatungsdienst
AHPP	Ambulanter Hospiz- und Palliativpflegedienst
ÄK	Ärztekammer
AMG	Arzneimittelgesetz
AOK	Allgemeine Ortskrankenkasse
AR-DRG	Australian Refined Diagnosis Related Groups
Art.	Artikel
ATG	Aktionsforum für Telematik im Gesundheitswesen
Aufl.	Auflage
AWMF	Arbeitsgemeinschaft der Wissenschaftlichen Medizinischen Fachgesellschaften e.V.
AZ	Aktenzeichen

B

BAG	Berufsausübungsgemeinschaft
BAG	Bundesarbeitsgericht
BÄK	Bundesärztekammer
BDSG	Bundesdatenschutzgesetz
BFuP	Betriebswirtschaftliche Forschung und Praxis
BG	Berufsgenossenschaft
BGB	Bürgerliches Gesetzbuch
BGBl	Bundesgesetzblatt
BGF	Betriebliche Gesundheitsförderung
BGH	Bundesgerichtshof
BGHZ	Bundesgerichtshof in Zivilsachen
BGM	Betriebliches Gesundheitsmanagement
BMC	Bundesverband Managed Care e.V.
BMG	Bundesministerium für Gesundheit
BGM	Bürgermeister
BMV(Ä/Z)	Bundesmantelvertrag (Ärzte / Zahnärzte)
BO	Berufsordnung
BOÄ	Berufsordnung der Ärzte

BPflV	Bundespflegesatzverordnung
bspw.	beispielsweise
BVA	Bundesversicherungsanstalt
BVerfG	Bundesverfassungsgericht
BZÄK	Bundeszahnärztekammer
BZgA	Bundeszentrale für gesundheitliche Aufklärung
bzgl.	bezüglich
bzw.	beziehungsweise

C

ca.	circa
CDA	Clinical Document Architecture
CEA	Carcino-Embryonales Antigen
CM	Community Medicine
COPD	Chronisch obstruktive Lungenerkrankung
CUA	cost utility analysis
CW	cost weight

D

DAHTA	Deutsche Agentur für Health Technology Assessment
DALY	Disability-adjusted Life Year
DBW	Die Betriebswirtschaft
d. h.	das heißt
DDR	Deutsche Demokratische Republik
DEÜV	Datenerfassungs- und -übermittlungsverordnung
DICOM	Digital Imaging and Communication in Medicine
DIN EN ISO	Deutsche Industrienorm, Europäische Norm, International Organization for Standardization
DKG	Deutsche Krankenhausgesellschaft
DKI	Deutsches Krankenhausinstitut
DMP	Disease Management Programm
DNGFK	Deutsches Netz Gesundheitsfördernder Krankenhäuser e.V.
DNRFK	Deutsches Netz rauchfreier Krankenhäuser & Gesundheitseinrichtungen
DRG	Diagnosis Related Groups
DuD	Datenschutz und Datensicherheit
DV	Datenverarbeitung
DVV	Der Volkshochschul-Verband e.V.

E

e.V.	eingetragener Verein
eArztbrief	elektronischer Arztbrief
EBM	Einheitlicher Bewertungsmaßstab
EBM	Evidenzbasierter Medizin
eCard	elektronische Gesundheitskarte

EFA	Education for all
EFA	elektronische Fallakte
EFQM	European Foundation for Quality Management
EGA	elektronische Gesundheitsakte
eGK	elektronische Gesundheitskarte
EKG	Elektrokardiogramm
EKV	Einheitskurzschriftverein
EKV (Z)	Ersatzkassenvertrag (Zahnärzte)
engl.	Englisch
EPA	Europäisches Praxisassessment
EPA	elektronische Patientenakte
EPA	Europäisches Patentamt
epSOS	Smart Open Services for European Patients
eRezept	elektronisches Rezept
et al.	et alii
etc.	et cetera
EU	Europäische Union
eÜberweisung	elektronische Überweisung
EuGH	Europäischer Gerichtshof
EVA	Entlastende Versorgungsassistentin
eVerordnung	elektronische Verordnung
EWG	Europäische Wirtschaftsgemeinschaft

F

f.	folgend
FDP	Freie Demokratische Partei
ff.	fortlaufend folgende
FFbH	Funktionsfragebogen Hannover

G

GBA	Gemeinsamer Bundesausschuss
GBE	Gesundheitsberichterstattung des Bundes
GbR	Gesellschaft bürgerlichen Rechts
G-DRG	German Diagnosis Related Groups
GG	Grundgesetz
ggf.	gegebenenfalls
GIN	Guideline International Network
GKV	gesetzliche Krankenversicherung
GmbH	Gesellschaft mit beschränkter Haftung
GMG	Gesundheitsmodernisierungsgesetz
GMK	Gesundheitsministerkonferenz
GMS	german medical science
GOÄ	Gebührenordnung für Ärzte

GOP	Gebührenordnung der Psychologischen, Psychotherapeuten und Kinder- und Jugendlichenpsychotherapeuten
GOZ	Gebührenordnung für zahnärztliche Leistungen
GP	Gemeinschaftspraxis
GRID	Global Ressource Information Database
GVG	Gesellschaft für Versicherungswissenschaft und -gestaltung e.V.

H

HALY	Health-adjusted Life Years
HAQ	Health Assessment Questionnaire
hBA	Heilberufeausweis
hGB	Handelsgesetzbuch
HMO	Health Maintenance Organization
HPC	Health Professional Card
Hrsg.	Herausgeber
HTA	Health Technology Assessment
HYE	Healthy-years Equivalent

I

ICD	International Classification of Diseases
i. d. R.	in der Regel
IHA	Integrated Healthcare Association
IKK	Innungskrankenkasse
InEK	Institut für das Entgeltsystem im Krankenhaus
inkl.	inklusive
IQWiG	Institut für Qualität und Wirtschaftlichkeit im Gesundheitswesen
i. S. d.	im Sinne des
IT	Informationstechnik
IV	Integrierte Versorgung
i.V. m.	in Verbindung mit

J

JCI	Joint Commission International Standards für Krankenhäuser
Jg.	Jahrgang
Jh.	Jahrhundert

K

KBV	Kassenärztliche Bundesvereinigung
Kfz	Kraftfahrzeug
KHEntgG	Krankenhausentgeltgesetz
KHG	Krankenhausfinanzierungsgesetz
KHK	Koronare Herzerkrankungen
KIS	Krankenhausinformationssystem

KTQ	Kooperation für Transparenz und Qualität im Gesundheitswesen
KV	Kassenärztliche Vereinigung
KZBV	Kassenzahnärztliche Bundesvereinigung
KZV	Kassenzahnärztliche Vereinigung

L

lat.	lateinisch

M

Marketing ZFP	Marketing Zeitschrift für Forschung und Praxis
max.	maximal
Mbit	Megabit
MDK	Medizinischer Dienst der Krankenversicherung
Mio.	Millionen
mmHg	Millimeter-Quecksilbersäule
mmol/l	Millimol pro Liter
Morbi-RSA	morbiditätsorientierter Risikostrukturausgleich
Mrd.	Milliarden
MVZ	Medizinisches Versorgungszentrum

N

n. Chr.	nach Christus
NCP	National Contact Point
NHP	Nottingham Health Profile
NJW	Neue Juristische Wochenschrift
Nr.	Nummer

O

OLG	Oberlandesgericht
OP	Operation/-sraum
OPS	Operationen- und Prozedurenschlüssel
ÖGD	Öffentlicher Gesundheitsdienst
österr.	österreichisch

P

PACS	Picture Archivingand Communication System
PartG	Partnerschaftsgesellschaft
PCT	Palliative-Care-Team
PG	Picogramm
PKV	Private Krankenversicherung
PMP	Patient Management Path
PSO	Point of Service Organization

PTC	Palliative-Care-Team
P4P	Pay-for-Performance

Q

QALY	Quality Adjusted Life Year
QEP	Qualität und Entwicklung in Praxen
QM	Qualitätsmanagement
QZV	qualifikationsbezogenes Volumen

R

RADAR	Results Approach Deployment Assessment Review
RGBl	Reichsgesetzblatt
RCT	randomized controlled trial
RIS	Radiologieinformationssystem
RLV	Regelleistungsvolumen
RSA	Risikostrukturausgleich

S

S.	Seite
SAPV	Spezialisierte ambulante Palliativversorgung
SGB	Sozialgesetzbuch
SIP	Sickness Impact Profil
sog.	sogenannte
SPD	Sozialdemokratische Partei Deutschlands
St.	Sankt
StGB	Strafgesetzbuch
Str.	Straße

T

TByte	Terabyte
TQM	Total Quality Management

U

u. a.	unter anderem
UAW	unerwünschte Arzneimittelwirkung
UK	United Kingdom
US	United States
USA	United States of America
usw.	und so weiter
u. v. a. m.	und vieles andere mehr

V

v. a.	vor allem
v. Chr.	vor Christus
VÄndG	Vertragsarztrechtsänderungsgesetz
VdAK	Verband der Angestellten-Krankenkassen
VERAH	Versorgungsassistentin in der Hausarztpraxis
vgl.	vergleiche
VHitG	Verband der Hersteller von IT-Lösungen für das Gesundheitswesen e.V.
Vol.	Volume
VPH	Virtual Physiological Human

W

WHO	Weltgesundheitsorganisation
Wido	Wissenschaftliches Institut der AOK
WSG	Wettbewerbsstärkungsgesetz

X

XML	extensible markuplanguage

Y

YHT	Years of Healthy Life

Z

z. B.	zum Beispiel
ZÄK	Zahnärztekammer
ZfB	Zeitschrift für Betriebswirtschaft
z. T.	zum Teil
ZV(Z)	Zulassungsverordnung für Vertrags(zahn)ärzte

A

AAL

Die Abkürzung AAL steht für **A**mbient **A**ssisted **L**iving. In der Bundesrepublik Deutschland haben das Bundesministerium für Bildung und Forschung und der Verband der Elektrotechnik Elektronik Informationstechnik e.V. im Jahre 2008 eine gleichnamige Innovationspartnerschaft gegründet. Ziel ist die Förderung der Entwicklung und Etablierung von intelligenten Assistenzsystemen für Menschen im ► Alter. Entstanden ist bisher ein interdisziplinäres Netzwerk aus technischer, sozialwissenschaftlicher und pflegerischer Forschung, Produktentwicklern, Industrie, Ökonomen, Dienstleistern und Anwendern.

LINK-TIPP:

www.innovationspartnerschaft.de

www.aal-deutschland.de

Abrechnung ärztlicher Leistungen

► Vergütung vertragsärztlicher Leistungen

Abteilungspflegesätze

► Pflegesatz

Adipositas

Unter der Adipositas oder auch Fettleibigkeit oder Fettsucht wird ein starkes Übergewicht verstanden. Das Körperfett hat sich über das normale Maß hinaus vermehrt und ist mit krankhaften Folgen verbunden. Eine Adipositas liegt gemäß der Definition der ► WHO vor, wenn der Körper-Masse-Index (► Body-Maß-Index – BMI) bei 30 kg/m^2 oder mehr liegt. Je nach Höhe des BMI werden drei Schweregrade unterschieden. Als Ursache einer solchen Fettleibigkeit wird hauptsächlich ein Fehlverhalten des Betroffenen selbst, ergänzt um soziokulturelle, genetische und krankhafte Faktoren gezählt. Ein übermäßiger Genuss falscher Lebensmittel führt insbesondere in Verbindung mit einer Bewegungsarmut zu einer ungünstigen Energiebilanz. Aus einer Adipositas resultieren eine Reihe der ► Zivilisationskrankheiten der Industrieländer. Sie gilt als Risikofaktor für das Auftreten u. a. von Herz-Kreislauf-Erkrankungen, ► Diabetes mellitus, arterielle Hypertonie, Herzinfarkten und Arteriosklerose. Die ► Adipositas ist ein zentraler Ansatzpunkt zur Steigerung der ► Gesundheitskompetenz der Betroffenen, denn ihre ► Krankheitskosten steigen bei einer ► Prävalenz von 30 % seit geraumer Zeit beträchtlich an.

LITERATURHINWEIS:

Heft 16 der ► Gesundheitsberichterstattung des Bundes. Berlin 2003.

LINK-TIPP:

www.rki.de

Adverse Selektion

Als adverse Selektion bezeichnet man das Phänomen, dass der Marktmechanismus bei systematischen Informationsasymmetrien zwischen Angebots- und Nachfrageseite unter Umständen dazu führen kann, dass die guten Angebote vom Markt verschwinden. Somit senkt sich die durchschnittliche Qualität der im Markt gehandelten Güter im Zeitablauf. Langfristig kann dieses Problem sogar zum völligen Versagen des Marktes führen.

Adverse Selektion kann im Zusammenhang mit Krankenversicherungen auftreten. Damit eine Versicherung überleben kann, müssen die Versicherungsbeiträge zumindest die erwarteten, durch die Versicherten erzeugten ► Krankheitskosten decken. Typischerweise sind die Versicherungsnehmer wesentlich besser über ihre eigenen ► Gesundheitsrisiken informiert als die Krankenversicherung. In Ermangelung besserer Informationen orientiert sich die Krankenkasse im Hinblick auf den von ihr geforderten Versicherungsbeitrag deswegen i. d. R. am durchschnittlichen Versicherten. Eine solche Versicherung ist jedoch für die Versicherten mit einem geringen Krankheitsrisiko unattraktiv, da aus ihrer Sicht der Versicherungsbeitrag zu hoch ist. Diese Versicherten werden die Versicherung dann typischerweise verlassen. Dies aber erhöht den Erwartungswert der Krankheitskosten der verbleibenden Versicherten, was die Krankenversicherung zwingt, die Versicherungsbeiträge zu erhöhen. Dies führt wiederum dazu, dass es für die verbliebenen Versicherten mit unterdurchschnittlichem Krankheitsrisiko unattraktiv wird, in der Krankenkasse zu verbleiben. Langfristig kann adverse Selektion also zu einem völligen Zusammenbruch des Marktes für Krankversicherungen führen.

Eine potenzielle Lösung für das Problem der adversen Selektion besteht darin, eine Krankenversicherungspflicht einzuführen. Dies verhindert zunächst einmal, dass die Personen mit geringem Krankheitsrisiko generell aus der Versicherung austreten können. Allerdings hätte dies wohl die Konsequenz, dass sich dann die Versicherten, je nach Krankheitsrisiko, auf unterschiedliche Krankenversicherungen verteilen und diese stark differenzierte Krankenversicherungsbeiträge erheben würden. Oftmals wird dies als sozial problematisch und gesellschaftlich unsolidarisch empfunden und deshalb ergänzende Regulierungen wie Risikoausgleichszahlungen (► Risikostrukturausgleich) zwischen Krankenkassen gesetzlich verankert, die diesem Effekt entgegenwirken sollen.

LITERATURHINWEISE:

Akerlof, G. A.: The Market for „Lemons“: Quality Uncertainty and the Market Mechansims, in: Barro, R. J./Helpman, E./Katz, L. F. (Hrsg.): Quarterly Journal of Economics. 84(3)/1970. S. 488-500. *Breyer, F./Zweifel, P./Kifmann, M.*: Gesundheitsökonomie. Berlin 2004. *Glazer, J./ McGuire, T.*: Optimal Risk Adjustment in Markets with Adverse Selection: An Application to Managed Care, in: Moffitt, R. A. (Hrsg.): American Economic Review. 90/2000. S. 1055-1071.

MICHAEL BERLEMANN

AGnES

AGnES steht als Abkürzung für Arztentlastende Gemeindenahe E-Health gestützte Systemische Intervention. Dahinter verbirgt sich ein Versorgungskonzept im ambulanten Bereich der medizinischen Versorgung in Regionen mit ländlicher Infrastruktur sowie den damit verbundenen Bevolkerungsstrukturen und Arztinanspruchnahmeverhalten. Ziel des in den Jahren 2005-2008 in Mecklenburg-Vorpommern, Brandenburg, Sachsen und Sachsen-Anhalt erprobten ► Modellvorhabens ist die Verbesserung der Rahmenbedingungen für die Delegation ärztlicher Tätigkeiten an dafür qualifizierte nichtärztliche Mitarbeiter, wie z. B. Gesundheits- und Krankenpfleger, medizinische Fachangestellte sowie Arzthelferinnen. Zugleich wird auf diese Weise eine sich ständig vergrößernde Versorgungslücke geschlossen, die entstand, weil ► Patienten der Weg zu ihrem ► Hausarzt aufgrund ihrer Erkrankungen zu beschwerlich geworden ist, während bei den verbliebenen Hausärzten die erforderliche Anzahl von Hausbesuchen zu viel Zeit in Anspruch nimmt bzw. ambulante Pflegedienste dies nicht abrechnen können.

Die AGnES-Fachkraft besucht die Patienten zu Hause und misst zum Beispiel Blutdruck, Blutzucker oder andere diagnostische Werte. Sie ist speziell geschult, den umfassenden Gesundheitszustand der Patienten einzuschätzen, einfache Labortests durchzuführen, Medikamente zu verabreichen, Wundversorgungen zu übernehmen, zu beraten und im Hinblick auf weitere therapeutische Maßnahmen koordinierend tätig zu werden. Um dies effizient bewerkstelligen zu können, dokumentiert die AGnES-Fachkraft in einem Laptop und kann mittels ► e-Health vor Ort mit anderen ► Leistungserbringern in den Kontakt treten.

Das Projekt fand in der zentralen Koordination und wissenschaftlichen Begleitung des Instituts für Community Medicine der Ernst-Moritz-Arndt-Universität Greifswald und des Fachbereichs Gesundheit und Pflege der Fachhochschule Neubrandenburg statt. Der Name des Projektes erinnert zugleich an die ursprünglich in der DDR existierende sog. „Gemeindeschwester“. Agnes war der Name einer solchen Gemeindeschwester, die in einer gleichnamigen DDR-Fernsehserie von Agnes Kraus (†) gespielt wurde.

Bundesweit haben sich vergleichbare Projekte etabliert. So wird die gemeinsame Fortbildungsakademie der ► Ärztekammer und ► Kassenärztliche Vereinigung Westfalen-Lippe eine eigene Zusatzqualifikation für medizinische Fachangestellte (den früheren Arzthelferinnen) zur „**E**ntlastenden **V**ersorgungs**a**ssistentin“ (EVA) anbieten. Mit diesen zusätzlichen Fähigkeiten kann die medizinische Fachangestellte selbständig Leistungen wie zum Beispiel in den Bereichen Hausbesuche, Impfen und ► Prävention übernehmen.

Die Fortbildung besteht aus acht Pflicht- und einem Zusatzmodul, das aus verschiedenen Bereichen gewählt werden kann. 140 Stunden sind Pflicht, und 20 Stunden dieser berufsbegleitenden Fortbildung sind für den Wahlteil aufzuwenden. Das Curriculum beinhaltet im Pflichtteil eine Kompetenzvermittlung in den Bereichen ► Case Management, ► Notfallmanagement, ► Gesundheitsmanagement, ► Prävention, ► Telemedizin, Sozialrecht, Besuchs- sowie Wundmanagement und Geriatrisches Basis-Assessment. Das Angebot richtet sich an medizinische Fachangestellte mit einer mindestens zweijährigen Berufserfahrung.

LINK-TIPP:

www.aekwl.de

Das Thema der Entlastung der Hausärzte in ihrer Aufgabe der Betreuung von Patienten, die aufgrund mangelnder Mobilität den Weg zum Hausarzt nicht mehr bewältigen können, und der Arzt auf der anderen Seite, der budgetbedingt seine Arbeitszeit für die Patientenversorgung in der Praxis aufwenden möchte, wird gern auch berufspolitisch genutzt. Letztlich sollte und wird der entsprechende Hausarzt darüber entscheiden, ob er mit den betreffenden Aufgaben eher eine Pflegekraft oder eine medizinisch Fachangestellte betraut.

AIDS

AIDS ist die Abkürzung der als Acquired Immune Deficiency Syndrome oder auch *acquired immunodeficiency syndrome* bezeichneten Erkrankung. Bei dieser ► Krankheit handelt es sich um eine Kombination von ► Symptomen, die bei Menschen auftreten, die mit dem Humanen Immundefizienz-Virus infiziert sind und an einer so induzierten Zerstörung ihres Immunsystems leiden. Die auf dem Wege einer ► Infektion aufgrund eines Kontaktes mit dem Blut (z. B. bei Bluttransfusionen oder beim ungeschützten Geschlechtsverkehr) eines an AIDS Erkrankten erlangte sukzessive Zerstörung des Immunsystems ist weltweit bei ca. 33 Mio. Menschen mit einer zur Zeit rückgängigen ► Inzidenz zu beobachten. Dieser zum ► Tode führenden Krankheit kann auf dem Wege der ► Prävention begegnet werden. Die ► Behandlung selbst ist Gegenstand der ► Palliativmedizin. Eine besondere Herausforderung ist jedoch die ethische Beurteilung dieser Krankheit.

LITERATURHINWEIS:

Heft 31 der ► Gesundheitsberichterstattung des Bundes. Berlin 2006.

LINK-TIPP:

www.rki.de

Akademisierung der Gesundheitsfachberufe

Mit der Akademisierung der ► Gesundheitsfachberufe wird das Ziel verfolgt, die Ausbildung, die beruflichen Tätigkeiten und das Selbstverständnis der einschlägigen Berufe wissenschaftlich zu fundieren und einen Beitrag zu ihrer Professionalisierung zu leisten. In der einschlägigen Fachdiskussion ist diese Entwicklung allerdings nicht unstrittig. In Deutschland etablierten sich die ersten, pflegewissenschaftlichen Studiengänge in den 1980er Jahren. Zu Beginn des 21. Jh. wurden zunehmend Studienstrukturen für weitere Gesundheitsfachberufe (z. B. für die therapeutisch-rehabilitativen Berufe) geschaffen. Im Gegensatz zur Gesundheits- und Krankenpflege, die sich bei dem Aufbau von Studiengängen bereits seit dem Krankenpflegegesetz von 1985 auf eine sog. Experimentierklausel in ihrem Berufszulassungsgesetz berufen konnten, existiert für die Studiengänge der Physiotherapeuten, Ergotherapeuten, Logopäden und Hebammen erst seit Mitte des Jahres 2009 eine entsprechende (weitergehende) Regelung.

Im Diskurs um die (ggf. vollständige) Akademisierung der Gesundheitsfachberufe stützen sich Befürworter im Wesentlichen auf leistungs- und statusbezogene Argumente: Zum einen sei die Erweiterung des Leistungsspektrums der Gesundheitsfachberufe zur Anpassung an gesellschaftliche Veränderungen und Modernisierungsprozesse im Gesundheitswesen erforderlich. Zum anderen wird die Akademisierung als Möglichkeit gesehen, die Anerkennung der Gesundheitsfachberufe in fachlicher und finanzieller Hinsicht sowie die Zufriedenheit der Berufsangehörigen zu verbessern.

Kritiker der hochschulzentrierten Ausbildung verweisen u. a. auf arbeitsmarktpolitische und ökonomische Konsequenzen wie z. B. die Eingrenzung der Ausbildungsberechtigten durch erhöhte Zugangsvoraussetzungen und die steigende Belastung durch höhere Einkommenserwartungen. Außerdem ergäbe sich z. B. im Pflegebereich eine Verlagerung der Ausbildungskosten auf die Studierenden der Pflegestudiengänge (einschließlich Studiengebühren statt Ausbildungsvergütung). Aus wissenschaftstheoretischer bzw. Hochschulperspektive wird die Legitimation segmentierter, auf einzelne Berufe bezogener Studiengangsstrukturen hinterfragt. Als Begründungsrahmen wird auf internationale Vorbilder und Entwicklungen verwiesen. Insbesondere gilt die angelsächsische Tradition der Qualifizierung von Pflegekräften als Bezugspunkt für die Akademisierungsbestrebungen der Gesundheitsfachberufe in Deutschland. Auch aktuelle EU-politische Forderungen (v. a. im Rahmen der Prozesse in Lissabon- und Brügge-Kopenhagen) nach Vergleichbarkeit von Bildungsabschlüssen sowie Flexibilität und Mobilität auf dem europäischen Arbeitsmarkt fließen in die Akademisierungsdebatte ein.

LITERATURHINWEISE:

Becker, W./Meifort, B. (Hrsg.): Gesundheitsberufe: Alles „Pflege" – oder was? Personenbezogene Dienstleistungsberufe, Organisationsentwicklungen, Strukturveränderungen, Paradigmenwechsel. Bielefeld 2002. *Buttner, P.* (Hrsg.): Das Studium des Sozialen: Aktuelle Entwicklungen in Hochschule und sozialen Berufen. Berlin 2007. *Pundt, J.* (Hrsg.): Professionalisierung im Gesundheitswesen. Bern 2006.

JANIKA GRUNAU UND THOMAS BALS

Akkreditierung

In Abgrenzung zur ► Zertifizierung handelt es sich bei der Akkreditierung um eine formelle Anerkennung der Kompetenz einer Organisation oder Person, bestimmte Leistungen erbringen zu dürfen, durch eine dazu legitimierte Institution, die für den Rechtsraum dieser Institution verbindlich sind und deren Nichtbeachtung definierte Sanktionen nach sich zieht (GMS 2007).

LITERATURHINWEIS:

GMS (Medizinische Informatik, Biometrie und Epidemiologie) (Hrsg.): Begriffe und Konzepte des Qualitätsmanagements. 3. Auflage. 2007, unter: www.egms.de/static/en/journals/mibe/2007-3/mibe000053.shtml.

Aktionsforum für Telematik im Gesundheitswesen (ATG)

Die Selbstverwaltungen im deutschen Gesundheitswesen (► Krankenkassen, ► Ärzte, ► Krankenhäuser, ► Apotheker, ► nichtmedizinische Heilberufe, ► Rentenversicherung und ► Unfallversicherung) haben im Jahr 1999 unter dem Dach der ► Gesellschaft für Versicherungswissenschaft und -gestaltung e.V. das Aktionsforum für Telematik im Gesundheitswesen gegründet. Die ATG soll durch ihre Zusammensetzung und ihre Trägerschaft die zentralen Kompetenzen für ► Telematik-Anwendungen bündeln und zu einer spartenübergreifenden Konsensbildung beitragen.

LITERATURHINWEIS:

Gesellschaft für Versicherungswissenschaft und -gestaltung e.V. (Hrsg.): Aktionsforum Telematik im Gesundheitswesen. Baden-Baden 2000.

LINK-TIPP:

ehealth.gvg-koeln.de

Alkohol

In der Auseinandersetzung mit dem Thema Alkohol geht es insbesondere um den Alkoholkonsum und die gesundheitlichen Folgen einer zur ► Krankheit ausgearteten Sucht nach Alkohol sowie den daraus resultierenden Belastungen des ► Gesundheitssystems. Die Alkoholsucht gilt als ein Risikofaktor für eine Vielzahl von ► Zivilisationskrankheiten. Mit Maßnahmen der ► Prävention soll ihr entgegengewirkt werden.

LITERATURHINWEIS:

Heft 40 der ► Gesundheitsberichterstattung des Bundes. Berlin 2008.

LINK-TIPP:

www.rki.de

Allergie

Hierunter wird eine über das Maß des Normalen hinaus zu beobachtende Reaktion des Immunsystems auf Umwelteinflüsse (Allergene) verstanden. Die Reaktionen zeigen sich in bestimmten, aus den Allergenen resultierenden und oftmals entzündlichen ► Symptomen. Derartige Entzündungen können an der Haut als Neurodermitis, an der Schleimhaut in Verbindung mit dem Heuschnupfen, an den Atemwegen mit ► Asthma bronchiale oder im Magen- und Darmbereich mit Erbrechen und Durchfällen beobachtet werden. Zu den Ursachen allergischer Erkrankungen zählen u. a. genetische Dispositionen, veränderte Umwelteinflüsse und Lebensgewohnheiten. Eine Therapie erfolgt im Rahmen der ► Prophylaxe oder bezogen auf die Symptome.

LITERATURHINWEIS:

Hermann-Kunz, E.: Allergische Krankheiten in Deutschland – Ergebnisse einer repräsentativen Studie. 2000, in: Bundesgesundheitsblatt – Gesundheitsforschung – Gesundheitsschutz, 43. Jg., S. 400-406. *Ring, J./Fuchs, T./Schultze-Wernighaus, G.* (Hrsg.): Weißbuch Allergie in Deutschland. München 2004.

LINK-TIPP:

www.rki.de

Allgemeine Ortskrankenkasse (AOK)

Die AOK ist die mitgliederstärkste ► gesetzliche Krankenversicherung Deutschlands. Seit 125 Jahren versteht sich die AOK als die größte Krankenversicherung in Deutschland, die die umfassende medizinische Versorgung ihrer mehr als 24 Millionen Mitglieder sicherstellt, etwa ein Drittel der Bevölkerung Deutschlands. Rund 56.800 Mitarbeiter betreuen in über 1.250 Geschäftsstellen die Mitglieder. Mit rund 35 % Marktanteil ist die AOK Marktführer in der gesetzlichen Krankenversicherung.

LINK-TIPP:

www.aok.de

Allokation

Unter Allokation wird die Auf- bzw. Zuteilung von vorhandenen Ressourcen auf vorher definierte Bereiche verstanden. Solange Ressourcen unendlich sind, ist die Frage der Allokation im Wesentlichen nur eine der Organisation. Unter der Annahme der relativ knappen Ressourcen ist die Allokation zusätzlich von ethischen Aspekten betroffen. Insbesondere in solidarisch organisierten Systemen ist die Frage der Auf- bzw. Zuteilung von Ressourcen, die öffentlich aufgebracht werden, mit dem Thema der „gerechten" Verteilung konfrontiert. Da es sich um relativ knappe Ressourcen handelt, wird immer jemand benach- oder -vorteilt werden müssen. Die Abwägung, wer oder was mehr wert ist, ist nicht trivial zu beantworten. Im ► Gesundheitswesen ist diese Frage wegen der eigenen Thematik bereits hoch brisant. Welches Leben ist mehr wert? Wer ist schwerer krank? Und vor allem: Wer darf darüber entscheiden?

Die Allokation von ► Gesundheitsleistungen ist eine politische Herausforderung; Entscheidungsgrundlagen können nicht rein logisch abgeleitet werden, sondern erfordern einen möglichst breiten und öffentlich ausgetragenen Diskurs zwischen ► Medizin und ► Pflege, Ökonomie, Recht und Ethik. Die für eine Verteilung notwendige Errichtung eines Werte- und Zielgerüsts, auf dessen Basis Prioritäten festgelegt werden können, nach der dann die Allokation erfolgt, ist unabdingbar. Drückt sich die Politik, die diese Aufgabe zu übernehmen hat, vor Entscheidungen, wird so gehandelt, als ob es keine Ressourcenknappheit gibt: Alle kriegen alles! Gesundheit wäre damit unendlich viel wert, was zu Folge hat, dass die Versorgung über kurz oder lang unendlich viel kosten wird.

Formell kann man verschiedene Allokationsebenen unterscheiden:

- Auf der Makro-Ebene wird entschieden, welcher Anteil öffentlicher Gelder für das ► Gesundheitswesen zur Verfügung steht. Auf dieser Ebene steht das Gesundheitswesen in Konkurrenz zu anderen gesellschaftlichen Themen.
- Auf einer Meso-Ebene wird die Aufteilung der Mittel innerhalb des Gesundheitswesens geregelt. Im Wesentlichen geht es also um die Zuteilung von Ressourcen auf die Bereiche ► Prävention, ► Kuration, ► Rehabilitation, ► Pflege, ► Palliativversorgung etc.
- Auf der Mikro-Ebene fallen die diagnostischen und therapeutischen Entscheidungen des behandelnden ► Arztes hinsichtlich konkreter ► Patienten (Methodenwahl, Therapieziel und -umfang). Der Arzt innerhalb von Einrichtungen ist dabei auch von Allokationsentscheidungen auf der Organisationsebene betroffen.

Während die Makroebene eine politische Ebene ist, sind die darunterliegenden Ebenen oft Thema der ► Versorgungsforschung. Auf diesen Ebenen können also bereits ► Kosten-Nutzen-Relationen erforscht werden, die als Entscheidungsgrundlage herangezogen werden können.

LITERATURHINWEISE:

Wallner, J.: Ethik im Gesundheitssystem. Wien 2004. Enquete-Kommission Ethik und Recht der modernen Medizin: Über den Stand der Arbeit. BT-Drucks. 15/5980. Berlin 2005, unter: dip21.bundestag.de/dip21/btd/15/059/1505980.pdf (Datum des Abrufs: 2. 5. 2010). *Neumann, V./Nicklas-Faust, J./Werner, M. H.*: Wertimplikationen von Allokationsregeln, -verfahren und -entscheidungen im deutschen Gesundheitswesen. Gutachten im Auftrag der Enquete-Kommission „Ethik und Recht der Modernen Medizin" des Deutschen Bundestages. Berlin 2005.

ERNEST G. PICHLBAUER

Altenpflegeeinrichtung

In Abgrenzung zum ► Altenheim sind Altenpflegeeinrichtungen im ambulanten, teilstationären oder stationären Bereich angesiedelt. Sie bieten alten Kunden (► Patienten bzw. Bewohnern) die Möglichkeit, pflegerische, betreuende und hauswirtschaftliche Dienstleistungen im gewünschten bzw. angemessenen Umfang nachzufragen. Ambulante Altenpflegeeinrichtungen leisten, entsprechend der Absprache mit dem Kunden, pflegerische (zumeist im Rahmen der ► Behandlungspflege) und hauswirtschaftliche Dienste im Haushalt des Nachfragenden. Teilstationäre Altenpflege meint die zeitweise pflegerische und betreuende Versorgung des Pflegebedürftigen in der Pflegeeinrichtung (z. B. Modell der Tagespflege, wobei der Pflegebedürftige nachts zu Hause ist). Stationäre Altenpflegeeinrichtungen erbringen dauerhaft Leistungen für den Pflegebedürftigen, die pflegerische, betreuende und hauswirtschaftliche Dienste sowie die Unterbringung umfassen.

LITERATURHINWEISE:

Menche, N. (Hrsg.): Pflege heute. 4. Auflage. München 2007. *Schroeter, K. R./Rosenthal, T.*: Soziologie in der Pflege, Grundlagen, Wissensbestände und Perspektiven. Weinheim/München 2005.

LISA HUNDER

Alter

Man unterscheidet in psychologisches Alter (gefühltes Alter), biologisches Alter (körperlicher Zustand) und chronologisches Alter (Altersangabe in Jahren seit der Geburt). Aus Sicht der ► Gerontologie wird (nach *Rosenmayr*, 1996) das menschliche Alter außerdem in Phasen unterteilt: chancenreiches drittes Lebensalter, eingeschränktes viertes Lebensalter und abhängiges fünftes Lebensalter. Im Rahmen des ► demografischen Wandels in Deutschland stellen alte Menschen (normativ oftmals definiert mit Verrentungsgrenze) einen stetig wachsenden Anteil der Bevölkerung dar. Es ergeben sich neue Anforderungen zur Altersanpassung von Produkten und Dienstleistungen. Im Bereich des ► Gesundheitsmanagements empfiehlt es sich, entsprechende Angebote zu entwickeln und zu evaluieren.

LITERATURHINWEISE:

Rosenmayr, L.: Altern im Lebenslauf. Göttingen 1996. *Backes, G. M./Clemens, W.*: Lebensphase Alter. Eine Einführung in die sozialwissenschaftliche Alternsforschung. 2. Auflage. Weinheim/München 2003. *de Beauvoir, S.*: Das Alter. Reinbek bei Hamburg 2000.

LISA HUNDER

Altersheim (Altenheim)

„Altersheim" wird als eine übergreifende Bezeichnung für das Altern in Institutionen verwendet. In Deutschland findet der Begriff Verwendung, um eine organisierte, stationäre Form des Wohnens im ► Alter zu beschreiben, die man vorwiegend im Hochpreissegment findet. Sie lassen sich an Namen wie „Seniorenwohnanlage", „Residenz" oder „Heim" erkennen. In Abgrenzung zur ► Altenpflegeeinrichtung ist die ► Pflegebedürftigkeit der Bewohner kein Einzugskriterium. Leistungen der ► Pflege werden nur in geringem Umfang erbracht. Wohnen sowie hauswirtschaftliche und betreuende Leistungen stehen im Vordergrund.

LITERATURHINWEISE:

Höpflinger, F.: Traditionelles und neues Wohnen im Alter. Zürich 2006. *Scheppke, S.*: Betreutes Wohnen für Senioren. Hamburg 2008. *Mertens, J.*: Umsorgt wohnen, Altenheime und Seniorenwohnungen in Hamburg. 6. Auflage. Hamburg 2009.

LISA HUNDER

Alzheimer

► Demenz

Ambulante Versorgung

Unter der ambulanten Versorgung werden diejenigen ► Gesundheitsleistungen zusammengefasst, die nicht in Verbindung mit einem stationären Aufenthalt in einem ► Krankenhaus erbracht werden. Wesentlicher Grund für die Unterscheidung in ambulante und ► stationäre Versorgung sind unterschiedliche Vergütungsstrukturen für die entsprechenden Leistungen, denn eine Vielzahl stationär erbrachter Leistungen können auch ambulant erbracht werden. Mit der Umstellung der Vergütung der Krankenhäuser auf leistungsorientierte ► Fallpauschalen sind Tendenzen der ► Ausgliederung entsprechender Leistungen in den ambulanten Bereich, wie bspw. in ► Praxiskliniken oder ► Medizinische Versorgungszentren, mit erforderlich gewordenen Anpassungen bisheriger Vergütungsstrukturen in beiden Bereichen zu beobachten. Im Jahr 2008 beliefen sich die Ausgaben der ► gesetzlichen Krankenversicherungen für die ambulante Versorgung von ► Patienten auf ca. 37,4 Mrd. €, was mit rund 23,2 % der Gesamtausgaben nach den Ausgaben für die stationäre Versorgung den zweitgrößten Ausgabenposten ausmacht.

Ambulant vor Stationär

Entsprechend dem Grundsatz „ambulant vor stationär" gemäß § 3 SGB XI ist die ambulante Versorgung der Bereich der Primärversorgung im Gesundheitswesen. Ambulantes Operieren, Ambulante Pflege und ambulante Rehabilitation. Dieser Grundsatz geht auf zwei gesundheitsökonomische Überlegungen zurück: Erstens wird davon ausgegangen, dass eine ambulante medizinische, therapeutische oder pflegerische Versorgung nicht nur kostengünstiger, sondern zweitens auch mit einem höheren ► Nutzen für den Betroffenen und dessen ► Angehörigen selbst verbunden ist.

Im Krankheitsfall zuerst (seinen) ► Hausarzt zu kontaktieren, schont nicht nur stationäre Ressourcen der medizinischen Versorgung. Zugleich kann aufgrund der umfassenden Informiertheit des Hausarztes über seinen ► Patienten und dessen Familie u. U. schneller und mit deutlich geringerem Aufwand eine adäquate Behandlung gefunden werden, als dies als unbekannter Patient in einem ► Krankenhaus der Fall wäre. Eine Genesung oder ► Pflege im familiären Umfeld oder in der Häuslichkeit vermeidet zudem entsprechende Gewöhnungsphasen an Abläufe in einer stationären Versorgung, Rehabilitation oder Pflege.

Angehörige

Angehörige sind aus zweierlei Aspekten eine Zielgruppe der ► Gesundheitspolitik. Einerseits sind Angehörige aufgrund ihrer familiären oder persönlichen Beziehung zum Betroffenen möglicherweise gefährdet, ebenfalls zu erkranken und ► Krankheitskosten zu verursachen. Andererseits werden in den Angehörigen, ursprünglich die originären, heute oftmals nur noch unterstützende Strukturen der ► Gesundheitsversorgung gesehen. Letzteres greift insbesondere bei der Erbringung von Leistungen der ► Pflege. Dementsprechend richten sich bspw. bei der ► gesetzlichen Pflegeversicherung Leistungen explizit auf diese Zielgruppe aus, vgl. u. a. § 37 SGB XI (Pflegegeld für selbstbeschaffte Pflegehilfe), § 39 SGB XI (Häusliche Pflege bei Verhinderung der Pflegeperson), § 44 SGB XI (Leistungen zur sozialen Sicherung der Pflegeperson) und § 45 SGB XI (Pflegekurse für Angehörige und ehrenamtliche Pflegepersonen).

Angestellten-Ersatzkassen-Verband

► Verband der Ersatzkassen

Anschlussheilbehandlung

Eine Anschlussheilbehandlung (abgek. AHB) ist eine Maßnahme der medizinischen ► Rehabilitation, die sich i. d. R. an eine stationäre akutmedizinische Krankenversorgung, also einen Aufenthalt in einem ► Krankenhaus, anschließt. Eine AHB kann ambulant, stationär oder teilstationär durchgeführt werden und dauert i. d. R. drei Wochen. Als ► Kostenträger für Maßnahmen der AHB kommen je nach Grund die ► gesetzliche Krankenversicherung, die ► gesetzliche Rentenversicherung oder die ► Berufsgenossenschaft in Frage. Ebenso wie bei Krankenhausaufenthalten gelten bei der stationären AHB die gleichen Bedingungen bei ► Zuzahlungen.

Apotheke

Apotheken sind Einrichtungen, die der Versorgung der Bevölkerung mit ► Arzneimitteln dienen. Diese Versorgung kann neben dem Verkauf auch die sachgerechte Zubereitung von Arzneimitteln umfassen. Wesentlicher Bestandteil des Verkaufs von Arzneimitteln ist die Beratung des ► Patienten über mögliche Komplikationen oder Nebenwirkungen (► unerwünschte Arzneimittelwirkungen). Bei freiverkäuflichen Arzneimitteln wird die Beratung des ► Apothekers oftmals im Rahmen der ► Selbstmedikation in Anspruch genommen. Apotheken unterscheiden sich dadurch, ob sie unmittelbar durch den Apotheker geführt wird (Hauptapotheke) oder ob es sich um eine der maximal drei möglichen Filialapotheken eines Apothekers handelt. Näheres über den Betrieb einer Apotheke ist in der Apothekenbetriebsordnung geregelt.

Apothekenpflicht

Ein ► Arzneimittel unterliegt der Apothekenpflicht, wenn davon ausgegangen werden kann, dass mit dem Verkauf des Mittels eine Beratung bspw. über dessen Handhabung und Anwendung gewünscht wird. Diese kann unter dem Aspekt der Arzneimittelsicherheit nur von entsprechend qualifiziertem Personal, wie es in einer ► Apotheke anzutreffen ist, durchgeführt werden. Kritiker der Apothekenpflicht verweisen darauf, dass bei ► Internet-Apotheken dieses Beratungsgespräch i. d. R. nicht gewünscht wird und somit auch nicht erbracht werden braucht.

Apothekenwesen

Das Apothekenwesen umfasst die Gesamtheit der zum Betrieb einer ► Apotheke, einer ► Internet-Apotheke oder einer ► Krankenhausapotheke, zur Durchführung des Arznei-Versandhandels, zur Ausübung des Beruf ► Apotheker und zur Absicherung der Versorgung mit ► Arzneimitteln zu jeder Tages- und Nachtzeit (Apothekennotdienst) erforderlichen rechtlichen Regelungen, vgl. hierzu das Gesetz über das Apothekenwesen (Apothekengesetz).

Apotheker

Apotheker sind Absolventen eines Pharmazie-Studiums, die zudem im Rahmen einer ► Approbation den Nachweis der erforderlichen Sachkunde und Zuverlässigkeit im Umgang mit ► Arzneimitteln und dem Führen einer ► Apotheke nachgewiesen haben. Entsprechend anderen Heilberufen sind die Apotheker in der ► Apothekerkammer organisiert.

Apothekerkammer

Die Apothekerkammer ist die berufspolitische Interessenvertretung der approbierten ► Apotheker. Es handelt sich dabei um eine Pflichtmitgliedschaft. Die Kammer ist zuständig für Fragen der Aus-, Fort- und Weiterbildung, für das Berufsrecht und für Fragen der Arzneimittelsicherheit sowie der pharmazeutischen Qualität. Der Deutsche Apothekerverband e.V. (DAV) ist die Interessenvertretung der Apothekenleiter im Sinne eines Wirtschaftsverbandes. Somit steht er primär für die kaufmännische Seite des Apothekerberufs. Die auf der Ebene der Bundesländer organisierten Apothekerkammern haben sich auf Bundesebene zur ABDA – Bundesvereinigung Deutscher Apothekerverbände zusammengeschlossen. Sie ist die Spitzenorganisation aller Apotheker Deutschlands. Mitglied ist auch der DAV.

LINK-TIPP:

www.abda.de

Approbation

Eine Approbation ist die staatliche Zulassung zur Ausübung eines Heilberufes. Zu diesen Heilberufen zählen der des ► Apothekers, des ► Arztes, des Zahnarztes, des Tierarztes und des Psychotherapeuten. Jeder Beruf hat seine eigene Approbationsordnung. Sie regelt die jeweiligen Voraussetzungen zur Zulassung, wie bspw. Dauer und Inhalte der Ausbildung, Art und Umfang der Prüfungen sowie die letztendliche Erteilung der Approbation. Im Rahmen der Approbation hat der Betreffende die erforderliche Sachkunde und Zuverlässigkeit, die im jeweiligen Beruf erwartet werden, nachzuweisen.

Arbeiter-Ersatzkassen-Verband

Im AEV waren bis Ende 2008 die Ersatzkassen der Arbeiter organisiert. Aufgabe der Ersatzkassen der Arbeiter war es, dieser Berufsgruppe den adäquaten Krankenversicherungsschutz zu gewähren. Dies führte zu einer traditionsreichen berufsständigen Trennung des Krankenversicherungsschutzes von Arbeitern und Angestellten, der erst zum 1. 1. 2009 mit der Gründung des ► Verbandes der Ersatzkassen endgültig überwunden werden konnte.

Arbeitsentgelt

Das Arbeitsentgelt ist die Grundlage der Berechnung der Arbeitsnehmeranteile oder der Beiträge zu den gesetzlichen Versicherungen (Krankenversicherung, ► Pflegeversicherung, ► Rentenversicherung, Arbeitslosenversicherung). Dazu gehören grundsätzlich alle Einnahmen, die aus einem Beschäftigungsverhältnis zufließen, zum Beispiel auch: Familienzuschläge, Überstundenvergütungen, Werte der Sachbezüge, Provisionen, Mehrarbeitsvergütungen und -zuschläge, Gefahrenzuschläge, Schmutzzulagen oder das jährlich einmalig gezahlte Arbeitsentgelt wie zum Beispiel Urlaubs- und Weihnachtsgelder, Tantiemen oder Gratifikationen.

Arbeitsgemeinschaft Medizinalfachberufe in der Therapie und Geburtshilfe (AG MTG)

Die AG MTG – verfolgt nach eigenen Angaben – seit ihrem Zusammenschluss 1991 das Ziel, die Berufsausbildung in der ► Ergotherapie, Logopädie, ► Physiotherapie, Orthoptik und dem Hebammenwesen zu akademisieren und damit die weitere Professionalisierung dieser Berufe voranzutreiben. Diese Zielsetzung, also die grundständige ► Akademisierung dieser Gesundheitsberufe, entspricht den Anforderungen an eine zukunftsorientierte Gesundheitsversorgung und spiegelt die Interessen der in der AG MTG vertretenen Berufsverbände wider. Gestützt wird dies durch die Empfehlungen des Wissenschaftsrates an die Kultusministerkonferenz (2002), die Empfehlungen des ► Sachverständigenrats zur Begutachtung der Entwicklung im Gesundheitswesen (2007) und die Forderung der ► Gesundheitsministerkonferenz der Länder an den Bundesgesetzgeber aus dem Jahr 2007. Aktueller Stand der politischen Entwicklung ist der Bundesratsbeschluss zur Einführung einer ► Modellklausel vom Mai 2008.

Zu den Zielen der AG MTG zählen insbesondere:

- die Novellierung der Berufsgesetze der in der AG MTG vertretenen Berufe mit einer generellen Anhebung der Ausbildung auf Hochschulniveau,
- die Einrichtung, Akkreditierung und das Angebot primärqualifizierender Bachelor-Studiengänge mit der Erlaubnis zur Führung der jeweiligen Berufsbezeichnung,
- die Einrichtung, Akkreditierung und das Angebot von Master-Studiengängen für Forschung und Management sowie zur Vertiefung fachspezifischer Kompetenzen sowie
- die Ermöglichung von Promotionen im jeweiligen Fachgebiet als dritte Stufe der akademischen Qualifizierung.

Arbeitslosigkeit

Arbeitslos ist, wer über kein Beschäftigungsverhältnis verfügt und stattdessen die Leistungen und Dienste der Arbeitsvermittlung in Anspruch nimmt.

Aus gesundheitsökonomischer Sicht ist die Arbeitslosigkeit mit zwei Effekten verbunden:

1. Da der Arbeitslose kein eigenes Erwerbseinkommen realisiert, kann er selbst auch keine Beiträge in die Sozialversicherungen leisten. Personen, die während ihrer Meldung bei der Agentur für Arbeit Arbeitslosengeld beziehen, sind grundsätzlich versicherungspflichtig in der gesetzlichen Kranken-, Pflege- und Rentenversicherung. Für sie sind Pflichtbeiträge allein von der Bundesagentur für Arbeit zu zahlen. Dies bedeutet für die Sozialversicherungen ein geringeres Beitragsaufkommen und eine zusätzliche Belastung des Staatshaushaltes.

2. Nachgewiesenermaßen sind Arbeitslose gesundheitlich stärker eingeschränkt, als Erwerbstätige. Somit fallen für Arbeitslose vergleichsweise mehr und zum Teil auch höhere Leistungsverpflichtungen insbesondere bei der Kranken-, Renten- und Arbeitslosenversicherung an, um zur Genesung und zur Wiedereingliederung des Arbeitslosen beizutragen.

LITERATURHINWEIS:

Heft 13 der Gesundheitsberichterstattung des Bundes zum Thema „Arbeitslosigkeit und Gesundheit“, Autoren: *Grob, Th. G.* und *F. W. Schwartz*, Berlin 2003.

Arbeitstherapie

► Ergotherapie

Arbeitsunfähigkeit

Arbeitsunfähigkeit ist ein Begriff aus der Krankenversicherung. Arbeitsunfähigkeit liegt vor, wenn die bisherige Beschäftigung oder Tätigkeit wegen ► Krankheit nicht mehr ausgeführt werden kann. Eine bestehende Arbeitsunfähigkeit muss nicht, kann aber mit einer ► Erwerbsminderung im Sinne der gesetzlichen ► Rentenversicherung einher gehen.

Arbeitsunfähigkeitsbescheinigung

Eine Arbeitsunfähigkeitsbescheinigung ist ein ärztliches Attest über die Feststellung einer krankheitsbedingten Arbeitsunfähigkeit. Die Arbeitsunfähigkeit stellt den ► Versicherungsfall in der ► gesetzlichen Krankenversicherung dar. Demgemäß wird die Krankenkasse verpflichtet, für die zu erbringenden ► Gesundheitsleistungen, sofern sie im ► Leistungskatalog verankert sind, aufzukommen und ggf. dem arbeitsunfähigen Arbeitnehmer ein ► Krankengeld zu zahlen.

Arbeitsunfall

Ein Arbeitsunfall ist gemäß § 8 Abs. 1 SGB VII ein Unfall von Versicherten infolge einer den Versicherungsschutz nach den §§ 2, 3 oder 6 SGB VII begründenden Tätigkeit. Unfälle sind zeitlich begrenzte, von außen auf den Körper einwirkende Ereignisse, die zu einem Gesundheitsschaden oder zum ► Tode führen. Der Arbeits- oder Wegeunfall (vgl. § 8 Abs. 2 SGB VII) stellt den ► Versicherungsfall in der gesetzlichen ► Unfallversicherung dar. Demgemäß ist die Unfallversicherung verpflichtet, für die erbrachten ► Gesundheitsleistungen, die bspw. durch einen ► Durchgangsarzt oder im Rahmen einer ► Rehabilitation erbracht werden, aufzukommen. Führt der Unfall zu einer ► Berufsunfähigkeit, übernimmt die Unfallversicherung Leistungen der beruflichen Rehabilitation. Im Fall einer ► Erwerbsunfähigkeit kann auch eine entsprechende Rentenzahlung veranlasst werden.

LITERATURHINWEIS:

Heft 38 der ► Gesundheitsberichterstattung des Bundes. Berlin 2007.

Archivierung

► Aufbewahrungspflicht – Patientendaten

Armut

Man unterscheidet in relative und absolute Armut. Die absolute Armut bezieht sich auf den allgemeinen, persönlichen Mangel an lebensnotwendigen Gütern, wie dies in den sog. „Dritte-Welt-Ländern" zu beobachten ist. Relative Armut wird im Bezug zum sozialen Umfeld betrachtet, dabei wird eine normative Armutsgrenze (bezogen auf eine bestimmte Gesellschaft) festgelegt. Entsprechend der Definition der Europäischen Union entspricht die relative Armut dem Wert von weniger als 60 % des mittleren Einkommens in der Bundesrepublik Deutschland. Armut schafft auch unterschiedliche Zugangschancen zu ► Gesundheitsleistungen, vgl. ► Versorgungsgerechtigkeit.

LITERATURHINWEISE:

Dietz, B.: Soziologie der Armut, eine Einführung. Frankfurt am Main/New York 1997. *Groh-Samberg, O.*: Armut, soziale Ausgrenzung und Klassenstruktur, Zur Integration multidimensionaler und längsschnittlicher Perspektiven. Wiesbaden 2009.

LISA HUNDER

Arteriosklerose

Die Arteriosklerose ist eine über lange Zeit ohne Symptome verlaufende Erkrankung der Arterien. Dabei kommt es zur Ablagerung von Blutfetten, Thromben, Bindegewebe und in geringeren Mengen auch von Kalk an den Gefäßwänden. Durch diese Ablagerungen verengen sich die betroffenen Blutgefäße. In der Folge wird der Blutfluss be- oder plötzlich sogar verhindert, was nicht nur zu lebensbedrohlichen Situationen, sondern auch aufgrund eines ► Herzinfarktes oder Schlaganfalls bis zu einem plötzlichen ► Tod führen kann. Zu den Risikofaktoren einer solchen Gefäßerkrankung zählen ► Krankheiten, wie der ► Bluthochdruck oder der ► Diabetes mellitus aber auch aus bestimmten Lebensweisen ableitbaren Merkmale wie ► Übergewicht oder die Beeinträchtigungen durch kalorien- und fettreiche Ernährung, das Rauchen oder Stress. In den westlichen Industrienationen zählt die Arteriosklerose zu den führenden ► Volkskrankheiten.

LITERATURHINWEIS:

Heft 33 der ► Gesundheitsberichterstattung des Bundes. Berlin 2006.

Arznei- und Heilmittelbudget

Das Arznei- und Heilmittelbudget ist der Teil des Budgets eines ► Vertragsarztes, den er pro Jahr für die Verordnung von ► Arzneimitteln sowie ► Heil- und Hilfsmitteln aufwenden darf. Es wird auf vertraglicher Basis zwischen der jeweiligen ► Kassenärztlichen Vereinigung und den zugehörigen Landesverbänden der ► gesetzlichen Krankenversicherungen vereinbart. Wie bei allen ► gedeckelten Leistungen besteht auch hier die Gefahr, dass bei Erreichen der Budgetgrenze auf dem Weg der ► Patientenselektion nur bestimmte ► Patienten entsprechende Verordnungen erhalten oder Verordnungen auf den nächsten Abrechnungszeitraum verschoben werden.

Arzneimittel

Entsprechend § 2 AMG werden Stoffe oder Zubereitungen aus Stoffen als Arzneimittel bezeichnet, die entweder zur Anwendung im oder am Körper bestimmt sind und als Mittel mit Eigenschaften zur Heilung oder Linderung oder zur Verhütung von ► Krankheiten oder krankhafter Beschwerden bestimmt sind oder die verabreicht werden können, um entweder die physiologischen Funktionen durch eine pharmakologische, immunologische oder metabolische Wirkung wiederherzustellen, zu korrigieren oder zu beeinflussen oder eine medizinische ► Diagnose zu erstellen. Weiterhin gelten auch Gegenstände und Instrumente als Arzneimittel, die mit Arzneimitteln in enger Beziehung stehen. Darunter fallen auch Verbandstoffe und chirurgische Nahtmaterialien. Grundsätzlich werden vier Gruppen von Arzneimitteln unterschieden: 1) die freiverkäuflichen auch außerhalb einer ► Apotheke erhältlichen Arzneimittel, 2) die nicht verschreibungspflichtigen aber der Apothekenpflicht unterliegenden Arzneimittel, 3) die einer ► Verschreibungspflicht unterliegenden Arzneimittel und 4) die ► Betäubungsmittel, die einer besonderen Verordnung bedürfen. Abzugrenzen von diesen Arzneimitteln sind die sog. ► Lifestyle-Arzneimittel. Eine Übersicht über Arzneimittel enthält die ► Rote Liste.

Arzneimittelausgaben

Unter Arzneimittelausgaben werden die Ausgaben der ► gesetzlichen Krankenversicherungen für Arzneimittel gefasst. Entsprechend ihrem ► Leistungskatalog übernehmen die Krankenkassen grundsätzlich nur für solche ► Arzneimittel die Kosten, wenn sie ► apotheken- und ► verschreibungspflichtig sind. Die Arzneimittelausgaben der gesetzlichen Krankenversicherung beliefen sich im Jahr 2009 den Angaben der ► Kassenärztlichen Bundesvereinigung zur Folge auf rund 31,7 Mrd. €, dies waren 2,4 Mrd. € bzw. 8,1 % mehr als im Vorjahr. Für das Jahr 2010 wird ein vergleichbarer Anstieg erwartet. Damit macht der Anteil der Arzneimittelausgaben an den Gesamtausgaben der gesetzlichen Krankenversicherungen ca. 17 % aus. Ein aktuelles Instrument zur Eindämmung dieser Kosten sind ► Rabattverträge.

Arzt

Ein Arzt ist der Absolvent eines Studiums der ► Medizin, der zugleich auch die zur Ausübung dieses Heilberufes vorausgesetzte ► Approbation erlangt hat. Laut der Statistik der ► Bundesärztekammer gab es Ende 2009 325.945 berufstätige Ärzte. Davon waren etwas mehr als 158.000 in der ► stationären Versorgung, rund 125.000 in der ► ambulanten Versorgung in ihrer eigenen Praxis und knapp 15.000 bspw. in ► Medizinischen Versorgungszentren im Angestelltenverhältnis beschäftigt.

LINK-TIPP:

www.bundesaerztekammer.de

Arztbrief

Der Arztbrief stellt heute das wesentlichste Kommunikationsmittel zwischen den an der Versorgung eines Patienten beteiligten Institutionen dar. Beim Begriff Arztbrief handelt es sich um einen Gattungsbegriff, der für viele verschiedene Ausprägungen medizinischer Berichte steht. Das Merkmal des klassischen konventionellen Arztbriefes ist die reine Schriftform – zumeist ohne Integration von anderen Informationsobjekten wie Bildern oder Kurven – die i. d. R., wenn sich der Brief darauf bezieht, als Anlagen beigefügt werden. Er ist ein einzelfallbezogenes Dokument, das nach der Kommunikation zwischen den Partnern sowohl Teil der Patientendokumentation des Senders als auch des Empfängers – also jeweils der institutionellen Krankenakte der an der Kommunikation beteiligten Institutionen – wird. Wesentliche Kommunikationsanlässe für die Übermittlung von Arztbriefen sind z. B. die elektive Krankenhauseinweisung, die Krankenhausentlassung, die ► Überweisung zur Mit- und Weiterbehandlung, die Rücküberweisung nach Mit- und Weiterbehandlung u. v. a. m.

PETER HAAS

Ärztedichte

Die Ärztedichte ist ein Maß, welches die Ärzteanzahl pro Bevölkerungszahl angibt. I. d. R. werden lediglich die praktizierenden Ärzte erfasst. Im Jahr 2006 waren 34 Allgemein- bzw. Fachärzte je 10.000 Einwohner in Deutschland tätig. Deutschlands Ärztedichte nimmt im internationalen Vergleich eine Position in der Spitzengruppe ein, die Ärztedichte liegt mehr als 40 % über dem internationalen Durchschnitt (Stand: 2006). Regional betrachtet ergeben sich innerhalb Deutschlands allerdings Unterschiede: In den Städten bzw. Stadtstaaten ist die Ärztedichte hoch. In den dünnbesiedelten Regionen hingegen, vor allem in den Flächenländern Ostdeutschlands, ist ein deutlich geringerer Wert für die Ärztedichte zu verzeichnen.

LITERATURHINWEIS:

Breyer, F./Zweifel, P./Kifmann, M.: Gesundheitsökonomik (Kapitel 8: Der Arzt als Anbieter medizinischer Leistungen). 5. Auflage. Berlin 2004.

LINK-TIPP:

www.destatis.de

ANDREAS WERBLOW

Ärztehaus

Mit dem Begriff Ärztehaus wird eine Mehrzahl von niedergelassenen Ärzten bezeichnet, die im gleichen Gebäude ansässig sind. Der Begriff knüpft somit an die räumliche Bündelung mehrerer Praxen in einem Gebäude an, ohne bereits etwas darüber zu sagen, in welcher vom ärztlichen Berufsrecht zugelassenen Organisationsform die Mediziner ihre Tätigkeit ausüben. Desgleichen macht der Begriff keine Aussage über die Art und Intensität der Kooperation zwischen den Praxen.

Ärztehäuser werden berufsrechtlich überwiegend als Organisationsgemeinschaft (► Praxisgemeinschaft) betrieben. Als Träger fungiert eine Gesellschaft bürgerlichen Rechts (GbR), bestehend aus den jeweiligen Ärzten, oder eine Betreibergesellschaft in der Rechtsform einer juristischen Person des Privatrechts. Da eine Legaldefinition fehlt, ist es jedoch auch denkbar, dass – als ein Extrem – die Praxisinhaber gänzlich autonom bleiben oder – das andere Extrem – ein ► Medizinisches Versorgungszentrum seine voll integrierten Leistungen in einem Ärztehaus anbietet.

Je nach Art und Intensität der Zusammenarbeit lassen sich durch die räumliche Bündelung unterschiedliche Vorteile realisieren. Beispielhaft sind zu nennen:

- Vorteile für den ► Patienten: Leistungen verschiedener Ärzte werden an einem Ort angeboten, das heißt Zeitersparnis durch kürzere Wege; ggf. abgestimmte Behandlungskonzepte zwischen Haus- und Facharzt; schnellerer Informationsfluss.
- Vorteile für die kooperierenden Mediziner: das Ärztehaus wird als eigenständige Marke positioniert, unter deren Dach die Ärzte eine gemeinsame Öffentlichkeitsarbeit und einen gemeinsamen Internetauftritt betreiben; Kostenvorteile durch gemeinsame Nutzung der medizinischen Infrastruktur (z. B. medizinisch-technische Geräte, OP, ► Aufwachbereich) wie der nicht-medizinischen Infrastruktur (z. B. Empfang, Wartebereich, Telefonanlage, Intranet), gemeinsamer Einkauf ► Praxisbedarf, gemeinsamer Personal-Pool für Springerfunktion.

LITERATURHINWEISE:

Dahm, F.-J./Möller, K.-H./Ratzel, R.: Rechtshandbuch Medizinische Versorgungszentren. Berlin/Heidelberg 2005. *Gibis, B.*: Leistungsmanagement in Arztpraxen und Ärztenetzen, in: *Busse, R./Schreyögg, J./Tiemann, O.* (Hrsg.): Management im Gesundheitswesen. 2. Auflage. Heidelberg 2010. S. 76-101.

LINK-TIPP:

Bundesärztekammer (Hrsg.): Zu den beruflichen Kooperationsformen niedergelassener Ärzte siehe Musterberufsordnung Ärzte unter www.bundesaerztekammer.de

KBV: Abgrenzung Ärztehaus und MVZ unter: www.kbv.de/koop/9105.html

EVELINE HÄUSLER

Ärztekammer

Ärztekammern (ÄK) sind als ► Heilberufskammern Körperschaften des Öffentlichen Rechts, die gesetzlich übertragene Pflichtaufgaben und freiwillige Aufgaben sowie die Interessen des Berufsstands der Ärzte wahrnehmen. Wesentliche Aufgabe der ÄK ist dabei die umfassende Aufsicht über die Berufsausübung ihrer Mitglieder.

Die Berufsausübung, häufig aber auch bereits die Zulassung zur Berufsausübung eines ► Arztes, führt zu einer Zwangsmitgliedschaft in der jeweils örtlich zuständigen ÄK. Hieran knüpfen sich weitere Pflichten, insbesondere Meldepflichten und die Pflicht zur Beitragszahlung, an. Demgegenüber steht das Recht jedes Mitglieds der ÄK zur Inanspruchnahme der (Dienst-)Leistungen der ÄK und zur Teilhabe an deren politischen Leben.

Die vielseitigen, den ÄK zugewiesenen Aufgaben sind im Wesentlichen in den jeweiligen Heilberufs- oder Kammergesetzen der Länder geregelt. Sie umfassen i. d. R. etwa die Überwachung der Erfüllung der Berufspflichten der Ärzte, die Regelung der Weiterbildung zum Facharzt sowie die Sicherstellung eines ärztlichen Notdienstes. Für diese Aufgaben haben die ÄK entsprechende Satzungen, etwa eine Berufsordnung oder eine Weiterbildungsordnung, zu erlassen. Auch die Facharztprüfungen selber werden von den ÄK abgenommen; zudem haben sie die berufliche Fortbildung der Ärzte zu fördern. Weiter obliegt den ÄK i. d. R. ausdrücklich, den ► Öffentlichen Gesundheitsdienst und auch die Aufsichtsbehörde fachlich zu unterstützen sowie die Qualitätssicherung im Gesundheitswesen zu fördern. Die ÄK haben zudem Begutachtungs- und/oder Schlichtungsstellen im Hinblick auf mögliche ► Behandlungsfehler sowie ► Ethik-Kommissionen einzurichten. Nicht zuletzt haben die ÄK aber auch die beruflichen Belange und Interessen der Ärzte wahrzunehmen, für ein kollegiales Verhältnis zu sorgen sowie Sozial- bzw. Versorgungseinrichtungen (► Versorgungswerke) für diese zu schaffen. Auch durch das Berufsbildungsgesetz zugewiesene Aufgaben der Berufsbildung des medizinischen Fachpersonals werden durch die ÄK wahrgenommen.

TILL ARENS

Ärztenetzwerke

Ärztenetze oder Ärztenetzwerke sind in den vergangenen zehn Jahren aus verschiedensten Motivationen heraus entstanden, teilweise aus regionalen Kooperationen mit dem Wunsch nach einer besseren Zusammenarbeit oder aufgrund der gesetzlichen Regelungen zur ► integrierten Versorgung. Dabei handelt es sich um Verbünde von einigen wenigen bis hin zu hunderten von

Arztpraxen verschiedenster Fachrichtungen, deren Ziele eine bessere Koordination der regionalen Versorgung generell und des einzelnen ► Patienten sind – unter Einbeziehung z. B. gemeinsamer Qualitätszirkel. Dafür werden organisatorische und technische Vereinbarungen im Netz getroffen, die die Zusammenarbeit erleichtern sollen. Diese können neben Prozess- und ► Behandlungsleitlinien auch in der Vereinbarung einer einheitlichen Struktur für die medizinische Dokumentation bestimmter Sachverhalte und Erkrankungen liegen bis hin zur Implementierung einer gemeinsamen informationstechnologischen Kommunikations- und Kooperationsinfrastruktur.

Die Organisationsform kann lose sein und sich auf gemeinsame Treffen und Arbeitskreise beschränken bis hin zu einer Gründung von eigenen juristischen Personen in Form von Vereinen, Genossenschaften oder Unternehmensgesellschaften. Dementsprechend werden auch bei zunehmendem Organisationsgrad komplexe vertragliche Regelungen notwendig, die bei Netzen für die integrierte Versorgung bis hin zur Budgetverteilung reichen und es muss eine zentrale Stelle existieren, die vielfältige Managementaufgaben übernimmt.

Die institutionalisierten Praxisnetze können einerseits als ► Modellvorhaben nach § 63 ff. SGB V oder über ► Strukturverträge nach § 73a Abs. 5 SGB V gebildet werden. Im Rahmen der letztgenannten Verträge wird einem Netz aus Vertragsärzten die Verantwortung für die ► Qualität und die ► Wirtschaftlichkeit der Versorgung von Patienten mit bestimmten Indikationen oder Diagnosen bis hin zur gesamten medizinischen Versorgung an dieses Netz vertraglich übergeben mit der Festlegung eines dafür verfügbaren Gesamtbudgets. Durch entsprechende Anreize soll so eine Win-Win-Situation für alle Beteiligten – auch die Patienten – entstehen. Für ein effektives Miteinander kommen je nach Vertragsart auch Methoden des ► Disease- oder ► Case-Managements zum Einsatz.

LITERATURHINWEIS:

Amelung, V. E./Meyer-Lutterloh, K./Schmid, E. et al.: Integrierte Versorgung und Medizinische Versorgungszentren. 2. Auflage. Berlin 2008.

LINK-TIPP:

www.deutsche-aerztenetze.de

PETER HAAS

Arztentlastende gemeindenahe e-health gestützte systemische Intervention

► AGnES

Arztgruppenspezifischer Fallwert

► Vergütung vertragsärztlicher Leistungen

Arzthaftung

Die Haftung des ► Arztes ergibt sich aus allgemeinen zivilrechtlichen Anspruchsgrundlagen nämlich vertraglich (§ 280 BGB) und gesetzlich (§ 823 BGB). Eine Haftung besteht aber nur dann, wenn der Arzt einen Behandlungsfehler begangen hat. Da der Arzt jedoch keinen Erfolg garantieren kann, liegt ein haftungsauslösender ► Behandlungsfehler nur dann vor, wenn der Arzt objektiv die Erkenntnisse der medizinischen Wissenschaft verletzt hat.

Neben den klassischen Behandlungsfehlern kann eine Haftung auch durch eine fehlerhafte Aufklärung (► Aufklärungspflicht) ausgelöst werden. Ein ärztlicher Eingriff stellt in strafrechtlicher Hinsicht immer eine Körperverletzung dar. Deshalb bedarf ein solcher Eingriff einer Rechtfertigung. Sofern der ► Patient bewusstlos ist, wird die Rechtfertigung vermutet. Dieses rechtliche Konstrukt nennt sich „berechtigte Geschäftsführung ohne Auftrag" (§§ 677 ff. BGB). Ist der Patient dagegen bei Bewusstsein, ist seine Einwilligung notwendig. Diese setzt aber voraus, dass er die dafür notwendigen Informationen vom Arzt erhält. Wie weit die Aufklärung reicht, hängt von der Schwere des Eingriffs und davon ab, ob der Eingriff notwendig ist oder nicht. Letzteres ist etwa bei reinen Schönheitsoperationen der Fall. In derartigen Fällen muss der Arzt besonders sorgfältig aufklären. Weiterhin haftet der Arzt auch dann, wenn er seinen sich aus den jeweiligen Berufsordnungen ergebenden Dokumentationspflichten (► Aufbewahrungspflicht) nicht nachkommt. Schließlich kommen als Haftungstatbestände noch sonstige Pflichtverstöße wie etwa die Verletzung der ärztlichen Schweigepflicht in Betracht.

Grundsätzlich muss der Patient beweisen, dass der Arzt einen Fehler begangen und dass dieser zu einem Schaden geführt hat. Allgemein bedeutet das also, dass der Patient zu beweisen hat, dass der Arzt durch einen Behandlungsfehler die eingetretenen Beschwerden verursacht hat. Das gilt selbst dann, wenn der Patient nicht beurteilen kann, worin der Behandlungsfehler liegt. Ausnahmen bestehen allerdings in folgenden Fällen:

1. Die Rechtsprechung geht davon aus, dass Maßnahmen, die nicht dokumentiert wurden, auch nicht stattgefunden haben. Insoweit führen unterlassene Dokumentationen zu einer Beweiserleichterung auf Seiten des Patienten.

2. Wenn der Arzt eine vollständige Aufklärung des Patienten nicht beweisen kann, liegen die Voraussetzungen für eine wirksame Einwilligung nicht vor, sodass er allein aus diesem Grunde zum Schadensersatz verpflichtet ist. Dies setzt allerdings voraus, dass der Patient bei gehöriger Aufklärung nicht in den Eingriff eingewilligt hätte. Wenn trotz ordnungsgemäßer Aufklärung in die Behandlung eingewilligt worden wäre, ist der Aufklärungsmangel nicht ursächlich geworden, sodass eine Haftung entfällt (BGHZ 29, 176, str.). Maßgeblich ist dabei nicht, wie sich ein verständiger Patient verhalten hätte. Vielmehr ist auf das Verhalten des konkreten Patienten abzustellen. Beweispflichtig für die Erteilung der Einwilligung bei gehöriger Aufklärung ist aber der Arzt.

Schließlich tritt sogar eine sog. Beweislastumkehr ein, wenn der Arzt einen groben Behandlungsfehler begangen hat. Wann ein solcher vorliegt, bestimmt sich nach den für einen Arzt geltenden Normalanforderungen (BGH NJW 1995, S. 778). Sofern beispielsweise die Durchführung einer Operation an einen noch nicht hinreichend qualifizierten Assistenzarzt übertragen wird, liegt ein grober Behandlungsfehler vor, der zu einer Umkehr der Beweislast führt (BGH NJW 1984, S. 655). Neben dem materiellen Schaden hat der Arzt darüber hinaus auch den immateriellen Schaden zu ersetzen. Hierzu zählt insbesondere die Zahlung eines Schmerzensgeldes.

LITERATURHINWEISE:

Ehlers, A. P. F./Günter, H.-H.: Arzthaftungsrecht. 4. Auflage. München 2008. *Martis, R./Winkhart-Martis, M.*: Arzthaftungsrecht. 3. Auflage. Köln 2009.

AXEL BENNING

Arzthonorar

► Vergütung vertragsärztlicher Leistungen

Arzt-Patienten-Verhältnis

Das Arzt-Patienten-Verhältnis ist ein Beziehungsverhältnis zwischen einem ► Arzt und dem ► Patienten, der sich vom Arzt beraten oder behandeln lässt. Wegen der großen Informations- und Kompetenzunterschiede sowie der Art der gegenseitigen Erwartungen und des vom Patienten zu leistenden Vertrauensvorschusses ist die Beziehung als asymmetrisch einzuschätzen. Gegenstände des Arzt-Patienten-Verhältnisses sind die unmittelbaren Interaktionen bei der ► Diagnose oder bei therapeutischen Maßnahmen im Rahmen der ► Behandlung sowie die in diesem Rahmen stattfindenden Gespräche. Analysen zufolge resultieren 75-80 % aller ► Gesundheitsausgaben aus dieser Interaktion, vgl. *Korosec/Pichlbauer* 2007, S. 186, was aus Sicht der ► Gesundheitsökonomie von großer Bedeutung ist. Ein adäquates Arzt-Patienten-Verhältnis hat nicht nur die Genesung des Patienten, sondern auch die Stärkung seiner ► Gesundheitskompetenzen zum Inhalt. Der Patient kann auf diese Weise in seiner ► Compliance und in seinen Fähigkeiten des ► Coping unterstützt werden, was nachweislich einen wesentlichen Einfluss auf den Verlauf einer ► Krankheit und den Erfolg einer Behandlung hat.

Die ► Gesundheitsreformen, also die Versuche, das ► Gesundheitssystem unter den veränderten Rahmenbedingungen zu steuern, beeinflussen dieses Verhältnis nachhaltig. Die Einführung der ► Praxisgebühr, die ► individuellen Gesundheitsleistungen oder anderen Formen der finanziellen ► Selbstbeteiligung des Patienten an der Vergütung ärztlicher Leistungen tragen zu einer Ökonomisierung des Arzt-Patienten-Verhältnisses bei. Ein Vertrauensverhältnis höchsten Maßes mutiert zu einer Marktbeziehung, in welcher sich der Patient zunehmend selbst als Kunde sieht oder zu sehen hat. Die Ausfertigung einer ► Patientenquittung oder das Einholen einer ► Zweiten Meinung wäre aus dieser Perspektive eine logische Konsequenz. Letzteres wäre in diesem Sinne vergleichbar mit der Einholung eines weiteren „Angebotes“, im eigentlichen Sinn ist es jedoch Ausdruck eines verlorengegangenen Vertrauensverhältnisses und i. d. R. die Vorstufe für einen später folgenden Wechsel des Arztes. In der Konsequenz hat erst wieder ein neues

Arzt-Patienten-Verhältnis zu entstehen, was zur Folge haben kann, dass dem neuen Arzt eine Reihe von Informationen bezogen auf Vorerkrankungen oder die soziale und familiäre Anamnese nicht vorliegen und so ein Bruch im Behandlungsverlauf entstehen kann. Das neue Arzt-Patienten-Verhältnis ist zudem von vornherein ökonomisch vorgeprägt.

Aber auch der Arzt erfährt zunehmend den Druck, das Arzt-Patienten-Verhältnis unter ökonomischen Gesichtspunkten zu betrachten. Dies resultiert aus dem System der ► Vergütung vertragsärztlicher Leistungen, welches durch ein festes Budget oder die sog. ► „gedeckelten" Leistungen geprägt ist. Welchen Behandlungsbedarf der Patient auch immer aufweist, quartalsbezogene gedeckelte Leistungen tragen dazu bei, dass bei einem ausgeschöpften Budget kurz vor Quartalsende, entsprechende Leistungen nicht mehr verordnet oder erbracht oder in das nächste Quartal verschoben werden. Von einer adäquaten Behandlung kann dann keine Rede mehr sein. In der Interaktion mit dem Patienten wird dies i. d. R. nicht angesprochen. Der Patient, der dem Arzt und seinem Tun vertraut, wird – ohne es zu merken – in seinem Vertrauen betrogen.

Arztsuche

► Praxis-Suchdienst

Arztwahl, freie

Das Recht der freien Arztwahl leitet sich aus dem Art. 2 Abs. 1 GG ab. Es bedeutet, dass sich der ► Patient zur ► Behandlung grundsätzlich an einen frei gewählten ► Arzt seines Vertrauens wenden kann. Zum Schutze des Patienten existieren jedoch gesetzliche Regelungen darüber, unter welchen Ärzten und medizinischen Einrichtungen der Versicherte wählen kann. Dies bezieht sich insbesondere darauf, dass die jeweiligen Ärzte und medizinischen Einrichtungen eine Zulassung zur Leistungserbringung aufzuweisen haben.

Asthma bronchiale

Unter dem Asthma bronchiale wird eine chronische, entzündliche Erkrankung der Atemwege verstanden. Die ► Krankheit entsteht i. d. R. im Kindesalter. Eine solche Entzündung kann zu anfallsweiser Luftnot infolge einer Verengung der Atemwege i. V. m. einer vermehrten Schleimausscheidung, Verkrampfung der Bronchialmuskulatur und Bildung von Ödemen der Bronchialschleimhaut führen. Mit einer ► Prävalenz von ca. 6 % zählt das Asthma bronchiale zu den ► Volks- und ► Zivilisationskrankheiten.

Audit, Auditierung

► Zertifizierung

Aufbewahrungspflicht – Patientendaten

Nach den Berufsordnungen für Ärzte (z. B. § 10 BO für die nordrheinischen Ärztinnen und Ärzte, nachfolgend BOÄ genannt) sind diese verpflichtet, über die in Ausübung ihres Berufes gemachten Feststellungen und getroffenen Maßnahmen die erforderlichen Aufzeichnungen zu machen. Derartige Regelungen finden sich in allen Berufsordnungen (so beispielweise auch § 10 der BO der Ärztekammer Schleswig-Holstein). Auch in der von der ► Bundesärztekammer herausgegebenen Muster-Berufsordnung finden sich derartige Vorschriften. Die nachfolgend zitierten Vorschriften beziehen sich auf die Berufsordnung der nordrheinischen Ärzte. Diese Dokumentationspflicht soll nicht nur eine ärztliche Gedächtnisstütze sein. Vielmehr dient sie auch dem Interesse des Patienten an einer ordnungsgemäßen Dokumentation (§ 10 Abs. 1 BOÄ). Die Frist für die Aufbewahrung beträgt zehn Jahre (§ 10 Abs. 3 BOÄ). Allerdings ist zu berücksichtigen, dass im Falle eines ärztlichen ► Behandlungsfehlers aufgrund der Vorschriften zur allgemeinen Verjährung (§§ 195, 199 Abs. 1 und 2 BGB) schlimmstenfalls 30 Jahre nach der Behandlung noch Ansprüche geltend gemacht werden können. Deshalb empfiehlt es sich, sämtliche Unterlagen über die 10-Jahresfrist hinaus maximal 30 Jahre aufzubewahren. Die Patientendaten bzw. -akten sind so aufzubewahren, dass die allgemeinen Persönlichkeitsrechte der Patienten nicht beeinträchtigt werden. Insoweit verpflichtet die ärztliche Schweigepflicht zur Geheimhaltung sämtlicher Patientendaten.

Aufzeichnungen auf elektronischen Datenträgern oder anderen Speichermedien bedürfen besonderer Sicherungs- und Schutzmaßnahmen, um deren Veränderung, Vernichtung oder unrechtmäßige Verwendung zu verhindern (§ 5 Abs. 5 BOÄ). Deshalb müssen elektronische Datenträger sicher vernichtet oder durch geeignete Programme gelöscht werden. Ein einfaches Löschen auf der Betriebssystemebene (z. B. in Windows durch ziehen der Daten auf den Papierkorb) reicht keinesfalls aus. Vielmehr müssen dafür spezielle Löschungsprogramme verwendet werden (z. B. VS-Clean des Bundesamtes für Sicherheit in der Informationstechnik; vgl. www.bsi.bund.de/cln_165/ContentBSI/Themen/ProdukteTools/VSclean/VS_Clean.html).

LITERATURHINWEIS:

Scholz, C. (Hrsg.): Vahlens großes Personallexikon. München 2009.

AXEL BENNING

Aufbewahrungspflicht – Personaldaten

Spezielle Aufbewahrungspflichten für Personalunterlagen existieren nicht. Allerdings gilt für die Buchungsbelege der Lohn- und Gehaltsabrechnung eine Ausnahme. Derartige Belege müssen zehn Jahre aufbewahrt werden (§ 257 HGB). Weiterhin müssen die Bescheinigungen nach § 25 bzw. § 31 DEÜV (Meldungen an Sozialversicherungsträger) bis zum Ablauf des auf die letzte Prüfung nach § 28p SGB IV folgenden Kalenderjahres aufbewahrt werden. Es empfiehlt sich aber, sämtliche Unterlagen solange aufzubewahren, wie mit Ansprüchen des Arbeitnehmers zu rechnen ist.

LITERATURHINWEIS:

Scholz, C. (Hrsg.): Vahlens großes Personallexikon. München 2009.

AXEL BENNING

Aufklärungspflicht

Ansprüche wegen ► Arzthaftung können sich für den ► Patienten dann ergeben, wenn der ► Arzt seiner Aufklärungspflicht nicht nachgekommen ist. Allerdings lässt sich der Umfang der Aufklärungspflicht nicht eindeutig bestimmen. Umfassende gesetzliche Bestimmungen zur ärztlichen Aufklärungspflicht existieren nicht. Lediglich in einzelnen Gesetzen, wie etwa dem Arzneimittelgesetz, finden sich Vorschriften dazu. Deshalb ist im Wesentlichen die höchstrichterliche Rechtsprechung zu beachten. Danach stellt die Erfüllung der ärztlichen Aufklärungspflicht ebenso wie die Pflicht zur ordnungsgemäßen Behandlung eine Hauptpflicht dar (BGH NJW 1984, S. 1808). Der § 8 der von der ► Bundesärztekammer entwickelten Muster-Berufsordnung für Ärzte lautet: „Zur Behandlung bedürfen Ärztinnen und Ärzte der Einwilligung der Patientin oder des Patienten. Der Einwilligung hat grundsätzlich die erforderliche Aufklärung im persönlichen Gespräch vorauszugehen." Diese Regelung ist auch in den entsprechenden Berufsordnungen der Länder enthalten. Allerdings ergibt sich aus dieser Vorschrift nicht der Umfang der Aufklärungspflicht. Diesbezüglich besteht zwischen Ärzten und Juristen Streit. Gerade in einem derart sensiblen Bereich des Eingriffes in die körperliche Unversehrtheit ist fraglich, ob wirklich über sämtliche, auch noch so fern liegende Risiken aufzuklären ist. Ärzte gehen davon aus, dass ein Patient in einem solchen Fall nicht in der Lage ist, Risiko und Behandlungserfolg gegeneinander abzuwägen. Deshalb bestünde die Gefahr, dass Patienten eine falsche Entscheidung treffen. Juristisch betrachtet, kann von einer ordnungsgemäßen Einwilligung in den körperlichen Eingriff aber nur dann ausgegangen werden, wenn der Patient sämtliche Informationen erhält. Rechtlich müsste deshalb über sämtliche, auch noch so entfernt liegende Risiken aufgeklärt werden. Deshalb bietet sich an, den Patienten zunächst nur über allgemeine Risiken aufzuklären. Sofern dieser erklärt, er wolle keine Einzelheiten erfahren, liegt eine wirksame Einwilligung vor. Fragt der Patient dagegen nach, muss der Arzt umfassend Auskunft erteilen. Insbesondere wird bei kosmetischen Eingriffen die Aufklärungspflicht höher angesetzt (*Medicus*: Gesetzliche Schuldverhältnisse. 5. Auflage 2006. S. 23).

Wichtig ist dabei, dass der Arzt die Aufklärung lückenlos dokumentiert. Der pauschale Hinweis, dass eine Aufklärung stattgefunden hat, ist in einem möglichen Schadensersatzprozess nicht ausreichend. Je nach Schwere des Eingriffs bietet es sich an, ggf. Zeugen hinzuzuziehen. Ist die Aufklärung falsch oder unzureichend, liegt tatbestandlich eine fahrlässige Körperverletzung oder gar fahrlässige Tötung vor, weswegen der Arzt dann strafrechtlich zur Verantwortung gezogen wird.

Zivilrechtlich haftet der Arzt in diesem Fall auf Schadensersatz, weil er seine sich aus dem Behandlungsvertrag ergebende Hauptpflicht verletzt hat. Darüber hinaus liegt eine unerlaubte Handlung (§ 823 BGB) vor, die ebenfalls zum Schadensersatz führt. Der Schadensersatz besteht in derartigen Fällen häufig in der Zahlung von Schmerzensgeld.

LITERATURHINWEISE:

Ehlers, A. P. F./Günter, H.-H.: Arzthaftungsrecht. 4. Auflage. München 2008. *Martis, R./Winkhart-Martis, M.*: Arzthaftungsrecht. 3. Auflage. Köln 2009.

AXEL BENNING

Aufwachraum

Als Aufwachraum bezeichnet man in der ► Medizin einen Bereich, in dem ► Patienten, die eine Narkose oder Sedierung erhalten haben, solange überwacht werden, bis ihre Vitalfunktionen wieder stabilisiert sind. Ein Aufwachraum findet sich dementsprechend in Krankenhäusern oder Arztpraxen, in denen für Operationen oder diagnostische Maßnahmen Patienten narkotisiert oder sediert werden. Ein Aufwachraum ist mit entsprechenden Überwachungsgeräten ausgestattet und wird meist durch eine oder mehrere Anästhesie-Pflegekräfte betreut. Ein oder mehrere Ärzte (meist Anästhesisten) sind ebenfalls anwesend oder in ständiger Rufbereitschaft, um bei Komplikationen sofort helfen zu können.

Die Überwachung bezieht sich hierbei vor allem auf die Kreislaufparameter (Blutdruck, Puls), die Atmung und die Ausscheidungen (Urin, Stuhl oder Drainagesysteme). Ein zentraler Aufgabenschwerpunkt ist die postoperative ► Schmerztherapie sowie die Behandlung der Übelkeit die ggf. durch die Gabe von Analgetika auftritt.

Aus der Sicht des ► Gesundheitsmanagements führt diese temporäre postoperative Spezialversorgung zu einer Entlastung des regulären Stationsbetriebes in einem Krankenhaus, indem Patienten mit nicht stabilisierten Vitalfunktionen in entsprechend dafür hergerichteten Räumen und durch dafür spezialisierte Pflegekräfte und Ärzte versorgt werden.

LITERATURHINWEIS:

Apparative Ausstattung für Aufwachraum, Intensivüberwachung und Intensivtherapie. Empfehlung der Deutschen Gesellschaft für Anästhesiologie und Intensivmedizin und des Berufsverbandes Deutscher Anästhesisten. Anästh. Intensivmed. 38 (1997) 470-474.

Ausgliederung

Bei Ausgliederungen im Rahmen des ► Gesundheitsmanagements handelt es um die Abgabe von ursprünglich selbst erbrachten ► Gesundheitsleistungen in die Verantwortung anderer ► Leistungserbringer. Mit der Umstellung der Vergütung der ► Krankenhäuser auf leistungsorientierte ► Fallpauschalen sind Tendenzen der Ausgliederung entsprechender Leistungen in den ambulanten Bereich, wie bspw. in ► Praxiskliniken oder ► Medizinische Versorgungszentren, zu beobachten. Kritiker dieser Entwicklungen sehen darin eine Überbeanspruchung der ► ambulanten Versorgung, denen sie qualitativ wie quantitativ nicht gewachsen ist. Zudem sei das System der ► Vergütung vertragsärztlicher Leistungen auf diese Entwicklung nicht eingestellt. Zur

Sicherstellung der ► Qualität der Versorgung und einer gleichzeitig sichergestellten Vergütung der nun ausgelagerten Leistungen können stationäre und ambulante Leistungserbringer in einer sog. ► Integrierten Versorgung zusammenarbeiten.

Auslastung

Gesichtspunkte der Auslastung einer Einrichtung des ► Gesundheitssystems sind entweder kosten- oder vergütungsseitig von Bedeutung. Die kostenseitige Optimierung der Auslastung der Kapazitäten lässt sich insbesondere am Beispiel des ► Krankenhauses verdeutlichen. Seit der Umstellung der Vergütung auf leistungsorientierte ► Fallpauschale werden Tendenzen der Verkürzung der ► Verweildauer der ► Patienten sichtbar. Ein Grund dafür sind Möglichkeiten der ► Ausgliederung von Leistungen in den Bereich der ► ambulanten Versorgung. Wenn nun eine frühestmögliche Entlassung (► Entlassungsmanagement) des Patienten angestrebt wird, bedeutet dies andererseits, dass die Kapazitäten des Krankenhauses schneller wieder zur Verfügung stehen. Gelingt es nicht, diese unmittelbar wieder zu nutzen, drohen Leerkosten. Darauf kann, da sich die ► Krankenhaushäufigkeit der Patienten nicht beliebig beeinflussen lässt, nun entweder mit einer Reduzierung entsprechender Kapazitäten (z. B. Bettenzahlen) oder mit der Nutzung von ► Zuweisern oder ► Einweiserportalen reagiert werden.

Die Beachtung einer vergütungsseitigen Auslastung zeigt sich im ambulanten Bereich, da bspw. die ► Vergütung vertragsärztlicher Leistungen im weitesten Sinne budgetiert ist. Im Klartext bedeutet dies, dass die Leistungen bezogen auf einen Abrechnungszeitraum „gedeckelt" (► gedeckelte Leistungen) sind. Sobald sich abzeichnet, dass das Leistungsvolumen erschöpft ist, besteht die Gefahr der Leistungsverweigerung auf dem Wege einer ► Patientenselektion. In der Endkonsequenz werden Leistungen in den nächsten Abrechnungszeitraum verschoben, was die Entstehung von Wartelisten zur Folge hat.

B

Basisfallwert

Der Basisfallwert (oft auch Basisfallpreis, englisch: Baserate) ist Grundlage der Berechnung des Preises für Krankenhausbehandlungen. Er wird bei der Abrechnung von Krankenhausleistungen mit den ► gesetzlichen und privaten Krankenversicherungen mit der jeweiligen Bewertungsrelation der ► DRGs multipliziert. Der Wert unterscheidet sich derzeit noch je nach Bundesland und soll schrittweise bundesweit vereinheitlicht werden. Nach § 10 Abs. 8 Satz 1 KHEntgG ist ein einheitlicher Basisfallwertkorridor mit einer oberen Korridorgrenze (+2,5 %) und einer unteren Korridorgrenze (-1,25 %) um den einheitlichen Basisfallwert vorgesehen. Letzterer betrug im Jahr 2010 2.935,78 €.

LITERATURHINWEISE:

Vetter, U./Hoffmann, L. (Hrsg.): Leistungsmanagement im Krankenhaus: G-DRGs: Schritt für Schritt erfolgreich: Planen, Gestalten, Steuern. Heidelberg 2005.

LINK-TIPP:

www.g-drg.de

WOLFGANG GREINER

Basispflegesätze

► Pflegesätze

Basistarif

Seit dem 1. Januar 2009 gibt es einen Basistarif in der privaten Krankenversicherung (PKV). Die mit dem Basistarif verbundenen Leistungen entsprechen nach Art, Umfang und Höhe dem 3. Kapitel des SGB V und sind damit dem ► Leistungskatalog der ► gesetzlichen Krankenversicherung (GKV) vergleichbar.

Die Beiträge des Basistarifes richten sich nur nach dem Eintrittsalter und dem ► Geschlecht des zu Versichernden. Der Gesundheitsstatus bleibt dabei entgegen der bisherigen Verfahrensweise im Bereich der PKV unberücksichtigt. Somit besteht auch nicht die Gefahr, dass Zuschläge wegen eines erhöhten Gesundheitsrisikos erhoben werden. Mit der Einführung des Basistarifes können alle bisher freiwillig gesetzlich Versicherten innerhalb eines Zeitraums von sechs Monaten nach Beendigung der Versicherungspflicht in den Basistarif der PKV wechseln. Jede PKV bietet einen Basistarif an, der den bisherigen Standardtarif ersetzt.

Um die Finanzierung zu gewährleisten, darf der Beitrag beim Basistarif für Einzelpersonen den durchschnittlichen Höchstbeitrag in der GKV nicht überschreiten. Derzeit liegt der durchschnittliche Höchstbeitrag bei rund 500 €. Zukünftig können die Versicherten unter erleichterten Bedingungen den Versicherungsanbieter wechseln. Die Altersrückstellungen werden bei einem PKV-Wechsel bis zur Höhe des Basistarifs einfach mitgenommen. Für finanziell hilfebedürftige Versicherte wurden Maßnahmen zur Verringerung des Beitrages vorgesehen.

LINK-TIPP:

www.bundesfinanzministerium.de

Bedarfsplanung

Eine Planung des Bedarfes an vorzuhaltenden ► Gesundheitsleistungen findet auf unterschiedlichen Ebenen statt. Im Bereich der ► ambulanten Versorgung ist die Aufgabe der ► Kassenärztlichen Vereinigung, die gemäß dem ► Sicherstellungsauftrag die Verpflichtung hat, das Angebot an ambulanten Leistungen hinsichtlich Qualität (Facharztspezifika) und Quantität für ihren regionalen Verantwortungsbereich aus dem Bedarf abzuleiten und vorzuhalten. Im ► stationären Bereich ist diese Aufgabe ein Bestandteil der ► Krankenhausbedarfsplanung. Eine Verknüpfung des ambulanten und stationären Bereiches der Bedarfsplanung verbirgt sich im Ansatz der ► Community Medicine. Auch im Bereich der ► Pflege gibt es entsprechende Ansätze, wenn auf regionaler Ebene sog. Pflegekonferenzen stattfinden, in denen die ambulanten und stationären ► Leistungserbringer in der Pflege bspw. einer Kommune sich gemeinsam mit der Kommune über den Umfang und die Spezifika der vorzuhaltendende Pflegeleistungen verständigen.

Befreiung von Zuzahlungen

► Zuzahlungen

Befund

Ein Befund ist die Summe der im Rahmen der ► Diagnostik durch einen ► Arzt in einem adäquaten ► Arzt-Patienten-Verhältnis erhobenen krankheitsbezogenen körperlichen und psychischen Merkmale eines ► Patienten. Der Befund beschreibt den aktuellen Zustand der ► Krankheit und bildet ergänzt um Daten aus einer Anamnese die Grundlage für eine sich anschließende ► Behandlung.

Behandlung

Eine Behandlung umschreibt die Summe von Maßnahmen, die der Heilung oder dem Eindämmen einer ► Krankheit bzw. dem Überwinden ihrer Folgen dienen. Das Maßnahmespektrum beginnt mit Maßnahmen der ► Diagnostik, der ► Kuration, Therapie, ► Pflege oder der ► Rehabilitation. Im Rahmen der ► palliativmedizinischen Versorgung sind darunter insbesondere Maßnahmen der Verbesserung der ► Lebensqualität zu verstehen.

Behandlungsfehler

Ein Behandlungsfehler kann bspw. in einer unrichtigen ► Diagnose oder einer unsorgfältig durchgeführten Therapie bestehen. Typische Beispiele hierfür sind in einer Operationswunde zurückgelassene Tupfer oder gar Instrumente, falsch injizierte Spritzen oder die Verschreibung falscher Medikamente bzw. deren unrichtige Dosierung. Sollten verschiedene Behandlungsmethoden möglich sein, muss der ► Arzt immer die ungefährlichste wählen. Bei Vorliegen eines Behandlungsfehlers besteht ärztlicherseits die Verpflichtung zur Haftung (► Arzthaftung).

AXEL BENNING

Behandlungsleitlinie

► Leitlinien

Behandlungsmanagement

Unter Behandlungsmanagement versteht man die koordinierte Planung und Steuerung einer konkreten medizinischen Behandlung zumeist auf Basis eines ► Behandlungsplanes, der z. B. auf einem klinischen Behandlungspfad oder Algorithmus basieren kann. Dabei wird die Behandlung nicht nur geplant – also festgelegt, welche Maßnahmen im Planungszeitraum zu welchem Zeitpunkt durchzuführen sind –, sondern die Einhaltung des Planes wird auch überwacht und bei Vorfällen und Veränderungen entsprechend interveniert. I. d. R. werden auch Behandlungsziele definiert, die erreicht werden sollen, sowie Indikatoren zur Messung des Behandlungsfortschrittes festgelegt.

Ein inter- und multiprofessionelles Behandlungsmanagement ist nur auf Basis einer IT-Unterstützung effizient möglich. Behandlungsmanagement kann sowohl im ► Krankenhaus und dort im pflegerischen wie im ärztlichen Bereich erfolgen als auch im ambulanten Sektor, in der ► Rehabilitation usw. Als Ausprägungen sind z. B. das ► Disease- und das ► Case-Management zu nennen, aber auch die Heilverfahrenssteuerung durch die ► Berufsgenossenschaften nach schweren Berufsunfällen ist ein Beispiel für Behandlungsmanagement.

Wesentliche Ziele eines Behandlungsmanagements sind:

- die Kontinuität der Versorgung sicherzustellen – auch über Sektorengrenzen hinweg und über alle Phasen von Erkrankungen,
- die Koordination der Versorgung durch Transparenz des Ist-Standes (Was war?) und der prospektiven Planung (Was soll werden?) sicherstellen,
- die Integration aller an einer Behandlung beteiligten Institutionen/Personen realisieren sowie
- eine Qualitätssteigerung durch kontrollierte und methodisch fundierte Qualitätssicherung der Struktur-, Prozess- und Ergebnisqualität erreichen.

Als begünstigende Faktoren bzw. Entwicklungen, die den Einsatz von entsprechenden Konzepten geradezu zwingend machen, werden in der Literatur die Zunahme chronisch Kranker, die sektorale und somit suboptimale Gliederung des Gesundheitswesens, die Zurückbildung sozialer Strukturen und die demografische Entwicklung genannt.

Genau genommen hat schon zu Zeiten der Hausarztorientierung vor 30 Jahren ein solches Behandlungsmanagement stattgefunden, indem eben der ► Hausarzt als zentrale und verpflichtende Anlaufstelle die gesamte Versorgung eines Patienten überblickt und koordiniert hat – natürlich auf Basis von Papier und mittels Überweisungen. Die „zentrale" Dokumentation führte er selbst und war darauf angewiesen, dass alle Mitbehandler ihre Informationen zeitnah an ihn übermitteln. Heute sollte ein Behandlungsmanagement bei der Planung die bekannten ► Leitlinien berücksichtigen und dementsprechend evidenzbasiert sein. Die gesamte Durchführung sollte IT-gestützt erfolgen.

LITERATURHINWEIS:

Szathmary, B.: Neue Versorgungskonzepte im deutschen Gesundheitswesen – Disease- und Case-Management. Neuwied 1999.

PETER HAAS

Behandlungspfad

► Klinische Behandlungspfade

Behandlungspflege

Als Behandlungspflege werden Tätigkeiten bezeichnet, die eng verknüpft mit einer ärztlichen ► Behandlung erfolgten. Demgemäß erfolgt sie grundsätzlich nur auf ärztliche Anordnung und wird von qualifizierten Pflegekräften aus dem Bereich der Gesundheits- und Krankenpflege, der Kinderkrankenpflege, der Altenpflege und der Heilerziehungspflege erbracht. Diese Aufgaben umfassen bspw. die Wundversorgung, den Verbandswechsel, die Medikamentengabe, die Blutdruck- und Blutzuckermessung und die ärztliche Assistenz. Aus der Nähe dieser Leistungen zu ärztlichen Leistungen resultiert auch, dass diese Pflegeleistungen nicht von der ► Pflegeversicherung, sondern von der Krankenversicherung getragen werden.

LITERATURHINWEIS:

Schewior-Popp, S./Sitzmann, F./Ullrich, L. (Hrsg.): Thiemes Pflege. Das Lehrbuch für Pflegende in Ausbildung. 11. Auflage. Stuttgart 2007. *Menche, N.* (Hrsg.): Pflege Heute. 4. Auflage. München 2007.

LINK-TIPP:

www.pflegeheute.de

Behandlungsplan

Dr Behandlungsplan ist ein zeitlich orientierter Ablaufplan aus medizinischen Handlungen und ggf. (Zwischen)Entscheidungen für die ► Diagnostik oder Therapie für einen ► Patienten. Dieser Ablaufplan kann auf klinischen Pfaden (► Klinische Behandlung oder ► Behandlungspfade), in komplexerer Form auf klinischen Algorithmen basieren. Dieses vorgegebene Muster ist dann der „abstrakte" Plan, der durch Anwendung auf und ggf. Individualisierung für einen Patienten zum konkreten Patientenbehandlungsplan ausgeprägt wird. Typische Muster für Behandlungspläne sind Nachsorgepläne, Chemotherapiepläne, Pflegepläne für bestimmte Pflegeprobleme aber auch Ernährungs-/Diätpläne, Monitoringpläne für chronisch Kranke u.v.a.m.

Solche Pläne finden sich z.B. in ► Leitlinien. Diese bilden i.d.R. dann die Basis, um für einen Patienten einen Behandlungsplan zu erstellen, der bei Zugrundelegung von evidenzbasierten Pfaden von diesen nicht abweichen sollte. Ein kleines einfaches Beispiel soll dies verdeutlichen: In der S3-Leitlinie zum kolorektalen Karzinom wird bezüglich der Nachsorge für bestimmte Patientengruppen vorgeschlagen, alle sechs Monate nach der Operation folgende Maßnahmen durchzuführen: Anamnese, körperliche Untersuchung, CEA, Abdomensonografie sowie nach drei Jahren auch eine Koloskopie. Dies kann als „abstrakter" Plan angesehen werden, der dann aber zum konkreten Nachsorgeplan für den Patienten überführt wird, in dem sich dann auch konkrete Zeitangaben zu den Untersuchungen finden. Diese werden dann auch oft in den „Nachsorgepass" eingetragen, der den indikationsspezifischen Behandlungsplan enthält.

Genau genommen sollte es für einen Patienten nicht mehrere Behandlungspläne geben, sondern einen gesamtheitlichen Plan. Aufgrund der berufsgruppenspezifischen Handlungsanteile werden aber oft nur spezifische Einzelpläne erstellt. Oft wird „Behandlungsplan" mit „klinischem Pfad" gleichgesetzt, was aber nicht korrekt ist. Der Behandlungsplan kann sehr wohl individuell zusammengestellt und ausgeführt werden, so z.B. bei der Versorgungsplanung für einen älteren multimorbiden Patienten oder ein kieferorthopädischer Behandlungsplan oder ein Ernährungsplan für die Ernährungstherapie. Eine solche Individualität ist bei klinischen Pfaden und deren Anwendung gerade nicht erwünscht.

LINK-TIPP:

www.test.de/themen/gesundheit-kosmetik/alternative-heilmethoden/behandler/behandlungsplan/

PETER HAAS

Behinderung

Im nationalen wie auch im internationalen Raum bestehen viele unterschiedliche Ansichten und Definitionen von Behinderung. In Deutschland wird der Begriff Behinderung im § 2 SGB IX bundesrechtlich wie folgt definiert: „Menschen sind behindert, wenn ihre körperliche Funktion, geistige Fähigkeit oder seelische Gesundheit mit hoher Wahrscheinlichkeit länger als sechs Monate von dem für das Lebensalter typischen Zustand abweichen und daher ihre Teilhabe am Leben in der Gesellschaft beeinträchtigt ist." Die Begriffsdefinition des SGB IX erfolgte in Anlehnung an die von der ► WHO entwickelte, internationale Klassifikation der Funktionsfähigkeit, Behinderung und ► Gesundheit, die keine alleinig defizitäre Sichtweise, sondern eine ebenso starke Ressourcenorientierung besitzt. Behinderung wird hierbei als ein Oberbegriff für Schädigungen der Körperfunktionen und/oder -strukturen gesehen und damit einhergehenden Beeinträchtigungen der Aktivität und der Partizipation. Ursachen für Behinderungen können angeborene, chromosomale Veränderungen oder vor der Geburt erworbene Schädigungen sowie während und nach der Geburt erlebte ► Krankheiten, Unfälle und Schädigungen sein. Behinderungsarten, unterschieden nach Art der Schädigung, können Sehbehinderungen, chronische und innere Erkrankungen, geistige Behinderungen, Hörschädigungen, Lernbehinderungen, Schädigung der Gliedmaßen, des Skelett- sowie Zentralennervensystems, seelische Behinderungen, Suchtkrankheiten sowie Anfallsleiden sein.

LITERATURHINWEIS:

Bundesarbeitsgemeinschaft der Integrationsämter und Hauptfürsorgestellen (Hrsg.): ABC. Behinderung & Beruf. Handbuch für die betriebliche Praxis. 3. Auflage. Wiesbaden 2008.

LINK-TIPP:

WHO (Hrsg.): Disabilities, unter: www.who.int/topics/disabilities/en/ (Datum des Abrufs: 19. März 2010).

CLAUDIA KÜPER

Beihilfe

Unter einer Beihilfe wird im deutschen Beamtenrecht eine finanzielle Unterstützung in Fällen der ► Krankheit, Geburt, ► Pflege oder bei Todesfällen verstanden. Beamte, Soldaten und Berufsrichter sowie deren Ehepartner und Kinder, soweit sie nicht selbst sozialversicherungspflichtig sind, erhalten einen Teil ihrer gesundheitsbezogenen Ausgaben von ihrem Dienstherren erstattet. Als Grundlage werden nur die „beihilfefähigen" Aufwendungen herangezogen. ► Selbstbehalte werden nicht erstattet.

Beipackzettel

► Gebrauchsinformationen

Beitragsbemessungsgrenze

Unter einer Beitragsbemessungsgrenze wird die Höhe eines Einkommens verstanden, ab welcher der darüber hinausgehende Betrag nicht für die Bemessung der Höhe der Beiträge für die gesetzlichen Versicherungen herangezogen wird. Dieser Betrag bleibt somit beitragsfrei. Derartige Beitragsbemessungsgrenzen gibt es im deutschen System der ► Sozialversicherungen. In der ► gesetzlichen Krankenversicherung lag die Beitragsbemessungsgrenze im Jahre 2010 bei einem Einkommen in Höhe von 3.750 € monatlich oder 45.000 € jährlich. Ausgegangen wurde bei seiner ursprünglichen Konstruktion nicht etwa von einem möglichen Bedarf der Umverteilung von Geldern zwischen Geringer- und Besserverdienenden, sondern davon, dass jeder Versicherte i. d. R. den gleichen Leistungsumfang in Anspruch nimmt. Denn die Beiträge für die Sozialversicherungen wurden nach der Höhe der aus diesen Versicherungen zu leistenden Zahlungen und nicht nach den finanziellen Möglichkeiten der Versicherten konzipiert.

Beitragsrückzahlung

► Wahltarife

Beitragssatz

Als Beitragssatz wird im Rahmen der gesetzlichen ► Sozialversicherungen der Anteil vom Bruttoverdienst eines Arbeitnehmers verstanden, der monatlich in die gesetzlichen Versicherungen einzuzahlen ist. Während bei der gesetzlichen ► Unfallversicherung der Arbeitgeber die Beiträge zu 100 % trägt, kommt es bei den anderen vier gesetzlichen Sozialversicherungen zu einer (ursprünglich hälftigen) Teilung des Beitragssatzes. Aktuell besteht die Absicht, den Arbeitgeberanteil an der ► gesetzlichen Krankenversicherung „einzufrieren". Dies würde bedeuten, dass zukünftige Beitragssatzerhöhungen ausschließlich zu Lasten des Arbeitnehmers gehen. Damit würde im Bereich der gesetzlichen Krankenversicherungen eines der als sozial angesehenen Merkmale der deutschen Sozialversicherungen „über Bord geworfen" werden.

Belegarzt

Ein Belegarzt ist ein niedergelassener ► Arzt, der mit einem ► Krankenhaus eine Vereinbarung darüber getroffen hat, im Bedarfsfall seine ► Patienten in dort „gemieteten" Betten (► Belegbetten) selbst auch stationär oder teilstationär zu versorgen. Der Belegarzt rechnet seine im Krankenhaus erbrachten Leistungen gegenüber der ► Kassenärztlichen Vereinigung ab.

Belegbetten

Hierunter werden Betten eines Krankenhauses verstanden, die im Bedarfsfall für ► Patienten von sog. ► Belegärzten vorgehalten werden. Belegbetten finden sich i. d. R. in Krankenhäusern der Grund- und Regelversorgung und den dort vorzufindenden Fachgebieten der Medizin.

Berufliche Schulen im Gesundheitswesen

Die berufliche Ausbildung in einigen ► Gesundheitsfachberufen erfolgt in einigen Bundesländern nicht im staatlichen Berufsschulsystem. In einigen Bundesländern, wie z. B. in Nordrhein-Westfalen, haben sich daher die ► Leistungserbringer im ► Gesundheitswesen die berufliche

Ausbildung bspw. in den Berufen der ► Pflege zu ihrer eigenen Aufgabe gemacht, um sich einen adäquaten Nachwuchs zu sichern. Zu diesem Zweck sind an ► Krankenhäusern z. B. Pflegeschulen oder auch Fachseminare für Altenpflege entstanden. In Zeiten einer ► Akademisierung der Gesundheitsfachberufe ist die Zukunft viele dieser Schulen ungewiss.

LITERATURHINWEIS:

Burchert, H.: Auswirkungen der Akademisierung der Gesundheitsberufe auf die beruflichen Schulen im Gesundheitswesen am Beispiel Nordrhein-Westfalens, in: *Bonse-Rohmann, M./Burchert, H.* (Hrsg.): Neue Bildungskonzepte für das Gesundheitswesen, Bielefeld 2011.

Berufsausübungsgemeinschaft

Der Begriff der Berufsausübungsgemeinschaft (BAG) entstammt dem Recht der ► Gesetzlichen Krankenversicherung und ist in § 33 Absatz 2 Zulassungsverordnung Ärzte bzw. Zahnärzte gesetzlich definiert. Danach ist die BAG ein Zusammenschluss mehrerer zur Kassenärztlichen Versorgung zugelassener ► Ärzte, Zahnärzte oder sonstiger ► Leistungserbringer zur gemeinsamen Ausübung der vertragsärztlichen Tätigkeit. Typische Erscheinungsform der BAG ist die ► Gemeinschaftspraxis (GP), deren Begriff teilweise synonym verwendet wird. Lediglich formal ist die GP in Abgrenzung zu dem kassenärztlichen Begriff der BAG weiter zu verstehen, da sie auch auf rein privatärztlicher Basis betrieben werden kann.

Der Zusammenschluss zu einer BAG erfolgt wie bei einer ► Gemeinschaftspraxis durch Gründung einer Gesellschaft. Für die Teilnahme der Gesellschaft als BAG an der vertragsärztlichen Versorgung ist eine vorherige Genehmigung durch den zuständigen Zulassungsausschuss erforderlich.

Nach Genehmigung tritt die BAG gegenüber der jeweiligen ► Kassen(zahn)ärztlichen Vereinigung als wirtschaftliche Einheit auf. Die Leistungen sämtlicher dort tätiger Ärzte werden gemeinsam als Leistungen der BAG abgerechnet. Für die Genehmigung ist insbesondere erforderlich, dass eine eigenverantwortliche und medizinisch unabhängige Berufsausübung der Gesellschafter gewährleistet ist und kein verdecktes Arbeitnehmerverhältnis vorliegt. Wenn entgegen der Zulassung als Gemeinschaftspraxis tatsächlich ein Arbeitsverhältnis „gelebt" wird, kann dies – rechtlich umstritten – zu einer Strafbarkeit wegen Betrugs sowie zu Schadensersatzforderungen der Kassenärztlichen Vereinigungen führen (OLG Koblenz, 2. 3. 2000, Az.: 2 Ws 92-94/00). Wie die gemeinsame eigenverantwortliche und unabhängige Berufsausübung konkret auszugestalten ist, wird derzeit nicht einheitlich beantwortet. Dies betrifft insbesondere Fragen der gemeinsamen Beteiligung an einem möglichen Gesellschaftsvermögen, die Regelung der Gewinn- und Verlustbeteiligung oder die Berechtigung der Gesellschafter zur Vertretung und Geschäftsführung und zur Wahrnehmung von Arbeitgeberfunktionen.

Eine BAG kann für einen gemeinsamen oder für unterschiedliche Vertragsarztsitze zugelassen werden (örtliche/überörtliche BAG). Auch eine Teil-BAG, bei der im Verhältnis zur Kassen(zahn)ärztlichen Vereinigung lediglich bestimmte vertragsärztliche Leistungen gemeinsam erbracht und abgerechnet werden, ist möglich, soweit sie nicht mit Vertragsärzten gebildet wird, die ausschließlich medizinisch-technische Leistungen auf Überweisung erbringen (z. B. Radiologen oder Laborärzte).

TILL ARENS

Berufsgenossenschaft (BG)

Die Berufsgenossenschaft ist als Körperschaft des öffentlichen Rechts Träger der ► gesetzlichen Unfallversicherung. Im Alltag werden die Begriffe „Berufsgenossenschaft“ und „gesetzliche Unfallversicherung“ oft synonym verwendet. Zu den Aufgaben der Berufsgenossenschaften zählen Maßnahmen der ► Prävention bei ► Arbeitsunfällen, Berufskrankheiten und anderen arbeitsbedingten Gesundheitsgefahren. Aufgabenschwerpunkte sind die Arbeitssicherheit und die Arbeitsmedizin. Zum 1. 7. 2007 sind alle gesetzlichen Unfallversicherungen und die Berufsgenossenschaften zur „Deutschen Gesetzlichen Unfallversicherung“ fusioniert.

LINK-TIPP:

www.dguv.de

Berufsunfähigkeit

Von einer Berufsunfähigkeit wird gesprochen, wenn eine ärztlich bestätigte, dauernde Beeinträchtigung der Berufsausübung durch ► Krankheit, Unfall (► Arbeitsunfall) oder Invalidität vorliegt. Bei Berufsunfähigkeit kann der bisherige Beruf nicht mehr ausgeübt werden. Eine weitere Teilhabe am Erwerbsleben, die den verbliebenen körperlichen und geistigen Fähigkeiten entspricht, ist damit nicht ausgeschlossen. Eine Berufsunfähigkeit schließt somit nicht zwingend eine ► Erwerbsunfähigkeit ein. Die Berufsunfähigkeit ist grundsätzlich ein ► Versicherungsfall der gesetzlichen ► Rentenversicherung. Somit kommt die gesetzliche Rentenversicherung für Leistungen der beruflichen Rehabilitation auf, welche eine berufliche Neuausrichtung des Betroffenen im Sinne einer Umschulung zum Inhalt hat.

Beschäftigungstherapie

► Ergotherapie

Beschwerdemanagement

Kundenorientierte Unternehmen, die über eine hohe ► Kundenzufriedenheit von Wiederholungskäufen und Weiterempfehlungen ihrer Kunden profitieren möchten, müssen sich zwangsläufig auch mit ihren unzufriedenen Kunden beschäftigen. Unzufriedene Kunden können zu einem anderen Anbieter wechseln oder in ihrem Verwandten- und Freundeskreis negativ über das Unternehmen berichten. Das systematische Auseinandersetzen mit unzufriedenen

Kunden und die Implementierung von Prozessen zur Aufnahme, Bearbeitung und Analyse von Beschwerden im Unternehmen werden als Beschwerdemanagement bezeichnet.

Beschwerden werden dabei als Artikulation einer irgendwie gearteten Unzufriedenheit mit der wahrgenommenen Leistungserbringung des Unternehmens durch den Kunden verstanden. Ursächlich können grundsätzlich zu hohe Erwartungen des Kunden, Wahrnehmungsverzerrungen beim Kunden und Qualitätsprobleme beim Unternehmen sowie eine Kombination aus den Faktoren sein. Beschwerden sollten vom Unternehmen als Chance aufgefasst werden, um zum einen unzufriedene Kunden nachträglich doch noch zufrieden stellen zu können und um zum anderen Verbesserungsmaßnahmen einleiten zu können, die die Ursachen der Unzufriedenheit beseitigen.

Beschwerdemanagement beinhaltet mehrere Komponenten: Maßnahmen zur Beschwerdestimulation zielen darauf ab, den unzufriedenen Kunden überhaupt zu einer Äußerung seiner Unzufriedenheit gegenüber dem Unternehmen zu animieren. Gerade im ► Gesundheitswesen können ausgeprägte Beschwerdehürden bestehen, die den Kunden davon abhalten, eine Beschwerde zu äußern. Beispiel: Man beschwert sich nicht beim ► Arzt, weil man glaubt anschließend von ihm schlechter betreut zu werden. Auch ist die Ursache der Unzufriedenheit nicht immer eindeutig dem Leistungsanbieter zuzuordnen oder man glaubt nicht, dass eine Beschwerde eine Veränderung mit sich bringen würde (fehlender Nutzen). Maßnahmen zur Beschwerdeaufnahme und -bearbeitung dienen dazu, sich des Kundenproblems anzunehmen, um dann eine Problemlösung und ggf. Wiedergutmachung herbeiführen zu können. Abschließend sind dann Analysen durchzuführen, um geeignete Verbesserungsmaßnahmen einzuleiten.

Eine organisatorische Verankerung des Beschwerdemanagements ist erforderlich. So bieten etwa Hersteller von Arztpraxissoftware auch entsprechende Beschwerdemanagement-Module an. Ebenso wichtig ist die Schulung der Mitarbeiter im Umgang mit Beschwerden. Beschwerdemanagement ist keine Verpflichtung aufgrund von Vorgaben des ► Qualitätsmanagements sondern eine marketingbezogene Notwendigkeit zur Unternehmenssicherung.

LITERATURHINWEISE:

Stauss, B./Seidel, W.: Beschwerdemanagement. 4. Auflage. München 2007. *Homburg, Ch./Fürst, A.*: Beschwerdeverhalten und Beschwerdemanagement, in: DBW. 67. Jg. Heft 1/2007. S. 41-74. *Fürst, A.*: Effektivität und Effizienz der Gestaltung des Beschwerdemanagements, in: *Gröppel-Klein, A.* (Hrsg.): Marketing ZFP. 01/2008. S. 29-45.

MARC HASENJÄGER

Betäubungsmittel (BTM)

Als Betäubungsmittel werden von seinem Wortursprung her Stoffe verstanden, die in der Lage sind, starke ► Schmerzen zu betäuben. Insofern die Betäubungsmittel auch eine rechtliche Dimension aufweisen, vgl. hierzu das Betäubungsmittelgesetz, sind sie eine besondere Gruppe der ► Arzneimittel. Besonders deshalb, weil sie einer anderen Verordnung bedürfen. Statt eines „normalen" Rezeptes (► elektronisches Rezept) bedarf es eines sog. BTM-Rezeptes, um den

► Patienten mit den entsprechenden Anästhetika auszustatten. Alle gemäß dem deutschen Betäubungsmittelgesetz als BTM deklarierten Arzneimittel sind in Anlage I-III des Gesetzes aufgelistet. Beim Einsatz der BTM im Rahmen der ► Selbstmedikation besteht die Gefahr des Missbrauchs, der bis zu medikamenteninduzierten Schmerzsymptomatiken führen kann.

Betreuung

Eine Betreuung ist ein Rechtssubstitut, mit welchem seit 1992 die ► Vormundschaft abgelöst wurde. Gemäß § 1896 BGB kann für einen Volljährigen, der aufgrund einer psychischen ► Krankheit oder einer körperlichen, geistigen oder seelischen ► Behinderung seine Angelegenheiten ganz oder teilweise nicht besorgen, vom sog. Betreuungsgericht entweder auf seinen Antrag oder von Amts wegen ein Betreuer bestellt werden. Den Antrag kann auch ein Geschäftsunfähiger stellen. Soweit der Volljährige aufgrund einer körperlichen Behinderung seine Angelegenheiten nicht besorgen kann, darf der Betreuer nur auf Antrag des Volljährigen bestellt werden, es sei denn, dass dieser seinen Willen nicht kundtun kann. Gegen den freien Willen des Volljährigen darf ein Betreuer nicht bestellt werden. Ein Betreuer darf nur für Aufgabenkreise bestellt werden, in denen die Betreuung erforderlich ist. Somit wird grundsätzlich die Rechtsposition der Betroffenen gestärkt.

Betriebliche Gesundheitsförderung

Betriebliche Gesundheitsförderung (BGF) hat sich aus dem traditionellen Arbeitsschutz entwickelt und versteht sich als systematische Handlungsstrategie innerhalb einer Organisation. Der Arbeitsschutz war vor allem darauf ausgerichtet, die Risiken der Erwerbstätigkeit (z. B. ► Arbeitsunfälle oder den Umgang mit gefährlichen Stoffen) zu mindern und die Beschäftigten vor möglichen Berufskrankheiten zu schützen. Diesem Konzept der Pathogenese setzt BGF das Konzept der Salutogenese von *Aaron Antonovsky* entgegen. Der Sozialwissenschaftler benennt drei wesentliche Bedingungen für ► Gesundheit: die Verstehbarkeit, die Handhabbarkeit und die Sinnhaftigkeit der Lebensführung. Maßnahmen des BGF zielen daher vor allem darauf ab, die Gesundheit der Mitarbeiter zu stärken. Sie ergänzen somit den traditionellen Arbeitsschutz und sollen dazu beitragen, dass sich die Fehlzeiten der Beschäftigten verringern. Anders als das ► Betriebliche Gesundheitsmanagement konzentriert sich die BGF als theoretisches Konzept auf Einzelmaßnahmen, die die gesundheitsrelevanten Belastungen senken und gesundheitsstärkende Potenziale vermehren. Die Interventionen können auf unterschiedlichen Ebenen ansetzen: So werden bspw. die Ergonomie und Arbeitsabläufe im Betrieb optimiert sowie Angebote zur Stärkung des individuellen Gesundheitsverhaltens (z. B. Rückenschule, Ernährungsberatung) eingeführt. Der Impuls, die BGF im Betrieb aufzubauen, kann von unterschiedlichen innerbetrieblichen Akteuren ausgehen. Die Umsetzung ist jedoch möglichst abteilungsübergreifend zu steuern und muss von den wichtigsten innerbetrieblichen Vertretern – Geschäftsleitung, Arbeitnehmervertretung, Betriebsarzt – getragen werden. Einzelne BGF-Projekte werden i. d. R. in verschiedenen innerbetrieblichen Arbeitskreisen (Gesundheitszirkeln) entwickelt und umgesetzt. Entscheidendes Gremium ist dabei ein Steuerungskreis, der möglichst quer zu den Abteilungen und Hierarchien des Unternehmens besetzt sein sollte. Die Luxemburger Deklaration zur betrieblichen Gesundheitsförderung in der EU gilt auf politischer Ebene als wichtigste Grundlage. Sie wurde 1997 erstmals formuliert, von den Mitgliedern des Europäischen Netzwerks für betriebliche Gesundheitsförderung unterzeichnet, ist seither mehrfach aktualisiert worden und hat weitere Unterzeichner – meist Betriebe – hinzugewonnen. Die Deklaration beruft sich auf die EU-Richtlinie 89/391/EWG, mit der die Neuausrichtung des Arbeitsschutzes vollzogen wurde. Demnach werden gesunde, motivierte und gut ausgebildete Mitarbeiter als wesentliche Ressource für den wirtschaftlichen Erfolg innerhalb der EU angesehen.

LITERATURHINWEISE:

Bamberg, E./Ducki, A./Metz, A.-M. (Hrsg.): Handbuch Betriebliche Gesundheitsförderung. Arbeits- und organisationspsychologische Methoden und Konzepte. Reihe: Innovatives Management. Band 5. Hogrefe 1998. *Kuhn, J./Kayser, T.*: Arbeitsschutz und Betriebliche Gesundheitsförderung – ein schwieriges Verhältnis, in: Sicher ist sicher. Zeitschrift für Arbeitsschutz. 2001. S. 519-521, unter: www.gesundheitberlin.de/download/Abgrenzungsthesen.pdf.

LINK-TIPPS:

www.dnbgf.de/index.php?id=5

www.enwhp.org/the-enwhp.html

SUSANNE WERNER

Betriebliches Gesundheitsmanagement

Betriebliches Gesundheitsmanagement (BGM) wird als Führungs- und Managementaufgabe verstanden. Das Management richtet sich in all seinem Handeln und Steuern darauf aus, die ► Gesundheit und das Wohlbefinden aller Mitarbeiter zu erhalten und zu fördern. BGM lässt sich in seiner theoretischen Konzeption als Fortentwicklung der ► betrieblichen Gesundheitsförderung beschreiben. Es zielt darauf ab, die gesamte Kultur eines Unternehmens positiv zu verändern und somit effektiver und produktiver zu machen. Das BGM konzentriert sich auf organisationsbezogene Interventionen und untersucht die Arbeitsbedingungen und -organisation hinsichtlich ihrer gesundheitsförderlichen oder -schädlichen Effekte. Zentrale Vorstellung ist dabei, für Arbeitgeber und Arbeitnehmer eine „win-win-Situation" zu schaffen und die gesamte Organisation gleichsam zu einer „gesunden Organisation" zu wandeln: So werden – auf der einen Seite – nicht nur gesundheitliche Ressourcen der Beschäftigten gesteigert, sondern bspw. auch deren Teilhabe am Betriebsgeschehen (z. B. transparente Kommunikation, Bemühen um gemeinsame Werte und Überzeugungen). Auf der anderen Seite erwarten Experten davon eine verbesserte Effizienz und Produktivität des Unternehmens insgesamt. Von zentraler Bedeutung sind dabei die Investitionen in das Sozialkapital, dem zwischenmenschlichen Beziehungsgefüge innerhalb einer Organisation. Das bewusste Steuern und Gestalten von unterstützenden und vertrauensvollen sozialen Beziehungen sowie gemeinsam geteilten Werten und Überzeugungen wird als Investition verstanden und gilt als das Kernelement des modernen BGM.

LITERATURHINWEISE:

Badura, B./Hehlmann, T.: Betriebliche Gesundheitspolitik. Der Weg zur gesunden Organisation. Berlin/Heidelberg 2003. *Badura, B./Schröder, H./Vetter, C.* (Hrsg.): Fehlzeiten-Report 2008: Betriebliches Gesundheitsmanagement: Kosten und Nutzen. Heidelberg 2008. *Badura, B./Behr, M./ Greiner, W.* et al. (Hrsg.): Sozialkapital: Grundlagen von Gesundheit und Unternehmenserfolg. Berlin, Heidelberg 2008.

SUSANNE WERNER

Betriebsarzt

► Betriebliches Gesundheitsmanagement

Betriebskosten

Mit dem Krankenhausfinanzierungsgesetz von 1972 wurde für ► Krankenhäuser die ► duale Finanzierung eingeführt. Dies bedeutet, dass Investitionen durch die Bundesländer aus Steuermitteln finanziert werden und nur die laufenden Kosten des Betriebs (z. B. Personalkosten der ► Ärzte und Pflegekräfte, Kosten des medizinischen Verbrauchsmaterials und der Medikamente), die sog. Betriebskosten, durch die ► Patienten bzw. deren Krankenversicherer zu tragen sind. Fallen die Betriebskosten für die Erbringung von allgemeinen stationären und teilstationären Krankenhausleistungen an, gelten sie als pflegesatzfähig und fließen in die Kalkulation der Leistungsentgelte nach dem Krankenhausentgeltgesetz (KHEntgG) oder der Bundespflegesatzverordnung (BPflV) ein. Laufende Kosten, die für andere Leistungen anfallen, sind nicht in die Ermittlung der Pflegesätze einzubeziehen. Im Ergebnis sind die Gesamtkosten eines Krankenhauses im Rahmen der Kalkulation in mehreren Schritten um nicht pflegesatzfähige Kosten zu bereinigen: In einem ersten Schritt sind die mit der Investitionstätigkeit verbundenen Kostenarten auszugliedern. In einem zweiten Schritt erfolgt die Ausgliederung der Kosten, die auf andere als die allgemeinen stationären und teilstationären Krankenhausleistungen entfallen. Hierzu gehören insbesondere: Kosten für Forschung und Lehre, Kosten für ambulante Leistungen (► ambulante Versorgung) sowie für ergänzende Leistungsbereiche (z. B. Rehabilitationsleistungen, Pflegeleistungen nach SGB XI, ► Integrierte Versorgung nach § 140a ff. SGB V), Kosten für Leistungen an Dritte (z. B. durch Wäscherei, Küche, Labor) sowie Kosten für medizinisch nicht notwendige Leistungen, sog. ► Wahlleistungen.

Die Vergütung der pflegesatzfähigen Kosten erfolgt im somatischen Bereich über diagnosebezogene, fallpauschalierte Entgelte (sog. ► Diagnosis Related Groups), über Zusatzentgelte, mit denen definierte, nicht in die DRGs einkalkulierte Einzelkosten vergütet werden und über weitere, spezielle Teilleistungen abdeckende Entgelte. Gesetzliche Grundlage ist das KHEntgG. Für Einrichtungen der Psychiatrie und psychosomatischen Medizin gilt die BPflV, die gegenwärtig eine Abrechnung über tagesgleiche ► Pflegesätze vorsieht.

LITERATURHINWEISE:

Fleßa, S.: Grundzüge der Krankenhausbetriebslehre. 2. Auflage. München/Wien 2010. *Graumann, M./Schmidt-Graumann, A.*: Rechnungslegung und Finanzierung der Krankenhäuser. Herne 2007. *InEK* (Hrsg.): Kalkulation von Fallkosten, Handbuch zur Anwendung in Krankenhäusern. Version 3.0. Düsseldorf 2007.

EVELINE HÄUSLER

Bewertungsausschuss

Gemäß § 87 Abs. 1 Satz 1 SGB V haben die ► Kassenärztlichen Bundesvereinigungen mit dem ► Spitzenverband der Krankenkassen durch ein gemeinsam eingerichtetes Gremium namens Bewertungsausschuss einen ► Einheitlichen Bewertungsmaßstab für die ärztlichen und zahnärztlichen Leistungen zu vereinbaren.

Bezugspflege

Die Bezugspflege stellt die praktische Ausführung der Organisationsform ► Primary Nursing dar. Jedem ► Patienten ist eine Pflegekraft zugeordnet, welche dessen ► Pflege verantwortlich durchführt oder delegiert, wenn sie nicht im Dienst ist. Dieser Ansatz, eine Beziehung zwischen Pflegekraft und Patienten aufzubauen und somit langfristige Ziele zu erreichen, steht im Vordergrund des pflegerischen Handelns. Damit wird die Individualität von Patienten und Bewohnern hervorgehoben.

LITERATURHINWEISE:

Mischo-Kelling, M. (Hrsg.): Primary Nursing, Ein personenbezogenes Pflegesystem. 2. Auflage. Bern 2005. *Piechotta, G./van Kampen, N.* (Hrsg.): Ganzheitlichkeit im Pflege- und Gesundheitsbereich, Anspruch, Mythos, Umsetzung. Berlin/Milow/Strasburg 2006.

LISA HUNDER

Bildung

Die Bildung ist neben dem Einkommen, dem ► Alter und dem ► Geschlecht einer der wesentlichen Faktoren, die die ► Gesundheit des Individuums beeinflussen. Aus der ► Versorgungsforschung ist bekannt, dass es einen Zusammenhang zwischen der Bildung und dem Inanspruchnahmeverhalten von ► Gesundheitsleistungen gibt. Je höher die Bildung, desto umfangreicher sind die eigenen ► Gesundheitskompetenzen bzw. in der Rolle eines ► Patienten die ► Compliance und die Fähigkeiten des ► Copings. In einem ► Arzt-Patienten-Verhältnis trägt eine hohe

Bildung dazu bei, dass die für dieses Verhältnis typische Asymmetrie deutlich geringer ausfällt. Woraus sich auch ein deutlich einfacherer Zugang zu adäquaten Gesundheitsleistungen ableiten lässt.

Biographiearbeit

Unter der Biographiearbeit wird die in der Altenpflege vorgenommene soziale Anamnese gefasst. Sie wird als das gebräuchliche Verfahren einer aktivierenden ► Pflege angesehen, welches dem Pflegepersonal dabei helfen soll, besser auf die ► Patienten einzugehen. Unter Berücksichtigung der Biografie des Patienten kann es zu einer besseren ► Qualität der Planung und Durchführung der Pflege kommen.

LITERATURHINWEIS:

Schewior-Popp, S./Sitzmann, F. Ullrich, L. (Hrsg.): Thiemes Pflege. Das Lehrbuch für Pflegende in Ausbildung. 11. Auflage. Stuttgart 2007. *Menche, N.* (Hrsg.): Pflege Heute. 4. Auflage. München 2007.

LINK-TIPP:

www.pflegeheute.de

Bismarck, Otto von

Otto von Bismarck (* 1815; † 1898) wurde 1862 der preußische Ministerpräsident und nach dem deutsch-französischen Krieg (1871) der Kanzler des neugegründeten Deutschen Reiches. Zu seinen wesentlichen innenpolitischen Leistungen im hier betrachteten Kontext zählt die Schaffung des deutschen Systems der ► Sozialversicherungen.

Bluthochdruck

Bluthochdruck ist die umgangssprachliche Bezeichnung der Hypertonie. Von einem Bluthochdruck wird im Sinne einer ► Krankheit gesprochen, wenn der Blutdruck auf Dauer ein bestimmtes Maß überschreitet. Eine Ursache dafür können bspw. die mit einer ► Arteriosklerose verbundenen Ablagerungen in den Arterien sein. Die ► Prävalenz des Bluthochdruckes liegt zwischen 10-50 % der Gesamtbevölkerung, wobei die Häufigkeit mit steigendem ► Alter zunimmt.

LITERATURHINWEIS:

Heft 43 der ► Gesundheitsberichterstattung des Bundes. Berlin 2008.

Body-Mass-Index (BMI)

Der BMI ist eine relativ einfache Maßzahl für die Bewertung der Körpermasse eines Menschen. Sie gibt einen ersten Hinweis auf eine möglicherweise Beeinträchtigung des Gesundheitszustandes eines Menschen durch ein ► Übergewicht. Der BMI wird mit der Formel berechnet:

$$\text{BMI} = \text{Körpergewicht} / \text{Körperhöhe (in Metern)}^2 \; [\text{kg/m}^2]$$

Wenngleich diese Maßzahl eine Reihe von methodischen Mängeln (z. B. Nichtberücksichtigung einer individuell z. T. sehr verschiedenen Zusammensetzung der Körpermasse aus Fett- und Muskelgewebe) aufweist, dient sie der ► WHO als grober Richtwerte für eine Klassifikation von erwachsenen Menschen hinsichtlich des Risikos eines Übergewichtes oder einer sich bereits entwickelnden ► Adipositas. Die folgende Tabelle gibt einen entsprechenden Überblick:

ABB. 1: Klassifikation der BMI-Werte

BMI-Wert [kg/m²]	**Kategorie**
Kleiner als 16	Starkes Untergewicht
16-17	Mäßiges Untergewicht
17-18,5	Leichtes Untergewicht
18,5-25	Normalgewicht
25-30	Übergewicht
30-35	Adipositas I. Grades
35-40	Adipositas II. Grades
Größer als 40	Adipositas III. Grades

LITERATURHINWEIS:

Heft 16 der ► Gesundheitsberichterstattung des Bundes. Berlin 2003.

Bonus

Unter einem Bonus wird ein positiver Anreiz verstanden. Ein Bonus ist das Gegenteil von ► Malus. Im Rahmen des ► Gesundheitssystems können positive wie auch negative Anreize bspw. beim Versicherten ein bewusstes Gesundheitsverhalten bewirken. Boni fließen genauso wie Mali in sog. ► Bonus-Malus-Regelungen ein.

Bonus-Malus-Regelung

Bonus-Malus-Regelung ist ein System aus positiven und negativen Anreizen. Im ► Gesundheitssystem finden sich derartige Systeme an unterschiedlichen Stellen. Einerseits kann es bspw. seitens der Krankenversicherung in Richtung des Versicherten zur Anwendung kommen, wenn Bonus-Systeme dazu beitragen sollen, ein bewusstes Gesundheitsverhalten und einen selbständigen Ausbau der eigenen ► Gesundheitskompetenzen zu unterstützen. Als sozialversicherungsrechtlich und bezogen auf das Gesundheitsverhalten ist es in diesem Zusammenhang als problematisch anzusehen, Versicherten einen ► Malus zuzusprechen. Andererseits finden Bonus-Malus-Regelungen bei der ► Vergütung von vertragsärztlichen Leistungen Anwendung. So wurde mit dem Arzneimittelversorgungs-Wirtschaftlichkeitsgesetz aus dem Jahre 2007 versucht, die Ausgaben der ► gesetzlichen Krankenversicherungen für ► Arzneimittel zu senken. Strafzahlungen von Ärzten waren vorgesehen, wenn diese die für bestimmte ► Krankheiten festgelegte Tagestherapiekosten überschritten hatten. Verschrieben die Ärzte hingegen besonders günstige Arzneimittel oder verordneten sie kleinere Dosierungen, so erhielt die ► Kassenärztliche Vereinigung einen Bonus, den sie an die Ärzte ihres Einzugsbereiches weitergeben konnte. Dieses System wurde zwischenzeitlich ausgesetzt und gerade im Bereich der Verordnungen von Arzneimitteln durch die sog. ► Rabattverträge ersetzt.

Brustkrebs

Der Brustkrebs ist die umgangssprachliche Bezeichnung für das Mammakarzinom. Darunter wird eine ► Tumorerkrankung der Brustdrüsen des Menschen verstanden. Wenngleich der Brustkrebs in seltenen Fällen auch bei Männern beobachtet werden kann, ist er bei Frauen die häufigste Form einer Tumorerkrankung und gilt in den westlichen Industrienationen als eine der führenden ► Zivilisationskrankheiten bei Frauen. Die ► Prävalenz ist so hoch, dass darauf mit einem ► Strukturierten Behandlungsprogramm reagiert wurde.

LITERATURHINWEIS:

Heft 25 der ► Gesundheitsberichterstattung des Bundes. Berlin 2005.

LINK-TIPP:

www.krebshilfe.de

Bundesärztekammer

Die Bundesärztekammer (BÄK) ist ein Zusammenschluss der Länder-► ÄK zu einer sog. Arbeitsgemeinschaft. Die BÄK ist keine Körperschaft des Öffentlichen Rechts, sondern rechtlich ein Verein. Satzungsmäßige Organe der BÄK sind der Vorstand und der Deutsche Ärztetag als Hauptversammlung. Die BÄK dient nach ihrem Selbstverständnis insbesondere einer einheitlichen Vertretung des ärztlichen Berufsstandes in Politik, Öffentlichkeit und international sowie der Koordinierung länderübergreifender Aufgaben und Interessen der Landes-ÄK.

LINK-TIPP:

www.baek.de

TILL ARENS

Bundesdatenschutzgesetz (BDSG)

Bei der Erhebung und Verarbeitung ► personenbezogener Daten ist das BDSG zu beachten. Dieses dient der Wahrung des Rechts auf informationelle Selbstbestimmung als Bestandteil des allgemeinen Persönlichkeitsrechts (Art. 2 Abs. 1 GG). Das BDSG soll den Einzelnen davor schützen, dass er durch den Umgang mit seinen personenbezogenen Daten in seinem Persönlichkeitsrecht beeinträchtigt wird (§ 1 Abs. 1 BDSG). Das BDSG gilt sowohl im öffentlichen Bereich (z. B. Krankenhäuser, die unter öffentlicher Trägerschaft geführt werden) als auch für nicht-öffentliche Stellen. Voraussetzung ist, dass personenbezogene Daten unter Einsatz von Datenverarbeitungsanlagen verarbeitet, genutzt oder dafür erhoben werden, es sei denn, die Erhebung, Verarbeitung oder Nutzung der Daten erfolgt ausschließlich für persönliche oder familiäre Zwecke (§ 1 Abs. 2 BDSG). Sowohl Patientendaten als auch Personaldaten werden heute elektronisch verarbeitet. Deshalb müssen die Bestimmungen des Datenschutzgesetzes berücksichtigt werden.

Anwendbar ist das BDSG aber nur auf personenbezogene Daten. Hierbei handelt es sich um Einzelangaben über persönliche oder sachliche Verhältnisse einer bestimmten oder bestimmbaren Person (Betroffener), vgl. § 3 Abs. 1 BDSG. Zwar unterscheidet die Systematik des BDSG die Verarbeitung personenbezogener Daten durch öffentliche Stellen einerseits und nicht-öffentliche Stellen andererseits. Je nachdem, welche Stelle die Daten verarbeitet, finden unterschiedliche Vorschriften des BDSG Anwendung. Die Rechte der Betroffenen sind aber identisch.

Nach der Grundregel des ► Datenschutzes dürfen personenbezogene Daten nur dann erhoben, verarbeitet oder genutzt werden, wenn das BDSG oder eine andere Rechtsvorschrift dies erlaubt oder anordnet (sog. Gesetzesvorbehalt) oder der Betroffene eingewilligt hat (sog. Einwilligungsvorbehalt), vgl. § 4 Abs. 1 BDSG. Auf den Inhalt der Daten kommt es nicht an. Es handelt sich dabei um ein sog. Verbot mit Erlaubnisvorbehalt. Außerdem gilt nach dem neu eingefügten § 3a BDSG der Grundsatz der Datensparsamkeit.

Im Umgang mit Personaldaten:

Erlaubnistatbestand für die Verarbeitung von Personaldaten ist § 32 BDSG. Danach dürfen personenbezogene Daten eines Beschäftigten für die Zwecke eines Beschäftigungsverhältnisses erhoben, verarbeitet oder genutzt werden, wenn dies für die Entscheidung über die Begründung eines Beschäftigungsverhältnisses oder nach Begründung des Beschäftigungsverhältnisses für dessen Durchführung oder Beendigung erforderlich ist. Erforderlich ist dies etwa deshalb, weil die entsprechenden personenbezogenen Daten an verschiedene Stellen zu übermitteln sind (vgl. § 28a SGB IV, §§ 67 ff. SGB X). Allerdings dürfen schutzwürdige Belange des Arbeitnehmers nicht beeinträchtigt werden. Aufgrund der vorgenannten Regelung dürfen zahlreiche Daten zur Person des Arbeitnehmers erhoben und gespeichert werden, wie Name, Anschrift, Telefonnummer, ► Geschlecht, Familienstand, schulischer und beruflicher Werdegang, Ausbildung in Lehr- und anderen Berufen, Hochschulausbildung, Fachrichtung, Abschluss, Sprachkenntnisse sowie die Gesundheitsdaten der Arbeitnehmer, insbesondere wegen einer erforderlichen medizinischen Überwachung nach den Arbeitnehmerschutzgesetzen (z. B. Entgeltfortzahlungsgesetz).

Im Hinblick auf Patientendaten:

Auch die Daten von ► Patienten dürfen erfasst werden, wenn dies der Zweckbestimmung des Vertragsverhältnisses mit dem Betroffenen dient. Dies ergibt sich aus dem allgemeinen Erlaubnistatbestand des § 28 BDSG, wonach eine gesetzliche Erlaubnis zur Datenverarbeitung u. a. dann vorliegt, wenn es für die Begründung, Durchführung oder Beendigung eines Vertragsverhältnisses erforderlich ist (§ 28 Abs. 1 Nr. 1 BDSG). Gerade die Abrechnung mit den ► gesetzlichen Krankenversicherungen erfordert eine elektronische Erhebung der Daten. Diese Daten liegen ohnehin nur noch elektronisch vor, indem sie auf der Chipkarte abgespeichert sind. Insoweit ist der Arzt auf eine elektronische Datenverarbeitung angewiesen. Der Erlaubnistatbestand des § 28 Abs. 1 Nr. 1 BDSG ist damit erfüllt.

Die unabdingbaren Rechte des Betroffenen sind unabhängig davon, ob es sich um Personaldaten- oder um Patientendaten handelt. Es sind dies der Anspruch auf Auskunft und auf Berichtigung, Löschung oder Sperrung (§§ 19 und 20 BDSG). Bei der Datenverarbeitung durch nicht-öffentliche Stellen sind die §§ 34 und 35 BDSG einschlägig. Betroffene können gemäß § 34 BDSG Auskunft darüber verlangen, welche Daten zu welchem Zweck über sie gespeichert sind und an wen diese Daten weitergegeben werden. Diese Auskunft muss unentgeltlich erteilt werden (§ 34 Abs. 8 BDSG). Sofern erhobenen Daten unrichtig sind, kann Berichtigung verlangt werden (§ 35 Abs. 1 BDSG). Sofern die Speicherung unzulässig ist bzw. der Zweck der Speicherung weggefallen ist, kann Löschung verlangt werden (§ 35 Abs. 2 BDSG). Dies ist bei Personaldaten dann der Fall, wenn das Arbeitsverhältnis beendet ist und keine Ansprüche mehr bestehen. Der Zweck der Speicherung von Patientendaten entfällt dagegen mit Beendigung des Behandlungsvertrages. Allerdings sind die Aufbewahrungsfristen gemäß § 10 BOÄ zu beachten. Solange die Frist läuft, tritt an die Stelle einer Löschung eine Sperrung. Dies gilt auch dann, wenn durch die Löschung schutzwürdige Interessen des Betroffenen beeinträchtigt würden oder eine Löschung wegen der besonderen Art der Speicherung nicht oder nur mit unverhältnismäßig hohem Aufwand möglich ist (§ 35 Abs. 3 BDSG).

Darüber hinaus können Betroffene Schadensersatzansprüche geltend machen, wenn durch eine unzulässige oder unrichtige Erhebung, Verarbeitung oder Nutzung personenbezogener Daten ein Schaden entsteht. Ein Schaden könnte etwa dann entstehen, wenn aufgrund falsch übermittelter Patientendaten eine sich anschließende Folgebehandlung fehlerhaft durchgeführt wird.

Gemäß § 33 BDSG müssen die Betroffenen über die Speicherung ihrer Daten benachrichtigt werden. Da aber die personenbezogenen Daten in aller Regel beim Betroffenen zu erheben sind, vgl. dazu § 4 Abs. 2 BDSG, entfällt die Benachrichtigungspflicht, weil der Betroffene auf andere Weise Kenntnis von der Speicherung oder Übermittlung erlangt hat (§ 33 Abs. 2 Nr. 1 BDSG). Die Einhaltung der Datenschutzgesetze unterliegt im nicht-öffentlichen Bereich gemäß § 4f BDSG einer Selbstkontrolle durch den ► Datenschutzbeauftragten. Ferner existiert eine Meldepflicht, sofern Verfahren automatisierter Verarbeitungen in Betrieb genommen werden (§ 4d BDSG).

Jede Stelle, die personenbezogene Daten erhebt, verarbeitet oder nutzt, hat die technischen und organisatorischen Maßnahmen zu treffen, die erforderlich sind, um die Ausführung der Vorschriften des BDSG zu gewährleisten. Allerdings muss der Aufwand der Maßnahmen in einem angemessenen Verhältnis zu dem angestrebten Schutzzweck stehen (§ 9 BDSG). Die Art der zu treffenden Maßnahmen ergibt sich aus der Anlage zu § 9 BDSG. Dort sind beispielweise folgende Maßnahmen genannt: Kontrollen des Zutritts, des Zugangs, des Zugriffs, der Weitergabe, und der Eingabe. Je nach Umfang der automatisierten Datenverarbeitung kann etwa die Einrichtung von Zugangskontrollsystemen für Mitarbeiter oder Wartungspersonen notwendig sein. Auf jeden Fall muss ein besonderes Benutzerverwaltungssystem mit entsprechenden Passwörtern und Zugangsberechtigungen eingerichtet werden. Schließlich muss die sachgerechte Verarbeitung durch entsprechende Kontrollsysteme wie etwa Überwachung der Systembedienung mit entsprechenden Aufzeichnungen gewährleistet werden. Die datenverarbeitenden Stellen können ihr Datenschutzkonzept durch unabhängige und zugelassene Gutachter prüfen und bewerten lassen (sog. Datenschutzaudit, § 9a BDSG).

LITERATURHINWEISE:

Gola, P./Schomerus, R.: Bundesdatenschutzgesetz. 10. Auflage. München 2010. *Gola, P./Jaspers, A.*: Das novellierte BDSG im Überblick. 5. Auflage. Heidelberg u. a. 2009.

AXEL BENNING

Bundesministerium für Gesundheit

Das Bundesministerium für Gesundheit ist Bestandteil der Bundesregierung und zählt zu seinen zentralen Aufgaben, die Leistungsfähigkeit der ► gesetzlichen Krankenversicherung sowie der ► Pflegeversicherung zu erhalten, zu sichern und fortzuentwickeln, die Reform des ► Gesundheitswesens voranzubringen sowie die Gesundheitsbereiche ► Prävention, Gesundheitsschutz, Krankheitsbekämpfung und die Biomedizin zu bearbeiten. Bei der Reform des Gesundheitswesens stehen dabei diese Ziele im Fokus: die ► Qualität des Gesundheitswesens weiterzuentwickeln, die Interessen der ► Patienten zu stärken, die Wirtschaftlichkeit des gesamten Systems zu gewährleisten und die ► Beitragssätze für die gesetzliche Kranken- sowie Pflegeversicherung zu stabilisieren. Weitere Aufgaben sind u. a. Rahmenvorschriften für die Herstellung, klinische Prüfung, Zulassung, die Vertriebswege und Überwachung von ► Arzneimitteln und Medizinprodukten sowie die Berufsgesetze für die Zulassung zu den bundesrechtlich geregelten Heil- und ► Gesundheitsfachberufen einschließlich entsprechender Ausbildungsregelungen zu erlassen und deren Umsetzung und Folgeentwicklungen zu überprüfen.

LINK-TIPP:

www.bmg.bund.de

Bundesverband Managed Care e. V.

Der Bundesverband Managed Care e. V. (BMC) ist ein bundesweiter pluralistischer Verein für innovative Systementwicklung im ► Gesundheitswesen. Er versteht sich als Forum für zukunftsfähige, qualitätsgesicherte und patientenorientierte Konzeptionen. Der BMC fördert in diesem Zusammenhang die Kontakte seiner Mitglieder untereinander sowie mit Partnern im deutschen und europäischen Gesundheitsmarkt. Seine Mitglieder repräsentieren nahezu die gesamte Bandbreite aller Akteure des Gesundheitswesens. Das sind ► Krankenhäuser, Heil- und ► Gesundheitsfachberufe, ► Apotheken, Pharma- und Medizintechnikindustrie, Beratungs- und

Dienstleistungsunternehmen, ► Krankenkassen, ärztliche Körperschaften, IT-Anbieter, Banken und andere Institutionen. Der BMC wurde 1997 gegründet und zählt rund 150 Unternehmen und Institutionen zu seinen Mitgliedern.

LINK-TIPP:

www.bmcev.de

VOLKER E. AMELUNG

Bundesversicherungsamt (BVA)

Das BVA mit Sitz in Bonn ist eine 1956 durch das Bundesversicherungsamtsgesetz errichtete selbständige Bundesoberbehörde im Geschäftsbereich des Bundesministeriums für Arbeit und Soziales. Als Rechtsaufsichtsbehörde für die Bereiche der gesetzlichen ► Renten- und ► Unfallversicherung arbeitet das Bundesversicherungsamt fachlich mit dem Bundesministerium für Arbeit und Soziales zusammen sowie im Hinblick auf die ► gesetzliche Kranken- und soziale ► Pflegeversicherung mit dem Bundesministerium für Gesundheit. Es führt die Aufsicht über bundesunmittelbare Träger und Einrichtungen der ► Sozialversicherung, übt die ihm durch das ► Sozialgesetzbuch zugewiesenen Beratungs- und Genehmigungsbefugnisse gegenüber den Sozialversicherungsträgern aus und prüft die Geschäfts-, Rechnungs- und Betriebsführung bei den bundesunmittelbaren Krankenversicherungsträgern und deren Pflegekassen. Darüber hinaus obliegen ihm nach dem Sozialgesetzbuch u. a. die Durchführung des ► Risikostrukturausgleichs, die Verwaltung des Ausgleichsfonds und die Durchführung des ► Finanzausgleichs in der sozialen Pflegeversicherung, die Abrechnung der Zahlungen des Bundes an die Rentenversicherung sowie die Zulassung von ► Behandlungsprogrammen für chronisch Kranke.

LINK-TIPP:

www.bva.de

Bundeszahnärztekammer

Die Bundeszahnärztekammer (BZÄK) ist ein Zusammenschluss der Länder- ► ZÄK zu einer sog. Arbeitsgemeinschaft. Die BZÄK ist keine Körperschaft des Öffentlichen Rechts, sondern rechtlich ein Verein. Satzungsmäßige Organe der BZÄK sind die Bundesversammlung, der Vorstand und der Geschäftsführende Vorstand. Die BZÄK dient nach ihrem Selbstverständnis insbesondere einer einheitlichen Vertretung des zahnärztlichen Berufsstandes in Politik, Öffentlichkeit und international sowie der Koordinierung länderübergreifender Aufgaben und Interessen der Landes-ZÄK.

LINK-TIPP:

www.bzaek.de

TILL ARENS

Bundeszentrale für gesundheitliche Aufklärung (BZgA)

Die Bundeszentrale für gesundheitliche Aufklärung ist eine Fachbehörde im Geschäftsbereich des ► Bundesministeriums für Gesundheit (BMG). Seit ihrer Gründung im Jahr 1967 verfolgt die Bundeszentrale für gesundheitliche Aufklärung (BZgA) das Ziel, Gesundheitsrisiken vorzubeugen und gesundheitsfördernde Lebensweisen zu unterstützen. Darüber hinaus ist das Verständnis von ► Gesundheit und ► Prävention im Wandel begriffen. Vor diesem Hintergrund ist – als ständiger kommunikativer Prozeß – gesundheitliche Aufklärung dem Ziel verpflichtet, eigenverantwortliches Gesundheitshandeln zu ermöglichen. In drei Bereiche lassen sich die Aufgaben der BZgA zuordnen:

1. Gesundheitliche Aufklärung in Deutschland: Gesundheitliche Aufklärung liegt im Interesse staatlicher Gesundheitspolitik. Sie wird in Deutschland als eine übergreifende Daueraufgabe von allen staatlichen Ebenen unter Einbindung der Betroffenen durchgeführt. Gemäß dem Errichtungserlass vom 20. 7. 1967 übernimmt sie dabei die folgenden Aufgaben: Erarbeitung von Grundsätzen und Richtlinien für Inhalte und Methoden der praktischen Gesundheitserziehung, Ausbildung und Fortbildung der auf dem Gebiet der Gesundheitserziehung und -aufklärung tätigen Personen, Koordinierung und Verstärkung der gesundheitlichen Aufklärung und Gesundheitserziehung im Bundesgebiet sowie Zusammenarbeit mit dem Ausland.

2. Eigenverantwortliche Gesundheitsvorsorge der Bevölkerung: ► Gesundheitsvorsorge und ► Gesundheitserhaltung sind die beiden obersten Ziele der Arbeit der BZgA. Dabei liegt der Schwerpunkt darauf, die Bereitschaft des Einzelnen zu verantwortungsbewußtem, gesundheitsgerechtem Verhalten und zu einer sachgerechten Nutzung des Gesundheitssystems zu fördern. Gesundheitliche Aufklärung in diesem Sinne erfolgt auf mehreren Ebenen. Die BZgA strebt an: über die Information in der Bevölkerung einen hohen Wissensstand zu den grundlegenden und aktuellen Gesundheitsthemen zu erzielen, durch Motivation eine verantwortliche Einstellung zu Fragen der Gesundheit zu erreichen sowie durch Kompetenzförderung das individuelle Gesundheitsverhalten und -handeln positiv zu beeinflussen.

3. Effektive und effiziente Gesundheitsförderung: Um die oben genannten Ziele zu erreichen, bedarf es kontinuierlicher und langfristig angelegter Maßnahmen, die auf der Basis wissenschaftlicher Erkenntnisse mit fachlicher Kompetenz bearbeitet werden. Den Bereichen Marktbeobachtung, Qualitätssicherung und Strategieentwicklung kommt mit Blick auf Effektivität und Effizienz zukünftig eine besondere Bedeutung zu. Darüber hinaus müssen klare Prioritäten gesetzt und die Zielgruppen und Themenfelder präzise definiert werden. Ziel ist es, mit den eingesetzten Mitteln einen möglichst hohen Gesundheitsnutzen zu erreichen.

LINK-TIPP:

www.bzga.de

Bürgerversicherung

Die Bürgerversicherung ist ein politisches Konzept von SPD, GRÜNE und DIE LINKE, um in Deutschland das System der Finanzierung der ► gesetzlichen Krankenversicherungen auf eine einheitliche Pflichtversicherung für alle Bürger mit einkommensabhängigen Beiträgen umzustellen. Dabei soll zugleich die Trennung zwischen gesetzlicher und privater Krankenversicherung aufgehoben werden. Dieses Modell steht im Gegensatz zum derzeit aktiv vorangetriebenen Konzept der Gesundheitsprämie (► Kopfpauschale).

C

Case-Management

Unter Case-Management versteht man eine Strategie zur koordinierten gesamtheitlichen Betreuung eines kranken Menschen unter Berücksichtigung aller bio-psycho-sozialen Aspekte seiner Lebensumstände. Dabei übernimmt ein sog. Case-Manager die Aufgabe, als zentraler Koordinator für einen ► Patienten das ► Behandlungsmanagement durchzuführen.

Szathmary (1999) definiert hierzu: „Case-Management ist eine Strategie zur Förderung der effektiven Versorgung speziell pflegebedürftiger Patienten (Schwerkranke, Behinderte, Ältere). Diese Patienten unterliegen ärztlicher, psychologischer und sozialer Betreuung, die von verschiedensten Einrichtungen abgedeckt werden." Allen vorgenannten Patientengruppen ist gemeinsam, dass sie von einer Vielzahl von Einrichtungen behandelt bzw. betreut werden müssen. Oftmals sind diese Patienten jedoch weder in der Lage noch gewillt, die eigene Versorgung kompetent und koordinierend selbst in die Hand zu nehmen. Dies soll dann der Case-Manager übernehmen – meist in Person des ► Hausarztes.

Die Fallführung beinhaltet dabei die initiale Falldokumentation vor allem auch mit der Identifikation der versorgungsrelevanten Probleme, die Fallbeobachtung, die Organisation eines optimalen Behandlungsprozesses unter Einbeziehung aller beteiligten Mitbehandler und die Intervention bei Problemen. Die Steuerung soll sich aber nicht nur auf medizinische Aspekte beschränken, sondern auch die Lebenssituation des Patienten und seine psychische Verfassung sowie seine soziale Einbindung mit einbeziehen.

Der Fallmanager plant und vergibt alle medizinischen Behandlungsaufträge oder sonstigen Aufträge auf Basis von klinischen Pfaden, überwacht die Einhaltung der Abarbeitung und interveniert im Falle von zeitlichen oder inhaltlichen Abweichungen. Ziel ist es, eine gesamtheitlich auf den Patienten ausgerichtete hohe Versorgungsqualität vor dem Hintergrund einer gesamtheitlichen Sicht auf seine Situation zu gewährleisten und Folgekosten zu vermeiden. Dabei müssen auch Überprüfungs- und Entscheidungsaktivitäten im Behandlungsplan berücksichtigt werden. Während also im Mittelpunkt des ► Disease Management eine krankheitsartenbezogene Steuerung z. B. für Diabetiker, Asthmatiker usw. steht, ist es beim Case-Management die gesamtheitliche an der Patientensituation (Ältere, Behinderte etc.) orientierte Koordination der Versorgung.

LITERATURHINWEISE:

Evers, M./Schaeffer Huber, D.: Case Management in Theorie und Praxis. Bern 2000. *Szathmary, B.*: Neue Versorgungskonzepte im deutschen Gesundheitswesen – Disease und Case-Management. Neuwied 1999.

LINK-TIPPS:

www.case-manager.de

www.netzwerk-cm.ch

PETER HAAS

Chroniker

Mensch mit einer ► chronischen Krankheit.

Chronikerprogramme

► Disease Management-Programme oder auch ► Strukturierte Behandlungsprogramme.

Chronikerregelung

Chronikerregelung umschreibt die Regelungen, die getroffen wurden, um chronisch Kranke hinsichtlich ihrer ► Gesundheitsausgaben zu entlasten, vgl. ► Zuzahlungen.

Chronische Krankheiten

Damit werden ► Krankheiten bezeichnet, die nicht geheilt werden können, aber auch nicht innerhalb weniger Wochen oder Monate zum ► Tode führen. Zu den in Deutschland am weitesten verbreiteten chronischen Krankheiten zählen ► koronare Herzerkrankungen, Gelenkerkrankungen, ► Diabetes mellitus Typ II und ► Allergien. Chronische Krankheiten dauern länger als sechs Monate an und können ständig Beschwerden verursachen, aber auch in Schüben mit akuten Phasen und beschwerdefreien Phasen verlaufen. Als chronisch-progredient bezeichnet man unheilbare Krankheiten, deren ► Symptome sich im Laufe der Zeit verstärken, Folgeerkrankungen nach sich ziehen und schließlich zum Tod führen. Im gesetzlichen Krankenversicherungssystem haben Menschen mit schwerwiegenden chronischen Krankheiten im Rahmen der sog. Chronikerregelung Anspruch auf Senkung der ► Zuzahlungen zu ► Gesundheitsleistungen von 2 % auf 1 % ihres Einkommens.

Als schwerwiegend werden Krankheiten eingestuft, die eine ständige ärztliche Behandlung bedürfen und zu ► Pflegebedürftigkeit und/oder ► Behinderung führen können. Für eine möglichst hochwertige Behandlung chronisch kranker Menschen werden seit 2004 in der gesetzlichen Versorgung die ► strukturierten Behandlungsprogramme angeboten. Die meisten chronischen Krankheiten treten mit zunehmendem ► Alter häufiger auf. Durch die demografische Entwicklung ist deswegen in Deutschland wie auch in anderen Industrienationen mit einer starken Zunahme der chronischen Krankheiten in den kommenden Jahrzehnten zu rechnen.

LINK-TIPP:

www.bmg.bund.de

HILKE BERTELSMANN

Chronische Schmerzen

► Schmerzen

Clinical Pathway

Engl. Begriff für ► Klinischer Behandlungspfad

Clinical Reasoning

Mit dem Begriff des „Clinical Reasoning" sind alle Denkvorgänge und Entscheidungsfindungen gemeint, die während eines Klinischen Prozesses vom Gesundheitspersonal (medizinisch, therapeutisch oder pflegerisch) durchgeführt werden. Dabei geht es um die Aufnahme und Verarbeitung von Informationen, die in unterschiedlich komplexen Kognitionsprozessen zu einer begründeten Entscheidung für eine entsprechende Vorgehensweise führen. Häufig wird analog der Begriff des „Problemlösungsprozesses" oder verkürzt auch der „Behandlungsplanung" gewählt. Dabei beschränkt sich der Begriff nicht auf Prozesse im originären klinischen Kontext, sondern findet überall seine Anwendung, wo es um professionelle Prozesse geht, in denen es zu differenzierten und begründeten Entscheidungen im ► Gesundheitswesen im Rahmen klinischer Probleme kommt. Clinical-Reasoning-Prozesse lassen sich dabei in verschiedenen Formen unterscheiden: Scientific Reasoning, Interaktives Reasoning, Konditionales Reasoning, Narratives Reasoning, Pragmatisches Reasoning und Ethisches Reasoning. Jede Form fokussiert eine bestimmte Fähigkeit des Gesundheitspersonals bei der Wahrnehmung und Verarbeitung der Informationen. Während z. B. beim Scientific Reasoning das logische und sachliche Denken im Mittelpunkt stehen, setzt das Narrative Reasoning die Fähigkeit des Gesundheitspersonals voraus, die Empfindungen des Klienten (► Klientenzentrierung) zu verstehen, die Geschichte des Klienten zu erfassen und hierüber zu einer Vorgehensweise zu gelangen. Im Mittelpunkt steht jedoch immer ein klinisches Problem für das es einer Lösung oder Entscheidung bedarf.

Die Fähigkeit, klinische Prozesse in der vorgenannten Form gedanklich zu durchdringen, bedarf einer entsprechenden Ausbildung innerhalb der Gesundheitsberufe. Hier finden sich mittlerweile immer häufiger curriculare Konstruktionen, die diese Inhalte vorhalten.

LITERATURHINWEISE:

Feiler, M. (Hrsg.): Klinisches Reasoning in der Ergotherapie. Überlegungen und Strategien im therapeutischen Handeln. Heidelberg 2003. *Jones, M. A.*: Clinical Reasoning: Fundament der klinischen Praxis und Brücke zwischen den Ansätzen der Manuellen Therapie. Teil 1, in: Manuelle Therapie. Heft 1. 1997. S. 3-9. *Klemme, B./Siegmann, G.*: Clinical Reasoning. Therapeutische Denkprozesse lernen. Stuttgart 2006.

URSULA WALKENHORST

Codierung

Mit dem Wort Codierung wird im ► Krankenhaus ein Arbeitsvorgang bezeichnet, in welchem die Aufnahmediagnose eines ► Patienten in die adäquate Abrechnungskennziffer übersetzt wird. Letztere sind die entsprechend dem ► DRG-System aktuell 1.200 ► Fallpauschalen. Da erfahrungsgemäß ca. 20 % aller Codierungen fehlerbehaftet sind, resultieren daraus sowohl für die zur Zahlung verpflichteten Krankenversicherungen als auch für die Krankenhäuser erhebliche wirtschaftliche Risiken. Die Codierung ist somit ein weiterer wichtiger Teilbereich des ► Fehlermanagements im Krankenhaus.

LITERATURHINWEIS:

Lüngen, M./Lauterbach, K. (Hrsg.): Ergebnisorientierte Vergütung bei DRG: Qualitätssicherung bei pauschalierender Vergütung stationärer Krankenhausleistungen. Berlin 2001.

Community Medicine

Die Community Medicine (CM) ist ein bevölkerungsbezogenes medizinisches Wissenschaftsgebiet der ► Gesundheitswissenschaft mit starkem Praxisbezug. Im Zentrum steht auf der regionalen Bevölkerungsebene die Analyse des Bedarfs an ► Gesundheitsleistungen (► Bedarfsplanung), die Planung des adäquaten Umfanges an Interventionen und dessen Evaluation. Zu den Forschungsschwerpunkten der CM zählen auch die analytische ► Epidemiologie und die Risikofaktorenforschung, die ► Versorgungsforschung, die Erforschung des ► Gesundheitssystems und die sog. Transferforschung. Im Endeffekt sollte die CM darauf hinauslaufen, dass das Gesundheitssystem einer Region in seiner Struktur dem Bedarf an Gesundheitsleistungen und seiner Veränderungen angepasst werden sollte. Mehr ist aus der Sicht der ► Gesundheitsökonomie grundsätzlich nicht notwendig und Tendenzen der ► Über- oder ► Unterversorgung würden sich unter regionalen Gesichtspunkten vermeiden lassen. Eine Region, in der ein solcher Forschungsansatz verfolgt wird, ist Vorpommern. Die Forschungen selbst sind am Institut für Community Medicine an der Ernst-Moritz-Arndt-Universität Greifswald angesiedelt.

LINK-TIPP:

www.medizin.uni-greifswald.de/icm

Compliance

Hierunter wird die Bereitschaft eines ► Patienten verstanden, sich in der gesundheitlichen Versorgung entsprechend den Anweisungen des ► Arztes, des Therapeuten, der Pflegekraft oder eines Angehörigen eines anderen ► Gesundheitsfachberuf zu verhalten. Aus gesundheitsökonomischer Sicht ist eine entsprechende Compliance eines Patienten in zweierlei Hinsicht von Bedeutung. Eine Nichtbefolgung entsprechender Anweisungen führt erstens zu einer Vergeudung von Ressourcen (Arbeitszeiten eines Arztes, von Therapeuten oder Pflegenden, eingesetzter Medikamente oder Heil- und Hilfsmittel). Zweitens kann eine mangelnde Compliance zum Nichterreichen eines bestimmten Ergebnisses der ► gesundheitlichen Versorgung führen. Dabei sind die Compliance und ihr Erreichen von einer Vielzahl von Einflussfaktoren abhängig. Hierunter fallen insbesondere die Art, Intensität und Bewältigungsmöglichkeit der entsprechenden gesundheitlichen Einschränkung sowie die Kompliziertheit der Anweisung. Am letzten Punkt greift die Fähigkeit des anweisenden Arztes, Therapeuten oder Pflegenden an, dem betroffenen Patienten die Anweisung und ihren Nutzen für den Patienten verständlich zu machen. Im Gegensatz zur Fähigkeit, Anweisungen Folge leisten zu können, vgl. ► Coping, wird bei der Compliance also auf die sog. „Wollenskompetenz" abgestellt.

LITERATURHINWEIS:

Petermann, F. (Hrsg.): Compliance und Selbstmanagement. Göttingen 1998.

Coping

Aus dem Englischen übertragen (to cope with = „bewältigen", „überwinden") steht der Begriff Coping für Bewältigungsstrategie. Es bezeichnet die Art des Umgangs mit einem als bedeutsam und schwierig empfundenen Lebensereignis oder Lebensphase. Im medizinischen Sinn bezeichnet Coping das Bewältigungsverhalten von Menschen mit ► chronischen Krankheiten und ► Behinderungen. Genauer sind damit die Anstrengungen einer Person gemeint, die für ihr Wohlbefinden von besonderer Bedeutung sind und somit ihre adaptiven Ressourcen in vollem Umfang beanspruchen.

Cost weight

Engl. Begriff für ► Kostengewicht.

D

Datenschutz

Datenschutz bedeutet den Schutz vor Datenverarbeitung wie er im ► BDSG geregelt ist. Aber auch erhobene Daten unterliegen dem Schutz vor Veränderung bzw. Zerstörung. Dies fällt jedoch unter den Begriff Datensicherheit und nicht Datenschutz. Durch die Möglichkeiten moderner Datenverarbeitung können zahlreiche Daten gesammelt und mit nahezu unbegrenzten Verknüpfungsmöglichkeiten ausgewertet werden. Dies erfordert einen besonderen Schutz des Einzelnen vor missbräuchlicher Verwendung seiner Daten. Dieser Schutz ist verfassungsrechtlich durch das Recht auf informationelle Selbstbestimmung als besondere Ausprägung des allgemeinen Persönlichkeitsrechts (Art. 2 Abs. 1 GG) garantiert. Diese Form des Datenschutzes wird durch besondere Gesetze wie das BDSG und die Landesdatenschutzgesetze garantiert. Daten im Sinne des Datenschutzes sind aber nur diejenigen Daten, aus denen Informationen gewonnen werden können.

AXEL BENNING

Datenschutzbeauftragter

Derjenige, der ► personenbezogene Daten verarbeitet, muss gemäß § 4f BDSG einen Datenschutzbeauftragten bestellen. Sofern allerdings nicht-öffentliche Stellen nicht mehr als neun Personen mit der automatisierten Verarbeitung personenbezogener Daten beschäftigen, ist dies nicht erforderlich. Diese Privilegierung gilt allerdings dann nicht, wenn nicht-öffentliche Stellen automatisierte Verarbeitungen vornehmen, die einer Vorabkontrolle unterliegen oder personenbezogene Daten geschäftsmäßig zum Zweck der Übermittlung oder der anonymisierten Übermittlung automatisiert verarbeiten, vgl. § 4f Abs. 1 BDSG. In diesem Fall hat die nicht-öffentliche Stelle unabhängig von der Anzahl der Arbeitnehmer einen Datenschutzbeauftragten zu bestellen. Eine Vorabkontrolle ist insbesondere dann durchzuführen, soweit automatisierte Verarbeitungen besondere Risiken für die Rechte und Freiheiten der Betroffenen aufweisen (§ 4d Abs. 5 BDSG). Hierbei handelt es sich um Angaben über die rassische und ethnische Herkunft, politische Meinungen, religiöse oder philosophische Überzeugungen, Gewerkschaftszugehörigkeit, Gesundheit oder Sexualleben (§ 3 Abs. 9 BDSG). Da Patientendaten sich auf die Gesundheit beziehen, muss zwingend ein Datenschutzbeauftragter bestellt werden.

Die Bestellung kann nur schriftlich erfolgen (§ 4f Abs. 1 BDSG). Datenschutzbeauftragter darf nur werden, wer die zur Erfüllung seiner Aufgaben erforderliche Fachkunde und Zuverlässigkeit besitzt (§ 4f Abs. 2 BDSG). Dazu sind ein Mindestmaß an Rechtskenntnissen über das ► BDSG sowie über die bereichsspezifischen Datenschutzvorschriften erforderlich. Außerdem ist ein Mindestmaß an technischem Wissen über die eingesetzten Organisationsmittel wie Karteien, Erfassungsbelege, Art der Datenträger und Datenverarbeitungsanlagen, der Datensicherungstechniken sowie der Chipkarten erforderlich. Schließlich muss der Datenschutzbeauftragte Kenntnisse über die Organisation des Unternehmens, insbesondere der Personalführung, der Schulung von Mitarbeitern und deren Auswahl im Aufgabenbereich der Verarbeitung personenbezogener Daten besitzen. Der Datenschutzbeauftragte muss aber nicht aus der eigenen Praxis oder dem ► Krankenhaus stammen. Vielmehr ist es auch möglich, eine Person von außerhalb mit der Aufgabe zu betrauen (§ 4f Abs. 2 Satz 2 BDSG).

Der Datenschutzbeauftragte ist in Ausübung seiner Fachkunde auf dem Gebiet des Datenschutzes keinerlei Weisungen unterworfen und darf wegen der Erfüllung seiner Aufgaben nicht benachteiligt werden (§ 4f Abs. 3 BDSG). Er ist dem Leiter der ► verantwortlichen Stelle – also dem Praxisinhaber bzw. der Leitung der Klinik unmittelbar zu unterstellen (§ 4f Abs. 3 BDSG).

Der Datenschutzbeauftragte ist zur Verschwiegenheit über die Identität des Betroffenen sowie über Umstände, die Rückschlüsse auf den Betroffenen zulassen, verpflichtet, soweit er davon nicht durch den Betroffenen befreit wird (§ 4f Abs. 4 BDSG). Der Datenschutzbeauftragte muss bei der Erfüllung seiner Aufgaben durch die verantwortliche Stelle unterstützt werden. Es müssen ihm Hilfspersonal sowie Räume, Einrichtungen, Geräte und Mittel zur Verfügung gestellt werden, soweit dies zur Erfüllung der Aufgaben erforderlich ist. Betroffene haben jederzeit die Möglichkeit, sich an den Datenschutzbeauftragten zu wenden (§ 4f Abs. 5 BDSG).

Die Aufgaben des Datenschutzbeauftragten sind in § 4g BDSG genannt. Danach wirkt er auf die Einhaltung des BDSG und anderer Vorschriften über den ► Datenschutz hin. Er hat insbesondere die ordnungsgemäße Anwendung der Datenverarbeitungsprogramme, mit deren Hilfe personenbezogene Daten verarbeitet werden sollen, zu überwachen. Deshalb ist er über Vorhaben der automatisierten Verarbeitung personenbezogener Daten rechtzeitig zu unterrichten. Außerdem hat der Datenschutzbeauftragte die bei der Verarbeitung personenbezogener Daten tätigen Personen durch geeignete Maßnahmen mit den Vorschriften der Datenschutzgesetze und mit den jeweiligen besonderen Erfordernissen des Datenschutzes vertraut zu machen. Zur Erfüllung dieser Aufgaben ist ihm von der verantwortlichen Stelle eine Übersicht zur Verfügung zu stellen, welche die eingesetzten Verfahren der automatisierten Verarbeitung personenbezogener Daten und den darin enthaltenen Angaben gemäß § 4e BDSG sowie die zugriffsberechtigten Personen enthält.

Die Bestellung zum Datenschutzbeauftragten kann in entsprechender Anwendung des § 626 BGB, bei nicht-öffentlichen Stellen auch auf Verlangen der Aufsichtsbehörden, widerrufen werden. Das bedeutet, dass ein Widerruf durch die verantwortliche Stelle nur möglich ist, wenn ein wichtiger Grund i. S. d. § 626 BGB vorliegt. Das ist immer dann der Fall, wenn Tatsachen vorliegen, aufgrund derer ein sofortiger Widerruf der Bestellung gerechtfertigt ist. Ein Beispiel hierfür ist die ungenügende Erledigung der durch das Gesetz (§ 4g BDSG) vorgeschriebenen Aufgaben.

LITERATURHINWEISE:

Gola, P./Schomerus, R.: Bundesdatenschutzgesetz. 10. Auflage. München 2010. *Gola, P./Jaspers, A.*: Das novellierte BDSG im Überblick. 5. Auflage. Heidelberg u. a. 2009. *Koitz, R.*: Informatikrecht. Berlin, Heidelberg, New York 2002.

AXEL BENNING

D-Arzt

► Durchgangsarzt

Dekubitus

Ein Dekubitus ist eine lokale Schädigung der Haut im Sinne eines Geschwürs. Ein solches Geschwür entsteht aufgrund eines über einen längeren Zeitraum auf die entsprechende Hautstelle ausgeübten Druckes. Daher wird ein Dekubitus im Umgangssprachlichen oft auch als Druck- oder Wundeliegegeschwür bezeichnet. Aus dem Auftreten eines Dekubitus wird im Allgemeinen ein Fehler in der ► Pflege eines insbesondere bettlägerigen ► Patienten abgeleitet und ein Maß der ► Qualität der Pflege gesehen.

LITERATURHINWEIS:

Heft 12 der ► Gesundheitsberichterstattung des Bundes. Berlin 2002.

Demenz

Eine Demenz ist eine krankhafte Reduzierung der kognitiven, emotionalen und sozialen Fähigkeiten eines Menschen mit Beeinträchtigungen seiner sozialen und beruflichen Funktionen. Eine Demenz bedeutet einen Verlust von Fähigkeiten des Kurzzeitgedächtnisses, des Denkvermögens, der Sprache und der Motorik. Mit steigendem ► Alter steigt die ► Prävalenz der Demenz.

LITERATURHINWEIS:

Heft 10 und 28 der ► Gesundheitsberichterstattung des Bundes. Berlin 2002 bzw. 2005.

Demografischer Wandel

Als demografischen Wandel bezeichnet man eine systematische Veränderung der Zusammensetzung der Altersstruktur einer Gesellschaft. Im Wesentlichen wird die demografische Entwicklung von der ► Fertilität, der Lebenserwartung und dem Wanderungssaldo bestimmt. Der Bundesrepublik Deutschland steht nach Prognosen des Statistischen Bundesamtes in den nächsten Jahrzehnten ein sehr ausgeprägter demografischer Wandel bevor. Einerseits wird die Bevölkerung, die bereits seit 2003 rückläufig ist, weiterhin schrumpfen. Sollte sich die aktuelle demografische Entwicklung fortsetzen, so wird die Einwohnerzahl gemäß der 12. Koordinierten Bevölkerungsvorausrechnung (mittleres Szenario) des Statistischen Bundesamtes von ca. 82 Mio. am Ende des Jahres 2008 auf etwa 65 bis 70 Mio. im Jahr 2060 abnehmen. Andererseits wird der Altersdurchschnitt der deutschen Bevölkerung in den nächsten Jahrzehnten erheblich zunehmen. Während im Jahr 2008 die Bevölkerung noch zu 19 % aus Kindern und jungen Menschen unter 20 Jahren, zu 61 % aus 20- bis unter 65-Jährigen und zu 20 % aus 65-Jährigen und Älteren bestand wird im Jahr 2060 bereits jeder Dritte mindestens 65 Lebensjahre durchlebt haben, und es werden doppelt so viele 70-Jährige leben, wie Kinder geboren werden. In besonderem

Maße wird die Zahl der Hochbetagten, also der mehr als 80-jährigen, zunehmen. Im Jahr 2060 wird ca. jeder Siebente 80 Jahre oder älter sein.

Ob und wie stark der demografische Wandel zu einem Anstieg der ► Gesundheitskosten beitragen wird, ist umstritten. Im Kern der diesbezüglichen Diskussion steht die Annahme über die altersbedingte ► Morbidität. Diese wird bestimmt durch die ► Prävalenz und die ► Inzidenz innerhalb eines Zeitraumes. Die Vertreter der Kompressionsthese gehen davon aus, dass Menschen höheren Alters nicht auch automatisch kränker werden. Gemäß dieser These hängt die Morbidität und damit die in diesem Zusammenhang entstehenden ► Krankheitskosten sehr viel stärker mit der relativen Nähe zum ► Tod als mit dem absoluten ► Alter zusammen. Demnach würde die erwartete Erhöhung der Lebenserwartung bzw. des Alterskoeffizienten nicht automatisch auch zu einer Erhöhung der Krankheitskosten führen, sondern eher einen Zugewinn gesunder Jahre bedeuten. Dieser Sichtweise steht die Medikalisierungsthese gegenüber. Die Vertreter dieser These gehen davon aus, dass die Morbidität mit zunehmendem Lebensalter stark zunimmt. In Konsequenz führt die Zunahme des Altersdurchschnitts der Bevölkerung dann zu stark wachsenden Gesundheitsausgaben.

LITERATURHINWEISE:

Henke, K.-D./Reimers, L.: Demografie, medizinischer Fortschritt und Ausgabensteigerung, in: Bayerische Landeszahnärztekammer, Landeszahnärztekammer Hessen, Zahnärztekammer Nordrhein (Hrsg.): Weißbuch der Zahnmedizin. Berlin 2007. S. 23-37. *Statistisches Bundesamt*: Bevölkerung Deutschlands bis 2060, 12. Koordinierte Bevölkerungsvorausberechnung. Wiesbaden 2009. *Zweifel, P.*: Ageing. The great challenge to health care reform, in: *Eckstein, Z./Gal-Or, E./Gylfason, T.* (Hrsg.): European Economic Review 34. 1990. S. 646-658. *Zweifel, P.*: Alter, Gesundheit und Gesundheitsausgaben – Eine neue Sicht, in: WIdO, AOK Bundesverband (Hrsg.): Gesellschaft & Gesundheit. 1(2). 2001. S. 6-12.

MICHAEL BERLEMANN

Deutsche Gesellschaft für Gesundheitsökonomie e.V. (dggö)

Die Deutsche Gesellschaft für Gesundheitsökonomie e.V. (dggö) wurde am 17.10.2008 durch 17 Hochschulprofessoren gegründet. Die dggö bezweckt die Förderung der Wissenschaft, Forschung und wissenschaftlichen Politikberatung auf dem Gebiet der ► Gesundheitsökonomie. Zu ihren Aufgaben gehören auch die Durchführung wissenschaftlicher Veranstaltungen und Forschungsvorhaben sowie die Vergabe von Preisen und Auszeichnungen. Insbesondere findet jedes Frühjahr eine wissenschaftliche Jahrestagung statt. Die dggö macht sich zur Aufgabe, gesundheitsökonomische Erkenntnisse in der Öffentlichkeit zu verbreiten und gegenüber Parlamenten und Regierungen zu vertreten. Sie unterhält Beziehungen zu einschlägigen ausländischen und internationalen Fachgesellschaften und Organisationen.

LINK-TIPP:

www.dggoe.de

Deutsche Gesellschaft für Versicherte und Patienten e.V.

Die DGVP e.V. ist eigenen Angaben nach eine unabhängige und überparteiliche Interessenvertretung der Bürger im ► Gesundheitswesen. Die DGVP e.V. ist die „Bürgerinitiative im Gesundheitswesen". Sie wurde 1989 als gemeinnütziger Verein gegründet und umfasst ca. 30.000 Einzelmitglieder oder Mitgliedsverbände aus dem Bereich der Selbsthilfegruppen. Die DGVP e.V. engagiert sich für die Verbesserung der Patientenrechte, für Mitbestimmung, Information und Transparenz sowie für ► Qualität und Wirtschaftlichkeit der medizinischen Versorgung.

LINK-TIPP:

www.dgvp.de

Deutsche Krankenhausgesellschaft (DKG)

Die Deutsche Krankenhausgesellschaft e.V. wurde 1949 gegründet und hat ihren Sitz in Berlin. Sie versteht sich als der gemeinnützige Interessen- und Dachverband der zwölf Spitzen- und 16 ► Landesverbände der Krankenhausträger. Ihre Hauptaufgabe sieht die DKG in der Unterstützung ihrer Mitglieder bei der Erfüllung ihrer gesetzlich aufgetragenen Aufgaben auf dem Gebiet des Krankenhauswesens. Die DKG kümmert sich dabei vor allem um grundsätzliche oder Fragen von nationaler und internationaler Bedeutung, die nicht nur einzelne Träger oder Verbände betreffen. Die DKG berät staatliche Einrichtungen sowie Behörden (Träger der deutschen ► Sozialversicherungen) bei der Umsetzung von Gesetzen, wie bspw. der ► Gesundheitsreform, und ist Mitglied im ► Gemeinsamen Bundesausschuss. Aus der Sicht gesundheitsökonomischer Forschungen ist anzumerken, dass die Deutsche Krankenhausgesellschaft in Zusammenarbeit mit dem GKV-Spitzenverband Evaluations- und Forschungsaufträge vergibt. So erfolgte bspw. im Dezember 2008 die Beauftragung zur Analyse der Auswirkungen der Umstellung der Vergütung von Krankenhausleistungen auf die ► DRG-Fallpauschalen in den deutschen Krankenhäusern.

LINK-TIPP:

www.dkg.de

Deutsche Rentenversicherung

► Rentenversicherung

Deutscher Apothekerverband

► Apothekerkammer

Deutscher Ärztetag

Der Deutsche Ärztetag ist die Hauptversammlung der ► Bundesärztekammer.

Deutscher Hausärzteverband

Der Deutsche Hausärzteverband e.V. ist nach eigenen Angaben der größte Berufsverband niedergelassener ► Ärzte Deutschlands und Europas. Insofern er sich auf die Belange der ► Hausärzte ausrichtet, deckt er nur einen Teil der vom ► Hartmannbund angesprochenen Ärzte ab. Er ist der bundesweite Zusammenschluss der auf der Ebene der Bundesländer organisierten Hausärzte.

LINK-TIPP:

www.hausaerzteverband.de

Deutsches Institut für Medizinische Dokumentation und Information e.V. (DIMDI)

Das Deutsche Institut für Medizinische Dokumentation und Information (abgekürzt: DIMDI) hat die Aufgabe, der fachlich interessierten Öffentlichkeit Informationen aus dem gesamten Gebiet der ► Medizin zugänglich zu machen. Dazu hält es ein breites Angebotsspektrum bereit: Es gibt Klassifikationen zur Kodierung von Diagnosen und Operationen heraus und pflegt weitere medizinische Bezeichnungssysteme. Außerdem betreibt es Informationssysteme für ► Arzneimittel, Medizinprodukte und zur Bewertung gesundheitsrelevanter Verfahren. In Online-Datenbanken ist eine Recherche medizinischer Daten und Fachliteratur möglich. Als nachgeordnete Behörde des ► Bundesministeriums für Gesundheit wurde es 1969 gegründet.

LINK-TIPP:

www.dimdi.de

Deutsches Krankenhausinstitut e.V. (DKI)

Das Deutsche Krankenhausinstitut sieht sich als Zusammenschluss der „maßgeblichen Verbände und Institutionen der Krankenhauswirtschaft" und steht in enger Kooperation mit den 16 ► Landeskrankenhausgesellschaften. Seit 1953 engagiert es sich in den Bereichen Forschung,

Beratung sowie Fortbildung im Krankenhaus- und ► Gesundheitswesen. Die vom Deutschen Krankenhausinstitut seit 1996 herausgegebenen „DKI-Schriften" sowie das seit 2000 erscheinende „Krankenhaus-Barometer" enthalten wichtige empirische Befunde, Analysen und Konzepte, die sich bei Forschungen im Krankenhausbereich als unerlässliche Literaturquellen herausgestellt haben.

LINK-TIPP:

www.dki.de

Diabetes mellitus

Der Diabetes mellitus (umgangssprachlich Zuckerkrankheit) ist die Bezeichnung für eine Gruppe von Stoffwechselkrankheiten. Das hauptsächliche Symptom ist ein erhöhter Blutzucker und die Ausscheidung von Zucker über den Urin. Ursache des Diabetes mellitus ist entweder ein Insulinmangel oder eine Insulinempfindlichkeit. Je nachdem, was von beiden zu beobachten ist, wird in den Diabetes mellitus Typ I oder Typ II unterschieden. Ansatzpunkt der ► Behandlung eines Typ-I-Diabetikers ist die unmittelbare Insulingabe. Bei einem Typ-II-Diabetiker erfolgt die Behandlung je nach der Schwere der Erkrankung. Insofern eine der Hauptursachen im ► Übergewicht besteht, beginnt sie mit Maßnahmen der Gewichtsreduzierung.
Der Diabetes mellitus hat eine erhebliche gesundheitsökonomische Bedeutung. Pro Jahr werden in Deutschland rund 12 Mrd. € für dessen unmittelbare Behandlung sowie für die Behandlung der mit ihm verbundenen Folgeerkrankungen (z. B. Diabetischer Fuß, Netzhautablösungen, Nierenversagen mit einer sich anschließenden Pflicht zur ► Dialyse) ausgegeben. Die ► Prävalenz hat ein solches Maß erreicht, Schätzungen gehen von ca. 8 Mio. Betroffenen in Deutschland aus, dass der Diabetes mellitus als ► Volks- und ► Zivilisationskrankheit gilt. Um den Betroffenen trotz dieser ► Krankheit eine möglichst hohe ► Lebensqualität zu ermöglichen, werden vielfältige Maßnahmen der ► Prävention unternommen und ► Strukturierte Behandlungsprogramme aufgelegt. Zur Behandlung des Diabetes mellitus haben sich im Rahmen von Konzepten der ► Integrierten Versorgung vielerorts ► Schwerpunktpraxen herausgebildet.

LITERATURHINWEIS:

Heft 24 der ► Gesundheitsberichterstattung des Bundes. Berlin 2005.

Diagnose

Als Diagnose wird das Ergebnis eines ärztlichen Arbeitsschrittes bezeichnet, wenn ein ► Patient aufgrund einer Erkrankung einen ► Arzt konsultiert. Dieses Ergebnis ist die möglichst zweifelsfreie Zuordnung von ► Symptomen zu einem Krankheitsbegriff. Unter Berücksichtigung vermuteter Krankheitsursachen können daraus Empfehlungen für eine ► Behandlung abgeleitet werden.

Diagnosegruppenbezogene Fallpauschale

► Diagnosis Related Groups

Diagnosis Related Groups (DRG)

Diagnosebezogene Fallgruppen bilden ein Klassifikationssystem zur Eingruppierung von Krankenhauspatienten entsprechend ihrer ärztlichen ► Diagnosen und der/ihrer Inanspruchnahme von Krankenhausressourcen. Sie bilden die Grundlage für pauschalisierte Honorierungssysteme im stationären Bereich.

Das deutsche DRG-System (G-DRG) wurde seit 2002 schrittweise auf der Grundlage des australischen AR-DRG-Systems eingeführt und wird seitdem ständig unter Federführung des ► Instituts für das Entgeltsystem im Krankenhaus (InEK) weiterentwickelt. Mittlerweile ist die Zahl der abrechenbaren DRGs auf über 1.200 angewachsen. Ihr tatsächlicher Abrechnungswert hängt von dem jeweiligen ► Basisfallwert ab, der je nach Bundesland differiert mit der jeweiligen Bewertungsrelation multipliziert wird. Diese Bewertungsrelation ist neben der Diagnose (nach ► ICD-Schlüssel) auch vom Schweregrad und den durchgeführten Operationen sowie dem ► Alter der ► Patienten abhängig. Wird eine bestimmte ► Verweildauer überschritten (sog. obere Grenzverweildauer), wird pro zusätzlichem Tag ein Zuschlag gezahlt; bei sehr kurzen Aufenthalten (Unterschreitung der unteren Grenzverweildauer) werden dagegen Abschläge vorgenommen.

Bislang sind Leistungen der Psychiatrie und Psychosomatik noch vom DRG-System ausgenommen. Es ist aber vorgesehen, auch für diese Bereiche ein tagesbezogenes Pauschalvergütungssystem zu entwickeln und im Jahr 2013 einzuführen.

LITERATURHINWEIS:

Vetter, U./Hoffmann, L. (Hrsg.): Leistungsmanagement im Krankenhaus: G-DRGs: Schritt für Schritt erfolgreich: Planen, Gestalten, Steuern. Heidelberg 2005.

LINK-TIPP:

www.g-drg.de

WOLFGANG GREINER

Diagnostik

Unter dem Begriff Diagnostik werden die Methoden des Findens einer ► Diagnose zusammengefasst. Hierunter fallen bspw. das Erheben einer Anamnese (vgl. auch ► Biografiearbeit), die körperliche Untersuchung, die Anwendung bildgebender Verfahren oder die Analytik mit Laborwerten des Bluts und anderer Körperflüssigkeiten.

Dialyse

Mit Dialyse wird ein Blutreinigungsverfahren bezeichnet, welches bei chronischem oder akut auftretendem Nierenversagen zum Einsatz kommt, wenn eine Nierentransplantation bspw. mangels Spenderorgan ausscheidet. Die Dialyse zählt, da eine solche ► Behandlung i. d. R. alle drei Tage stattzufinden hat, zu den teuersten Behandlungen.

DIMDI

► Deutsches Institut für Medizinische Dokumentation und Information e.V.

DIN EN ISO 9000 ff.

Die internationale Normenreihe DIN EN ISO 9000 ff. gibt Empfehlungen zur Organisation, zum Aufbau, zur Aufrechterhaltung, zur Dokumentation, zu internen und externen Kontrollen sowie zur Zertifizierung von Qualitätsmanagementsystemen. Herausgeber ist die Internationale Standardisierungsorganisation (ISO). Deutsches Mitglied der ISO ist das Deutsche Institut für Normung (DIN).

Die Normenreihe wurde erstmals Ende der 80er Jahre aufgelegt und wird regelmäßig weiter entwickelt und aufgelegt (siehe www.beuth.de). Die DIN EN ISO 9000-Normenreihe („Familie") gliedert sich in die folgenden drei Normen:

- In der DIN EN ISO 9000 – in aktueller Version 2005 – finden sich neben grundlegenden Aussagen zum ► Qualitätsmanagement wesentliche Begriffe zum Qualitätsmanagement definiert. Diese Norm ist das „Wörterbuch" der Normenreihe.
- In der DIN EN ISO 9001 – in aktueller Version 2008 – sind die Anforderungen an ein Qualitätsmanagementsystem festgelegt, die eine Organisation erfüllen muss, wenn es nach ISO 9001 zertifiziert werden will. Um das Zertifikat zu erlangen, muss ein Unternehmen die Anforderungen der Norm inhaltlich beantworten und die gegebenen Antworten nachweislich realisieren. Die ISO 9001 enthält das Modell für den Aufbau und die Bewertung eines Qualitätsmanagementsystems und ist folglich das „Herzstück" der Normenreihe. Dies wird ergänzt durch die ISO 9004, die die Weiterentwicklung des Qualitätsmanagementsystems in Richtung Excellence ermöglichen soll.
- Die DIN EN ISO 9004 – in aktueller Version 2008 – bietet einen „Leitfaden zur Leistungsverbesserung". Die DIN EN ISO 9004 lehnt sich an bestehende Excellence-Modelle an und umfasst einen Leitfaden für eine Selbstbewertung.

Wesentlich ist, dass die Normreihe keine Aussagen zur ► Qualität eines Sachgutes oder einer Dienstleistung macht. Kern ist vielmehr, dass anhand der Normen Prozesse in der Organisation beschrieben werden. Art und Niveau der Qualität des Produkts bzw. der Dienstleistung bestimmt die Organisation selbst. Für Organisationen, die ein Qualitätsmanagementsystem auf Basis der ISO 9001 entwickelt haben, besteht die Möglichkeit, sich dieses zertifizieren (► Zertifizierung) zu lassen. Akkreditierte Zertifizierungsstellen prüfen dann durch speziell geschulte Auditoren in der Organisation, ob die dokumentierten Standards eingehalten werden und bezeugen dies durch Zertifikate. Ein wesentlicher Baustein ist folglich die Dokumentation des Qualitätsmanagementsystems. Sie dient als Nachweis für die Qualitätsfähigkeit einer Organisation und ist Voraussetzung für eine Zertifizierung. Die Mindestanforderungen an die Dokumentation sind in der ISO 9001 festgelegt

LITERATURHINWEISE:

Ertl-Wagner, B./Steinbrucker, S./Wagner, B.: Qualitätsmanagement & Zertifizierung – Praktische Umsetzung in Krankenhäusern, Reha-Kliniken, stationären Pflegeeinrichtungen. Berlin 2009. *Brauer, J. P.*: DIN EN ISO 9000:2000 ff. umsetzen: Gestaltungshilfen zum Aufbau Ihres Qualitätsmanagementsystems. München 2007. *Wagemannn, B.*: Qualitätshandbücher nach DIN ISO 9001 für ambulante Pflegedienste. Hannover 2004.

LINK-TIPPS:

www.din.de

www.iso.org

REINHOLD WOLKE

Disease Management

Beim Disease Management stehen Strategien zur Versorgung von Patienten mit einer bestimmten Erkrankung sowie auch der Erkenntnisgewinn zur optimalen Versorgung dieser Erkrankung im Mittelpunkt. Dabei handelt es sich zumeist um eine ► chronische Erkrankung, deren Versorgung vor dem Hintergrund neuester wissenschaftlicher Erkenntnisse und bekannter Pathodynamik durchgeführt bzw. optimiert werden soll.

Szathmary definiert hierzu: „Disease Management ist ein Prozess, unter dem alle Elemente zur optimalen Behandlung einer Krankheit unter Beachtung medizinischer und ökonomischer Gesichtspunkte subsumiert werden. Die Umsetzung erfolgt in der Form von Programmen, die eine Zusammenstellung mehrerer aufeinander abgestimmter Maßnahmen beinhalten." Ziel ist also eine qualitativ hochwertige und kosteneffektive ► Gesundheitsversorgung sowie eine ständige Überwachung und wenn möglich auch eine Verbesserung der Versorgungsqualität durch einen systematischen rückkoppelnden Prozess durch die Erhebung bestimmter Indikatoren bei jedem am ► Disease Management-Programm teilnehmenden Patienten.

Zum Disease Management als Konzept gehören die Ermittlung der qualitativ besten und kosteneffektivsten Therapie anhand einer systematischen Therapieerfolgs-Analyse, eine Optimierung des Ressourceneinsatzes, die Einbindung aller beteiligten Leistungserbringer in den Entscheidungsprozess und die richtige Behandlung der richtigen Patienten zum richtigen Zeitpunkt. Ziele sind im Einzelnen:

- ein besseres Verständnis des natürlichen Verlaufs einer ► Krankheit, deren spezifischen Ursachen, Merkmale und Kostenfaktoren;

- die Anerkennung von Therapiekosten und Therapiequalität als zusammenhängende, sich gegenseitig beeinflussende Faktoren;
- die Orientierung der Therapie am Krankheitsverlauf bzw. Krankheitszustand und weniger an etablierten Vergütungsrichtlinien;
- eine gezielte und kontinuierliche Fortbildung und Schulung für ► Leistungserbringer und ► Patienten;
- der gezielte Einsatz von Ressourcen;
- der Betrieb eines effektiven kontinuierlichen ► Qualitätsmanagements sowie
- ein effektiver Informations- und Know-How-Transfer und Dialog unter allen Beteiligten.

Besonders vor dem Hintergrund der Entwicklung und Implementierung von Disease Management-Programmen wird deutlich, dass Disease Management nur für Krankheiten wirtschaftlich ist, die eine hohe ► Inzidenz und ► Prävalenz haben sowie einen chronischen Verlauf mit bekannter Pathodynamik und definierten Krankheitsstadien bei bekannten Interventionsstrategien. Daneben sollen bei den Erkrankungen hohe Krankheitskosten bzw. vermeidbare Folgekosten, die durch nicht optimale Behandlung entstehen und mittels Indikatoren wie ökonomische und medizinische Ergebnisse von Behandlungen messbar sind, vermieden werden.

LITERATURHINWEISE:

Szathmary, B.: Neue Versorgungskonzepte im deutschen Gesundheitswesen – Disease und Case-Management. Neuwied 1999.

PETER HAAS

Direktverträge

► Einkaufsmodell

Disease Management-Programme (DMP)

Den Anstoß für die Entwicklung von Disease Management-Programmen (DMP) in Deutschland gab das Gutachten des ► Sachverständigenrates für die Konzertierte Aktion im Gesundheitswesen im Jahr 2001, in dem auf eine erhebliche ► Über-, ► Unter- und ► Fehlversorgung bei der Behandlung chronisch Kranker – auch als Folge der mangelnden Koordinierung und Kontinuität der Betreuung speziell für ► Chroniker – hingewiesen wurde.

Als Konsequenz wurden insbesondere leitliniengestützte Versorgungsansätze – darunter Disease Management-Programme mit Langzeitbetreuung auf der Basis ► evidenzbasierter Medizin unter Einsatz individueller Behandlungspläne und einer selbstverantwortlichen Einbindung des Patienten gefordert. Diese Forderung wurde bei der Reform des ► Risikostrukturausgleichs in der ► gesetzlichen Krankenversicherung aufgegriffen und zum 1. 1. 2002 die Grundlage für neue strukturierte Behandlungsprogramme – sog. Disease Management-Programme – geschaffen, die über den Risikostrukturausgleich finanziert wurden. Kernpunkte eines DMP sind:

- eine leitlinienorientierte und evidenzbasierte Behandlung,
- die Stärkung der Sensibilität und des Selbstmanagements der ► Patienten,
- ein optimaler Mittel-/Ressourceneinsatz und
- eine zentrale (Benchmarking-)Dokumentation zur epidemiologischen Auswertung und Qualitätssicherung.

Die konkreten Programme werden regional von den Krankenkassen mit den ► Ärzten und anderen ► Leistungserbringern verhandelt und definiert. Im Kern wird in den lokalen DMP-Verträgen geregelt:

- die Ziele des DMP,
- Einschlusskriterien für teilnehmende Patienten,
- teilnehmende Leistungserbringer und deren Qualitätsmerkmale,
- welche Maßnahmen in welcher Abfolge regelmäßig mit den Patienten durchzuführen sind („leitlinienorientierte Behandlung"),
- welche Schulungsmaßnahmen für die Leistungserbringer und die Patienten erfolgen,
- was und wann strukturiert für das DMP-Programm dokumentiert wird, und wie die Meldung der Dokumentation erfolgt („DMP-Bögen") sowie
- welche Auswertungs- und Qualitätssicherungsmaßnahmen im Programm erfolgen inklusive der Feed-Back-Mechanismen.

Existiert regional ein DMP-Angebot, können sich Patienten dazu freiwillig bei einem teilnehmenden Arzt einschreiben. Krankenkassen können dann den teilnehmenden Patienten einen Bonus in Form der Ermäßigung von Praxisgebühren, Zuzahlungen oder Beitragsreduzierung gewähren. Der für einen Patienten programmverantwortliche Arzt koordiniert und überwacht die Versorgung, handelt also bezogen auf die spezielle Krankheit als Koordinator oder sog. „Gate-Keeper", füllt die entsprechenden DMP-Bögen aus und übermittelt diese an die zentralen Sammelstellen.

LITERATURHINWEIS:

Häussler, B./Berger, U.: Bedingungen für effektive Disease Management Programme. Analyse, Bewertung und Lösungsansätze für Qualität und Finanzierung. Baden-Baden 2004.

LINK-TIPP:

www.kbv.de/6041.html

PETER HAAS

Dokumentationspflicht

Die ärztliche Dokumentationspflicht ergibt sich aus den jeweiligen ärztlichen Berufsordnungen (§ 10 der von der ► Bundesärztekammer herausgegebenen Muster-Berufsordnung). Vgl. zur Dokumentationspflicht näher die Ausführungen zur ► Aufbewahrungspflicht.

AXEL BENNING

Duale Finanzierung

Die duale Finanzierung bezeichnet eine Form der Finanzierung, bei der im Gegensatz zur ► Monistik die von einem Betrieb erbrachte Marktleistung nicht aus einer, sondern aus zwei Quellen bzw. durch zwei Finanzierungsträger vergütet wird. Bedeutendstes Beispiel für diese Finanzierungsform stellen in Deutschland die ► Krankenhäuser dar. Duale Krankenhausfinanzierung erfolgt gemäß § 4 i.V.m. § 9 Krankenhausfinanzierungsgesetz (KHG) derart, dass die ► Investitionskosten von den Ländern aus Steuermitteln getragen werden und Krankenversicherungsträger bzw. Patienten die Kosten des laufenden Betriebes (► Betriebskosten) decken. Die gesetzliche Grundlage für die duale Finanzierung wurde mit dem KHG von 1972 geschaffen. Damit wurde die Vorhaltung von Krankenhausleistungen als öffentliche Aufgabe der Daseinsvorsorge definiert, die von den Ländern zu finanzieren ist.

Die Kosten des laufenden Betriebs decken Krankenhäuser über Umsatzerlöse, die sie aus den Leistungsentgelten der ► Patienten bzw. deren Krankenversicherern erzielen. Rechtliche Grundlage hierfür sind das Krankenhausentgeltgesetz und die Bundespflegesatzverordnung. Ein Zusammenhang zwischen Investitionsfinanzierung und Betriebskosten besteht derart, dass die Folgekosten der Investitionsentscheidungen der Länder – hierzu gehört auch die Entscheidung, betriebswirtschaftlich sinnvolle Investitionen ggf. wegen fehlender Haushaltsmittel nicht zu fördern – die Krankenversicherungsträger bzw. die Patienten über höhere Betriebskosten belasten.

LITERATURHINWEISE:

Schmidt-Rettig, B.: Betriebswirtschaftliche Funktionen und Entscheidungen, Finanzierung, in: *Schmidt-Rettig, B./Eichhorn, S.* (Hrsg.): Krankenhaus-Managementlehre. Stuttgart 2008. S. 379-426. *Tuschen, K. H./Trefz, U.*: Krankenhausentgeltgesetz, Kommentar. 2. Auflage. Stuttgart 2010.

EVELINE HÄUSLER

Doppelte Überalterung

Unter einer „doppelten Überalterung" unserer Gesellschaft wird einerseits die Alterung der Gesellschaft aufgrund einer stetig steigenden Lebenserwartung verstanden. Andererseits – und dies macht „das Doppel" dann aus – spielt die Entwicklung der Geburtenzahlen hier mit hinein. Insofern seit Jahren ein Geburtenrückgang beobachtet werden kann, nimmt der Anteil der Älteren bei einer steigenden Lebenserwartung permanent zu, sodass der Anteil der Älteren an der

Gesamtgesellschaft in absehbarer Zeit den der Jüngeren übersteigen wird. Siehe auch ► demografischer Wandel.

LINK-TIPP:

www.destatis.de

Durchgangsarzt

Ein Durchgangsarzt, abgek. D-Arzt, ist ein ► Facharzt für Chirurgie mit Schwerpunkt Unfallchirurgie oder ein Facharzt für Orthopädie und Unfallchirurgie mit Zusatzbezeichnung „Spezielle Unfallchirurgie", der von den ► Berufsgenossenschaften eine besondere Zulassung und die Aufgabe erhalten hat, sich um die ► Behandlung von ► Arbeitsunfällen zu kümmern.

E

Effektivität

Der Begriff Effektivität wird im Zusammenhang mit der evidenzbasierten Praxis und klinischen Studien i. d. R. mit dem englischen Begriff Effectiveness (Wirksamkeit unter „Alltagsbedingungen") bezeichnet. In einer Effectiveness-Studie wird, im Gegensatz zu einer Efficacy-Studie (► Effizienz), der ► Nutzen und Schaden einer Therapie unter „Alltagsbedingungen" gemessen. Dabei wird die Therapie z. B. im ambulanten Setting eingesetzt, die Studienteilnehmer weisen ► Komorbiditäten auf und nehmen weitere Therapien in Anspruch. Effectiveness-Studien sind der späteren Versorgungssituation näher als Efficacy-Studien, sie sind also extern valider. Gleichzeitig ist ihre interne ► Validität meist eingeschränkt. Durch hohe drop-out-Raten und oft durch mangelnde Verblindung und ► Randomisierung ist das Fehlerrisiko relativ hoch. Für die Nutzenbewertung einer medizinischen Intervention ist es wünschenswert, wenn sowohl Effectiveness- als auch Efficacy-Studien vorliegen.

LITERATURHINWEIS:

Fletcher, R. H./Fletcher S. W.: Klinische Epidemiologie, Grundlagen und Anwendung. 2. Auflage. Bern 2007.

LINK-TIPP:

www.ebm-netzwerk.de/grundlagen

HILKE BERTELSMANN

Effizienz

Der Begriff Effizienz wird im Zusammenhang mit der evidenzbasierten Praxis und klinischen Studien i. d. R. mit dem englischen Begriff Efficacy (Wirksamkeit unter Idealbedingungen) bezeichnet. In einer Efficacy-Studie wird, im Gegensatz zu einer Effectiveness-Studie, der ► Nutzen und Schaden einer Therapie unter stark kontrollierten experimentellen Bedingungen gemessen. Dabei wird die Therapie z. B. im stationären Setting eingesetzt, die Studienteilnehmer weisen keine ► Komorbiditäten auf und nehmen keine weiteren Therapien in Anspruch. Häufig werden diese Studien an Männern der jüngeren und mittleren Altersgruppen durchgeführt. Bei Efficacy-Studien ist die Übertragung auf die spätere Versorgungssituation und damit die externe Validität der Studie eingeschränkt. Ihre interne ► Validität ist dagegen hoch, weil das Studiendesign, das i. d. R. ► Randomisierung und Verblindung einschließt, das Fehlerrisiko gering hält. Für die Nutzenbewertung einer medizinischen Intervention ist es wünschenswert, wenn sowohl Effectiveness- als auch Efficacy-Studien vorliegen.

LITERATURHINWEIS:

Fletcher, R. H./Fletcher S. W.: Klinische Epidemiologie, Grundlagen und Anwendung. 2. Auflage. Bern 2007.

LINK-TIPP:

www.ebm-netzwerk.de/grundlagen

HILKE BERTELSMANN

EFQM

EFQM steht für „European Foundation for Quality Management". Im Jahr 1988 gründeten führende europäische Unternehmen eine Stiftung zur Förderung des ► Qualitätsmanagements nach dem US-amerikanischen Vorbild von und in Konkurrenz zu „Malcom-Baldrige". Die Kernthese des entwickelten Modells ist, dass sich exzellente Organisationen dadurch auszeichnen, dass sie sich um die Zufriedenheit ihrer Interessengruppen/Stakeholder bemühen. Excellence wird dabei verstanden als überragende Vorgehensweisen in der Führung der Organisation und beim Erzielen von Ergebnissen. Als wesentliche Elemente hierfür gelten: Ergebnisorientierung, Ausrichtung auf den Kunden, Führung und Zielkonsequenz, Management mittels Prozessen und Fakten, Mitarbeiterentwicklung und -beteiligung, kontinuierliches Lernen, Innovation und Verbesserung, Entwicklung von Partnerschaften sowie soziale Verantwortung (siehe www.deutsche-efqm.de).

Das EFQM-Modell für Excellence ist Grundlage eines strukturierten Assessment-Verfahrens zur (Selbst-)Analyse von Status, Stärken und Verbesserungspotentialen einer Organisation anhand eines gewichteten Kriterienmodells. Insgesamt verfügt das Modell über eine aus neun Kriterien bestehende, offengehaltene Grundstruktur. Die Grundidee ist dabei die Annahme, dass exzellente Ergebnisse bei Leistung und für Kunden, Mitarbeiter und Gesellschaft durch eine Führung erzielt werden, die Politik und Strategie mit Hilfe der Mitarbeiter, Partnerschaften sowie Ressourcen und Prozesse umsetzt. Folglich werden die vier Ergebniskriterien der Organisation (mitarbeiter-, kunden- und gesellschaftsbezogene Ergebnisse sowie die Schlüsselergebnisse) in einen kausalen Zusammenhang gebracht mit den sog. Befähiger-Kriterien. Die Befähiger-Kriterien behandeln das, was die Organisation tut und wie sie vorgeht. Die Ergebnis-Kriterien behandeln, was die Organisation erzielt. Dabei sind die Ergebnisse auf die Befähiger zurückzuführen, und die Befähiger werden ihrerseits aufgrund der Ergebnisse verbessert. Die Befähiger-Kriterien sind jeweils in vier bis fünf, die Ergebniskriterien jeweils in zwei Teilkriterien untergliedert. Zu allen Teilkriterien werden Ansatz- oder Orientierungspunkte aufgeführt, die die Aspekte des jeweiligen Teilkriteriums näher erläutern und bei der Bearbeitung des Bewertungsbuches Hilfestellung leisten. Das Verfahren lässt die Berücksichtigung vieler Vorgehensweisen zu, mit denen nachhaltige Excellence angestrebt werden kann (EFQM 1999-2003).

Wesentlich ist die kontinuierliche Weiterentwicklung der Organisation in Richtung Excellence. Für die Bewertung dieser Weiterentwicklung – respektive dem Reifegrad der Organisation –

dient die RADAR-Bewertungsmethodik. Dies bedeutet, dass der Reifegrad der Organisation gemessen wird an Ergebnissen (Results), den dazu führenden Vorgehensweisen (Approach), dem Grad der Umsetzung (Deployment) sowie an Bewertung und Überprüfung (Assessment and Review). Dabei können die Einzelbewertungen der 32 Teilkriterien zu einer Gesamtbewertung zusammengefasst werden, die zwischen 0 und 1.000 Punkten liegt (EFQM 1999). Aus der (Selbst-)Bewertung können für die Organisation der Entwicklungsstand sowie Stärken und Verbesserungspotenziale abgeleitet werden. Aufgrund des standardisierten Vorgehens werden zudem Vergleiche mit anderen Organisationen möglich. Die besten direkten Vergleiche liefern dabei die auf dieser Methode basierenden Qualitätspreise, wie der European Quality Award und sein deutsches Pendant, der Ludwig-Erhard-Preis.

LITERATURHINWEIS:

EFQM: Das EFQM-Modell für Excellence. EFQM. Brüssel. EFQM (1999-2003): Die Grundkonzepte der Excellence. EFQM. Brüssel 1999.

LINK-TIPPS:

www.efqm.org/en

www.deutsche-efqm.de

REINHOLD WOLKE

e-Health

Der Begriff e-Health bezeichnet die Übertragung des E-Commerce-Gedankens auf das ► Gesundheitswesen. Das Gesundheitswesen wird dabei als ein Markt wahrgenommen, auf welchem Angebote von und Nachfrage nach ► Gesundheitsgütern und -leistungen i. w. S. zusammentreffen. Dieses Zusammentreffen soll durch den Einsatz moderner Informations- und Kommunikationstechnologien für alle Beteiligten möglichst effizient gestaltet werden. Die Betrachtung dieses Einsatzfalles moderner Informations- und Kommunikationstechnologien im Gesundheitswesen unterscheidet sich somit deutlich von dem der ► Telemedizin oder der ► Telematik im Gesundheitswesen, wenngleich sie oftmals miteinander verknüpft auftreten, wie z. B. in einem ► Gesundheitsportal, in welchem neben einer ► Arztsuche, Angebote der ► Selbstdiagnostik oder gar Möglichkeiten des Führens einer eigenen ► elektronischen Patientenakte bestehen.

LITERATURHINWEISE:

Jähn, K./Nagel, E. (Hrsg.): e-Health. Berlin/Heidelberg/New York 2004. *Jähn, K./Reiher, M./Nagel, E.* (Hrsg.): e-Health im Spannungswelt zwischen Entwicklung und Anwendung. Berlin 2005.

LINK-TIPP:

www.telemedizin.de, www.e-health-com.de

Eigeneinrichtungen der Krankenkassen

Eigeneinrichtungen von Krankenkassen sind Behandlungseinrichtungen, die der Versorgung der eigenen Versicherten dienen. Gemäß § 140 Abs. 2 SGB V dürfen Krankenversicherungen seit 2005 solche Einrichtungen gründen, wenn sie die Durchführung ihrer Aufgaben bei der Gesundheitsvorsorge und der ► Rehabilitation auf andere Weise nicht sicherstellen können oder der den ► Kassenärztlichen Vereinigungen obliegende ► Sicherstellungsauftrag nicht erfüllt wird. Aus gesundheitsökonomischer Sicht ist anzumerken, dass sich mit diesen Einrichtungen die Krankenversicherungen sowohl in der Rolle des ► Leistungsträgers als auch des ► Leistungserbringers befinden. Dies kann selbst bei der engen gesetzlichen Vorgabe zu Verzerrungen der bisher üblichen Strukturen der Versorgung von ► Patienten führen. Ein in anderen ► Gesundheitssystemen etabliertes Konzept, welches solche Einrichtungen bewusst nutzt, ist das der sogenannten ► Health Maintenance Organisation.

Einbehandlerpraxis

Als Einbehandlerpraxis oder (gebräuchlicher) ► Einzelpraxis wird die Niederlassung eines einzelnen ► Arztes in eigener Praxis bezeichnet; unabhängig davon, ob und ggf. wie viele Ärzte dort in Anstellung beschäftigt sind. Durch die Anstellung von Ärzten durch den Praxisinhaber wird die Einbehandlerpraxis nicht zu einer ► Gemeinschaftspraxis, sondern vielmehr zu einer ► Mehrbehandlerpraxis.

TILL ARENS

Einheitlicher Bewertungsmaßstab (EBM)

Der EBM ist die Gebührenordnung für ambulante Leistungen (► ambulante Versorgung), die im Rahmen der vertragsärztlichen ambulanten Versorgung der ► gesetzlichen Krankenkassen (GKV) erbracht worden sind (§ 87 Abs. 2 SGB V). Er ist Grundlage für die Umsetzung des ► Sachleistungsprinzipes in der GKV, nachdem die Ärzte ihre Leistungen direkt mit der zuständigen ► Kassenärztlichen Vereinigung (KV) abrechnen, die ihrerseits Honorarpauschalen von den Krankenkassen erhält. Jüngste Reformen haben die anrechenbaren Leistungen immer mehr zu Leistungsbündeln bzw. Komplexen zusammengefasst, die seit 2009 zudem jeweils mit einem Eurobetrag ausgewiesen sind. Vorher sah der EBM nur Bewertungsrelationen in Form von Punktzahlen vor, die mit einem ► Punktwert je nach KV bewertet wurden. Ein Bewertungsausschuss mit Vertretern des Spitzenverbandes der Krankenkassen sowie der ► Kassenärztlichen Bundesvereinigung (KBV) nimmt regelmäßig Anpassungen am EBM zu seiner Aktualisierung und Weiterentwicklung vor (§ 87 Abs. 3 SGB V). Nur ein kleiner Teil der Leistungen (z. B. Hausbesuche) sind von allen Vertragsärzten abrechenbar, während die meisten Leistungen eindeutig entweder Haus- oder Fachärzten zugeordnet sind und nur von der jeweiligen Fachgruppe abgerechnet werden können. Die Höhe der Vergütung ist zudem teilweise auch vom ► Alter der ► Patienten abhängig.

Für zahnärztliche Leistungen gilt gemäß § 87 Abs. 2 und 2d SGB V eine spezielle Gebührenordnung, der Einheitliche Bewertungsmaßstab für zahnärztliche Leistungen.

LITERATURHINWEIS:

Mühlbacher, A.: Integrierte Versorgung: Management und Organisation. Bern u. a. 2002.

LINK-TIPP:

www.kbv.de

WOLFGANG GREINER

Einkaufsmodell

Darunter wird der Gegenentwurf zu den im deutschen Gesundheitssystem grundsätzlich zur Anwendung kommenden kollektivvertraglichen Beziehungen zwischen ► Leistungserbringern und Krankenversicherungsträgern verstanden. Im Einkaufsmodell (auch Selektivvertrag) kann die einzelne Krankenkasse nach eigenem Ermessen darüber entscheiden, auf welche Leistungserbringer sie zur Versorgung ihrer Versicherten zurückgreifen will. Mit diesen Anbietern schließt die Krankenkasse einen Versorgungsvertrag (selektives Kontrahieren), auf dessen Basis Leistungserbringung und -abrechnung erfolgen. Selektive Verträge tragen somit Wettbewerbsprozesse in die Vertragsverhandlungen zwischen Krankenkassen und Leistungserbringern, wobei Wettbewerb kein Selbstzweck ist, sondern nach Auffassung des ► Sachverständigenrates zur Begutachtung der Entwicklung im Gesundheitswesen unter anderem folgende Funktionen erfüllen soll: Orientierung des Leistungsangebotes an den Präferenzen der Versicherten, effektive Zielerreichung durch Erhöhung des gesundheitlichen Outcomes, effiziente Leistungserstellung durch kostengünstige Produktion, Auslösen von dezentralen Suchprozessen für Produkt- und Prozessinnovationen, leistungsgerechte Vergütung der Produktionsfaktoren, Vorbeugung gegen monopolistischen Machtmissbrauch.

Wichtige Einsatzfelder für Selektivverträge sind gegenwärtig die ► Modellvorhaben nach §§ 63-65 SGB V, die ► hausarztzentrierte Versorgung nach § 73 b SGB V, die besondere ambulante Versorgung nach § 73c SGB V, die ► Integrierte Versorgung nach § 140a-d SGB V sowie die Rabattverträge der Krankenversicherungen mit pharmazeutischen Unternehmen nach § 53 SGB V. Zusammen mit weiteren Elementen – zu nennen sind hier: die zumindest partielle Integration von Leistungsfinanzierung und -erstellung sowie die Anwendung von Management-Prinzipien wie etwa ► Case-Management und ► Gatekeeping – gehört das selektive Kontrahieren zu den konstitutiven Elementen des ► Managed-Care-Ansatzes.

Einzelwirtschaftlich betrachtet, bieten Selektivverträge den Krankenkassen eine Möglichkeit, sich im Wettbewerb zu positionieren. Dabei kann die Positionierung auf ein Qualitätsziel hin erfolgen, indem den Versicherten der Zugang zu besonders hochwertigen Versorgungsangeboten eröffnet wird oder auf ein Kostenziel hin, indem durch den Abschluss von Selektivverträgen Kostenvorteile generiert werden. Aus Sicht der Leistungserbringer wird die Attraktivität der Versorgungsverträge wesentlich davon beeinflusst, inwieweit es den Krankenversicherungsträgern gelingt, Nachfrage auf die unter Vertrag stehenden Anbieter zu lenken. Nachfragelenkung kann erreicht werden durch die Einschränkungen der ► freien Arztwahl oder durch finanzielle Anreize (z. B. reduzierte ► Zuzahlungen).

Durch die mit dem selektiven Kontrahieren verbundenen Auswahlprozesse, Vertragsverhandlungen und -abschlüsse sowie die notwendigen Kontrollmaßnahmen entstehen Transaktionskosten, die den ggf. erzielten Einsparungen bei den Leistungsausgaben gegenüberzustellen sind.

LITERATURHINWEISE:

Albrecht, M. u. a.: Ausweitung selektivvertraglicher Versorgung, Studie im Auftrag der Hans-Böckler-Stiftung. Berlin 2010. *Amelung, V.*: Managed Care. 4. Auflage. Wiesbaden 2007. *Sachverständigenrat zur Begutachtung der Entwicklung im Gesundheitswesen* (Hrsg.): Koordination und Qualität im Gesundheitswesen. Band 1. Stuttgart 2006. *Sachverständigenrat zur Begutachtung der Entwicklung im Gesundheitswesen* (Hrsg.): Koordination und Integration – Gesundheitsversorgung in einer Gesellschaft des längeren Lebens, Sondergutachten 2009. Download unter: www.svr-gesundheit.de/Gutachten/Uebersicht/GA2009-LF.pdf. *Wille, E./Albring, M.* (Hrsg.): Paradigmenwechsel im Gesundheitswesen durch neue Versorgungsstrukturen? 8. Bad Orber Gespräche. Berlin u. a. 2004.

EVELINE HÄUSLER

Einweiserportal

Als Einweiserportal wird eine Einrichtung an der Schnittstelle zwischen der ► ambulanten und ► stationären Versorgung verstanden, deren Aufgaben darin besteht, einer stationären Einrichtung (z. B. einem ► Krankenhaus) ► Patienten zuzuführen, um deren ► Auslastung zu sichern, vgl. auch ► Zuweiser. Viele ► medizinische Versorgungszentren, die sich in der Trägerschaft eines Krankenhauses befinden, haben genau diese Aufgabe.

LITERATURHINWEISE:

Thill, K.-D.: Einweisermarketing für Krankenhäuser: Einweisende niedergelassene Ärzte professionell gewinnen und binden. Wiesbaden 2009. *Saßen, S./Franz, M.* (Hrsg.): Zuweisermarketing mit sektorübergreifender Kommunikation: Ein Kompendium zur gezielten Einflussnahme auf Patientenströme und transsektorale Versorgungsqualität. Heidelberg 2007.

Einzelleistungsvergütung

Die Einzelleistungsvergütung knüpft im Gegensatz zur Vergütung nach ► Fallpauschalen an eine möglichst adäquaten Vergütung jedes einzelnen Leistungsbestandteils an. Dies findet sich bspw. in der ambulanten ärztlichen Versorgung, wenn die erbrachte Leistung mittels dem ► Einheitlichen Bewertungsmaßstab (im Falle gesetzlich krankenversicherter Patienten) oder der ► Gebührenordnung Ärzte (im Falle privat krankenversicherter Patienten) abgerechnet wird. Die Summe der abgerechneten Leistungsbestandteile und somit Leistungen ergibt dann die Vergütung für die erbrachte Leistung, vgl. auch ► Vergütung vertragsärztlicher Leistungen. Aus ökonomischer Sicht ergibt sich unmittelbar der Blick auf den zu leistenden Abrechnungsaufwand und die Überlegung, ob dieser nicht zugunsten eines höheren Zeitbudgets des ► Arztes für die Versorgung der ► Patienten in adäquate pauschalierte Abrechnungen überführt werden sollte.

Einzelpraxis

Als Einzelpraxis oder (seltener) ► Einbehandlerpraxis wird typischerweise die Niederlassung eines einzelnen ► Arztes in eigener Praxis bezeichnet; unabhängig davon, ob und ggf. wie viele Ärzte dort zusätzlich in Anstellung beschäftigt sind. Durch die Anstellung von Ärzten durch den Praxisinhaber wird die Einzelpraxis nicht zu einer ► Gemeinschaftspraxis, sondern vielmehr zu einer ► Mehrbehandlerpraxis.

TILL ARENS

Einzugsstelle

Unter einer Einzugsstelle wird diejenige Stelle gefasst, die den ► Gesamtsozialversicherungsbeitrag einzieht. Im deutschen System der ► Sozialversicherungen ist diese Stelle bei der ► gesetzlichen Krankenversicherung des Arbeitnehmers angesiedelt. Ihre Aufgabe ist es, monatlich den Gesamtsozialversicherungsbeitrag bezogen auf den jeweiligen Versicherten entgegenzunehmen und den entsprechenden Teil davon an die zugehörigen Sozialversicherungen sowie an den ► Gesundheitsfonds weiterzuleiten. Unter ökonomischen Gesichtspunkten kann die Überweisung eines Gesamtbetrages im Vergleich zur Überweisung mehrerer Teilbeträge als sinnvoll eingeschätzt werden. Dass dann jedoch dieser Gesamtbetrag in der Einzugsstelle in seine Bestandteile zerlegt und diese an die zuständigen Sozialversicherungen weitergeleitet werden, stellt den bisherigen ökonomischen Vorteil in Frage. Durch die in der letzten Zeit zu beobachtenden Fusionen der gesetzlichen Krankenversicherungen hat sich die Zahl der Einzugsstellen verringert, was einer Konzentration mit ihren bekannten ökonomischen Wirkungen gleichkommt.

Elektronische Fallakte

Die elektronische Fallakte (EFA) gehört wie die ► elektronische Patientenakte (EPA) und die ► elektronischen Gesundheitsakte (EGA) zu den elektronischen Krankenakten. Sie stellt die strukturierte Gesamtheit aller Ergebnisdokumente und sonstiger Aufzeichnungen zu einem Behandlungsfall dar. Sie ist für die Nutzung durch den ► Arzt konzipiert und arztmoderiert. Sie kann einrichtungsintern und einrichtungsübergreifend ausgestaltet werden. Ein Fall beginnt mit einer initialen Eingangsdiagnose und endet mit der Heilung (oder dem ► Tod) eines ► Patienten.

Ziel der Einführung der EFA ist insbesondere ein effizientes diagnosebezogenes Fallmanagement. In Deutschland begann 2007 die Einführung der EFA auf Initiative von ► Krankenhäusern und Krankenhauskonzernen. Die ► Deutsche Krankenhausgesellschaft ist ebenfalls beteiligt. Auch heute noch konzentriert sich das Konsortium auf die Kommunikation innerhalb des stationären Bereichs. Grundgedanke ist es, dass bereits vorhandene Systeme weiter genutzt werden können, die über Standardschnittstellen miteinander kommunizieren. Die Datenspeicherung bleibt dabei dezentral. Problematisch ist bei diesem Konzept, dass die Daten nach Abschluss des Falles bei einer erneuten Wiederaufnahme in einem Krankenhaus nicht mehr zur Verfügung stehen.

LITERATURHINWEISE:

Haas, P.: Gesundheitstelematik: Grundlagen, Anwendungen, Potenziale. Heidelberg 2006. *Caumanns, J.* et al.: Elektronische Fallakten zur einrichtungsübergreifenden Kooperation, in: E-HEALTH-COM. Nr. 1, 2007. S. 68-70. *Neuhaus, J.*: Die elektronische Fallakte – Eine Definition und Abgrenzung aus fachlicher Sicht. 2007, unter: www.fallakte.de/download (Datum des Aufrufs: 11. 9. 2010).

LINK-TIPPS:

www.fallakte.de

www.isst.fhg.de/fhg/Images/ElektronischeFallakten1108_tcm418-115468.pdf

Glossar unter: www.telemedizinfuehrer.de

ROLAND TRILL

Elektronische Gesundheitskarte

Die elektronische Gesundheitskarte (auch eGK oder eCard) soll die bisherige Krankenversicherungskarte ersetzen. Ihre Einführung geht zurück auf § 291a SGB V. Der Gesetzgeber verfolgt mit der Einführung der eGK mehrere Ziele: Höhere ► Effizienz im ► Gesundheitswesen, Stärkung der Patientenrechte und eine Verbesserung der Kommunikation.

Insgesamt sollen alle Versicherten Deutschlands mit der eGK ausgestattet werden. Alle Gesundheitsanbieter werden in die Gelegenheit versetzt, die eGK zu lesen und ggf. zu beschreiben. Dazu ist der Aufbau einer Telematikinfrastruktur notwendig. Dabei liegt die Herausforderung insbesondere in der Vernetzung der rund 21.000 Apotheken, 123.000 niedergelassenen Ärzte, 65.000 Zahnärzte und 2.200 Krankenhäuser sowie der gesetzlichen und privaten Krankenversicherungen mit ihren ca. 80 Mio. Versicherten.

Die eGK verfügt über einen Mikroprozessorchip. Auf diesem werden die Daten der Versicherten gespeichert, verarbeitet und verwaltet. Funktionen stehen offline zur Verfügung, können aber auch online abgerufen werden. Auf der Karte werden von jedem Versicherten die administrativen Angaben hinterlegt. Hierzu zählen bspw. der Name des Versicherten, die Krankenkasse und die Versichertennummer. Diese sind schon auf der Vorderseite der eGK sichtbar. Ebenso wie bei vielen der heutigen Krankenversicherungskarten ist auf der Rückseite die Europäische Krankenversicherungskarte abgebildet. Künftig wird außerdem ein Foto des Versicherten auf der eGK abgebildet.

Die eGK ermöglicht die Authentifizierung, Verschlüsselung und elektronische Signatur. Sie enthält Pflicht- und freiwillige Angaben. Die Versichertendaten werden als Pflichtangaben auf der eGK gespeichert. Dazu zählen neben den auf der Vorderseite der Karte ersichtlichen Angaben auch das Geburtsdatum, das Geschlecht, die Anschrift des Versicherten sowie der Versicherten- und Zuzahlungsstatus. Neben den Pflichtangaben können eine Reihe von medizinischen Daten gespeichert werden. Die Übermittlung der Arztbriefe oder die Verwaltung von ► Patientenquittungen bspw. sind vorgesehen. Welche der Funktionen genutzt werden, entscheidet der Patient.

Mit der Zustimmung des Patienten werden die Arzneimittelverordnungen auf der eGK dokumentiert. Dies hat den Vorteil, dass Doppelverordnungen vermieden werden. Daneben können auch Risiken, wie Über- bzw. Unterdosierungen, Unverträglichkeiten und Wechselwirkungen mit anderen Medikamenten schneller und einfacher erkannt werden. Ferner ist es möglich, weitere medizinische Daten für den Notfall zu speichern. Während für den Datenabgleich bei der Arzneimitteldokumentation eine Arzneimitteldatenbank notwendig ist, werden die Notfalldaten direkt auf der Karte gespeichert. Dies gewährleistet die Inanspruchnahme der Daten auch offline. Der Versicherte kann bspw. Angaben zur Blutgruppe, ► Impfungen, ► Allergien, chronischen Erkrankungen und Implantaten hinterlegen. In weiteren Ausbaustufen ist auch das Ablegen des Organspende-, des Impfausweises und des Mutterschutzpasses möglich. Über die eGK soll zukünftig auch der sichere Zugriff auf die ► Elektronische Patientenakte möglich werden.

LITERATURHINWEISE:

Flügge, T.: Die elektronische Gesundheitskarte: Chancen und Risiken, in: *Müller, C.-H.* et al. (Hrsg.): Die elektronische Gesundheitskarte: Rechtskommentar, Standpunkte und Erläuterungen für die Praxis, Gesundheitsrecht in der Praxis. Heidelberg u. a. 2006. *Stachwitz, P.*: Weitreichende Folgen für Patienten und Ärzte. Zur Einführung der elektronischen Gesundheitskarte. 2008, unter: www.itas.fzk.de/tatup/081/stac08a.htm (Letzte Änderung: 5. 6. 2008, Datum des Aufrufs: 25. 3. 2010). *Trill, R.* (Hrsg.): Praxisbuch eHealth. Stuttgart 2009.

LINK-TIPP:

www.die-gesundheitskarte.de

ROLAND TRILL

Elektronische Krankenhauseinweisung

Reguläre Krankenhauseinweisungen erfolgen mit dem Muster 2/E, das aus einem Deckblatt für die Krankenkasse und einem Zusatzblatt mit detaillierteren medizinischen Angaben für den Krankenhausarzt inkl. Durchschlag für den einweisenden Arzt besteht. Die Formulare zeigen, dass es intendiertes Ziel ist, dass im Rahmen einer Krankenhauseinweisung auch Informationen zu Vorbefunden, aktueller Medikation, Verlauf der Vorgeschichte und spezielle Fragestellungen kommuniziert werden. Alle diese medizinischen Angaben können aber auch Teil eines ► Arztbriefes bzw. ► eArztbriefes sein.

Die elektronische Krankenhauseinweisung ist das elektronische Pendant dieses Papierformulars und eine spezielle Form der eVerordnung. Wie beim eArztbrief und der eÜberweisung ist es hier ein wesentliches Ziel, dass in der Überweisung vorhandene Angaben direkt in das ► Krankenhausinformationssystem eingelesen werden können und nicht mehr von Hand erfasst werden brauchen. Die Struktur der eKrankenhauseinweisung ist weitaus einfacher als jene des eArztbriefes. Es ergibt sich aber auch aufgrund der freien Krankenhauswahl wie bei der eÜberweisung das Problem der „gerichteten“ Kommunikation. eKrankenhauseinweisungen müssen sicher d. h. verschlüsselt und digital signiert übermittelt werden, hierzu dient u. a. die ► Gesundheitstelematikplattform.

LITERATURHINWEIS:

Haas, P.: Gesundheitstelematik – Grundlagen, Anwendungen, Potenziale. Heidelberg 2006.

LINK-TIPPS:

www.hauptverband.at/mediaDB/564288_Riedl_e-card-Artikel.pdf

ehealth.gvg-koeln.de/

PETER HAAS

Elektronische Patientenakte

Die elektronische Patientenakte (EPA) ist eine elektronische Akte über einen ► Patienten, die sowohl einrichtungsintern als auch einrichtungsübergreifend ausgelegt sein kann. Die EPA soll die Papierakte ablösen. Im Gegensatz zur ► Elektronischen Fallakte (EFA) beinhaltet sie alle Daten eines Patienten und ist nicht beschränkt auf eine Behandlungsepisode. Sie ist arztmoderiert und dem Patienten – wenigstens auszugsweise – zur Verfügung zu stellen. Zukünftige Informationssysteminfrastrukturen sehen ein Korrespondieren von EPA und ► Elektronischer Gesundheitsakte, die wiederum patientenmoderiert ist, voraus.

Die EPA enthält neben den Stammdaten des Patienten auch zentrale medizinische Daten (z. B. Angaben über Allergien und Dauermedikationen), Dokumente (z. B. Einweisungen, OP-Berichte, Pflegedokumentation), Untersuchungsergebnisse (z. B. Laborbefunde, EKG-Kurven) oder Bilder. Sie muss, um im Behandlungsprozess nicht als „Fremdkörper“ wahrgenommen zu werden, mobil verfügbar sein, z. B. am Bett des Patienten. Nur so kann die Akzeptanz bei Ärzten und Pflegekräften sichergestellt werden. Hierzu sind drahtlose Kommunikationsnetze zu installieren, die eine hohe Investition erforderlich machen. Hierin ist ein Grund dafür zu sehen, dass diese für den Kernprozess der Patientenversorgung so zentrale Anwendung in Deutschland noch nicht flächendeckend implementiert wurde.

Mit der EPA werden folgende Ziele verfolgt: eine zeitgleiche Nutzung, unabhängig von Zeit und Ort, eine verbesserte Informationslogistik, die Vereinfachung der Kommunikation, eine höhere Transparenz der medizinischen Dokumentation (Vermeidung von Fehlern; Verbesserung der Behandlungsqualität), eine bessere Koordination des Behandlungsprozesses, ein lückenloser formaler Nachweis und die Etablierung als Datenbasis für Forschung im Gesundheitswesen. Mit der EPA kann also lückenlos aufgezeigt werden, wer, wann, was, warum, mit welchem Ergebnis, mit wem und für wen erbracht hat.

Um die Vollständigkeit der EPA zu gewährleisten, hat sie sich aus den Praxen und Krankenhäusern hin zu einer einrichtungsübergreifenden EPA zu entwickeln. Nicht ausdiskutiert ist dabei die Frage, wo die Daten der EPA liegen sollen. Sofern es keine zentrale Speicherung für alle Bundesbürger geben wird, verengt sich der Lösungskorridor auf die Frage, ob es eine dezentrale Speicherung in der jeweils behandelnden Einrichtung oder eine Zusammenfassung in den Regionen geben wird.

LITERATURHINWEISE:

Lehmann, T. M.: Handbuch der medizinischen Informatik. München 2004. *Medical Records Institute:* The electronic health record is a computer-stored collection of health information about one person linked by a person identifier. 2003. *Jähn, K./Nagel, E.*: e-Health. Berlin, Heidelberg 2004. *Trill, R.* (Hrsg.): Praxisbuch eHealth. Stuttgart 2009. *Warda, F.*: Elektronische Gesundheitsakten. Mönchengladbach 2005.

ROLAND TRILL

Elektronische Patientenkarte

Die elektronische Patientenkarte kommt zur Authentifizierung, Identifizierung und als Träger von Patientendaten zum Einsatz. Es handelt sich um eine Plastikkarte, meist mit Mikroprozessorchip. Die deutsche ► elektronische Gesundheitskarte ist ein Beispiel für eine elektronische Patientenkarte.

ROLAND TRILL

Elektronische Überweisung

Die „klassische" Überweisung dient im ambulanten Bereich dem überweisenden Arzt heute dazu, bestimmte „Dienstleistungen" bei einem anderen Spezialisten anzufordern oder aber eine Weiter- oder Mitbehandlung zu beauftragen. Sie ist in juristischem Sinne die Grundlage dafür, dass ein Dritter in eine Behandlung eingreift. Im Bundesmantelvertrag – Ärzte (BMV-Ä) sind die verschiedenen Gründe für Überweisungen bzw. Typen von Überweisungen genau definiert. Heute werden Überweisungen mit dem Muster 6 oder 10 gemäß BMV-Ä Anlage 2 vorgenommen. Die freie ► Arztwahl findet im Abs. 5 des § 24 BMV-Ä seinen Ausdruck.

Die elektronische Überweisung bzw. eÜberweisung ist das elektronische Pendat zur klassischen papiergestützten Überweisung und eine spezielle Form der eVerordnung. Auch hier heißt es im § 291a SGB V: „(2) Die elektronische Gesundheitskarte hat die Angaben nach § 291 Abs. 2 zu enthalten und muss geeignet sein, Angaben aufzunehmen für 1. die Übermittlung ärztlicher Verordnungen in elektronischer und maschinell verwertbarer Form ...". Ziel ist also auch hier, dass die darin enthaltenen Angaben beim Empfänger einzeln in sein Informationssystem eingelesen werden können.

Für die eÜberweisung ergibt sich aufgrund der freien Arztwahl das Problem, dass sie nicht direkt elektronisch von einem ► Arzt zu einem anderen gesendet werden kann bzw. darf (adressierte Kommunikation). Dies ist eine sehr spezielle Problemstellung im ► Gesundheitswesen, denn i. d. R. ist ja bei der elektronischen Kommunikation der Empfänger bekannt. Zur Übermittlung kann also die eÜberweisung auf der ► elektronischen Gesundheitskarte des ► Patienten gespeichert werden, er wird dann quasi zum Postboten; so wie es heute der Fall ist. Oder aber es ist ein Verfahren zu entwickeln, dass bei online-Kommunikation nicht einen direkten Adressaten, sondern nur eine Facharztgruppe adressiert, sodass nur ein berechtigter Facharzt, bei dem der Patient erscheint, diese eÜberweisung abrufen kann. Ein solches Verfahren wird in der Fachpresse auch „gerichtete Kommunikation" genannt.

LITERATURHINWEIS:

Haas, P.: Gesundheitstelematik – Grundlagen, Anwendungen, Potenziale. Heidelberg 2006.

PETER HAAS

Elektronischer Arztbrief

Ein elektronischer Arztbrief (eArztbrief) ist die elektronische Repräsentation eines ► Arztbriefes. Der eArztbrief ist auch eine der in § 291a SGB V genannten freiwilligen Anwendungen. Er bietet u. a. die folgenden Vorteile:

- Möglichkeit der Medienintegration,
- schnelle Verfügbarkeit nach Fertigstellung,
- einfacher Versand via Telematikplattform oder durch Speicherung auf ► elektronischer Gesundheitskarte,
- einfach in das Anwendungssystem des Empfängers zu übernehmen,
- geeignet zur Integration in einrichtungsübergreifende ► elektronische Patientenakten und so auswertbar.

Sollen aber einzelne Informationen aus einem Arztbrief in das Informationssystem des Empfängers übernommen werden können – z. B. die im Brief enthaltenen Diagnosen, einzelne Untersuchungsbefunde usw., muss ein eArztbrief gut strukturiert und formalisiert sein. Diese Anforderung steht so auch im § 291 SGB V, in dem es heißt „in elektronischer und maschinell verwertbarer Form". Einen allgemeinen Vorschlag auf Basis von XML macht hier der VHitG-Arztbrief, der auf Basis des internationalen Standards CDA (Clinical Document Architecture) definiert wurde. eArztbriefe müssen sicher d. h. verschlüsselt und digital signiert übermittelt werden, hierzu dient u. a. die ► Gesundheitstelematikplattform.

LITERATURHINWEIS:

Haas, P.: Gesundheitstelematik – Grundlagen, Anwendungen, Potenziale. Heidelberg 2006.

LINK-TIPPS:

download.vhitg.de/Leitfaden-VHitG-Arztbrief-v150.pdf

ehealth.gvg-koeln.de

PETER HAAS

Elektronischer Heilberufeausweis

Der elektronische Heilberufsausweis (HBA, aber auch Health Professional Card oder HPC) ist ein personenbezogener Ausweis und enthält einen Mikroprozessor, der diese Dienste ermöglicht: Authentifizierung, Verschlüsselung und elektronische Signatur. Der Heilberufsausweis ist für den Zugriff auf medizinische Daten der ► elektronischen Gesundheitskarte notwendig. Bisher ist die Ausgabe des HBA für die in Kammern organisierten Berufe geregelt. Daneben soll es Institutskarten (z. B. für Mitarbeiter der Krankenhausverwaltung zum Auslesen der eGK) geben, die allerdings keinen Zugriff auf medizinische Daten zulassen werden.

Der HBA für einen ► Arzt enthält folgende Daten: Name und Vorname des Arztes, ein Echtheitszertifikat, das Foto des Arztes, das Gültigkeitsdatum, die ausstellende Ärztekammer und den Mikrochip. Mit dem HBA lassen sich auch weitere Prozesse im ► Gesundheitswesen verändern, z. B. der Zugriff auf elektronisch gespeicherte Dokumente im ► Krankenhaus.

LITERATURHINWEISE:

Haas, P.: Medizinische Informationssysteme und Elektronische Krankenakten. Berlin, Heidelberg 2005. *Schmeh, K.*: Elektronische Ausweisdokumente: Grundlagen und Praxisbeispiele. München 2009. *Trill, R.* (Hrsg.): Praxisbuch eHealth. Stuttgart 2009.

ROLAND TRILL

Elektronisches Rezept

Das elektronische Rezept (auch eRezept) soll das bisherige Rezept in Papierform ablösen. Es dient zur Übermittlung ärztlicher Verordnungen in elektronischer und maschinell verwertbarer Form. Das elektronische Rezept ist eine der Pflichtanwendungen der ► elektronischen Gesundheitskarte (vgl. § 291a Abs. 2, Satz 1 SGB V/GMG). Eine Vermeidung von Doppelverschreibungen, das Erkennen von Arzneimittelnebenwirkungen und der Abgleich mit einer eventuellen ► Selbstmedikation des Patienten sind Zielsetzungen dieser telematischen Anwendung. Treiber dieser Anwendung waren die Kostenträger, da sie sich davon ein enormes Einsparpotenzial (Vermeidung eines Rezeptmissbrauchs) versprechen. Schätzungen gehen derzeit davon aus, dass ca. 250 Mio. €/Jahr eingespart werden können. Aber auch die bei der Ausstellung, Einlösung und Abrechnung gegenwärtig auftretenden Medienbrüche machen die Einführung des eRezepts attraktiv.

Zur maschinellen Interpretation bzw. für die maschinelle Extraktion ist das eRezept auf Basis eines konsentierten Dokumentenschemas – meist 1:1 bezogen auf das Papierrezept – strukturiert und formalisiert worden. Das Konzept sieht vor, dass das eRezept sowohl auf der eGK als auch zentral auf einem Server gespeichert werden kann. Da diese Speicherung die Zustimmung des Patienten erfordert („Stecken" der eGK) führt der Einsatz des eRezepts zu einer veränderten Ablauforganisation in einer Arztpraxis. Der Zeitaufwand für das Ausstellen eines Rezepts erhöht sich. Auch aus diesem Grund wird das eRezept von den Ärzten abgelehnt.

LITERATURHINWEISE:

Haas, P.: Gesundheitstelematik: Grundlagen, Anwendungen, Potenziale. Berlin, Heidelberg 2006.
Jähn, K./Nagel, E.: e-Health. Berlin, Heidelberg 2004.

LINK-TIPP:

Glossar unter: www.telemedizinfuehrer.de

ROLAND TRILL

Empfängerkasse

► Risikostrukturausgleich

Empowerment

Empowerment wird als Strategie der Befähigung verstanden. Sie unterstützt Individuen und Gemeinschaften dabei, ihre Lebensumstände und ihre Umwelt selbstbestimmt zu gestalten und darüber auch ihre ► Gesundheit zu stärken. Das Konzept der ► Weltgesundheitsorganisation geht auf die Erklärungen zur Gesundheitsförderung von Alma-Ata (1978) sowie die Ottawa-Charta (1986) zurück: Darin wird die ► Gesundheitsförderung als ein Prozess beschrieben, der sowohl auf individueller wie auf gemeinschaftlicher Ebene das gesundheitsbezogene, selbstbestimmte Handeln fördert. Das WHO-Konzept stellt explizit die Partizipation der Menschen an allen gesellschaftlichen Entwicklungen sowie die Gemeinschaftsbildung in den Mittelpunkt.

Neuere Konzepte haben als dritte Ebene die der Vermittlungsinstanzen (*Dierks et al.*, 2009) aufgenommen: Diese umfasst all jene Projekte der Kommunikation und Bildung, die bestimmte Bevölkerungsgruppen unterstützen, ihre ► Gesundheitskompetenz zu erhöhen. Dazu zählen Beratungsangebote von ► Leistungserbringern oder Kostenträgern, unabhängigen Beratungsstellen (z. B. Verbraucherzentralen), staatlichen Einrichtungen (z. B. ► öffentlicher Gesundheitsdienst) und privaten Anbietern (z. B. pharmazeutische Industrie).

In der Praxis wurde Empowerment zunächst vor allem in der Sozialarbeit (Gemeinwesenarbeit), in der Gesundheitsförderung, in der Selbsthilfe sowie der Jugendhilfe umgesetzt. Es ist aber mittlerweile auch ein Begriff in der modernen Organisationsentwicklung, etwa wenn es um Teamentwicklung in Unternehmen geht. Der Ansatz hat weitreichende Konsequenzen für das professionelle Handeln in diesen Bereichen: Unterstützungen und Hilfeleistungen werden darin nicht mehr als Hilfe und Fürsorge für Schwächere verstanden. Empowerment betont vielmehr vorhandene Stärken und Ressourcen des Hilfesuchenden, um darüber der individuellen Gestaltungskraft wieder ihren Weg zu bahnen.

LITERATURHINWEISE:

Bitzer, E.-M./Dierks, M.-L./Lerch, M. et al.: Patientensouveränität. Der autonome Patient im Mittelpunkt. Arbeitsbericht der Akademie für Technikfolgenabschätzung in Baden-Württemberg. 2001. *Dierks, M.-L./Seidel, G.*: Stärkung von Empowerment durch Gesundheitsbildung – Die Patientenuniversität an der Medizinischen Hochschule Hannover in: *Roski, R.* (Hrsg.): Zielgruppengerechte Gesundheitskommunikation. Akteure – Audience Segmentation – Anwendungsfelder. Wiesbaden 2009. S. 309-328.

SUSANNE WERNER

Entlassungsbrief oder -bericht

Siehe ► elektrische Überweisung und ► elektronischer Arztbrief

Entlassungsmanagement

Als Entlassungsmanagement, synonym oftmals auch als Überleitungsmanagement bezeichnet, werden innerhalb der professionellen ► Pflege und des ► Gesundheitswesens pflegerische, organisatorische und interdisziplinäre Maßnahmen verstanden, die der Entlassung oder Verlegung eines ► Patienten oder ► Pflegebedürftigen vorangehen sollen. Ziel des Entlassungsmanagements ist die Sicherstellung einer poststationären Versorgung und das Vermeiden eines Bruches in der Versorgungskontinuität des Betroffenen. Notwendig geworden sind derartige Überlegungen, weil in den ► Krankenhäusern mit der Einführung der leistungsbezogenen Vergütung in Form von ► Fallpauschalen eine Tendenz zur Verkürzung der stationären ► Verweildauer zu beobachten ist. Den sich möglicherweise daraus ableitenden Einschränkungen in der ► Qualität der Versorgung des ► Patienten soll auf diese Weise entgegengewirkt werden.

LITERATURHINWEIS:

Dörpinghaus, S./Grützmacher, S./Werbke, R. S./Weidner, F.: Überleitung und Case-Management in der Pflege. Hannover 2004.

Epidemiologie

Die Epidemiologie ist eine Teildisziplin der ► Gesundheitswissenschaften. Sie beschäftigt sich mit den Ursachen und Folgen sowie der Verbreitung von gesundheitsbezogenen Zuständen und Ereignissen in bestimmten Populationen, wie bspw. die Bevölkerung eines Landes. Damit untersucht die Epidemiologie die Faktoren, die zu ► Gesundheit und ► Krankheit von Individuen und Populationen beitragen.

LITERATURHINWEISE:

Bonita, R./Beaglehole, R./Kjellström, T.: Einführung in die Epidemiologie, 2. Auflage. Bern 2008.
Kreienbrock, L./Schach, S.: Epidemiologische Methoden, 4. Auflage. Heidelberg 2005.

Ergebnisqualität

Die Ergebnisqualität ist neben der Prozess- und der Strukturqualität einer der drei nach *Avedis Donabedian* (* 1919; † 2000) benannten Aspekte von ► Qualität. Dabei geht er davon aus, dass die Ergebnisqualität nur durch eine Optimierung der Prozess- und Strukturqualität verbessert werden kann.

LITERATURHINWEIS:

Donabedian, A./Bashur, R.: An Introduction to Quality Assurance in Health Care. Oxford University Press 2002.

Ergotherapie

Der Beruf des Ergotherapeuten entwickelte sich in Deutschland zu Beginn des 20. Jh. zunächst im Bereich der Psychiatrie und Orthopädie. Das Berufsbild der Ergotherapie (früher: Beschäftigungs- und Arbeitstherapie) gehört heute zu den etablierten ► Gesundheitsfachberufen und findet sich mit ca. 35.000 Berufsangehörigen im stationären, ambulanten und komplementären Versorgungsbereich. Maßnahmen der Ergotherapie stellen ein anerkanntes medizinisches ► Heilmittel dar, das einer ärztlichen Verordnung bedarf. Ergotherapie (altgriechisch *érgon*,

„Werk", „Arbeit") findet seine Anwendung bei gesundheitlich beeinträchtigten Menschen aller Alterstufen im Bereich der Motorik, Neurophysiologie/Neuropsychologie, Sensorik sowie der Psyche. Im Mittelpunkt der ergotherapeutischen Behandlung steht die „bedeutsame/sinnvolle Betätigung" in den Lebensbereichen der Selbstversorgung, Freizeit und Produktivität (berufliche Beschäftigung/ehrenamtliches Handeln). Ergotherapeutische Maßnahmen dienen dazu, Menschen, die kurz- oder langfristig erkrankt oder beeinträchtigt sind, eine erneute Betätigung/ Handlungsfähigkeit im Alltag, eine gesellschaftliche Teilhabe sowie eine Verbesserung der ► Lebensqualität zu ermöglichen. Die typischen ergotherapeutischen Arbeitsfelder finden sich in den Bereichen der Psychiatrie, Pädiatrie, Neurologie, Orthopädie, Arbeitstherapie sowie der Chirurgie.

Ihre theoretische und wissenschaftliche Basis bezieht die Ergotherapie aus den Sozial- und Naturwissenschaften. Während sich die Ergotherapie international bereits als eigenständige wissenschaftliche Disziplin etablieren konnte, befindet sich diese in Deutschland erst in den Anfängen.

LITERATURHINWEISE:

Götsch, K.: Definition, Systematik und Wissenschaft der Ergotherapie, in: *Scheepers, C./Steding-Albrecht, U./Jehn, P.* (Hrsg.): Ergotherapie – Vom Behandeln zum Handeln. Lehrbuch für Ausbildung und Praxis. 3. Auflage. Stuttgart 2007. S. 2-9. *Miesen, M.* (Hrsg.): Berufsprofil. Idstein 2004. *Walkenhorst, U.*: Potenziale der Ergotherapie in der Gesundheits- und Krankenversorgung. Eine handlungsorientierte professionssoziologische Analyse. Idstein 2007.

URSULA WALKENHORST

Ersatzkrankenkassen

Siehe ► Arbeiter-Ersatzkassen-Verband sowie ► Verband der Ersatzkassen

Erwerbsunfähigkeit

Im Gegensatz zur ► Berufsunfähigkeit ist die Erwerbsunfähigkeit ein durch eine ► Krankheit oder eine ► Behinderung hervorgerufener physische bzw. psychische Zustand, der die Fähigkeit eines Menschen einschränkt, seinen Lebensunterhalt mit der Ausübung einer beruflichen Tätigkeit zu verdienen. Je nach Ausmaß dieser Beeinträchtigung wird gemäß § 43 SGB VI von einer teilweisen oder einer vollen Erwerbsminderung gesprochen. Träger von Leistungen zum Ausgleich entsprechender gesundheitlicher Einschränkungen sind die gesetzlichen ► Rentenversicherungen.

Ethik-Kommission

Eine Ethik-Kommission ist ein Gremium, welches als übergreifendes Ziel die aus ethischer, rechtlicher und sozialer Sicht medizinischen Forschungsvorhaben, die an Lebewesen durchgeführt werden, beurteilt. Dabei steht der Schutz des Individuums vor den Folgen entsprechender Forschungen am Lebewesen im Erkenntnisinteresse. Mitglieder einer solchen Ethik-Kommission sind i. d. R. Mediziner, Naturwissenschaftler sowie Juristen und Theologen. Gelegentlich finden sich auch Gesundheitsökonomen in diesen Kommissionen. In bestimmten Bereichen, wie z. B. bei der Zulassung von ► Arzneimitteln ist das Einbeziehen einer Ethik-Kommission gesetzlich vorgeschrieben. Zu finden sind Ethik-Kommissionen in Einrichtungen, in welchen entsprechende Forschungen stattfinden.

EuroQol

Der EuroQol (auch EQ-5D) ist ein weitverbreitetes Instrument zur gesundheitsbezogenen Messung der ► Lebensqualität. Der mittlerweile in verschiedenen Sprachen vorliegende allgemeine/krankheitsunspezifische, standardisierte, valide und reliable Fragebogen berücksichtigt fünf verschiedene Gesundheitsdimensionen (Mobilität, Körperpflege, allgemeine Tätigkeiten, ► Schmerzen, Ängstlichkeit) und setzt diese zu einem fünfdimensionalen Indexwert zusammen. Die Standardbewertungen basieren auf einer visuellen Analogskala mit den Bewertungsextremen „bester vorstellbarer Gesundheitszustand" und „schlechtester vorstellbarer Gesundheitszustand". Dies ermöglicht eine präferenzbasierte Bewertung des Gesundheitszustands und liefert einen Indexwert der gesundheitsbezogenen Lebensqualität des Befragten. Vorteilhaft sind die Kürze des Instruments und die flexible und universelle Einsetzbarkeit. Es ist relativ einfach möglich, einzelne Teile wegzulassen, ohne die ► Qualität des Ergebnisses stark einzuschränken. Im Unterschied zu krankheitsspezifischen Fragebögen bzw. Instrumenten erlaubt dieses generische (krankheitsunspezifische) Indexinstrument einen Ergebnisvergleich alternativer Therapien und gehört zu den Instrumenten, die besonders gut im Rahmen der ► gesundheitsökonomischen Evaluation beispielweise für ► Kosten-Nutzwert-Analysen einsetzbar sind.

LITERATURHINWEISE:

Greiner, W./Claes, C.: Der EQ-5D der EuroQol-Gruppe, in: *Schöffski, O./Graf v. d. Schulenburg, J. M.* (Hrsg.): Gesundheitsökonomische Evaluationen. 3. Auflage. Berlin, Heidelberg 2008. S. 403-414. *Moock, J.*: Präferenzbasierte Lebensqualitätsmessung: Der EQ-5D Fragebogen, in: Physikalische Medizin, Rehabilitationsmedizin, Kurortmedizin. 18(5). 2008. S. 245-249.

PAUL MARSCHALL

Euthanasie

Die Definition der European Association for Palliative Care lautet: Euthanasie ist Töten auf Verlangen und wird definiert als Handlung eines ► Arztes, die mit der Absicht erfolgt, eine Person auf deren freiwilliges und angemessenes Verlangen zu töten, indem eine Medikation verabreicht wird.

International wird der juristische Terminus „aktive ► Sterbehilfe" als Euthanasie bezeichnet. Sie ist in nahezu allen Ländern der Erde (auch in Deutschland: § 216 StGB „Tötung auf Verlangen") verboten und unter Strafe gestellt. Unter anderem in den Niederlanden und Belgien bestehen

Regelungen, die Euthanasie und den ärztlich assistierten ► Suizid erlauben. Weitere Länder mit ähnlichen Regelungen sind: Luxemburg, der US-Bundesstaat Oregon sowie für kurze Zeit 1995-97 das australische Northern Territory.

Der niederländische Arzt *Pieter Admiraal* hatte in den 80er Jahren der Justiz gemeldet, dass er das Leben von Todkranken mit einer Spritze oder Tablette beendete hatte, seit 1993 wird aktive Sterbehilfe in den Niederlanden offiziell toleriert, wenn der handelnde Arzt die Tat dem Staatsanwalt meldet. Am 28.11.2000 verabschiedete das niederländische Parlament ein Euthanasiegesetz. Nach den Worten des Gesetzes ist das Töten eines unheilbar Kranken zwar immer noch strafbar, aber wenn der ► Patient aktive Sterbehilfe mündlich oder in einer Patientenverfügung schriftlich verlangt, kann ein Arzt diese durchführen. Dabei muss er Auflagen beachten: Das Leiden des Patienten muss „unerträglich" sein, er muss mehrfach „aus freiem Willen" den Wunsch geäußert haben, zu sterben. Nach seiner Meldung entscheidet eine regionale Kontrollkommission, ob der Arzt alle Sorgfaltskriterien eingehalten hat.

LINK-TIPPS:

www.eapcnet.org/projects/ethics.html

www.eapcnet.eu

www.eapcnet.eu/Themes/Ethics/PCeuthanasietaskforce/tabid/232/Default.aspx

WOLF DIEMER

EVA

Abk. für **E**ntlastende **V**ersorgungs**a**ssistentin. Eine EVA ist ähnlich der ► AGnES oder der ► VERAH ein weiteres Angebot an der Schnittstelle ► Patient und ► Hausarzt. Die gemeinsame Fortbildungsakademie der Ärztekammer und Kassenärztliche Vereinigung Westfalen-Lippe biete eine gleichnamige Zusatzqualifikation für medizinische Fachangestellte (den früheren Arzthelferinnen) zur „**E**ntlastenden **V**ersorgungs**a**ssistentin" (EVA) an. Mit diesen zusätzlichen Fähigkeiten kann die medizinische Fachangestellte selbständig Leistungen wie zum Beispiel in den Bereichen Hausbesuche, Impfen und Prävention übernehmen.

Die Fortbildung besteht aus acht Pflicht- und einem Zusatzmodul, das aus verschiedenen Bereichen gewählt werden kann. 140 Stunden sind Pflicht, und 20 Stunden dieser berufsbegleitenden Fortbildung sind für den Wahlteil aufzuwenden. Das Curriculum beinhaltet im Pflichtteil eine Kompetenzvermittlung in den Unterrichtsabschnitten ► Case Management, Notfallmanagement, ► Gesundheitsmanagement, ► Prävention, ► Telemedizin, Sozialrecht, Besuchs- sowie Wundmanagement und Geriatrisches Basis-Assessment. Das Angebot richtet sich an medizinische Fachangestellte mit einer mindestens zweijährigen Berufserfahrung.

LINK-TIPP:

www.aekwl.de

Evaluation

► Gesundheitsökonomische Evaluation

Evidenzbasierte Medizin

Unter dem Begriff Evidenzbasierte Medizin wird das Treffen von medizinischen Entscheidungen auf der Basis des besten verfügbaren wissenschaftlichen Erkenntnisstandes verstanden. Diese Methode der Informationsgewinnung begann in der ► Medizin mit *David Sacket* (geb. 1934) in den neunziger Jahren des letzten Jahrhunderts und breitet sich seitdem in der Medizin, in der ► Pflege und zunehmend auch in angrenzenden Wissenschaften aus. Das Wort „Evidenz" wird in diesem Zusammenhang als Übersetzung des englischen „evidence" gebraucht. Es bedeutet „Beweis". Gemeint ist der wissenschaftliche Beweis aus überzeugenden Studien.

Im Zentrum der evidenzbasierten Entscheidungsfindung in der Medizin steht das systematische Suchen, Auswählen, Nachvollziehen und Bewerten der relevanten wissenschaftlichen Literatur. Problemlösung mit Hilfe der evidenzbasierten Medizin erfolgt in vier Schritten:

1. Formulierung der medizinische Fragestellung,
2. systematische Literaturrecherche nach allen relevanten wissenschaftlichen Studien, insbesondere aber solchen mit einem randomisierten kontrollierten Studientyp,
3. Bewertung der Studienqualität und ggf. Meta-Analyse sowie
4. Übertragung der aggregierten Studienergebnisse auf die Fragestellung.

Evidenzbasierte Medizin ist eine Methode, die sich als Antwort auf den enormen Zuwachs wissenschaftlicher Erkenntnis in den letzten fünfzig Jahren entwickelt hat. Zudem hat sich der Zugriff auf wissenschaftliche Veröffentlichungen durch elektronische Speicherung und durch das Internet stark vereinfacht und ist in jeder Institution der ► Gesundheitsversorgung möglich. Die Methode der evidenzbasierten Medizin wird von Ärzten häufig kritisiert, weil sie die eigene Erfahrung nicht ungeprüft akzeptiert. Weil ihre direkte Anwendung „am Krankenbett" sehr aufwendig ist, erfolgt die Literaturrecherche zunehmend im Rahmen von evidenzbasierten ► Leitlinien und ► HTA-Berichten, die der Allgemeinheit zur Verfügung gestellt werden.

LITERATURHINWEISE:

Kunz, R./Ollenschläger, G./Raspe, H.: Lehrbuch Evidenzbasierte Medizin in Klinik und Praxis. Köln 2000. *Gyatt, G./Rennie, D.*: Users' Guides to the Medical Literature. A manual for Evidence-based Clinical Practice. Edingburgh 2005.

LINK-TIPP:

www.ebm-netzwerk.de

HILKE BERTELSMANN

Evidenzbasierte Pflege

Der Begriff evidenzbasierte Pflege bezeichnet das Treffen von pflegerischen Entscheidungen auf der Basis des besten verfügbaren wissenschaftlichen Erkenntnisstandes. Zu den Grundlegungen vgl. auch ► evidenzbasierte Medizin. Im Zentrum der evidenzbasierten Entscheidungsfindung in der ► Pflege steht das systematische Suchen, Auswählen, Nachvollziehen und Bewerten der relevanten wissenschaftlichen Literatur. Evidenzbasierte Pflege umfasst Methoden, die sich als Antwort auf den enormen Zuwachs wissenschaftlicher Erkenntnis in den letzten fünfzig Jahren entwickelt haben. Allerdings gab und gibt es an diesem Konzept auch häufig Kritik, weil es die traditionelle Arbeitsweise in der Pflege in Frage stellt. Auch die Pflege ist eine Erfahrungswissenschaft, in der die individuellen, in der Berufspraxis gesammelte Erfahrungen, ergänzt durch z.T. verschriftlichte Erfahrungen von Kollegen, als Basis für praxisrelevante Entscheidungen genutzt werden.

Im Vergleich zu dieser stark individuellen Entscheidungsfindung erscheint vielen die Methode der evidenzbasierten Pflege als wissenschaftlich-kühl und an der Praxis vorbeigehend. Diese Art der erfahrungsbasierten Entscheidungsfindung hat aber den Nachteil, dass die selektive Wahrnehmung des Menschen nicht systematisch funktioniert. Patientenfälle, die die eigene Erwartung erfüllen, werden besser erinnert als Fälle, die die Erwartung nicht erfüllen.

LITERATURHINWEIS:

Behrens, J./Langer, G. (Hrsg.): Handbuch Evidence-based Nursing. Bern 2009.

HILKE BERTELSMANN

F

Facharzt

Ein Facharzt ist ein ► Arzt, der nach dem Studium der ► Medizin eine mehrjährige Weiterbildung absolviert und diese mit einer Facharztprüfung erfolgreich abgeschlossen hat. Als Vertragsarzt bei den ► gesetzlichen Krankenversicherungen ist das Vorliegen eines Facharzt-Titels Voraussetzung. Regelungen über die Dauer, die Inhalte und Anrechnungsmöglichkeiten bei der Weiterbildung zum Facharzt obliegen den jeweiligen ► Ärztekammern. Derzeit gibt es über 40 unterschiedliche Spezialisierungsmöglichkeiten im Rahmen der Weiterbildung zum Facharzt.

Fachinformation

Die Fachinformation bezeichnet ein detailliertes Dokument über ein ► Arzneimittel, welches Daten über die Darreichungsform und Stärke, die Indikationen, Dosierung, Wirkung sowie über mögliche Nebenwirkungen, Arzneimittelwechselwirkungen und Kontraindikationen (► unerwünschte Arzneimittelwirkungen) des Präparats enthält. Der Adressat der Fachinformation sind die Fachkreise der jeweiligen Heilberufe. Grundsätzlich sind diese auch allen Bürgern zugänglich. Für den Patienten aufbereitet sind diese Daten als sog. ► Gebrauchsinformationen der Arzneimittelpackung beigelegt.

Fallmanagement

► Case Management

Fallmix-Index

Der Fallmix-Index ist neben dem ► Basisfallwert eine weitere Grundlage für die Ermittlung der Höhe der Vergütungen von ► Krankenhäusern im Rahmen des leistungsbezogenen Vergütungssystems der ► DRG.

LITERATURHINWEIS:

Vetter, U./Hoffmann, L. (Hrsg.): Leistungsmanagement im Krankenhaus: G-DRGs: Schritt für Schritt erfolgreich: Planen, Gestalten, Steuern. Heidelberg 2005.

Fallpauschale

Eine Fallpauschale ist eine Honorierungsform, bei der alle anfallenden Leistungen (Personal und Sachmittel) je Behandlungsfall mit einem Pauschalbetrag abgegolten werden. Dazu ist neben einer möglichst großen klinischen auch eine ausreichende ökonomische Homogenität erforderlich, da andernfalls eine einheitliche Honorierung mit einem Pauschalbetrag nicht angemessen wäre und zu Fehlanreizen führen würde. Der Begriff Homogenität beinhaltet, dass die Patientengruppen ausreichend gleichartig sein sollen, also z. B. in ähnlicher Weise behandelt werden (klinische Homogenität) bzw. ähnliche Ressourcenverbräuche (und damit Kosten) (ökonomische Homogenität) verursachen. Praktisch sind Fallpauschalen vor allem im stationären Bereich von Bedeutung, in dem in Deutschland seit 2006 die Abrechnung nach ► DRGs vorgeschrieben ist. Aber auch im ambulanten Bereich werden seit 2009 ca. 80 % der Leistungen als Fallpauschalen (bzw. Leistungskomplexe) und nicht mehr als reine Einzelleistungen abgerechnet.

Die Vergütung über Fallpauschalen kann bei ineffizienter Produktion zu Verlusten führen und bietet damit einen Anreiz zur wirtschaftlichen Mittelverwendung. Nachteil einer pauschalisierten Zahlung im ambulanten und stationären Bereich ist die Gefahr einer Minderung der ► Qualität der ► Behandlung sowie einer unangemessenen Verweildauerverkürzung im ► Krankenhaus, weil das Behandlungsresultat im Fallpauschalensystem einen geringen Stellenwert hat. Zudem besteht ein Anreiz für die ► Leistungserbringer, ► Patienten ungerechtfertigt als besonders schwere Krankheitsfälle zu klassifizieren, wenn sich daraus eine höher dotierte Pauschale ergibt (up-grading). Aus diesem Grunde ist ein ► Qualitätsmanagement bei Fallpauschalen von großer Bedeutung.

LITERATURHINWEIS:

Schulenburg, M./Greiner, W.: Gesundheitsökonomik. 2. Auflage. Tübingen 2007.

WOLFGANG GREINER

Fallwert

► Vergütung vertragsärztlicher Leistungen

Fehlbelegungen

Unter Fehlbelegungen wird allgemein verstanden, dass ► Patienten in einem (bestimmten) stationären Setting versorgt werden, das aus unterschiedlichen Gründen als inadäquat bezeichnet werden kann. Eine „echte" Fehlbelegung ist dann zu konstatieren, wenn das stationäre Setting definitiv nicht zur Krankheit des Patienten passt, wenn also bspw. ein Patient mit einem Herzinfarkt in einer Abteilung für Kieferchirurgie versorgt wird. Vgl. auch ► Fehlversorgung.

Da es durch den medizinischen Fortschritt zu einer immer weitergehenden Spezialisierung kommt, steigt auch die Wahrscheinlichkeit einer Fehlbelegung, da oft die ► Diagnostik, die eine eindeutige Zuordnung des Patienten zu einem Spezialfach bzw. einer Spezialabteilung ermöglicht, stationär erfolgen muss. Bis jedoch die Diagnostik abgeschlossen ist, kann es passieren, dass der Patient auf der falschen Abteilung liegt und während seines Aufenthalts zu verlegen ist. Verschärft wird diese Problematik durch die Alterung der Gesellschaft, die mit einer ► Multimorbidität der Patienten einhergeht. In Österreich werden rund 20 % der Patienten während ihres stationären Aufenthalts verlegt.

Solche Verlegungen verlängern nicht nur den Aufenthalt, sondern führen zudem über unnotwendige Prozesse zu erheblichen Mehrkosten. Um diesem Problem zu begegnen, setzen sich immer öfter Aufnahmeabteilungen mit Triagefunktion und Interdisziplinäre Abteilungen durch. In diesen Abteilungen kommt der Spezialist zum Patienten und nicht umgekehrt. Allerdings ist die Einführung solcher interdisziplinärer Strukturen von erheblichen Schwierigkeiten begleitet, da traditionellerweise Gesundheitssysteme rund um Fächer und nicht rund um Patientenkarrieren gestaltet werden. „Echte" Fehlbelegungen sind somit ein reines Organisationsproblem.

Von den „echten" Fehlbelegungen sind jene zu unterscheiden, die durch ► Fehlsteuerung provoziert werden. Unter diesen „unechten" Fehlbelegungen könnten stationäre Behandlungsfälle verstanden werden, die eigentlich keiner stationären Behandlung bedürfen, allerdings wegen mangelnder Kapazitäten in anderen Bereichen (ambulante Einrichtungen, Pflege- oder Rehabilitationseinrichtungen etc.) in Krankenhäusern versorgt werden müssen. Ebenfalls zählen jene Krankenhausaufenthalte hierzu, die dadurch zustande kommen, dass durch Fehlsteuerung zu hohe Kapazitäten errichtet worden sind, und so die Betreiber der Krankenhäuser, aus Furcht vor Schließung, Patienten aufnehmen, die eigentlich keiner stationären Behandlungen bedürfen. Insbesondere Letzteres kann teilweise durch die Theorie der angebotsinduzierten Nachfrage erklärt werden, die an sich im Gesundheitswesen von nur untergeordneter Bedeutung sein dürfte.

LITERATURHINWEISE:

Porter, M. E./Teisberg, E.: Redefining Health Care. Boston 2006. *Hofmarcher, M. M./Riedel, M./Röhrling, G.*: Inanspruchnahme von Gesundheitsleistungen in der EU. Ist Marktversagen kuriert? Wien 2004. *Guggisberg, J./Spycher, S.*: Nachfrage, Inanspruchnahme, Bedarf und Angebotsinduzierung in der ambulanten medizinischen Versorgung. Forschungsprotokoll des Obsan Nr. 3. Neuchâtel 2005, unter: www.buerobass.ch/pdf/2005/Obsan%20Forschungsprotokoll%20Dem%20med.pdf (Datum des Abrufs: 20. 3. 2010). *Kern, A. O.*: Arztinduzierte Nachfrage in der ambulanten Versorgung Bedeutung für eine Privatisierung von Leistungen der Gesetzlichen Krankenversicherung. 2002, unter: www.wiwi.uni-augsburg.de/vwl/institut/paper/225.pdf (Datum des Aufrufs: 20. 3. 2010). *Cassel, D./Wilke, T.*: Das Saysche Gesetz im Gesundheitswesen. Schafft sich das ärztliche Leistungsangebot seine eigene Nachfrage? Eine Analyse zur angebotsinduzierten Nachfrage in der ambulanten ärztlichen Versorgung anhand deutscher Paneldaten, in: Journal of Public Health vom Dezember 2001. Volume 9. Number 4. S. 331-348.

ERNEST G. PICHLBAUER

Fehlbildung

Angeborene Fehlbildungen sind bei Geburt vorhandene strukturelle Anomalien und treten bei schätzungsweise 3-5 % aller Neugeborenen auf. Sie sind in Deutschland die häufigste Todesursache im Kindesalter und die zweithäufigste Ursache der Säuglingssterblichkeit. Isolierte Fehlbildungen (z. B. Lippen-Kiefer-Gaumenspalte) bei einem sonst unauffälligen Kind sind relativ häufig und werden von den selteneren komplexen Fehlbildungssyndromen mit Beteiligung mehrerer Organe abgegrenzt. Fehlbildungen können u. a. genetisch bedingt sein oder durch exogene Faktoren, wie z. B. mütterliche Erkrankungen, Alkoholkonsum, Medikamenteneinnahme oder ► Infektionen der Mutter während der Schwangerschaft verursacht werden. Jedoch bleibt bei etwa 60 % der Fehlbildungen die Ursache ungeklärt.

LITERATURHINWEISE:

Niessen, K.-H.: Pädiatrie. 6. Auflage. Stuttgart 2001. *Jones, K.*: Smith's Recognizable Patterns of Human Malformation. 6. Auflage. Philadelphia 2005. *Firth, H. V./Hurst, J. A./Hall, J. G.* (Hrsg.): Oxford Desk Reference Clinical Genetics. Oxford 2005.

MARIA HOELTZENBEIN

Fehlermanagement

Im Hinblick auf die Patientensicherheit und die potenziell tödlichen Fehlerfolgen erscheint die Implementierung eines Fehlermanagements in Einrichtungen des ► Gesundheitswesens von hoher Wichtigkeit. Als Fehlermanagement kann die systematische Auseinandersetzung mit (möglichen) Fehlern, die aufgrund von menschlichen, organisatorischen oder maschinellen Unzulänglichkeiten in einem Leistungsprozess entstehen, verstanden werden. Fehler treten dabei unbeabsichtigt auf und führen zu einer Abweichung eines Istwertes von einem vordefinierten Sollwert innerhalb des Leistungsprozesses. Hieraus resultieren mehr oder weniger starke Nachteile für den Kunden.

Das Fehlermanagement unterscheidet sich vom ► Beschwerdemanagement dahingehend, dass es sich mit Problemen bei der Leistungserstellung bereits im Vorfeld einer möglichen Kundenwahrnehmung beschäftigt. Philosophie des Fehlermanagements ist es, anzuerkennen, dass Fehler grundsätzlich immer auftreten können, und dass Fehler im Hinblick auf ihre Ursachen analysiert werden müssen, um daraus für die Zukunft zu lernen und Wiederholungsfehler durch Umsetzung geeigneter Maßnahmen zu vermeiden. Ebenso sind in diese Betrachtung auch potenzielle Fehlerquellen sowie Beinahe-Fehler einzubeziehen. Hierbei bietet sich die Durchführung von Fehlermöglichkeits- und -einflussanalysen an, bei denen eine Fehleranalyse (Fehlerbeschreibung, Fehlerfolgen, Fehlerursachen), eine Risikobeurteilung (Auftrittswahrscheinlichkeit, Bedeutung, Entdeckungswahrscheinlichkeit), eine Festlegung von Korrekturmaßnahmen und eine anschließende Erfolgsbeurteilung durchgeführt werden.

Für das Gesundheitswesen mit starker Beteiligung des Faktors Mensch im Rahmen der Dienstleistungserbringung ist es wichtig, dass es nicht zu Schuldzuweisungen kommt. Eine sachliche Ursachensuche ist auf allen Hierarchieebenen durchzuführen, was bei manchen Leistungserbringern nicht unbedingt zu den traditionellen Rollenverständnissen der Führungskräfte und Mitarbeiter passt, sodass hier ein entsprechendes Umdenken erforderlich ist (Etablierung einer Fehlerkultur). Sinnvoll ist auch die Nutzung von Fehlerberichts- und Lernsystemen, die organisationsintern oder organisationsübergreifend zur Verfügung stehen. In solchen Fehlerberichtsdatenbanken können anonyme Berichte über Fehler und Beinahe-Fehler einer größeren Zahl von

Personen zugänglich gemacht werden, wodurch diese Fehlerquellen frühzeitig erkannt und Tipps zur Fehlervermeidung erlangt werden können.

LITERATURHINWEISE:

Meffert, H./Bruhn, M.: Dienstleistungsmarketing. 6. Auflage. Wiesbaden 2008. *Sonnweber, E.*: Fehler, Fehlerkultur und Fehlermeldesysteme im Krankenhaus. Saarbrücken 2008.

MARC HASENJÄGER

Fehlsteuerung

Fehlsteuerung drückt eine Relation aus, die darstellt, dass bei gegebenem Ziel die Maßnahmen, die zur Zielerreichung gesetzt werden, das Ziel verfehlen. Eine Fehlsteuerung kann daher nur vorliegen, wenn ein Ziel vorausgesetzt ist. Auf einem abstrakten Niveau ist es das Ziel eines ► Gesundheitssystems, die Versorgung der vom System betroffenen Individuen so zu organisieren, dass mit den eingesetzten Ressourcen, die Wahrscheinlichkeit des einzelnen, gesünder zu werden, höher ist, als wenn er sich seine Versorgung selbst organisiert. Eine Fehlsteuerung würde daher dann vorliegen, wenn die gesetzten Maßnahmen nicht dazu führen, dass dieser Mehrwert, also ein Mehr an „Gesund", erreicht wird.

Die Schwierigkeit dieser Zieldefinition liegt im Begriff „gesünder". In den meisten Systemen wird dieser Begriff umgangen und durch Surrogatparameter wie Zugangsgerechtigkeit, ► Versorgungsgerechtigkeit, Patientensicherheit und ► -zufriedenheit etc. ersetzt. Um diese Surrogatparameter zu verbessern, werden Anreize gesetzt, die die Versorgung gewährleistenden Ärzte, Pflegekräfte, ► Apotheker, Pharmaindustrie, Krankenhausbetreiber, Pflegeheimbetreiber etc. dazu anhalten sollen, ihre Aktivitäten und Ressourcen an diesen Surrogatparametern auszurichten.

Wenn es jedoch zu einer Zersplitterung des Gesundheitssystems kommt – z. B. durch unterschiedliche Finanzierungen, die sich nicht entlang von Krankengeschichten, sondern an Einrichtungen (z. B. ► Krankenhäuser) orientieren – werden Subsysteme entstehen, die getrennt voneinander die Surrogatparameter erreichen wollen und so das Gesamtsystem erheblich irritieren können (Schnittstellenproblematik, Doppelgleisigkeiten etc.). Da jedoch dies Folgen sind, die quasi vom System provoziert wurden, ist es dem System theoretisch unmöglich, darin eine Fehlsteuerung zu sehen.

Mittlerweile wurde erkannt, dass es nicht ausreicht, Surrogatparameter zu verfolgen. Nötig ist es vielmehr, ein stabiles Wertegerüst aufzubauen, aus dem dann Parameter abgeleitet werden können, die sowohl die Richtigkeit als auch das Fehlen einer Steuerungsmaßnahme erkennen lassen können. Um zu diesen Wertegerüsten zu gelangen, wurde in den letzten Jahren die Idee der Demokratisierung verbreitet diskutiert. Der Versuch, Fehlsteuerungen im Gesundheitswesen durch verstärkten Wettbewerb hintanzuhalten, ist möglicherweise als gescheitert anzusehen. Wettbewerb ist ein wesentlicher Faktor, um die Effizienz zu erhöhen, also die ► Qualität zu steigern und den Ressourcenverbrauch in der Produktion zu verringern, allerdings ist Wettbewerb nur begrenzt fähig, auch jene Werte zu generieren, die eine Unterscheidung von Fehl- oder Richtigsteuerung ermöglichen.

LINK-TIPP:

Europäische Ministerkonferenz der WHO: Gesundheitssysteme, Gesundheit und Wohlstand. Tallinn (Estland) (25.-27. 6. 2008), unter: www.euro.who.int/healthsystems

ERNEST G. PICHLBAUER

Fehlversorgung

Der ► Sachverständigenrat zur Begutachtung der Entwicklung im Gesundheitswesen hat in seinem Gutachten 2000/2001 die Bedarfsgerechtigkeit und Wirtschaftlichkeit der Versorgung mit Gesundheitsleistungen zum Gegenstand. In diesem Zusammenhang wurde es erforderlich, neben den Begriffen ► Überversorgung und ► Unterversorgung auch zum Begriff Fehlversorgung eine SGB V-konforme Definition zu entwickeln. Demnach wird als Fehlversorgung eine Versorgung angesehen, durch die ein vermeidbarer Schaden entsteht oder ein entgangener gesundheitlicher ► Nutzen zu beobachten ist, weil eine Leistung nicht fachgerecht oder nicht rechtzeitig genug erbracht wurde. Eine Fehlversorgung kann weitergehend unterschieden werden nach der Art der Leistungserbringung in bedarfsgerechte Leistungen, die nicht fachgerecht erbracht werden, und in nicht bedarfsgerechte Leistungen, die zu einem vermeidbaren Schaden führen. In einer dritten Gruppe wird eine unterlassene oder nicht rechtzeitige Erbringung einer bedarfsgerechten Leistung zusammengefasst. Zur Übertragung dieser Definition auf die stationäre Versorgung vgl. auch ► Fehlsteuerung.

LITERATURHINWEIS:

Sachverständigenrat zur Begutachtung der Entwicklung im Gesundheitswesen: Bedarfsgerechtigkeit und Wirtschaftlichkeit. Band III: Über-, Unter- und Fehlversorgung. 2000/2001.

Fern-Diagnose

Von einer Fern-Diagnose wird gesprochen, wenn bspw. zwischen einem ► Patienten und dem ► Arzt zum Zeitpunkt der ► Diagnose eine räumliche Distanz zu beobachten ist. Dies ist im Sinne einer qualitätsgerechten Versorgung des Patienten nur möglich, wenn Instrumente der ► Telemedizin zum Einsatz gelangen.

Fertilität

Unter der Fertilität wird die Fruchtbarkeit verstanden. Im Rahmen der ökonomischen Rahmenbedingungen des ► Gesundheitswesens ist es dann die Geburtenrate, die bspw. beim ► demografischen Wandel und seinen Auswirkungen auf die Finanzierbarkeit des Gesundheitswesens eine Rolle spielt.

Festbeträge

In der ambulanten ärztlichen Honorierung handelt es sich bei Festbeträgen um ein Vergütungssystem, das unabhängig von der Zeit und dem Ergebnis der Behandlung gezahlt wird. Dazu zahlt die Krankenversicherung z. B. eine vorab prospektiv festgelegte Summe je Quartal, was einerseits dazu führt, dass der Arzt ein Interesse daran hat, die Einzelleistungen effizient zu erstellen und zu kombinieren. Andererseits bietet diese Honorierungsform für die ► Leistungserbringer zumindest kurzfristig keinen Qualitätsanreiz. In der Praxis kommt diese Honorierungsform vor allem als Kopfpauschale der Krankenkassen an die ► Kassenärztlichen Vereinigungen vor, wobei durch Zahlung mit befreiender Wirkung für die Kassen die Leistungen der Ärzte an die Versicherten unabhängig vom tatsächlichen Leistungsumfang abgegolten sind (§ 85 SGB V).

Festbeträge bei der Erstattung von Arzneimittelkosten sind Höchstpreise, die maximal für bestimmte ► Arzneimittel von den Krankenkassen gezahlt werden (§ 35 SGB V). Wenn der Preis des Arzneimittels den Festbetrag übersteigt, müssen die Mehrkosten von den Versicherten selbst getragen werden. Alternativ kann ein anderes Arzneimittel gewählt werden, das als therapeutisch gleichwertig gilt und keine entsprechende ► Zuzahlung erfordert. Dazu wird vom ► Gemeinsamen Bundesausschuss festgelegt, für welche Arzneimittel-Gruppen Festbeträge festgesetzt werden können. Man unterscheidet folgende Festbetragsstufen:

1. Arzneimittel mit denselben Wirkstoffen, insbesondere sog. ► Generika,
2. Arzneimittel mit pharmakologisch-therapeutisch vergleichbaren Wirkstoffen, insbesondere mit chemisch verwandten Stoffen,
3. Arzneimittel mit therapeutisch vergleichbarer Wirkung, insbesondere Arzneimittelkombinationen.

Der jeweilige Festbetrag wird vom GKV-Spitzenverband nach einem festgelegten statistischen Verfahren im unteren Preisdrittel festgelegt.

LITERATURHINWEIS:

Schumacher, H. K./Greiner, W.: Festbeträge als Instrument der Ausgabensteuerung in der GKV – Systematik der Berechnung und resultierende Wirkungen, in: Gesundheits- und Sozialpolitik. 62, 1, 2008. S. 53-64.

LINK-TIPP:

www.gkv-spitzenverband.de

WOLFGANG GREINER

Finanzausgleich

► Risikostrukturausgleich

Früherkennung

► Prävention

Funktionspflege

Die Funktionspflege ist vergleichbar mit der industriellen Fließbandarbeit (Taylorismus), denn die einzelnen pflegerischen Handlungen werden hier ebenfalls auf die unterschiedlichen Pflegekräfte, entsprechend ihrer Qualifikation, aufgeteilt. Die Stationsleitung hat in dieser Organisationsform die alleinige Verantwortung, da sie die Aufgaben zuteilt und die Pflegekräfte nur einzelne Arbeitsschritte bei jedem ► Patienten durchführen. Das Organisationsprinzip der Funktionspflege wird aktuell oftmals negativ bewertet, da kaum eine Möglichkeit besteht, Beziehungen zwischen Pflegekraft und Patienten aufzubauen. Die Pflegekräfte übernehmen keine verantwortlichen Aufgaben und daher besteht die Gefahr, dass ihre Arbeitsmotivation zulasten der ► Qualität der Pflegeleistungen sinkt.

LITERATURHINWEISE:

Bleses, H.: Entwicklung und Erprobung eines ganzheitlichen Pflegesystems zum Abbau der arbeitsbelastenden und qualitätseinschränkenden Auswirkungen der Funktionspflege. Stuttgart 1997. *Elkeles, T.* et al.: Arbeitsorganisation in der Krankenpflege, Zur Kritik der Funktionspflege. Frankfurt am Main 1990.

LISA HUNDER

G

Gatekeeper

Engl. Begriff für „Türöffner", soll die wesentlichen Funktionen und der sich daraus ableitenden Aufgaben eines ► Hausarztes verdeutlichen. Siehe auch ► hausarztzentrierte Versorgung.

Gebrauchsinformationen

Gebrauchsinformationen, umgangssprachlich auch Packungsbeilage genannt, sind die an die Verbraucher gerichteten allgemein verständlichen und gut lesbaren Auszüge aus der ► Fachinformation. Der Verbraucher findet sie dem ► Arzneimittel beigelegt. Insofern sie gemäß § 11 Abs. 1 AMG auch Informationen über ► unerwünschte Arzneimittelwirkungen enthalten, können sie bei bestimmten Patientengruppen zur Ablehnung des Medikaments und damit zu einem Behandlungsverlauf wider den Veranlassungen des ► Arztes führen.

Gebührenordnung Ärzte (GOÄ)

Gebührenordnungen sind Verzeichnisse, in denen die Honorare für bestimmte Leistungen oder Leistungskomplexe aufgeführt sind. Nicht nur im ► Gesundheitswesen wird auf diese Weise bei sog. freien Berufen (z. B. Architekten und Rechtsanwälte) die Preisbildung nicht unerheblich reguliert. Mit der GOÄ werden alle medizinischen Leistungen abgerechnet, die nicht von der ► Gesetzlichen Krankenversicherung, sondern von den ► Patienten selbst gezahlt werden. Im Rahmen des ► Kostenerstattungsprinzips wird ein Großteil dieser Ausgaben von der Privaten Krankenversicherung (PKV) an die dort Versicherten gegen Vorlage der Rechnungen zurück erstattet. In der Gebührenordnung sind den einzelnen Leistungsziffern sowohl Bewertungsrelationen wie auch absolute Eurowerte zugeordnet. Man unterscheidet dabei zwischen medizinisch-technischen Leistungen, z. B. Labor, die bis zum 1,8-fachen Satz ohne nähere Begründung abgerechnet werden können, sowie persönliche ärztliche Leistungen, bei denen dies bis zum 2,3-fachen Satz möglich ist. Darüber hinaus ist eine eingehende Begründung des Arztes notwendig, warum die Leistung überdurchschnittlich vergütet werden soll (z. B. aufgrund der besonderen Schwierigkeit im individuellen Behandlungsfall).

An der GOÄ wird derzeit vor allem kritisiert, dass die Leistungsbeschreibungen und Entgelthöhen zu selten angepasst werden und daher mittlerweile veraltet sind. Wenn eine Leistung im Katalog nicht explizit beschrieben ist, weil es sich beispielweise um ein neues, innovatives Verfahren handelt, können analoge Leistungsziffern herangezogen werden, die in etwa vergleichbar sind. Ein gemeinsamer Bewertungsausschuss der PKV und der ► Bundesärztekammer soll hier regelmäßig Empfehlungen erarbeiten, um Probleme bei der Erstattung durch die privaten Krankenversicherungen schon im Vorfeld zu vermeiden.

Die GOÄ wird mit Zustimmung des Bundesrates als Rechtsverordnung durch das ► Bundesministerium für Gesundheit erlassen. Neben der GOÄ gibt es in einem ähnlichen Rechtsrahmen auch Gebührenordnungen für zahnärztliche Leistungen (GOZ) und für psychotherapeutische Leistungen (GOP).

LITERATURHINWEIS:

Hess, R. (Hrsg.): Kommentar zur Gebührenordnung für Ärzte (GOÄ). Köln 2008.

LINK-TIPP:

www.e-bis.de/goae/defaultFrame.htm

WOLFGANG GREINER

Gedeckelte Leistungen

Leistungen, genauer Vergütungen für erbrachte Leistungen im Rahmen der ► ambulanten oder ► stationären Versorgung, werden umgangssprachlich dann als „gedeckelt" bezeichnet, wenn deren Zahlungen aufgrund eines vorher definierten Budgets erfolgt, vgl. ► Vergütung vertragsärztlicher Leistungen.

Gelber Schein

ebenso wie ► Krankenschein umgangssprachlich für ► Arbeitsunfähigkeitsbescheinigung

Gemeinsamer Bundesausschuss

Der Gemeinsame Bundesausschuss (abgek. G-BA oder GBA, selten auch GemBA) ist in Deutschland das oberste Gremium der gemeinsamen Selbstverwaltung der Ärzte und Krankenkassen. Sein Name müsste eigentlich heißen: Gemeinsamer Bundesausschuss der Ärzte, Zahnärzte, Psychotherapeuten, ► Krankenhäuser und Krankenkassen. Aber da es in Deutschland nur einen Gemeinsamen Bundesausschuss gibt, wird diese verkürzte Bezeichnung allgemein verwendet. Der Gemeinsame Bundesausschuss löste 2002 den Koordinierungsausschuss ab und stellt einen Zusammenschluss der früheren Bundesausschüsse der Ärzte und Krankenkassen, der Zahnärzte und Krankenkassen sowie des Krankenhausausschusses dar.

Der Gemeinsame Bundesausschuss entscheidet über Ein- und Ausschluss von nichtmedikamentösen Methoden in den ► Leistungskatalog der ► Gesetzlichen Krankenkassen und hat weitgehende Befugnisse im Bereich der Arzneimittelregulation und der Qualitätssicherung im ► Gesundheitssystem. Die Beschlüsse des GBAs werden vom ► Bundesministerium für Gesundheit auf ihre Rechtssicherheit geprüft und bei Zustimmung als ► Richtlinien im Bundesanzeiger veröffentlicht. Als untergesetzliche Normen sind sie verbindlich für alle Beteiligten der GKV-Versorgung.

Das Entscheidungsgremium des GBA besteht aus 13 stimmberechtigten Mitgliedern. Neben einem unparteiischen Vorsitzenden und zwei weiteren unparteiischen Mitgliedern sind auf der Seite der Leistungserbringer jeweils zwei Vertreter der ► Deutschen Krankenhausgesellschaft (DKG), der Kassenärztlichen Bundesvereinigung (KBV) und einem Vertreter der Kassenzahnärztlichen Bundesvereinigung (KZBV) vertreten. Auf der Seite der Kostenträger finden sich fünf Vertreter, die vom GKV-Spitzenverband benannt werden. Seit 2004 haben Patientenvertreter im Gemeinsamen Bundesausschuss ein Mitberatungsrecht, aber kein Stimmrecht. Finanziert wird der Gemeinsame Bundesausschuss durch den sog. Systemzuschlag.

LITERATURHINWEIS:

Rosenbrock, R./Gerlinger, T.: Gesundheitspolitik – Eine systematische Einführung. Bern 2006.

LINK-TIPP:

www.g-ba.de

HILKE BERTELSMANN

Gemeinschaftspraxis

Der Begriff der Gemeinschaftspraxis (GP) beschreibt den organisatorischen, insbesondere aber den wirtschaftlichen Zusammenschluss mehrerer ► Ärzte gleicher oder verschiedener Fachrichtungen zum Zweck der gemeinsamen Berufsausübung. Eine GP kann ausschließlich zur Erbringung privatärztlicher Leistungen gegründet, aber auch als ► Berufsausübungsgemeinschaft zur kassenvertragsärztlichen Versorgung zugelassen werden.

Der Zusammenschluss erfolgt durch Gründung einer Gesellschaft. Typische Rechtsform der Gemeinschaftspraxis ist die Gesellschaft bürgerlichen Rechts (GbR, „BGB-Gesellschaft") oder die für Freiberufler zulässige Partnerschaftsgesellschaft (PartG). Gesellschaftsformen des Handelsrechts sind regelmäßig ausgeschlossen, da dies nicht mit einer freiberuflichen, nicht-gewerblichen Berufsausübung zu vereinbaren ist. Kapitalgesellschaften, etwa die GmbH, sind zwar grundsätzlich möglich, zum Teil bestehen hiergegen jedoch Bedenken aus berufs- und vertragsärztlicher Sicht.

Kennzeichnend für die gemeinsame Berufsausübung im Rahmen einer GP ist, dass gerade der Behandlungsvertrag, aber auch sonstige Verträge etwa über die Nutzung und Ausstattung der Praxisräume oder zur Anstellung von medizinischem Hilfspersonal grundsätzlich von der Gesellschaft abgeschlossen werden. Die GP tritt gegenüber den ► Patienten als wirtschaftliche Einheit auf. Ein gemeinsamer Praxissitz ist jedoch nicht zwingend erforderlich. Die ärztlichen Leistungen können – im Rahmen der jeweiligen Approbation – von jedem Gesellschafter erbracht werden. Nach außen haften in der üblichen Gesellschaftsform der GbR sämtliche Gesellschafter persönlich; im Innenverhältnis ist im Gesellschaftsvertrag allerdings üblicherweise ein Haftungsausgleich nach dem Grad des Verschuldens geregelt. Bei einer PartG haften in Bezug auf Ansprüche aus der Behandlung wiederum lediglich der oder die behandelnden Gesellschafter.

Berufsrechtlich ist für die Leistungserbringung in Form einer Gemeinschaftspraxis erforderlich, dass eine eigenverantwortliche und medizinisch unabhängige Berufsausübung der Gesellschafter gewährleistet ist und kein verdecktes Arbeitnehmerverhältnis vorliegt. Wenn entgegen der Ankündigung als Gemeinschaftspraxis tatsächlich ein Arbeitsverhältnis „gelebt" wird, kann dies

– rechtlich umstritten – zu einer Strafbarkeit wegen Betrugs sowie zu Schadensersatzforderungen der Kassenärztlichen Vereinigungen führen (OLG Koblenz, 2. 3. 2000, Az.: 2 Ws 92-94/00). Wie die gemeinsame eigenverantwortliche und unabhängige Berufsausübung konkret auszugestalten ist, wird derzeit nicht einheitlich beantwortet. Dies betrifft insbesondere Fragen der gemeinsamen Beteiligung an einem möglichen Gesellschaftsvermögen, die Regelung der Gewinn- und Verlustbeteiligung oder die Berechtigung der Gesellschafter zur Vertretung, Geschäftsführung und zur Wahrnehmung von Arbeitgeberfunktionen.

TILL ARENS

Generationenvertrag

Keiner hat ihn eigenhändig unterzeichnet und dennoch gilt er für uns alle: der Generationenvertrag. Die Jüngeren zahlen ihre Beiträge in die Rentenversicherung ein, wovon die Renten der heute Älteren ausgezahlt werden. So stützt und unterstützt die Generation, die im Berufsleben steht, die Generation, die sich im Ruhestand befindet. Die Weiterentwicklung und Anpassung des Generationenvertrages an die demografische und wirtschaftliche Entwicklung wird laufend diskutiert.

Genetische Beratung

In einem genetischen Beratungsgespräch können Fragen im Zusammenhang mit einer möglicherweise genetisch bedingten Erkrankung beantwortet werden. Die Beratung soll den Ratsuchenden helfen, medizinisch-genetische Fakten zu verstehen, mögliche Entscheidungsalternativen zu bedenken und auf dieser Grundlage eine individuelle Entscheidung zu treffen. Häufige Gründe für eine genetische Beratung sind dabei mütterliches ► Alter, ► Fehlbildungen oder geistige ► Behinderungen in der Familie. Im Beratungsgespräch können auch Möglichkeiten, Grenzen und Risiken einer vorgeburtlichen ► Diagnostik z. B. aufgrund des mütterlichen Alters oder bei einem erhöhten Risiko für eine genetisch bedingte Erkrankung besprochen werden. Eine weitere wichtige Aufgabe ist die Beratung vor einer sog. prädiktiven Diagnostik, d. h. einer genetischen Diagnostik eines Gesunden auf eine Erkrankung, die sich erst zu einem späteren Zeitpunkt manifestiert. Die genetische Beratung ist freiwillig und sollte ohne direktive Einflussnahme auf den Ratsuchenden erfolgen. In Deutschland erfolgt die Beratung i. d. R. durch Fachärzte für Humangenetik oder Ärzten mit Zusatzqualifikation im Bereich der Humangenetik. Die Kosten für die Beratung werden von den ► Krankenkassen übernommen.

LITERATURHINWEISE:

Berufsverband Medizinische Genetik e. V. (Hrsg.): Leitlinien zur Genetischen Beratung, in: *Deutsche Gesellschaft für Humangenetik e. V.* (Hrsg.): Med Genetik, 19, Heft 4, 2007. S. 452-454. *Epstein, C.* et al.: Genetic counseling (statement of the American society of human genetics ad hoc committee on genetic counseling), in: Am J Hum Genet, 1975, 27, 1975. S. 240-242.

LINK-TIPP:

gfhev.de/de/beratungsstellen/beratungsstellen.php

MARIA HOELTZENBEIN

Geriatrie

Die Geriatrie ist ein Fachbereich der ► Medizin, welcher sich mit altersspezifischer Krankheitssymptomatik befasst. Sie behandelt zumeist internistisch und psychiatrisch, doch sie ist eindeutig von anderen Facharztbereichen abzugrenzen und verfügt über eigene, spezifische Inhalte. Sie beschäftigt sich mit dem steigenden Risiko der ► Multimorbidität, Chronizität (► Chronische Krankheiten) und Komplexität von Erkrankungen im ► Alter.

LITERATURHINWEISE:

Bruder, J./Lucke, C./Schramm, A. et al.: Was ist Geriatrie?, Rügheim 1991, unter: www.dggeriatrie.de/download/wasistgeriatrie.pdf.

LINK-TIPP:

www.dggeriatrie.de

LISA HUNDER

Gerontologie

Die Gerontolodie ist die interdisziplinäre Wissenschaft des menschlichen Alters und Alterns. Die Rahmenbedingungen „guten Alterns" (gesetzlich-normative Rahmenbedingungen, Produkt- und Dienstleistungsangebote und die soziale Lage des Individuums), der Alterungsprozesse (biologisch: zunehmende Krankheitsanfälligkeit, normative Rolle: vom berufstätigen Familienernährer zum abhängigen Großvater) und deren Auswirkungen sind im Fokus und werden mit Hilfe der Kenntnisse aus den unterschiedlichen Disziplinen (Soziologie, Psychologie, Recht, Politik, Ökonomie, Ethik, ► Pflege und ► Medizin) erforscht. Das Thema ► Alter(n) wurde bereits im 18. Jh. wissenschaftlich in Deutschland diskutiert. Die Gerontologie als interdisziplinäre, eigenständige Wissenschaft ist jung und hat erst Mitte des 20. Jh. in Deutschland Fuß gefasst. Die Forschungsergebnisse der Gerontologie können für den individuellen und gesamtgesellschaftlichen Umgang mit dem ► demografischen Wandel genutzt werden.

LITERATURHINWEISE:

Jansen, B. et al. (Hrsg.): Soziale Gerontologie. Weinheim, Basel 1999. Weiterhin ist als ein Periodikum die Zeitschrift für Gerontologie und Geriatrie, Erscheinungsort: Heidelberg zu empfehlen.

LISA HUNDER

Gesamtsozialversicherungsbeitrag

Hinter dem Gesamtsozialversicherungsbeitrag verbirgt sich der Betrag, den der Arbeitgeber für den jeweiligen Arbeitnehmer monatlich an die ► Einzugsstelle zur Begleichung der Verpflichtungen gegenüber den gesetzlichen ► Sozialversicherungen überweist. Er setzt sich zusammen aus den Arbeitnehmer- und -geberanteilen bezogen auf alle fünf gesetzlichen Sozialversicherungen.

Geschlecht

Das Geschlecht ist neben dem ► Alter und der ► Bildung ein wesentlicher Faktor bei der Inanspruchnahme von ► Gesundheitsleistungen. Aus der ► Versorgungsforschung ist bekannt, dass sich Männer und Frauen in ihrem Inanspruchnahmeverhalten unterscheiden. Während Frauen grundsätzlich von einer höheren Symptomsensibilität gekennzeichnet sind und öfter Leistungen des Gesundheitssystems nutzen, gehen Männer aufgrund ihres Selbstbildes tendenziell weniger oder bezogen auf einen Krankheitsverlauf vergleichsweise später zum Arzt (► Männergesundheit). Dies hat einerseits Auswirkungen auf die Dimensionierung bestimmter Gesundheitsleistungen. Andererseits bedarf es einer Schwerpunktsetzung im Rahmen einer geschlechterspezifischen ► Gesundheitsförderung.

Gesellschaft für Versicherungswissenschaft und -gestaltung e.V. (GVG)

Die Gesellschaft für Versicherungswissenschaft und -gestaltung e.V. ist ein Zusammenschluss von Institutionen und Persönlichkeiten, die seit dem Jahre 1947 das deutsche System der ► Sozialversicherungen aktiv mitgestalten. Eigenen Angaben zur Folge, ist es das Ziel der GVG, „ein freiheitliches, pluralistisches System sozialer Sicherung zu gewährleisten, das allen Bürgern guten qualitativen und quantitativen Schutz bei Eintreten zentraler Lebensrisiken bietet“. Zu den Mitgliedern zählen u. a. die Sozialversicherungen, Vertreter und Institutionen der betrieblichen Formen der Alters- und Gesundheitsvorsorge, privater Lebens-, Kranken- und Pflegeversicherungen, ► Leistungserbringer im ► Gesundheitswesen, Arbeitgeber und Gewerkschaften sowie Vertreter aus der Wissenschaft.

LINK-TIPP:

www.gvg-koeln.de

Gesetzliche Krankenversicherung

Die gesetzliche Krankenversicherung ist eine der fünf Säulen des gesetzlichen Systems der ► Sozialversicherungen in Deutschland. Sie versichert gegen den ► Versicherungsfall der ► Krankheit. Ihre Leistungen dienen zum Ausgleich der Behandlungskosten und ggf. zum Ersatz des aufgrund einer entsprechend lang andauernden Krankheit weggefallenen Arbeitsentgeltes, vgl. ► Krankengeld. In Deutschland sind ca. 90 % der Bevölkerung gesetzlich krankenversichert. Die Zahl der gesetzlichen Krankenversicherungen ist in den letzten Jahren (von vormals ca. 2.000 Krankenkassen) aufgrund des Kostendrucks auf diese Versicherungen kontinuierlich zurückgegangen. Zum Stichtag 1. 4. 2010 konnten noch 166 gesetzliche Krankenkassen gezählt werden.

LINK-TIPP:

www.gkv-spitzenverband.de

Gesundheit

Gemäß einer Definition der ► WHO beschreibt die Gesundheit einen „Zustand vollständigen körperlichen, geistigen und sozialen Wohlbefindens“. Dieser individuell sehr unterschiedlich wahrgenommene Zustand kann nicht allein mit der Abwesenheit von ► Krankheit erklärt werden. Auf einer offenen Skala ist Gesundheit also der Gegenpol zu Krankheit. Neben dieser subjektiven Sicht auf die Gesundheit, wäre es auch möglich, eine objektive Sicht zugrunde zu legen. Ein Beispiel hierfür wäre, dass dann von Gesundheit gesprochen wird, wenn keine Behandlungsbedürftigkeit oder Arbeitsunfähigkeit vorliegt. Das Ziel des ► Gesundheitssystems ist es über die ► Behandlung von Krankheiten zur Bewahrung und Verbesserung der Gesundheit beizutragen. In den ► Gesundheitswissenschaften werden Gesundheit und Krankheit nicht als statisch, sondern als ineinander übergehende Zustände mit einem Zwischenbereich grenzwertiger Phänomene verstanden. In diversen Lexika wird daher, statt den Begriff „Gesundheit“ zu erklären, nur auf den Begriff „Krankheit“ verwiesen.

Gesundheitsamt

► Öffentlicher Gesundheitsdienst

Gesundheitsberichterstattung des Bundes (GBE)

Die GBE informiert über die gesundheitliche Lage und die gesundheitliche Versorgung der Bevölkerung in Deutschland. Sie stützt sich dabei auf daten- und indikatorengestützte Beschreibungen und Analysen. Die Themenfelder der GBE des Bundes sind so gewählt, dass sie ein breites Spektrum an Themen des Gesundheitswesens abdecken:

- Rahmenbedingungen des Gesundheitswesens,
- Gesundheitliche Lage,
- Gesundheitsverhalten und Gesundheitsgefährdungen,
- Gesundheitsprobleme und Krankheiten,
- Gesundheitsversorgung sowie
- Gesundheitsausgaben, Kosten und Finanzierung des Gesundheitswesens.

Die GBE versteht sich als dynamisches und in ständiger Aktualisierung begriffenes System. Sie bietet die gesundheitsbezogenen Informationen in Form sich ergänzender und aufeinander beziehender Produkte in verschiedenen Präsentationsformen an. Dabei baut sie im wesentlichen auf bereits vorhandenen Daten auf, führt die an den verschiedensten Stellen zum Gesundheitswesen vorliegenden Informationen systematisch zusammen und stimmt sie aufeinander ab. Für die Leser und Nutzer der GBE-Produkte entfallen die aufwendige Suche nach den mitunter schwer zugänglichen Einzelinformationen und die Prüfung ihrer Relevanz und Aussagekraft für das jeweilige Thema. Großer Wert wird auch auf die verständliche und anschauliche Präsentation der Informationen gelegt.

Der Leser- und Nutzerkreis der GBE-Produkte ist breit gefächert: Angesprochen sind Gesundheitspolitiker, Experten in wissenschaftlichen Forschungseinrichtungen und die Fachöffentlichkeit. Zur Zielgruppe gehören auch Bürger, Patienten, Verbraucher und ihre jeweiligen Verbände. Die Aussagen der GBE beziehen sich auf die nationale, bundesweite Ebene und haben eine Referenzfunktion für die Gesundheitsberichterstattung der Länder. Auf diese Weise stellt die sie eine fachliche Grundlage für politische Entscheidungen bereit und bietet allen Interessierten eine datengestützte Informationsgrundlage. Somit ist sie auch für die Erfolgskontrolle durchgeführter Maßnahmen nutzbar und trägt so zur Entwicklung und Evaluierung von Gesundheitszielen bei.

LINK-TIPP:

www.gbe.de

Gesundheitsbetriebslehre

Als Gesundheitsbetriebslehre wird seit kurzem die Betriebswirtschaftslehre bezeichnet, die sich speziell um die betriebswirtschaftlichen Belange von Einrichtungen oder besser Betrieben im ► Gesundheitssystem kümmert. Somit lässt sich die Gesundheitsbetriebslehre klar als Teilbereich des ► Gesundheitsmanagements im hier gebrauchten Sinne abgrenzen.

LITERATURHINWEISE:

Greiner, W./Graf von der Schulenburg, J.-M./Vauth, Chr.: Gesundheitsbetriebslehre. Bern 2008. *Frodl, A.*: Gesundheitsbetriebslehre: Betriebswirtschaftslehre des Gesundheitswesens. Wiesbaden 2010.

Gesundheitsbildung

Gesundheitsbildung bezeichnet die Vermittlung von Wissen und Kompetenzen zum Thema ► Gesundheit durch professionelle Anbieter und Dienstleister. Der Begriff stammt ursprünglich aus der organisierten Erwachsenenbildung. Vor allem die Volkshochschulen haben ihn durch ihre Bildungsarbeit entscheidend geprägt. Der Deutsche Volkshochschul-Verband e.V. (DVV) sieht im kompetenten Umgang mit der eigenen Gesundheit eine der Schlüsselqualifikationen der Zukunft. Die Notwendigkeit, Gesundheitsbildung vor allem auch im Erwachsenenalter anzubieten, wird mit dem Verweis begründet, dass sich die Versorgungsstrukturen im ► Gesundheitswesen drastisch verändert haben und der Einzelne mehr gefordert ist, für sich selbst zu sorgen. Gesundheitsbildung ist mittlerweile der am stärksten nachgefragte Programmbereich der Volkshochschulen. Die Volkshochschulen sehen sich durch ihre besondere Struktur (umfassendes Angebot, Wohnortnähe, regionale Vernetzung) dazu prädestiniert, Wissen und Praxis rund um Gesundheit für viele, unterschiedliche Bevölkerungsgruppen anzubieten und umzusetzen. Die zentralen Merkmale von Gesundheitsbildung sind: Freiwilligkeit der Teilnahme, partizipatives und selbstbestimmtes Lernen, ganzheitliches Menschenverständnis, Orientierung am Gesundheitsbegriff der ► Weltgesundheitsorganisation. Gesundheitsbildung ist demnach abzugrenzen von der Gesundheitserziehung. Gesundheitsbildung will gerade nicht ein „richtiges Handeln" vorschreiben und lässt sich methodisch auch nicht auf die reine Informationsvermittlung reduzieren. So geht es weit über die reine Gesundheitsaufklärung hinaus, die die Öffentlichkeit vor allem über kommunikative Angebote – meist in den Massenmedien – zu Gesundheit und ► Krankheit informiert.

LITERATURHINWEISE:

Blättner, B.: Gesundheit lässt sich nicht lehren – Professionelles Handeln von KursleiterInnen in der Gesundheitsbildung aus systemisch-konstruktivistischer Sicht. Bad Heilbrunn 1998. Reihe „Theorie und Praxis der Erwachsenenbildung", unter: www.die-bonn.de/esprid/dokumente/doc-1998/blaettner98_01.pdf. *Deutscher Volkshochschul-Verband e.V.*: Bildung für Gesundheit. Gemeinsam Zukunft gestalten. 2008, unter: www.dvv-vhs.de/servlet/is/42233/. *Dierks, M.-L./Seidel, G.*: Stärkung von Empowerment durch Gesundheitsbildung – Die Patientenuniversität an der Medizinischen Hochschule Hannover, in: *Roski, R.*: Zielgruppengerechte Gesundheitskommunikation. Akteure – Audience Segmentation – Anwendungsfelder. Wiesbaden 2009. S. 309-328.

SUSANNE WERNER

Gesundheits-Check-up

„Gesundheits-Check-up" ist die umgangssprachliche Bezeichnung für die im § 25 Abs. 1 SGB V geregelte Gesundheitsuntersuchung, welche sich an die über 35-jährigen gesetzlich Krankenversicherten richtet. Diese Form der ► Prävention wurde im Jahre 1989 eingerichtet. Sie umfasst eine körperliche Untersuchung, eine Untersuchung des Urins auf Blut-, Protein- und Glukoseausscheidung sowie die Bestimmung von zwei Blutwerten: der Gesamtcholesterinkonzentration und der Glucosekonzentration und kann alle zwei Jahre in Anspruch genommen werden. Die sonst übliche ► Praxisgebühr beim Aufsuchen bspw. des ► Hausarztes zum Zwecke des Gesundheits-Check-ups entfällt.

LITERATURHINWEIS:

Haux, F.: Der Gesundheits-Checkup. Stuttgart 1992.

Gesundheitsfachberufe

Unter dieser Sammelbezeichnung werden Berufe zusammengefasst, die neben den traditionell-akademischen Gesundheitsberufen (v. a. ► Ärzte, Psychologen und ► Apotheker) zur gesundheitlichen Versorgung der Bevölkerung beitragen. Gegenwärtig sind ca. 1,9 Mio. Menschen in Deutschland in Gesundheitsfachberufen beschäftigt, der Frauenanteil liegt hierunter bei nahezu 90 %. Die Anzahl der Auszubildenden beträgt jährlich ca. 190.000 Schüler.

Die Pflegeberufe (z. B. Gesundheits- und Krankenpfleger, Entbindungspfleger/Hebammen) repräsentieren die größte Berufsgruppe innerhalb der Gesundheitsfachberufe. Weiterhin zählen Berufe aus dem Bereich der Primärversorgung (z. B. Medizinische Fachangestellte), diagnostisch-technische Berufe (z. B. Medizinisch-technische Assistenten) und therapeutisch-rehabilitative Berufe (z. B. Physiotherapeuten, Ergotherapeuten) zu den Gesundheitsfachberufen. Im weiteren Sinne werden mitunter auch Präventionsberufe (z. B. Diätassistenten), Gesundheitshandwerksberufe (z. B. Zahntechniker), Körperpflegeberufe (z. B. medizinische Fußpfleger) und Gesundheitsverwaltungsberufe (z. B. Sozialversicherungsfachangestellte) unter den Gesundheitsfachberufen subsumiert.

Die Ausbildung in den meisten Gesundheitsfachberufen nimmt – ausgehend vom Regelfall der beruflichen Ausbildung im dualen System bzw. an Berufsfachschulen – eine Sonderrolle ein. So treten z. B. Berufszulassungsgesetze anstelle des Berufsbildungsgesetzes bzw. der Länderschulgesetze, Arbeits-, Sozial- oder Gesundheitsministerien anstelle der Kultusministerien und (z. T. zwergschulartige) Ausbildungsstätten in freier Trägerschaft für einzelne Berufe anstelle öffentlicher beruflicher Schulen mit einer breiten Palette von Ausbildungsberufen und Schulformen. Des Weiteren stellen utilitaristisch orientierte Ordnungsmittel sowie nicht-pädagogisch ausgebildete und nebenberuflich tätig Lehrkräfte den Regelfall dar.

Als Konsequenz dieser rechtlichen, administrativen, institutionellen sowie pädagogischen Eigenheiten gelten sog. „Bildungssackgassen", d. h. ein Mangel an beruflichen Aufstiegs- und Wechselmöglichkeiten für Auszubildende und Berufsangehörige. Seit Mitte der 1990er Jahre wurde vermehrt die Forderung nach einer Neuschneidung der beruflichen Tätigkeiten und Kompetenzen der Gesundheitsfachberufe und ihrer Ausbildung laut. Als zentrales Stichwort der Forderungen fungiert hierbei die ► Akademisierung der Gesundheitsfachberufe.

LITERATURHINWEISE:

Bals, T.: Berufsbildung der Gesundheitsfachberufe: Einordnung – Strukturwandel – Reformansätze. Alsbach/Bergstr. 1993. *Meifort, B.*: Die pragmatische Utopie: Qualifikationserwerb und Qualifikationsverwertung in Humandienstleistungen. Bielefeld 2004. *Pundt, J.* (Hrsg.): Professionalisierung im Gesundheitswesen. Bern 2006.

JANIKA GRUNAU UND THOMAS BALS

Gesundheitsfonds

Im Rahmen des GKV-Wettbewerbsstärkungsgesetzes (GKV-WSG) war die Einführung eines Gesundheitsfonds zum 1. 1. 2009 vorgesehen. Damit wurde die Finanzierung der ► gesetzlichen Krankenversicherung (GKV) neu organisiert. Der Gesundheitsfonds stellt einen erneuten Versuch dar, die ► „Kostenexplosion" im Gesundheitswesen einzudämmen, indem die Organisation des ► Gesundheitssystems vereinfacht, Bürokratie abgebaut und Wirtschaftlichkeit und Wettbewerb ermöglicht werden soll. Folgende Merkmale zeichnen den Gesundheitsfonds aus:

- Seit dem 1. 1. 2009 gilt ein einheitlicher Beitragssatz von 15,5 % bzw. ab 1. 7. 2009 von 14,9 %, der vom ► Bundesministerium für Gesundheit (BMG) jährlich festgesetzt wird. Der Beitragssatz bezieht bei den Versicherten den Sonderbeitrag von 0,9 % mit ein, sodass seit dem 1. 7. 2009 von den Arbeitgebern 7,0 % und von den Arbeitnehmern 7,9 % zu zahlen sind.
- Neben den Beitragszahlungen durch Arbeitgeber und Arbeitnehmer fließt ein Bundeszuschuss für die Übernahme von ► versicherungsfremden Leistungen durch die GKV in den Gesundheitsfonds. Dieser sollte 2009 1,5 Mrd. € betragen, wurde aber wegen der Wirtschaftskrise auf 7,2 Mrd. € aufgestockt. Generell wurde eine Obergrenze von 14 Mrd. € als Bundeszuschuss zu dem Gesundheitsfonds festgelegt. Der Beitragseinzug erfolgt bis zum 31. 12. 2010 über die Krankenkassen und danach über eine zentrale ► Einzugsstelle.
- Alle Krankenkassen erhalten aus dem Gesundheitsfonds eine pauschale Zuweisung für jeden Versicherten und ergänzende Zu- und Abschläge je nach ► Geschlecht, ► Alter und ► Krankheit ihrer Versicherten. Damit wird zum ersten Mal in der GKV ein ► Risikostrukturausgleich aufgrund der unterschiedlichen Krankheitsbelastung in den einzelnen Krankenkassen eingeführt. Zusätzlich erhalten die Krankenkassen Zuweisungen aus dem Gesundheitsfonds zur Deckung der Kosten für die Entwicklung und Durchführung von ► strukturierten Behandlungsprogrammen für ► Chroniker (chronische Krankheiten), für Satzungs- und Mehrleistungen sowie für Verwaltungskosten.
- Übersteigen die Ausgaben einer Krankenkasse die Zuweisungen aus dem Gesundheitsfonds, kann sie einen festen oder prozentualen Zusatzbeitrag von den Versicherten erheben. Der feste Zusatzbeitrag darf 8 €, der prozentuale Zusatzbeitrag ein Prozent des beitragspflichtigen Einkommens nicht übersteigen. Eine Einkommensprüfung ist bei dem prozentualen Zu-

satzbeitrag vorgesehen. Eine Möglichkeit des Kassenwechsels durch ein Sonderkündigungsrecht muss den Versicherten hierbei eingeräumt werden.

- Sollte eine Krankenkasse durch die Zuweisungen aus dem Gesundheitsfonds Überschüsse erwirtschaften, können diese an die Mitglieder als Prämie ausgeschüttet werden, sofern die Krankenkasse schuldenfrei ist und die gesetzlich vorgeschriebene Rücklage gebildet hat.

Die Verwaltung des Gesundheitsfonds erfolgt über das ► Bundesversicherungsamt. Bei Einführung im Jahre 2009 muss der Gesundheitsfonds die Ausgaben der GKV zu 100 % decken. Sollte der Gesundheitsfonds über zwei Jahre nur 95 % oder weniger der Ausgaben decken, hat das BMG den Beitragssatz zu erhöhen.

LITERATURHINWEISE:

Bundesministerium für Gesundheit (Hrsg.): Die wichtigsten Fragen und Antworten zum Beitragssatz und Gesundheitsfonds. Berlin 2008. *Simon, M.*: Das Gesundheitssystem in Deutschland. Eine Einführung in Struktur und Funktionsweise. 2. Auflage. Bern 2007.

CORNELIA BORMANN

Gesundheitsförderndes Krankenhaus

Auf Basis des zentralen Dokuments der ► WHO, der „Ottawa-Charta zur Gesundheitsförderung" (vom 21. 11. 1986) wurden 1991 in der „Budapester Deklaration" der WHO die „Grundsätze eines Gesundheitsfördernden Krankenhauses" formuliert und 1993 das internationale Netzwerk „Gesundheitsförderndes Krankenhaus" – analog zu weiteren am Setting-Ansatz orientierten WHO-Programmen und entsprechenden europäischen wie nationalen Netzwerken (z. B. Gesunde Städte, Gesundheitsfördernde Schulen, Hochschulen oder Betriebe) – initiiert. Mit der „Chiemsee-Erklärung" wurde 1996 das Deutsche Netz Gesundheitsfördernder Krankenhäuser (DNGfK) gegründet bzw. ein Leitbild festgeschrieben, das die internationalen Vorgaben ergänzt und 1999 in den „Homburger Leitlinien" weiterentwickelt wurde. Nach Angaben des DNGfK sind aktuell (Abruf: 17. 2. 2010) in der Bundesrepublik Deutschland 71 Krankenhäuser Mitglieder des Netzwerkes, die sich in den jeweiligen Projekten an den drei Bereichen (1) ► Patienten/ ► Angehörige, (2) Mitarbeiter und (3) Region orientieren und dafür grundlegende Standards sowie Kernstrategien nutzen, die für den Bereich der ► Krankenhäuser von der WHO in internationalen Arbeitsgruppen entwickelt wurden. Hierzu werden bei Waller (2006) folgende sechs Ziele unterschieden: 1. Gesundheitsgewinn, 2. Patientenorientierung, 3. Mitarbeiterorientierung, 4. Partnerschaften und Gemeindeorientierung, 5. Ökologie und 6. Wirtschaftlichkeit.

Damit wird deutlich, dass Projekte und Strategien jeweils sowohl strukturell auf das ► betriebliche Gesundheitsmanagement des Settings ► Krankenhaus (Patienten- bzw. ► Kundenorientierung) abzielen, als auch die Aus-, Fort- und Weiterbildung der im Krankenhaus Beschäftigten bzw. deren ► Gesundheit im Sinne eines gesundheitsfördernden Krankenhauses stärken sollen. Darüber hinaus sollen gesundheitsfördernde Krankenhäuser als Vernetzungsstellen auch für weitere gesundheitsförderliche Angebote und Maßnahmen in der Region fungieren, sowie den nationalen und internationalen Austausch in entsprechenden Konferenzen fördern.

Seit 2005 hat das DNGfK eine Erweiterung erfahren bzw. ein spezifisches Netzwerk hinzugewonnen: Das Deutsche Netz Rauchfreier Krankenhäuser & Gesundheitseinrichtungen (DNRfK) basiert auf dem Kodex und den Standards des „European Network for Smoke-free Health Services“ und strebt den Gesundheitsschutz vor Tabakrauch an und entwickelt partizipative Angebote zur Raucherberatung und Tabakentwöhnung in Gesundheitseinrichtungen.

LITERATURHINWEISE:

Bonse-Rohmann, M.: Überblick über das Projekt „Gesundheitsförderung in der Aus- und Fortbildung in Pflegeberufen“, in: *Bonse-Rohmann, M./Freese, C.* (Hrsg.). Gesundheitsförderung für Gesundheitsberufe. Gamburg 2005. *Naidoo, J./Wills, J.*: Lehrbuch der Gesundheitsförderung. Herausgegeben von der Bundeszentrale für gesundheitliche Aufklärung. Gamburg 2003. *Waller, H.*: Gesundheitswissenschaft. Eine Einführung in Grundlagen und Praxis. 4. Auflage. Stuttgart 2006.

LINK-TIPP:

www.dngfk.de

MATHIAS BONSE-ROHMANN

Gesundheitsförderung

Die Gesundheitsförderung umfasst im Gegensatz zur ► Prävention alle Maßnahmen und Aktivitäten, die auf die Stärkung der ► Gesundheitskompetenzen der Menschen ausgerichtet sind. Gesundheitsförderung ist der Prozess der Befähigung von Menschen, ihre Kontrolle über die Einflussgrößen ihrer ► Gesundheit zu erhöhen. Während bei der Prävention explizit eine potentielle oder vorliegende ► Krankheit im Mittelpunkt steht, ist es bei der Gesundheitsförderung die Gesundheit des Individuums oder von Gruppen (vgl. bspw. ► Betriebliche Gesundheitsförderung).

LITERATURHINWEIS:

Steinbach, H.: Gesundheitsförderung: Ein Lehrbuch für Pflege- und Gesundheitsberufe. 2. Auflage. Wien 2007. *Hurrelmann, K./Klotz, T./Haisch, J.* (Hrsg.): Lehrbuch Prävention und Gesundheitsförderung. 2. Auflage. Bern 2007.

Gesundheitsgüter

Als Gesundheitsgüter werden alle sächlichen Leistungen verstanden, die im Rahmen der ► Gesundheitsversorgung zum Einsatz gelangen. Dies umfasst in der ► gesetzlichen Krankenversicherung die Hilfsmittel (► Heil- und Hilfsmittel) oder in der gesetzlichen ► Pflegeversicherungen die im § 40 SGB XI geregelten Pflegehilfsmittel und wohnumfeldverbessernden Maßnahmen.

Gesundheitskommunikation

Der Begriff Gesundheitskommunikation hat seinen Ursprung im englischen „Health Communication" und bezeichnet ein weites Forschungs- und Praxisfeld. Gefasst sind darin zum einen die verschiedenen Vermittlungskanäle von Kommunikation – von der interpersonellen, direkten, persönlichen Austauschebene über die massenmediale, indirekte Kommunikation bis hin zur technikgestützten, elektronischen. Zum anderen impliziert der Begriff auch eine Reflexion der Begriffe ► Gesundheit und ► Krankheit. Aus der Tradition dieser beiden wissenschaftlichen Disziplinen – der ► Gesundheitswissenschaften und der Kommunikationswissenschaften – kommend steht Gesundheitskommunikation für den Austausch und die Vermittlung von Informationen, Erkenntnissen und Befindlichkeiten zwischen Therapeut und ► Patient, einem Dienstleister und seinem Klienten, einer regulierenden Einrichtung und dem Bürger innerhalb des ► Gesundheitswesens oder der ► Gesundheitspolitik. Die Forschungen auf dem Gebiet der „Health Communication" haben vor allem in den nordamerikanischen Kommunikationswissenschaften eine rund 35 Jahre alte Tradition. Die zentralen Entwicklungen lassen sich über die verschiedenen Vermittlungsebenen auffächern. Die Ebene des direkten Austauschs zwischen ► Arzt und Patient wird mehr und mehr geprägt durch einen partizipativen Kommunikationsstil, bei dem ein mündiger und informierter Patient dem beratenden Arzt gegenübertritt, die Verantwortung für die eigene Gesundheit übernimmt und nicht delegiert. Die reine Information, Schulung oder Aufklärung von einem Sender (i. d. R. der Experte) hin zu einem Empfänger (i. d. R. Patient oder Angehöriger) wird ebenso als Teilgebiet der Gesundheitskommunikation verstanden. An diesem Sender-Empfänger-Modell ist die massenmediale Vermittlung von Gesundheits- oder Krankheitsinformationen – auch in Form von Gesundheitskampagnen – deutlich häufiger ausgerichtet. Die Gesundheitskommunikation der Zukunft wird sich mehr und mehr mit der Frage beschäftigen, wie moderne Informations- und Kommunikationstechnologie genutzt werden kann. Websites führen den massenmedialen, informierenden Charakter fort, das Web 2.0 ermöglicht aber auch den interaktiven Austausch von Experten und/oder Betroffenen. Moderne Kommunikationstechnologie (► Gesundheitstelematik) wird zudem als Grundlage für neue Versorgungsmodelle genutzt. So kann bspw. das Wohnumfeld des Patienten derart vernetzt werden, dass Hilfen, Arztvisiten, Kontrolluntersuchungen oder Elemente der ► Rehabilitation und ► Pflege auch virtuell (► Telemedizin) erfolgen können.

LITERATURHINWEISE:

Hurrelmann, K./Leppin, A. (Hrsg.): Moderne Gesundheitskommunikation. Vom Aufklärungsgespräch zur E-Health. Bern 2001. *Jazbinsek, D.*: Gesundheitskommunikation. Wiesbaden 2000. *Schnabel, P.-E.*: Kommunikation im Gesundheitswesen – Problemfelder und Chancen, in: *Roski, R.* (Hrsg.): Zielgruppengerechte Gesundheitskommunikation. Akteure – Audience Segmentation – Anwendungsfelder. Wiesbaden 2009. S. 42-64.

SUSANNE WERNER

Gesundheitskompetenz

Angesichts der berechtigten Vorbehalte gegenüber einer ausschließlich verhaltensorientierten Beeinflussung von ► Gesundheit durch eine traditionelle ärztliche Gesundheitsaufklärung und eine ebenfalls eher fremdbestimmte schulische Gesundheitserziehung, die beide in ihrer Orientierung am Risikofaktorenmodell schon länger als relativ wirkungslos kritisiert werden, können in dem noch relativ jungen Begriff „Gesundheitskompetenz" Chancen eines aktiven Verständnisses und einer selbständigen Gestaltung der Gesundheit seitens des verantwortlichen Individuums in dessen persönlichen, beruflichen und gesellschaftlichen Umfeld erkannt werden. Gesundheitskompetenz kann dabei gesundheitspsychologisch (durch die Selbstwirksamkeitstheorie), berufspädagogisch (durch das Konzept beruflicher Handlungskompetenz) und gesundheitspolitisch (durch das WHO-Konzept der ► Gesundheitsförderung) fundiert werden (vgl. *Bonse-Rohmann* 2005, S. 53 ff.). *Kickbusch* (2006, S. 69) versteht unter „Gesundheitskompetenz (...) die Fähigkeit des Einzelnen, im täglichen Leben Entscheidungen zu treffen, die sich positiv auf die Gesundheit auswirken – Zuhause, am Arbeitplatz, im ► Gesundheitssystem und in der Gesellschaft ganz allgemein. Gesundheitskompetenz stärkt eine Person in der Selbstbestimmung und in ihrer Gestaltungs- und Entscheidungsfähigkeit zu Gesundheitsfragen und verbessert die Fähigkeit, Gesundheitsinformationen zu finden, diese zu verstehen und damit Verantwortung für die eigene Gesundheit zu übernehmen". Dieses deutliche Bezüge zur Programmatik der Ottawa-Charta der Gesundheitsförderung aufweisende Konzept der Gesundheitskompetenz findet derzeit sowohl im erziehungswissenschaftlichen Bereich als auch im Bereich des ► betrieblichen Gesundheitsmanagements inzwischen eine breite Anwendung, wie dies mehr als 114.000 aktuelle Einträge im Internet (Abruf: 17. 2. 2010) zeigen.

LITERATURHINWEISE:

Bonse-Rohmann, M.: Gesundheitskompetenz – Zentrale Schlüsselkompetenz für Gesundheitsberufe?, in: *Sohr, S./Bonse-Rohmann, M.* (Hrsg.): Schlüsselkompetenzen für Gesundheitsberufe. Gamburg. S. 52-65. *Kickbush, I.*: Die Gesundheitsgesellschaft. Megatrends der Gesundheit und deren Konsequenzen für Politik und Gesellschaft. Gamburg 2006.

LINK-TIPPS:

www.ewi-psy.fu-berlin.de/einrichtungen/arbeitsbereiche/eval-qs-qm/forschung/dfg-projekt_gesundheit/index.html

www.gkc.uni-wuppertal.de

(Abruf: 17. 2. 2010)

MATHIAS BONSE-ROHMANN

Gesundheitskosten

Als Gesundheitskosten werden alle Ausgaben der Träger von ► Gesundheitsleistungen verstanden, die zur Erstattung der erbrachten Leistungen gezahlt werden. Insofern diese Zahlungen nicht die tatsächlichen ► Kosten erstattet, sondern eine bspw. über den ► Bewertungsausschuss ausgehandelte ► Vergütung vertragsärztlicher Leistungen erfolgt, ist die Wahl des Begriffes methodisch nicht ganz richtig. Unabhängig davon beliefen sich die Ausgaben der ► gesetzlichen Krankenversicherungen für Gesundheitsleistungen im Jahre 2008 den Angaben der ► Kassenärztlichen Bundesvereinigung zur Folge auf 151,1 Mrd. €. Die Ausgaben betrugen insgesamt 160,8 Mrd. €.

LITERATURHINWEIS:

Hefte 45 und 48 der ► Gesundheitsberichterstattung des Bundes. Berlin 2009.

Gesundheitsleistungen

In Anlehnung an das ► sozialrechtliche Leistungsdreieck werden unter Gesundheitsleistungen alle Leistungen verstanden, die dem ► Leistungsempfänger bspw. im Rahmen der ► Gesundheitsversorgung zugedacht werden. Sie umfassen sämtliche Sach-, Geld- und Dienstleistungen der jeweiligen ► Sozialversicherung.

Gesundheitsmanagement

Mit dem Begriff des Gesundheitsmanagements werden zwei Aspekte sichtbar: ► Gesundheit und Management. Zum einen ist es das Management, bei welchem in einen institutionellen und einen funktionellen Ansatz zu unterscheiden ist. Zum anderen ist es der Begriff Gesundheit, der den Zielbezug des Managements verdeutlicht.

ABB. 2: Bestandteile des Gesundheitsmanagements

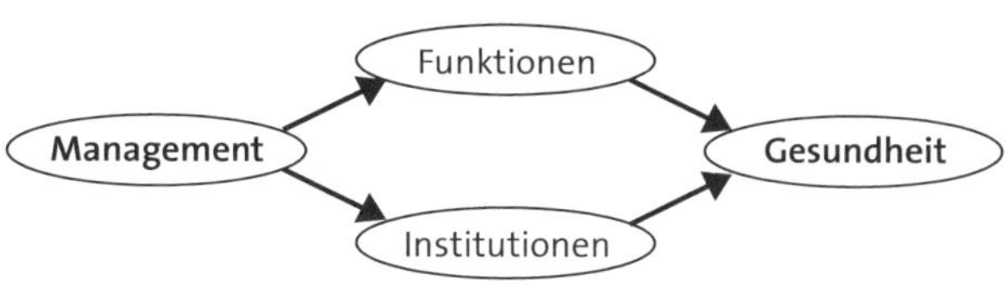

Unter Gesundheitsmanagement, vgl. Abbildung, wird demnach die Gesamtheit der funktionellen Ansätze bezeichnet, die in speziell dafür hergerichteten Institutionen auf die Gesundheit der Menschen ausgerichtet sind. Die funktionellen Ansätze sind sämtliche Belange der Leitung, Planung und Organisation, die die für die entsprechende Institution erforderlichen leistungs-, finanz- und personalwirtschaftlichen Prozesse umfassen. Unter dem institutionellen Gesichtspunkt werden unter dem Begriff Gesundheitsmanagement Einrichtungen zusammengefasst, in denen durch die Erbringung bestimmter Leistungen zur Gesundheit der Menschen beigetragen wird.

LITERATURHINWEIS:

Busse, R./Schreyögg, J./Gericke, Chr.: Management im Gesundheitswesen. Heidelberg 2006.

Gesundheitsministerkonferenz (GMK)

Die Gesundheitsministerkonferenz ist ein wichtiges Gremium des fachlichen und politischen Meinungsaustausches zwischen den Ministerien für Gesundheit der Länder und des Bundes. Die GMK befasst sich eigenen Angaben zur Folge mit der ganzen Themenvielfalt der Gesundheitspolitik. Neben Fragen im Zusammenhang mit der Ausgestaltung und Finanzierbarkeit der gesetzlichen Krankenversicherung geht es insbesondere um Angelegenheiten der Gesundheitsvorsorge (► Prävention) und Gesundheitssicherung, des gesundheitlichen Verbraucherschutzes, des umweltbezogenen Gesundheitsschutzes, Berufe des Gesundheitswesens (► Gesundheitsfachberufe), vor Drogen und Sucht sowie um die europäische ► Gesundheitspolitik. Auf der Agenda sind aber auch aktuelle Themen wie die Pandemievorsorge oder die Zukunft der Versorgung mit ► Hausärzten zu finden. Da die Länder in der Gesundheitspolitik viele eigene Kompetenzen haben und auch bei den Vorhaben des Bundes über den Bundesrat Einfluss auf deren Ausgestaltung nehmen, kommt der Gesundheitsministerkonferenz in diesem Politikfeld eine hohe Bedeutung zu. Die im Internet verfügbaren Protokolle der i. d. R. jährlich einmal stattfindenden Konferenzen geben einen guten Einblick in die aktuell zwischen dem Bund und den Ländern geführten Diskussionen sowie herbeigeführten Abstimmungen.

LINK-TIPP:

www.gmkonline.de

Gesundheitsökonomie

Die Gesundheitsökonomie ist die Wissenschaft von der Disposition für relativ knappe Güter zur Bereitstellung von Gesundheitsgütern und -leistungen für die Befriedigung von Gesundheitsbedürfnissen. Entsprechend der zu wählenden Perspektive lässt sich die Gesundheitsökonomie in den makro-, meso- und mikroökonomischen Ansatz unterscheiden. Der makroökonomische Ansatz nimmt die gesundheitsökonomischen Probleme der Volkswirtschaft in den Blick. Der mesoökonomische Ansatz richtet sich auf die Belange einer Region (► Community Medicine) oder einer Branche der Gesundheitswirtschaft (wie z. B. ► Pflege, ► Rehabilitation) aus. Beim mikroökonomischen Ansatz der Gesundheitsökonomie richtet sich das Erkenntnisinteresse auf die Belange der Einrichtungen im Gesundheitswesen, also bspw. auf ein ► Krankenhaus, die Praxis einen niedergelassenen Arztes oder Therapeuten oder einen Pflegedienst. Dementsprechend haben sich bereits spezielle Gesundheitsökonomien wie das ► Gesundheitsmanagement, das ► Krankenhausmanagement oder die -betriebswirtschaftslehre oder die ► Gesundheitsbetriebslehre herausgebildet. Die Gesundheitsökonomie selbst ist Bestandteil der ► Gesundheitswissenschaften.

Da in jedem dieser Ansätze die Frage nach einem rationalen Einsatz der begrenzt verfügbaren Ressourcen einer wissenschaftlich fundierten Entscheidungsunterstützung bedarf, um eine entsprechende Akzeptanz zu finden, rückt ein viertes Forschungsfeld der Gesundheitsökonomie in den Mittelpunkt der Betrachtung: die ► gesundheitsökonomische Evaluation. Hierunter wird das Spektrum an Methoden, Instrumenten und Konzepten verstanden, die im weitesten Sinne auch als Wirtschaftlichkeitsanalysen im Gesundheitswesen angesehen werden können, vgl. Abbildung.

ABB. 3: Erkenntnisobjekte und Ansätze der Gesundheitsökonomie

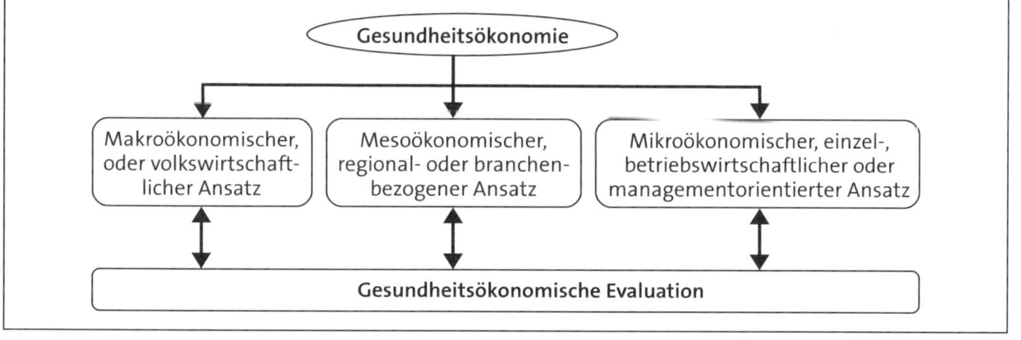

LITERATURHINWEISE:

Breyer, F./Zweifel, P./Kifmann, M.: Gesundheitsökonomik. 4. Auflage. Berlin 2004. *Hajen, L./Petow, H./Schumacher, H.*: Gesundheitsökonomie: Strukturen – Methoden – Praxis. 5. Auflage. Stuttgart 2009. *Lauterbach, K. W./Stock, St./Brunner, H.*: Gesundheitsökonomie. Ein Lehrbuch für Mediziner und andere Gesundheitsberufe. 2. Auflage. Bern 2009.

Gesundheitsprämie

Die Gesundheitsprämie ist ein politisches Konzept von der FDP und den Unionsparteien in Deutschland, um die ► gesetzliche Krankenversicherung auf einkommensunabhängige Beiträge, also auf eine ► Kopfpauschale umzustellen. Dem steht das Modell von SPD, Grüne und Die Linke gegenüber, welche die Zukunft der Finanzierung der gesetzlichen Krankenversicherungen in einer ► Bürgerversicherung sehen.

Gesundheitsökonomische Evaluation

Unter der Gesundheitsökonomischen Evaluation wird ein Oberbegriff für alle Analysen im ► Gesundheitswesen verstanden, bei denen es darum geht, Gesundheitstechnologien im weitesten Sinn ökonomisch zu messen und zu beurteilen. Knappe Ressourcen werden beispielweise bei diagnostischen Verfahren, therapeutischen Interventionen oder Medikationen effizient eingesetzt, wenn ein bestimmter Effekt (► Nutzen oder ► Outcome) auf kostenminimale Weise erreicht wird, bzw. mit einem gegebenen Budget ein Maximum an ► Gesundheit realisiert werden kann. Sie werden häufig durchgeführt, um Entscheidungen zu beeinflussen, oder weil Vorschriften existieren, die eine Durchführung zwingend vorschreiben (z. B. ► Arzneimittel).

Hinsichtlich der Interpretation und Vergleichbarkeit gesundheitsökonomischer Evaluationen müssen vor allem methodische Aspekte beachtet werden:

1. Es gibt nicht-vergleichende und vergleichende Studienformen. Nicht-vergleichend sind ► Kosten-Analysen oder ► Krankheitskosten-Analysen. Hierbei wird nur bestimmt, welche Ressourcen etwa bei konkreten medizinischen Interventionen verbraucht werden, bzw. welche Kosten durch eine Krankheit, auch als gesamtgesellschaftliche Last, entstehen. Welche Effekte darüber hinaus, etwa im Gesundheitswesen resultieren, sind nicht unmittelbarer Gegenstand der Untersuchung. Bei vergleichenden Formen werden die Kosten und die Effekte des Mitteleinsatzes gegenübergestellt. Je nach dem, in welcher Form diese Konsequenzen gemessen werden, lassen sich mehrere Studienarten voneinander unterscheiden. Die ► Kosten-Vergleichs-Analyse geht von der Annahme identischer Effekte zu vergleichender Interventionen aus. Ist die Erfüllung dieser Annahme nicht gewährleistet, muss die Nutzen bzw. Outcome-Dimension explizit abgebildet werden. Bei der ► Kosten-Nutzen-Analyse wird der Nutzen in monetären Einheiten ausgedrückt. In ► Kosten-Wirksamkeits-Analysen bilden dagegen physisch messbare Interventionsergebnisse (z. B. Blutdruck, Lebenserwartung) den Outcome. Als Spezialfall dieser Studienform gilt die ► Kosten-Nutzwert-Analyse, bei der Nutzeneinheiten als Messgröße herangezogen werden.

2. Gesundheitsökonomische Evaluationen unterscheiden sich auch darin, welche Perspektive der Analyse zugrunde gelegt wird. Dies hat eine große Bedeutung für die Kosten- und Nutzenkomponenten, die in den Berechnungen einbezogen werden. Während bei einer umfassenden gesellschaftlichen oder volkswirtschaftlichen Analyse nach Möglichkeit der gesamte Ressourcenverbrauch und alle Effekte berücksichtigt werden sollten, sind auch spezielle Untersuchungen etwa aus dem Blickwinkel eines Kosten- bzw. Leistungsträgers (z. B. Krankenversicherungsträger), eines Anbieters von Gesundheitsleistungen (z. B. Fachkrankenhaus) oder aus der Arbeitgeber- oder Patientenperspektive möglich. Da ökonomische Evaluationen eine wichtige Bedeutung im Vorfeld zu treffender Entscheidungen haben, werden in Studien, die im Auftrag bestimmter Kostenträger durchgeführt werden, indirekte ► Kosten und Nutzen mangels Relevanz häufig ausgeblendet.

3. Weiterhin wichtig ist die Beachtung des einbezogenen Zeithorizonts. Bei einem kurzfristigen Zeithorizont wird möglicherweise die volle ökonomische Relevanz von ► Morbidität und Interventionen nicht adäquat erfasst. Bei der Bildung von Gegenwartswerten reduziert sich die Bedeutung langfristiger Effekte diskontierungsbedingt. Gesundheitsökonomische Bewertungen und Analysen werden immer häufiger von Entscheidungsträgern verwendet, um Prioritäten zu setzen und alternative Behandlungskonzepte etwa auf ihre Kosten-Effektivität hin zu bewerten.

LITERATURHINWEISE:

Greiner, W.: Methoden der gesundheitsökonomischen Evaluation, in: *Hurrelmann, K./Laaser, U./Razum, O.* (Hrsg.): Handbuch Gesundheitswissenschaften. 4. Auflage. Weinheim, München 2006. S. 347-375. *Schöffski, O./Graf v. d. Schulenburg, J. M.* (Hrsg.): Gesundheitsökonomische Evaluationen. 3. Auflage. Berlin, Heidelberg 2008. *Graf v. d. Schulenburg J. M./Greiner W.* et al.: Deutsche Empfehlungen zur gesundheitsökonomischen Evaluation – 3. Fassung des Hannoveraner Konsens, in: Gesundheitsökonomie & Qualitätsmanagement. 2007 (12). S. 285-290.

PAUL MARSCHALL

Gesundheitspolitik

Gesundheitspolitik beschäftigt sich mit der politischen Dimension der ► Gesundheitsversorgung und ist in jenen Ländern, die ein solidarisch finanziertes ► Gesundheitssystem haben, maßgeblich an der Ausgestaltung des Systems beteiligt. Durch die Wechselwirkung System – Versorgung nimmt die Gesundheitspolitik so Einfluss auf die Versorgung.

Die wesentliche Aufgabe der Gesundheitspolitik wäre die ► Allokation bzw. die Herstellung der Kompromisse, die nötig sind, um Fragen der Allokation beantworten zu können. Im Weiteren sollte durch die Gesundheitspolitik jener Rahmen geschaffen werden, der die Organisation der Allokation ermöglicht. Dazu gehört die Aufbringung der Mittel ebenso, wie deren Verteilung als auch die Planung und Steuerung des Ressourceneinsatzes.

In vielen Ländern wurden zur Unterstützung der Politik und um das tagespolitische Geschehen aus den Entscheidungen zu drängen, Public-Health-Institute gegründet, die auf wissenschaftlicher und transparenter Basis politische Entscheidungen vorbereiten. In einigen Ländern (z. B. Österreich) fehlen diese Institute. Die Gesundheitspolitik beschäftigt sich dort hauptsächlich mit machtpolitischen Fragen, die Sachpolitik ist hier zurückgedrängt. In jenen Ländern beschäftigt sich die Politik eher mit den Fragen, wo ein ► Krankenhaus stehen soll, als mit der Frage, ob dieses auch zur Erreichung der Ziele des Gesundheitssystems nötig wäre.

In den letzten Jahren wurde erkannt, dass Gesundheitspolitik eine Querschnittsmaterie darstellt, und auch andere Politik- und Lebensbereiche wie Bildung, Arbeit, Wohnen, Ernährung, Verkehr, Umwelt, Familie und Freizeit die Gesundheit betreffen. Seit einigen Jahren wird daher die Idee der „Health in all Policies" propagiert.

LITERATURHINWEISE:

Ståhl, T./Wismar, M./Ollila, E. et al.: Health in all Policies. Prospekts and Potentials. Finnland 2006, unter: www.euro.who.int/document/e89260.pdf (Datum des Abrufs: 2. 5. 2010). *Pichlbauer, E. G./Korosec, I.*: Gesunde Zukunft. Österreichs Gesundheitsversorgung Neu: Diskussionsgrundlage zu neuen Strategien im Gesundheitswesen. Wien 2007.

ERNEST G. PICHLBAUER

Gesundheitsreform

Der Staat hat im Rahmen des Sozialstaatsgebotes die Aufgabe, für soziale Gerechtigkeit zu sorgen und die Voraussetzungen für ein menschenwürdiges Dasein und die gleichberechtigte Teilhabe am gesellschaftlichen Leben (Ausgleich sozialer Gegensätze und Ungleichheiten) zu schaffen. Er ist der Letztverantwortliche für die Ausgestaltung und Weiterentwicklung der Krankenversorgung und des gesamten ► Gesundheitssystems und darf diese nicht den freien Kräften des Marktes überlassen, auch wenn er einige Aufgaben z. B. an die Krankenkassen als Gebietskörperschaften des Öffentlichen Rechts, an die ► Kassenärztlichen Vereinigungen oder die ► Berufsgenossenschaften delegieren kann. Durch seine ► Gesundheitspolitik nimmt der Staat Eingriffe in die Rahmenbedingungen der ► Gesetzlichen Krankenversicherung (GKV) vor.

Diese Eingriffe werden durch Gesundheitsreformgesetze über das Parlament legitimiert. In den letzten 30 Jahren hat es etwa 20 Gesundheitsreformen gegeben, die in immer kürzeren Abständen durchgesetzt wurden. Die Ziele dieser Reformanstrengungen beziehen sich im Wesentlichen auf die Finanzierbarkeit des Gesundheitssystems durch Kostendämpfung der Ausgaben, sodass ein ausgewogenes Verhältnis zwischen Ausgaben und Einnahmen besteht, und auf die Stabilisierung des Beitragssatzes. Hintergrund für die Notwendigkeit von Reformen sind der ► demografische Wandel, steigende Versorgungsansprüche sowie der medizinische und technische Fortschritt. An der Umsetzung von gesundheitspolitischen Reformen ist eine Vielzahl von Akteuren und Interessengruppen beteiligt. Diese Akteure vertreten sehr unterschiedliche Interessen und haben häufig sehr unterschiedliche, konfligierende Problemwahrnehmungen und Handlungslogiken. Dies macht die Umsetzung von Gesundheitsreformen so schwierig bzw. „verwässert" häufig geplante Veränderungen sehr stark, sodass oft nur sehr kurzfristige Veränderungen erzielt werden können und mit der Verabschiedung eines Gesundheitsreformgesetzes bereits die Notwendigkeit weiterer Reformen deutlich wird.

Die Gesundheitsreformen der letzten 30 Jahre waren nicht an ► Gesundheitszielen orientiert. Sie bezogen sich im Wesentlichen auf Einschränkungen bzw. Streichungen von medizinischen, aus dem Leistungskatalog der GKV-finanzierten Leistungen, Erhöhung von ► Zuzahlungen und Eigenbeteiligungen durch den Versicherten sowie Änderungen in der Bezahlung/Vergütung der Leistungserbringer. Beispielhaft sind im Folgenden die Inhalte und Ziele der beiden letzten Gesundheitsreformen dargestellt: das GKV-Modernisierungsgesetz 2004 und das GKV-Wettbewerbsstärkungsgesetz 2007, die beide massive Veränderungen in den Versorgungsstrukturen bewirken sollen.

Das GKV-Modernisierungsgesetz 2004 beinhaltet im Wesentlichen folgende Elemente:

- Einführung einer Patientenbeauftragten zur Weiterentwicklung der Patientenrechte auf Bundesebene,
- Etablierung eines ► Institutes für Qualität und Wirtschaftlichkeit im Gesundheitswesen (IQWiG). Dieses soll den Nutzen medizinischer Behandlungen und Operationsverfahren untersuchen, die Bewertung des Nutzens von Arzneimitteln und ► Behandlungsleitlinien vornehmen, die Grundlagen für die Entwicklung neuer ► Disease Management-Programme erarbeiten sowie neutrale, verständliche Informationen für Versicherte erstellen (§ 139 SGB V),
- Einführung einer ► elektronischen Gesundheitskarte zwecks Verbesserung der Transparenz und der Koordination der Patientenversorgung,

- Verbesserung der ► integrierten Versorgung, die bereits im Jahre 2000 eingeführt worden war, um eine stärkere Verbindung der ambulanten und stationären Versorgung sowie eine interdisziplinäre, fachübergreifende Zusammenarbeit der Gesundheitsberufe sicherzustellen und letztlich damit Kosten durch Vermeidung von Doppeluntersuchungen und Versorgungsbrüchen einzusparen,
- Zulassung von ► medizinischen Versorgungszentren und interdisziplinärer Zusammenarbeit von ärztlichen und nicht-ärztlichen Heilberufen (► Direktverträge mit Kassen),
- Einführung einer ► hausarztzentrierten Versorgung, in welcher der Hausarzt als „Lotse" im Gesundheitswesen fungieren soll und die der besseren Koordination zwischen Hausarzt und sonstigen Leistungserbringern dienen soll,
- Teilöffnung der Krankenhäuser für ► ambulante Versorgung,
- Gewährung eines Bonus bei freiwilliger Teilnahme an besonderen Versorgungsformen (z. B. Hausarztmodell),
- Wahlmöglichkeit für alle Versicherten bei der Kostenerstattung (► -sprinzip) statt ► Sachleistungsprinzip (► Patientenquittung)
- Einführung einer ► Praxisgebühr, die Versicherte für die erste Inanspruchnahme eines an der ambulanten ärztlichen, zahnärztlichen oder psychotherapeutischen Versorgung beteiligten Leistungserbringers in Höhe von 10 € pro Quartal (§ 28 SGB V),
- Zuzahlung bei Krankenhausaufenthalt und stationären Vorsorge- und Rehabilitationsleistungen in Höhe von 10 €/Tag für max. 28 Tage/Jahr,
- Preise für nicht verschreibungspflichtige Arzneien und Produkte sind nicht mehr gesetzlich vorgeschrieben, sondern unterliegen dem Wettbewerb; Erlaubnis des Versandhandels,
- ► Versicherungsfremde Leistungen sollen zukünftig aus Steuermitteln finanziert werden,
- Sterbegeld, Entbindungsgeld und Leistungen bei Sterilisation müssen selbst finanziert werden,
- Neugestaltung der Vergütung im ambulanten Bereich (Orientierung der ärztlichen Vergütung an ► Morbidität und nicht an der finanziellen Situation der GKV),
- Einführung einer neuen Arzneimittelpreisverordnung (Festzuschlag für verschreibungspflichtige Arzneimittel in Höhe von 8,10 € pro Packung unabhängig von der Größe),
- Zulassung von Kooperationen der gesetzlichen mit privaten Krankenversicherungen,
- Einführung der Pflicht zu einer unabhängigen Fortbildung für Ärzte und sonstige ► Gesundheitsfachberufe.

Das GKV-Wettbewerbsstärkungsgesetz 2007 beinhaltet im Wesentlichen folgende Elemente:

- Verminderung des bürokratischen Aufwands bei allen Beteiligten,
- Zukünftige Finanzierung der Gesundheitsausgaben der GKV für gesamtwirtschaftliche Aufgaben aus Steuermitteln (z. B. beitragsfreie Mitversicherung von Kindern),
- Einführung einer „Krankenversicherung für alle" ab 1. 1. 2009 (Basistarif)-Versicherungspflicht,

- Bundeseinheitliche Festlegung des Beitragssatzes für alle Krankenkassen ab 1. 1. 2009 15,5 % bzw. ab 1. 7. 2009 14,9 % seitens des BMG,
- Etablierung eines ► Gesundheitsfonds ab 1. 1. 2009, in den die Beiträge der Arbeitgeber, der Sozialversicherungsträger, der Mitglieder der Krankenkassen, Zuschüsse des Bundes fließen,
- Auflösung der 7 Spitzenverbände der Krankenkassen, sodass nur noch ein Verband auf Bundesebene agiert,
- Ermöglichung von kassenartenübergreifenden Fusionen zwecks Verschärfung des Wettbewerbs,
- Einführung des ► morbiditätsorientierten Risikostrukturausgleichs zwecks Umverteilung der Mittel zwischen den Kassen nach den Risikostrukturen der Versicherten,
- Verbesserung der ► palliativmedizinischen Versorgung durch Zulassung von Palliative Care Teams aus ärztlichem und pflegerischem Personal,
- Gewährung eines Rechtsanspruches auf ► Rehabilitation (geriatrische Rehabilitation),
- Gewährung eines Rechtsanspruches auf häusliche Krankenpflege (häusliche Pflege),
- Ausweitung der Pflichtleistungen auf Impfungen und Kuren/Rehabilitationsmaßnahmen,
- Verbesserung der Übergänge vom Krankenhaus in die Rehabilitation und ► Pflege,
- Ausweitung der ambulanten Versorgung durch Krankenhäuser,
- Einführung von ► Kosten-Nutzen-Bewertungen bei ► Arzneimitteln,
- Ermöglichung der Abgabe von einzelnen Tabletten an Patienten,
- Einführung einer neuen Vergütungsordnung mit festen Euro-Preisen,
- Einführung einer Rabattgewährung von 2,30 € pro Medikament (bisher 2,00 €) durch Apotheker,
- Einholung einer ► Zweitmeinung durch den Arzt vor der Verordnung teurer Medikamente.

Ob diese vielen Maßnahmen aus den beiden letzten Gesundheitsreformen die beabsichtigte Wirkung zeigen, muss durch eine Evaluation im Sinne einer Politik- bzw. Gesetzesfolgenabschätzung belegt werden, die jedoch bis heute in Deutschland relativ selten durchgeführt wird.

LITERATURHINWEISE:

Böcken, J./Butzlaff, M./Esche, A.: Reformen im Gesundheitswesen. Ergebnisse der internationalen Recherche. Carl Bertelsmann-Preis 2000. 3. Auflage. Gütersloh 2003. *Reiners, H.*: Mythen der Gesundheitspolitik. Bern 2009. *Rosenbrock, R./Gerlinger, T.*: Gesundheitspolitik. Eine systematische Einführung. Bern 2004.

CORNELIA BORMANN

Gesundheitsrisiken

Unter Gesundheitsrisiken werden die ► Gesundheit beeinträchtigenden Faktoren wie die Lebensweise, die Ernährung und umweltbedingte Einflüsse aus der Arbeitswelt, der Wohn- oder Familiensituation verstanden. Gesundheitsrisiken, die aus der Lebensweise des Individuums resultieren sind Faktoren, wie die Fehlernährung (zuviel Fett und Zucker), der Genussmittelmissbrauch (Tabak, ► Alkohol, Zuckerwaren), der Mangel an Bewegung oder der Stress. Der in den westlichen Industrieländern dominierende Risikofaktor ist das ► Übergewicht, welches in Verbindung mit einer Bewegungsarmut und einseitiger Ernährung zu einer Reihe von ► Krankheiten, vor allem zu den sog. ► Zivilisationskrankheiten, führt. Ansatzpunkt der staatlichen ► Gesundheitsförderung ist daher in erster Linie die Stärkung der ► Gesundheitskompetenz des Individuums, um selbst dazu motiviert und in der Lage zu sein, Gesundheitsrisiken zu erkennen, abzuschätzen und bewusst vermeiden zu können.

Gesundheitssystem

Auch wenn eine eindeutige Definition fehlt, kann man ein Gesundheitssystem als die Gesamtheit aller öffentlichen und privaten Organisationen, Einrichtungen und Ressourcen in einem Land verstehen, deren Auftrag darin besteht, unter den dortigen politischen und institutionellen Rahmenbedingungen auf die Verbesserung, Erhaltung oder Wiederherstellung von Gesundheit hinzuarbeiten. Die Gesundheitssysteme umfassen sowohl die individuelle als auch die bevölkerungsbezogene Gesundheitsversorgung, aber auch Maßnahmen, mit denen andere Politikbereiche dazu veranlasst werden sollen, in ihrer Arbeit an den sozialen wie auch den umweltbedingten und ökonomischen Determinanten von ► Gesundheit anzusetzen.

Systemtheoretisch ist ein Gesundheitssystem die Summe aller Akteure und Aktivitäten samt deren Wechselwirkungen, die den Gesundheitszustand von Systembetroffenen (direkt oder indirekt) beeinflussen wollen. Gesundheitssysteme sind stets als offene und damit komplexe Systeme zu bewerten. (► Versorgungsforschung).

In der Praxis wird unter Gesundheitssystemen die Summe jener, mehr oder weniger zusammenhängenden Organisationen und Institutionen – seien sie öffentlich oder privat – verstanden, die sich mit der Verwaltung oder auch Verteilung der Ressourcen, die für die Versorgung mit Gesundheitsleistungen nötig sind oder bereitstehen, beschäftigen. Inwieweit diese untereinander in Wechselwirkung stehen wird oft (meist aus politischen Gründen) nicht berücksichtigt. Daher wird in der öffentlichen Diskussion das Gesundheitssystem gerne als geschlossenes und daher linear beschreibbares System betrachtet.

Oft wird Gesundheitssystem synonym mit ► Gesundheitsversorgung verwendet. Dies erfolgt im Wesentlichen von Akteuren des Gesundheitssystems (bzw. deren institutionalisierter Vertreter, wie Kammern oder Verbände), die möglicherweise ein Eigeninteresse daran haben, dass die Bevölkerung zwischen Versorgung und System keine Unterscheidung treffen kann. Versorgung ist das, was beim Patienten ankommt, das System ist hingegen der Rahmen, in dem Versorgung passiert. Der Schluss, dass ein System gut ist, wenn die Versorgung gut ist, ist ebenso ungültig, wie umgekehrt ein System nicht schlecht sein muss, wenn die Versorgung schlecht ist. Zwar gibt es Wechselwirkungen zwischen den beiden, aber sie sind nicht das gleiche! Ein gutes System wird immer danach ausgerichtet sein, die Versorgung zu optimieren, ein schlechtes hingegen wird die Versorgung aus dem Blick verlieren und sich selbst erhalten wollen.

Historisch betrachtet, sind Gesundheitssysteme eine junge Entwicklung, die aus der Idee entstanden sind, dass die Gesundheitsversorgung solidarisch (sei es über private bzw. soziale Versicherungen oder die öffentliche Hand) organisiert einen höheren Nutzen erzeugen kann, als die individuelle Selbstorganisation. Diese Idee kommt erst mit der Industriellen Revolution im 18. Jh. auf und wird erst nach dem Zweiten Weltkrieg in weiten Teilen der Welt flächendeckend umgesetzt.

LITERATURHINWEISE:

von Bertalanffy, L.: The Theory of Open Systems in Physics and Biology, in: Science Vol. 111. S. 23-29. Washington 1950. *Möller, J./Laaser, U.*: Der WHO-Weltgesundheitsbericht 2000, Anspruch und kritische Würdigung. Konstanz 2002.

LINK-TIPP:

Europäische Ministerkonferenz der WHO: Gesundheitssysteme, Gesundheit und Wohlstand. Tallinn (Estland) (25.-27. 6. 2008), unter: www.euro.who.int/healthsystems

ERNEST G. PICHLBAUER

Gesundheitstelematik

Hierbei handelt es sich um ein Kunstwort, das sich aus ► Gesundheitswesen, Telekommunikation und Informatik zusammensetzt. Unter dem Begriff Gesundheitstelematik – synonym auch ► eHealth oder Health Telematics – werden alle Anwendungen des integrierten Einsatzes von Informations- und Kommunikationstechnologien im Gesundheitswesen zur Überbrückung von Raum und Zeit subsummiert. Ziel ist es, die Kooperation im Gesundheitswesen – sei es z. B. zwischen Versorgungseinrichtungen oder zwischen Arzt und Patient, aber auch zwischen Ausbildungsinstitution und Lernenden – und somit auch die Versorgungsqualität zu verbessern.

Dementsprechend gibt es eine Vielzahl von Anwendungen. Eine Anwendungstaxonomie findet sich bei *Haas*, dort werden behandlungsbezogene, informations-/ausbildungsbezogene und forschungsbezogene Anwendungen als große Anwendungsklassen der Gesundheitstelematik unterschieden. Bezüglich der versorgungsbezogenen Anwendungen lassen sich dann weiter Anwendungen die die Kommunikation, die Dokumentation, die Kollaboration und die Entscheidungsfindung unterstützen, unterscheiden. Bei der Unterstützung der Kommunikation geht es um den geschützten Austausch von Informationen und Dokumenten wie z. B. einem ► eArztbrief, einer ► eÜberweisung, einem ► eRezept usw. zwischen Versorgungsinstitutionen bzw. diesen und dem Patienten.

Wesentliche Anwendungen zur Unterstützung der einrichtungsübergreifenden Dokumentation sind die ► elektronische Patientenakte und die ► elektronische Gesundheitsakte. Aber auch Notfalldaten fortgeschrieben auf einer Patienten-Chipkarte sind dieser Anwendungsklasse zuzuordnen. Für die Kollaboration finden sich z. B. Anwendungen wie Terminbuchungsportale, Zweitmeinungsanwendungen und Anwendungen der ► Telemedizin. Als Basis solcher gesundheitstelematischen Anwendungen wird eine ► Gesundheitstelematikplattform angesehen, die vielfältige Dienste in einer hochsicheren Umgebung bietet. Weltweit arbeiten viele Länder inzwischen am Aufbau einer solchen nationalen Gesundheitstelematikplattform.

LITERATURHINWEISE:

Haas, P.: Gesundheitstelematik - Grundlagen, Anwendungen, Potenziale. Heidelberg 2006. *Jähn, K./Nagel, E.*: eHealth. Berlin 2004. *Haas, P.*: Kritische Thesen zu patientenbezogenen Anwendungen der Gesundheitstelematik, in: Bundesgesundheitsblatt – Gesundheitsforschung – Gesundheitsschutz. 2005 (48). S. 771-777.

PETER HAAS

Gesundheitstelematikplattform

In vielen Ländern wird heute der Aufbau einer nationalen Gesundheitstelematikplattform mit Hochdruck vorangetrieben. Die Initialimpulse für diese Entwicklungen gehen von den Regierungen aus – sei es nun in einem zentral organisierten System wie in England oder in föderalen Strukturen wie in Deutschland. Ziel ist es, die Entwicklung und den Einsatz von Anwendungen der ► Gesundheitstelematik zu befördern und für diese eine vertrauenswürdige Plattform zu schaffen. Mit dem § 291a im SGB V, der die Einführung der ► elektronischen Gesundheitskarte in Deutschland regelt, wurde die gesetzliche Basis für die Implementierung einer solchen nationalen Infrastruktur geschaffen.

Eine umfassende Definition gibt *Mainz* (1999): „Eine Telematikplattform ist definiert durch eine flächendeckende standardisierte organisatorisch-technische Infrastruktur und festgelegte einheitliche Rahmen- und Randbedingungen politischer, rechtlicher, ökonomischer, medizinischer, sozialer und ethischer Art zur gemeinsamen Nutzung von Daten und Informationen, der Kommunikation der Leistungserbringer zur koordinierten Patientenversorgung. Aus konzeptioneller Sicht macht der Aufbau einer Telematikplattform Vorgaben und Absprachen auf den Ebenen Teilnehmer, Inhalte, Abbildung, Transport und Sicherheit notwendig."

Es wird deutlich, dass nicht nur technische Artefakte eine solche Plattform ausmachen. Als wesentliche Dimensionen können erweitert nach *Müller* et al. (2003) angegeben werden: Die Technikinfrastruktur bestehend aus Rechnern und Rechnernetzen mit entsprechenden Basisdiensten, die Anwendungsinfrastruktur mit allen auf der Technikinfrastruktur aufsetzenden denkbaren Anwendungen, die Sicherheitsinfrastruktur zur Gewährleistung der Vertrauenswürdigkeit von Technik und Anwendungen für alle Beteiligten sowie die Handlungsinfrastruktur, die z. B. einschlägige Gesetze, Verträge, Vergütungsregelungen und Standards umfassen.

Eine Gesundheitstelematikplattform muss Lösungen bieten z. B. für

- die sichere Authentifizierung von Teilnehmern und Benutzern wie ► Ärzten, ► Patienten aber auch Organisationen und technischen Komponenten,
- die plattformweite eindeutige Identifikation von Informationsobjekten/Dokumenten,

- den sicheren und justiziablen Austausch von Informationen/Dokumenten zwischen den Teilnehmern,
- den sicheren Betrieb zentraler Anwendungen,
- die syntaktische und semantische Interoperabilität von Informationssystemen in Einrichtungen untereinander und dieser mit Artefakten der Plattform,
- die Gewährleistung der informationellen Selbstbestimmung des Patienten bei der (freiwilligen) Nutzung der Anwendungen.

Der Aufbau einer solchen Plattform ist ein IT-technisches Großprojekt, das noch in keinem Land zu Ende geführt wurde. Vielerorts kommt es auch zu nicht unerheblichen Widerstand seitens der Ärzteschaft und der Patienten, da eine Aushöhlung des Patienten-Arztgeheimnisses (► Gläserner Patient) befürchtet wird.

LITERATURHINWEISE:

Haas, P.: Gesundheitstelematik – Grundlagen, Anwendungen, Potenziale. Heidelberg 2006. *Mainz, R.*: Das Aktionsforum Telematik im Gesundheitswesen (ATG) und sein Beitrag zur weiteren Entwicklung, in: *Steyer, G./Tolxdorff, T.* et al. (Hrsg.): Telemed 99, Tagungsband zur 4. Fortbildungsveranstaltung und Arbeitstagung. Berlin 1999. *Müller, G./Eymann, T./Kreuter, M.*: Telematik- und Kommunikationssysteme in der vernetzten Wirtschaft. München, Wien 2003.

LINK-TIPP:

www.gematik.de

PETER HAAS

Gesundheitsversorgung

Unter der Gesundheitsversorgung wird die im Rahmen des ► Gesundheitssystems stattfindende Erbringung von ► Gesundheitsleistungen verstanden. Die Leistungen sind dabei nicht nur auf die ► Behandlung von vorliegenden Krankheiten begrenzt. Zugleich umfassen sie auch Leistungen der ► Gesundheitsförderung oder Gesundheitsbildung und beziehen sich auf die gesundheitsbezogenen Leistungen der entsprechenden ► Sozialversicherung.

Gesundheitswesen

Als Gesundheitswesen kann der Teil der Gesellschaft verstanden werden, der im Gegensatz zum ► Gesundheitssystem nur die staatlichen Einrichtungen umfasst, welche die ► Gesundheit der Bevölkerung erhalten, fördern und wiederherstellen sowie ► Krankheiten vorbeugen. Mit Hilfe der ► Gesundheitspolitik soll das Gesundheitswesen den Zugang zu bedarfsgerechten, wirksamen und finanzierbaren ► Gesundheitsleistungen ermöglichen. Der ► öffentliche Gesundheitsdienst nimmt dabei eine zentrale Stellung ein. Unter volkswirtschaftlichen Gesichtspunkten wird dem Gesundheitswesen eine bedeutende und bedingt durch den ► demografischen

Wandel auch weiterhin wachsende Rolle sowohl der Schöpfung des Bruttoinlandsproduktes als auch unter dem Aspekt der Beschäftigungspotenziale zugesprochen. Die Begriffe Gesundheitswesen und ► Gesundheitssystem werden umgangssprachlich oft synonym verwendet.

Gesundheitswissenschaften

Die Gesundheitswissenschaften konzentrieren sich darauf, die gesellschaftlichen, wirtschaftlichen, kulturellen und sozialen Bedingungen zu erforschen, die es Menschen ermöglichen, gesund zu bleiben. Sie verstehen sich als Ergänzung zur ► Medizin, die sich in erster Linie mit der Entstehung von ► Krankheiten befasst und gleichsam eine „Krankheitswissenschaft" ist. Während Medizin eine Behandlungsform für den einzelnen ► Patienten sucht, streben die Gesundheitswissenschaften danach, die gesundheitsfördernden Potenziale und Voraussetzungen für Bevölkerungsgruppen definieren zu können. Neben dem Klären der Rahmenbedingungen für ► Gesundheit im sozialen Beziehungsgefüge, in Arbeit und Umwelt, stehen auch die Versorgungsstrukturen des ► Gesundheitswesens im Fokus der Gesundheitswissenschaften. Eine zentrale Frage ist dabei, wie Leistungen in der ► Prävention, ► Kuration, ► Rehabilitation und ► Pflege so ineinandergreifen, dass möglichst viel Gesundheit für die Bevölkerung gewährleistet wird.

Der Begriff wird i. d. R. im Plural gebraucht, um den interdisziplinären Charakter der Disziplin zu betonen. Die Ansätze der Gesundheitswissenschaften in Deutschland reichen bis ins 18. Jh. zurück: Mediziner wie bspw. Christoph Wilhelm Hufeland forschten damals bereits, wie Gesundheit gefördert und erhalten werden kann. Mitte des 19. Jh. belegte der Berliner Arzt Rudolf Virchow den Zusammenhang von sozialen, kulturellen und wirtschaftlichen Bedingungen mit der Gesundheit der Bevölkerung. Der Nationalsozialismus vereinnahmte diese frühe Forschungstradition und missbrauchte die bevölkerungsbezogene Gesundheitsforschung zur Legitimierung der nationalsozialistisch-proklamierten „Rassenhygiene". Nach dem zweiten Weltkrieg wurde an diese Wissenschaftsdisziplin in Deutschland über Jahrzehnte hinweg nicht wieder angeknüpft. Erst Ende der 80er Jahre ist die gesundheitsorientierte Forschung wiederentdeckt worden – schließlich war die rein naturwissenschaftlich-bezogene, individuell-kurative Medizin an ihre Grenzen gestoßen. Die ersten Studiengänge für Gesundheitswissenschaften entstanden damals an den deutschen Hochschulen. International hatte sich da bereits der Begriff „Public Health" durchgesetzt. Diese Wissenschaftsdisziplin befasst sich nach einer WHO-Definition mit der Verhütung von Krankheiten, der Lebensverlängerung sowie der Förderung seelischer und körperlicher Gesundheit durch gemeinsame gesellschaftliche Anstrengungen. Experten verwenden beide Begriffe oft gleichbedeutend oder in Kombination und sprechen dann von einer Multidisziplin: „Gesundheitswissenschaften"/„Public Health".

LITERATURHINWEISE:

Hurrelmann, K./Laaser, U. (Hrsg.): Handbuch Gesundheitswissenschaften. Weinheim, München 1998. *Kälble, K./von Troschke, J.*: Studienführer Gesundheitswissenschaften. Schriftenreihe der „Deutschen Koordinierungsstelle für Gesundheitswissenschaften" an der Abteilung für Medizinische Soziologie der Universität Freiburg. Band 9, Freiburg 1998. *Badura, B./Busse, R./Leidl, R.* et al.: Das Public Health Buch: Gesundheit und Gesundheitswesen. München, Jena 2005.

SUSANNE WERNER

Gesundheitszentrum

Gesundheitszentren fassen verschiedene Gesundheitsdienstleistungen unter einem Dach zusammen. Analog dem Begriff des ► Ärztehauses knüpft die Bezeichnung somit an der räumlichen Bündelung des Angebots gesundheitsbezogener Leistungen an, ohne bereits etwas über Organisationsform oder Art und Intensität der Kooperation zwischen den Anbietern auszusagen. Ebenso wie beim Ärztehaus gibt es keine Legaldefinition. Allerdings fand der Begriff „Gesundheitszentrum“ Verwendung in den Diskussionen um das 2004 in Kraft getretene GKV-Modernisierungsgesetz (GMG). Dem Grundmodell liegt der Gedanke einer engeren Zusammenarbeit von ärztlichen und nichtärztlichen Leistungserbringern zugrunde, was dem Ziel des Gesetzgebers entsprach, die integrativen Elemente in der Versorgung zu stärken. Im weiteren Verlauf des Gesetzgebungsverfahrens setzte sich jedoch das auf die vertragsärztliche Behandlung begrenzte „ ► Medizinische Versorgungszentrum“ durch.

Mit Blick auf die empirischen Erscheinungsformen lässt sich feststellen, dass Gesundheitszentren einen gegenüber Ärztehäusern umfassenderen Ansatz verfolgen, indem sie neben ambulant tätigen Ärzten auch Leistungsanbieter anderer Sektoren integrieren. Dies können Anbieter von ► Rehabilitations- oder ► Präventionsleistungen, ► Pflegeleistungen und akutstationären Leistungen ebenso sein wie Heilmittelerbringer, Sanitätshäuser oder sonstige, dem Gesundheitsbereich im engeren oder weiteren Sinne zuzuordnende ► Leistungserbringer.

Je nach Art und Intensität der Zusammenarbeit der ► Leistungserbringer in einem Gesundheitszentrum lassen sich unterschiedliche Vorteile realisieren. Beispielhaft sind zu nennen:

- Vorteile für den Patienten: Zeitersparnis durch kürzere Wege im Falle der zeitgleichen Inanspruchnahme mehrerer Leistungserbringer; ggf. zwischen den Leistungserbringern abgestimmte Behandlungskonzepte; schnellerer Informationsfluß.
- Vorteile für die kooperierenden Leistungserbringer: abgestimmte Behandlungskonzepte und dadurch Vermeidung von Doppeluntersuchungen sowie Verkürzung stationärer Aufenthalte, Gesundheitszentrum wird als eigenständige Marke positioniert, unter deren Dach die Leistungserbringer eine gemeinsame Öffentlichkeitsarbeit und einen gemeinsamen Internetauftritt betreiben; Kostenvorteile durch gemeinsame Nutzung der medizinischen Infrastruktur (z. B. medizinisch-technische Geräte, OP, ► Aufwachbereich) wie der nicht-medizinischen Infrastruktur (z. B. Empfang, Telefonanlage, Intranet), gemeinsamer Einkauf ► Praxisbedarf, gemeinsamer Personal-Pool für Springerfunktion.

LITERATURHINWEISE:

Dahm, F.-J./Möller, K.-H./Ratzel, R.: Rechtshandbuch Medizinische Versorgungszentren. Berlin, Heidelberg 2005. *Hellmann, W./Eble, S.* (Hrsg.): Gesundheitsnetzwerke initiieren, Kooperationen erfolgreich planen. Berlin 2009. *Amelung, V. E./Meyer-Lutterloh, K./Lägel, R.*: Leuchtturmprojekte Integrierter Versorgung und Medizinischer Versorgungszentren. Berlin 2007.

EVELINE HÄUSLER

Gesundheitsziele

Gesundheitsziele sind Steuerungsinstrumente in der ► Gesundheitspolitik. Sie definieren konkret, wie die ► Gesundheit für bestimmte Gruppen oder Bereiche verbessert werden kann. Als verbindliche Regelungen zwischen der Politik, der Selbstverwaltung und weiteren Dienstleistern im ► Gesundheitswesen sind sie auf gesicherten Erkenntnissen aufzubauen und in einem konkreten Maßnahmenkatalog zusammenzufassen. Ihren Ursprung haben die Gesundheitsziele in dem „Health for All"-Programm der ► Weltgesundheitsorganisationen, das 1981 verabschiedet worden ist. In Deutschland haben einzelne Bundesländern in den 90er Jahren konkrete Gesundheitsziele formuliert. Auf Bundesebene gab es im Jahr 2000 eine entsprechende Initiative. Das ► Bundesministerium für Gesundheit hatte damals die ► Gesellschaft für Versicherungswissenschaften und -gestaltung e.V. mit dem Modellprojekt „Forum gesundheitsziele.de" beauftragt. Daraufhin haben Bund, Länder, ► Gesetzliche Kranken- und Rentenversicherung, ► private Krankenversicherung, Ärzte, private Leistungserbringer sowie Patienten- und ► Selbsthilfegruppen sechs Gesundheitsziele für folgende Krankheitsbilder entwickelt:

- ► Diabetes mellitus Typ 2: Erkrankungsrisiko senken, Erkrankte früh erkennen und behandeln;
- ► Brustkrebs: ► Mortalität vermindern, ► Lebensqualität erhöhen;
- Tabakkonsum reduzieren;
- Gesund aufwachsen: Ernährung, Bewegung, Stressbewältigung bei Kindern und Jugendlichen;
- ► Gesundheitliche Kompetenz erhöhen, Patientensouveränität stärken sowie
- Depressive Erkrankungen: verhindern, früh erkennen, nachhaltig behandeln.

Im Jahre 2008 wurde „Gesund älter werden" als weiteres Gesundheitsziel aufgenommen. Mittlerweile liegen erste Evaluationen zu den Gesundheitszielen vor (siehe Bundesgesundheitsblatt 10-2009). Schwerpunkte der gesundheitspolitischen Debatte liegen nach wie vor auf ökonomischen Fragen (► Kostendämpfung) sowie auf der Weiterentwicklung von Versorgungsstrukturen und deren Leistungsumfang.

LITERATURHINWEISE:

Bermejo, I./Böhm, K./Härter, M. et al.: Evaluation des nationalen Gesundheitsziels „Depressive Erkrankungen: verhindern, früh erkennen, nachhaltig behandeln, in: Bundesgesundheitsblatt – Gesundheitsforschung – Gesundheitsschutz. Vol. 52. Nr. 10. 2009. S. 897-904. *Dierks, M.-L./ Horch, K./Hölling, G.* et al.: Ansätze zur Evaluation des Gesundheitsziels „Gesundheitliche Kompetenz erhöhen, Patient(inn)ensouveränität stärken", in: Bundesgesundheitsblatt – Gesundheitsforschung – Gesundheitsschutz. Vol. 52. Nr. 10.2009. S. 889-896. *Kurth, B. M.*: Über Ziele und deren Erreichung, in: Bundesgesundheitsblatt – Gesundheitsforschung – Gesundheitsschutz. Vol. 52. Nr. 10. 2009. *Rosenbrock, R./Gerlinger, T.*: Gesundheitspolitik. Eine systematische Einführung. Bern 2004.

SUSANNE WERNER

Gläserner Patient

Der Gläserne Patient ist eine Umschreibung für die Sorge von ► Patienten, dass ihre gesundheitsbezogenen Daten aufgrund der Nutzung modernster informations- und kommunikationstechnologischer Medien (► Telemedizin, ► Gesundheitstelematik, ► Gesundheitstelematikplattform, ► e-Health) für Jedermann zugänglich werden.

Grenzüberschreitende eHealth-Dienste

Der Begriff Grenzüberschreitende eHealth-Dienste (abgek.: epSOS) steht für das EU-geförderte Projekt „European Patients – Smart Open Services". Dieses seit dem 1. Juli 2008 geförderte Projekt ist nicht „irgendein" technologisch orientiertes EU-Projekt, sondern ist Teil einer maßgeblich von den Mitgliedsstaaten gemeinsam mit der EU-Kommission getragenen gesundheitspolitischen Initiative zur Unterstützung der grenzüberschreitenden ► Gesundheitsversorgung. Da derzeit eHealth-Services in Europa noch keineswegs flächendeckend verbreitet sind, unterstützen Projekt und Initiative zudem den Aufbau von interoperablen Infrastrukturen der ► Telematik in den beteiligten Ländern. Gegenstand der Projektfinanzierung sind allerdings nur die europäischen Dienste, die Existenz der nationalen eHealth-Dienste und Infrastrukturen wird als gegeben vorausgesetzt.

Konkrete Anwendungen sind das ► elektronische Rezept und Arzneimitteldokumentation sowie eine Patientenkurzakte (Patient Summary, vgl. Definition eines Notfalldatensatzes in Deutschland). Die Kommunikation erfolgt über den National Contact Point (NCP) in jedem beteiligten Land, der nicht nur rechtlich-technischer Knotenpunkt ist, sondern auch jeweils die semantisch korrekte Übertragung der medizinischen Inhalte gewährleisten soll. Der Pilotbetrieb soll im Jahr 2011 beginnen. Zu den teilnehmenden Staaten zählen Dänemark, Deutschland, Frankreich, Griechenland, Italien, Niederlande, Österreich, Schweden (Koordination), Slowakei, Spanien, Tschechien sowie Großbritannien.

Die Projektkosten von insgesamt 23 Mio. € werden jeweils zu 50 % von der EU aus dem speziellen Förderprogramm und den Projektbeteiligten getragen. Projektnehmer auf deutscher Seite sind die gematik, das ► Bundesministerium für Gesundheit, die Fraunhofer-Gesellschaft und das ► Zentralinstitut für die Kassenärztliche Versorgung. Über eine epSOS-Erweiterung und ein zukünftiges epSOS-II-Projekt sollen weitere Staaten eingebunden und die Anwendungen praxistauglich gemacht werden.

LINK-TIPPS:

ec.europa.eu/information_society/apps/projects/factsheet/index.cfm

www.epsos.eu/faq.html

www.wib.sachsen.de/4868.htm

www.aerztezeitung.at/archiv/oeaez-2010/oeaez-6-25032010/epsos-gesundheitsleistungen-ohne-grenzen.html

STEPHAN H. SCHUG

GRID

GRID – vollständig GRID-Computing – steht für die dezentrale Bereitstellung großer, spezialisierter Rechenleistung durch miteinander gekoppelte Computer. Hierbei geht es weniger um den Zugriff auf pure Rechenleistung wie beim Cloud-Computing, sondern um die verteilte Nutzung von komplexen Programmen in virtuellen Organisationen, zum Beispiel zum Austausch zwischen Forschergruppen. Die Virtuellen Organisationen regeln u. a. die Zugriffsrechte bei der verteilten Zusammenarbeit durch arbeitsgruppenübergreifende Rollenkonzepte und gewährleisten damit Sicherheit und Datenschutz der betroffenen Informationen. Für Deutschland hat D-GRID als National GRID Initiative die Aufgabe, eine nachhaltige GRID-Computing-Infrastruktur im akademischen und auch im industriellen Bereich aufzubauen.

Für die Bereiche ► Medizin, Bioinformatik und ► Gesundheitswissenschaften wird durch die MediGRID-Kooperation ein GRID-Middleware-Integrationsplattform bereitgestellt. International kümmert sich die HealthGRID-Initiative darum, Rechnerkapazitäten für besondere Anwendungsfelder in der medizinischen Grundlagenforschung und auch in der klinischen Medizin bereitzustellen. Anwendungsfelder sind z. B. aufwendige Simulationen des Blutflusses in den Blutgefäßen eines Menschen zur Abklärung von OP-Indikationen und noch umfassendere physiologische Modelle, wie sie in dem neuen Handlungsfeld „ ► Virtual Physiological Human“ entwickelt und angewendet werden.

LINK-TIPPS:

www.d-grid.de

portal.medigrid.de/gridsphere/gridsphere

www.healthgrid.org

STEPHAN H. SCHUG

Grundpflege

Als Grundpflege werden im Kontext der Gesundheits- und Krankenpflege, der Kindergesundheits- und krankenpflege sowie der Altenpflege all diejenigen pflegerischen Leistungen verstanden, die als grundlegende, gewöhnliche und regelmäßig wiederkehrende Pflegeleistungen gelten. Diese umfassen i. d. R. den Bereich der Körperpflege, der Ernährung und der Mobilität sowie andere nicht-medizinische Pflegetätigkeiten aus den Bereichen der Aktivitäten des täglichen Lebens. Die Leistungen der Grundpflege werden von der ► Pflegeversicherung getragen. Auch damit grenzt sich die Grundpflege von der ► Behandlungspflege ab.

LITERATURHINWEISE:

Schewior-Popp, S./Sitzmann, F./Ullrich, L. (Hrsg.): Thiemes Pflege. Das Lehrbuch für Pflegende in Ausbildung. 11. Auflage. Stuttgart 2007. *Menche, N.* (Hrsg.): Pflege Heute. 4. Auflage. München 2007.

LINK-TIPP:

www.pflegeheute.de

Grundversorgung

► Krankenhäuser der Grundversorgung sind daran zu erkennen, dass sie neben den sog. medizinischen Grunddisziplinen Innere Medizin, Chirurgie, Gynäkologie/Geburtshilfe und Pädiatrie auch die Spezialdisziplinen Hals-Nasen-Ohrenheilkunde, Augenheilkunde, ► Intensivmedizin und Anästhesiologie anbieten. Sie zeichnen sich weiterhin dadurch aus, dass sie „patientennah" sind. Die Anzahl von Krankenhäusern der Grundversorgung, ihr genaues Spezialdisziplinen-Angebot sowie deren Dimensionierung sind das Ergebnis der ► Krankenhausbedarfsplanung des jeweiligen Bundeslandes.

LITERATURHINWEIS:

Schmidt-Rettig, B./Eichhorn, S. (Hrsg.): Krankenhausmanagementlehre: Theorie und Praxis eines integrierten Konzepts. Stuttgart 2007.

H

Haftung des Arztes

► Arzthaftung

Härtefall

Unter einem Härtefall werden Sachverhalte zusammengefasst, die vom Normalmaß abweichen und unter sozialen Gesichtspunkten (► Sozialversicherung) einer gesonderten Regelung bedürfen. Mit Blick auf die sozialrechtlichen Belange im deutschen ► Gesundheitswesen zählt bspw. die Befreiung von ► Zuzahlungen zu solchen Härtefällen. Ob eine Begrenzung der Beitragszahlungen zu den gesetzlichen Versicherungen für Besserverdienende (► Beitragsbemessungsgrenze) auch zu den Härtefall-Regelungen zählt, kann diskutiert werden.

Hartmannbund

Der Hartmannbund – Verband der Ärzte Deutschlands e.V. ist nach eigenen Angaben der einzige freie Verband, der die beruflichen, wirtschaftlichen und sozialen Interessen aller ► Ärzte, Zahnärzte und Medizinstudenten in Deutschland vertritt, (vgl. im Gegenzug dazu den ► Marburger Bund). Dies gilt unabhängig vom Fachgebiet, von der Tatsache, dass es sich um einen niedergelassen, angestellten oder im ► öffentlichen Gesundheitsdienst tätigen Arzt handelt und davon, ob es sich um einen angehenden oder bereits praktizierenden Arzt handelt. Der Verband vertritt die Interessen der einzelnen Arztgruppen anders als die ► Kassenärztlichen Vereinigungen und ► Ärztekammern, die als Körperschaften öffentlichen Rechts zur Umsetzung gesetzlicher Vorgaben im Berufsstand verpflichtet sind, völlig unabhängig. Neben den Aktivitäten nach außen, zählt der Verband die Förderung der Aus-, Fort- und Weiterbildung der Ärzteschaft zu seinen wesentlichen Aufgaben.

LINK-TIPP:

www.hartmannbund.de

Hausarzt

Ein Hausarzt ist ein niedergelassener ► Arzt oder in einem ► Medizinischen Versorgungszentrum tätiger Arzt, der von den ► Patienten in Krankheitsfällen als erste Anlaufstelle genutzt wird. I. d. R. sind dies Ärzte der Allgemein- oder Inneren Medizin, da diese ein breites Behandlungsspektrum im Rahmen der ► ambulanten Versorgung abdecken können. In anderen Fällen nimmt er eine Überweisung des Patienten an die entsprechenden ► Fachärzte oder zur stationären Versorgung in ein ► Krankenhaus vor. Besonders hervorzuheben ist das enge Vertrauensverhältnis zwischen beiden, da die ► Arzt-Patienten-Beziehung über sehr lange Zeit Bestand haben kann. Dies wirkt sich vereinfachend auf die ► Behandlung aus, wenn im Bedarfsfall jedes

Mal eine langwierige Anamnese, also die Aufnahmen möglicherweise die aktuelle Erkrankung hervorgerufene oder beeinflussende Faktoren aus dem familiären, sozialen oder beruflichen Umfeld erhoben und ausgewertet werden müssen. Indem der Hausarzt die Weiterversorgung des Patienten organisiert, erhält er auch entsprechende Rückinformationen, was ihn wiederum in die Situation versetzt, den Patienten optimal, also unter Vermeidung von Doppeluntersuchungen oder -überweisungen, versorgen zu können. Demgemäß hat die ► Gesundheitspolitik in Zeiten steigender ► Gesundheitsausgaben die Orientierung der Patienten an den Vorzügen eines Hausarztes durch diverse Vorhaben zu fördern versucht, vgl. bspw. ► hausarztzentrierte Versorgung.

Hausarztzentrierte Versorgung

Mit dem GKV-Modernisierungsgesetz (GMG) 2004 wurde die Hausarztzentrierte Versorgung etabliert. Hausärzte sind für die Grundversorgung bei ► Krankheiten zuständig. Sie übernehmen die Basisversorgung und entscheiden ggf. über eine Überweisung zu einem ► Facharzt. Mit dem sog. „Hausarztmodell" des GKV-GMG soll die Steuerung des Patienten bei einer Erkrankung durch das Versorgungssystem sowie die Kooperation zwischen dem Hausarzt und anderen Leistungserbringern verbessert werden. Der Hausarzt fungiert als „Lotse" im Gesundheitssystem. Damit soll die Qualität der Versorgung verbessert und die Kosten z. B. durch die Vermeidung von Doppeluntersuchungen verringert werden.

Jeder Versicherte, der zur Teilnahme am Hausarztmodell bereit ist, schreibt sich bei seinem Hausarzt ein und sichert damit seiner Krankenkasse zu, dass er eine ambulante fachärztliche Behandlung nur nach Überweisung seines Hausarztes in Anspruch nimmt. An diese Verpflichtung ist der Patient ein Jahr gebunden. Nur aus wichtigem Grund kann der Hausarzt gewechselt werden. Ein wählbarer Hausarzt muss durch einen Einzelvertrag (► Direktvertrag) mit einer Krankenkasse in das Sondersystem der hausarztzentrierten Versorgung einbezogen sein. Der Hausarzt verpflichtet sich durch einen solchen Vertrag, an strukturierten ► Qualitätszirkeln zur Arzneimitteltherapie teilzunehmen und die Behandlung nach evidenzbasierten ► Leitlinien vorzunehmen.

Um die Versicherten zur Einschreibung in solche Hausarztmodelle zu motivieren, kann eine Krankenkasse den Versicherten einen Bonus gewähren. Hierzu zählen z. B. die Reduzierung der ► Praxisgebühr oder eine Ermäßigung der ► Zuzahlungen.

Mit der Verabschiedung des Gesetzes zur Weiterentwicklung der Organisationsstrukturen in der Gesetzlichen Krankenversicherung (GKV-WSG) sind die Krankenkassen im § 73b SGB V verpflichtet worden, flächendeckend neue Verträge zur Hausarztzentrierten Versorgung zu schließen.

LITERATURHINWEISE:

Böcken, J.: Hausarztmodelle im Spannungsfeld zwischen ordnungspolitischem Anspruch und Versorgungsrealität, in: *Böcken, J./Braun, B./Amhof, R.* (Hrsg.): Gesundheitsmonitor 2008 – Gesundheitsversorgung und Gestaltungsoption aus der Perspektive der Bevölkerung. S. 105-121.

Gütersloh 2008. *Rosenbrock, R./Gerlinger, T.*: Gesundheitspolitik. Eine systematische Einführung. Bern 2004.

CORNELIA BORMANN

Hausbesuch

Unter einem Hausbesuch wird das Aufsuchen des ► Patienten in seiner Häuslichkeit durch den ► Hausarzt verstanden. Dies wird bei immobilen Patienten, die gesundheitlich nicht in der Lage sind, den Weg zum Arzt bewältigen zu können, erforderlich. In Zeiten steigender ► Gesundheitsausgaben wurden bei diesen Leistungen mögliche Einsparpotenziale erkannt. Warum ist es immer erforderlich, dass ein Arzt sich auf den Weg zum Patienten begibt? Für bestimmte Leistungen würde auch der Besuch durch eine entsprechend qualifizierte Medizinisch Fachangestellte oder Pflegekraft ausreichen. Derartige Überlegungen finden ihre Umsetzung in den hausarztentlastenden Konzepten wie ► AGnES, ► EVA oder ► VERAH.

HealthGRID

► GRID

Health Maintenance Organization (HMO)

HMOs sind Gesundheitsorganisationen im Sinne eines Gesamtpakets. Ein Krankenversicherter genießt also nicht nur den Versicherungsschutz. Zugleich werden ihm genau definierte Leistungen in vorgegebenen Einrichtungen in Aussicht gestellt. Die Versorgung mit ► Gesundheitsleistungen in den Einrichtungen wird durch Konzepte des ► Managed Cares in Formen von ► Disease-Management-Programmen und einem ► Case-Management unterstützt. Die in den Einrichtungen tätigen ► Ärzte erhalten für die Versorgung eines ► Patienten eine ► Kopfpauschale. Damit verbleibt ihnen das Versicherungsrisiko. Das in den frühen 1970er Jahren in den USA entwickelte Konzept hat zwischenzeitlich eine Ausdifferenzierung erfahren und bildet die Grundlage für Entwicklungen in Deutschland, wie sie aktuell in Konzepten der ► Integrierten Versorgung, den ► Eigeneinrichtungen der Krankenkassen oder in ► Ärztenetzwerken sichtbar werden.

Health Technology Assessment (Assistent) (HTA)

Eine medizinische Technologie oder Gesundheitstechnologie ist eine Intervention in der ► Gesundheitsversorgung. HTA-Berichte werden zu Technologien in der ► Prävention, ► Diagnose, Therapie, ► Rehabilitation, Patientensupport und Administration erstellt. Im Deutschen wird z. T. auch der Begriff Gesundheitstechnologie-Bewertung verwendet.

HTA-Berichte richten sich an Entscheider in der ► Gesundheitspolitik und stellen ihnen systematisch alle wissenschaftlichen Informationen zu der Technologie zur Verfügung. HTA-Berichte enthalten folgende Teile:

- Informationen über den Status der Technologie, die Häufigkeit ihrer Anwendung, Kostenerstattung usw.,
- Bewertung des patientenbezogenen ► Nutzens und Schadens der Technologie,
- Bewertung der Wirtschaftlichkeit der Technologie in Form einer gesundheitsökonomischen Analyse,
- soziale, gesellschaftliche, psychologische und ethische Folgen der Technologie sowie
- Abschätzung der durch die Technologie hervorgerufenen Veränderungen und Bedeutungen für die Organisation der Gesundheitsversorgung.

Diese Bereiche bearbeitet der HTA-Bericht durch systematische Literaturreviews mit oder ohne Meta-Analyse und Simulationsstudien.

Der Begriff HTA wird derzeit zunehmend auch für die einzelnen Bausteine verwendet, z. B. für die medizinischen Nutzenbewertungen des ► Instituts für Qualität und Wirtschaftlichkeit im Gesundheitswesen. In Deutschland werden HTA-Berichte u. a. von der Deutschen Agentur für Health Technology Assessment (DAHTA) erstellt und kostenlos im Internet präsentiert.

LITERATURHINWEISE:

Busse, R., Gerhardus, A., Gibis, B. et al. (Hrsg.): Health Technology Assessment – Konzepte, Methoden, Praxis für Wissenschaft und Entscheidungsfindung. Berliner Schriftenreihe Gesundheitswissenschaften. Berlin 2008.

LINK-TIPPS:

www.dimdi.de/static/de/hta/index.htm

www.health-technology-assessment.de

HILKE BERTELSMANN

Heilberufe

► Gesundheitsfachberufe

Heilberufe-Ausweis

► elektronischer Heilberufsausweis

Heil- und Hilfsmittel

Unter Heil- und Hilfsmitteln werden die ärztliche Behandlung ergänzende Leistungen gefasst. Als Heilmittel sind dies ergänzende therapeutische Leistungen u. a. im Rahmen einer ► Physiotherapie, ► Ergotherapie oder Sprach- und Stimmentherapie. Genauer gefasst wird der Begriff der Heilmittel in der Heilmittelrichtlinie und steht dort für „persönlich medizinische Leistungen". Hilfsmittel sind demgegenüber „sächliche medizinische Leistungen". Darunter fallen u. a. Körperersatzstücke sowie Seh- und Hörhilfen. Die Ausgaben der ► gesetzlichen Krankenversicherungen für Verordnungen von Heil- und Hilfsmittel, bei denen die Versicherten ► Zuzahlungen zu leisten haben, beliefen sich im Jahre 2008 den Angaben der ► Kassenärztlichen Bundesvereinigung zur Folge auf ca. 13 Mrd. €, dies entsprach einem Anteil von 8,1 % an den Gesamtausgaben der gesetzlichen Krankenversicherungen.

Heil- und Kostenplan

Ein Heil- und Kostenplan ist insbesondere bei zahnärztlich-prothetischen Leistungen eine formulargebundene Zusammenstellung der geplanten Zahnersatz-Versorgung und deren voraussichtliche ► Kosten. Dies ist vergleichbar mit einem Leistungsangebot des Zahnarztes und dient der Klärung inwieweit die damit verbundenen Kosten vom ► Leistungsempfänger, dessen ► gesetzlicher Krankenversicherung oder von einer anderen Stellen (► Beihilfe) getragen werden.

Heilberufskammern

Heilberufskammern sind Körperschaften des Öffentlichen Rechts, die in Selbstverwaltung gesetzlich übertragene Pflichtaufgaben und freiwillige Aufgaben und Interessen des jeweiligen Berufsstands der Heilberufe wahrnehmen, so etwa die ► Ärztekammern und ► Zahnärztekammern. Vergleichbare Körperschaften anderer Freier Berufe sind etwa die Rechtsanwaltskammern, Notarkammern oder Architektenkammern. Eine wesentliche Aufgabe der Heilberufskammern ist die umfassende Aufsicht über die Berufsausübung ihrer Mitglieder sowie die Regelung der Weiterbildung z. B. zum Facharzt.

Die Heilberufskammern sind in den jeweiligen Kammer- oder Heilberufsgesetzen der Länder geregelt und unterliegen bei der Wahrnehmung der berufsständischen Aufgaben lediglich einer Rechts-, nicht aber der Fachaufsicht des Landes. Die Berufsausübung, häufig aber auch bereits die Zulassung zur Berufsausübung eines Angehörigen der Heilberufe führt zu einer Zwangsmitgliedschaft in der jeweils örtlich zuständigen Heilberufskammer. Hierdurch entstehen weitere Pflichten, insbesondere eine Melde- und eine Beitragspflicht. Demgegenüber steht das Recht der Mitglieder auf Inanspruchnahme sämtlicher (Dienst-)Leistungen der Kammer, etwa in Bezug auf eine Beratung in Fragen der Berufsausübung oder Angebote der Fortbildung.

Durch die Heilberufs- oder Kammergesetze geregelte Organe der Heilberufskammern sind typischerweise der Präsident, der Vorstand und die Kammerversammlung, die jeweils in Wahlen bestimmt werden. Die Kammerversammlungen sind insbesondere satzungsgebendes Organ. Neben der Wahl des Kammervorstands beschließen sie etwa die jeweilige Hauptsatzung, die Berufsordnung, die Meldeordnung, die Beitragsordnung oder die Weiterbildungsordnung.

Bei Ausübung der Berufsaufsicht ist den Heilberufskammern einerseits i. d. R. durch das Gesetz ein „Rügerecht" gegenüber ihren Mitgliedern eingeräumt. Zudem unterliegen die Angehörigen der Heilberufskammern einer besonderen Berufsgerichtsbarkeit. Durch die Berufsgerichte, die üblicherweise den Verwaltungsgerichten angegliedert sind, können – je nach Ausgestaltung in den Bundesländern – auch deutlich empfindlichere Maßnahmen bis hin zur Feststellung der Unwürdigkeit zur Ausübung des Berufs getroffen werden.

TILL ARENS

Heilmittelwerbegesetz

Mit dem Heilmittelwerbegesetz wird die Werbung auf dem Gebiet des ► Gesundheitswesens geregelt. Ihm liegt der Gedanken zugrunde, dass sowohl der Einzelne oder auch die Gesamtheit dem Schutz der ► Gesundheit bedürfen, denn eine irreführende Werbung kann im besonderen Maße die Gesundheit des ► Patienten gefährden. Somit finden sich in diesem Gesetz im weitesten Sinne einerseits Einschränkungen der Werbung für ► Arzneimittel, Medizinprodukte, Heilverfahren, kosmetische Mittel, Körperpflegemittel und Schönheitsoperationen und andererseits klar strukturierte Informationspflichten, bspw. zu Herstellerangaben, Nebenwirkungen oder Anwendungsgebiete fest. Die Werbung für ► verschreibungspflichtige ► Arzneimittel darf sich zum Schutze vor übermäßiger ► Selbstmedikation und Arzneimittelkonsum nur auf Fachkreise wie ► Ärzte, Zahnärzte und ► Apotheker beschränken. Zudem regelt das Heilmittelwerbegesetz die Art und den Umfang an zulässigen Werbegeschenken in diesem Bereich.

Heimtierhaltung

Mit der Heimtierhaltung wird insbesondere in stationären ► Altenpflegeeinrichtungen versucht, über Haustiere weitere Möglichkeiten der Förderung der ► Gesundheit der Bewohner zu erschließen. Die Sorge um solche Tiere vermittelt den Bewohnern das Gefühl, gebraucht zu werden, was wiederum zur Stärkung des Selbstvertrauens, der Selbstachtung und der Wiedererlangung oder Übung von Selbstpflegekompetenzen beiträgt. Das Heft 19 der ► Gesundheitsberichterstattung des Bundes befasst sich ausführlich mit den Chancen und Risiken der Heimtierhaltung für die Gesundheit, denn den bereits skizzierten Chancen stehen auch Risiken gegenüber. Hier sind insbesondere Virus-, Bakterien-, Pilz- oder Parasitenbedingte ► Infektionen, Unfälle und Verletzungen oder ► Allergien zu nennen. Vielen davon kann mit einer angemessenen ► Hygiene begegnet werden.

LITERATURHINWEIS:

Weber, A./Schwarzkopf, A.: Heimtierhaltung – Chancen und Risiken für die Gesundheit, in: Heft 19 der ► Gesundheitsberichterstattung des Bundes. Berlin 2003.

LINK-TIPP:

www.gbe-bund.de

Herzinfarkt

„Herzinfarkt" oder auch „Herzanfall" ist die umgangssprachliche Beschreibung des Myokardinfarktes. Darunter wird ein akutes und lebensbedrohliches Ereignis infolge einer Erkrankung des Herzens verstanden. Der Myokardinfarkt ist die Haupttodesursache in den westlichen Industrienationen. Er resultiert aus einer Durchblutungsstörung von Teilen des Herzmuskels, die in den meisten Fällen durch ein Blutgerinnsel in einer arteriosklerotisch veränderten Engstelle (► Arterieosklerose) eines Herzkranzgefäßes hervorgerufen wird. Siehe auch ► koronare Herzkrankheiten.

LITERATURHINWEIS:

Heft 33 der ► Gesundheitsberichterstattung des Bundes. Berlin 2006.

Hippokratischer Eid

Der Hippokratische Eid wird erstmals schriftlich im 1. Jh. n. Chr. erwähnt und ist nach dem griechischen Arzt *Hippokrates von Kós* (um 460 bis 370 v. Chr.) benannt. Seine genaue Herkunft ist unklar. Der Originaltext des Eides und seine Übersetzung finden sich im untenstehenden Internetlink. Während einige Teile des Eides, wie das Lehrer-Schüler-Verhältnis, heute keine Bedeutung mehr haben, sind insbesondere der Vorsatz, dem ► Patienten nicht zu schaden, das Verbot sexueller Handlungen und die Schweigepflicht auch heute noch wichtige Bereiche der medizinischen Ethik. Das Verbot einer gezielten Tötung und der Abtreibung werden bis heute kontrovers diskutiert.

Heute ist der Hippokratische Eid in Deutschland Teil der Promotionsordnungen vieler Universitäten, kommt aber in der Praxis kaum noch zur Anwendung. In gesundheitspolitischen Diskussionen wird der Hippokratische Eid häufig als Synonym für die Ethik ärztlichen Handelns jenseits von ökonomischen Zwängen gebraucht – und manchmal auch missbraucht.

LINK-TIPP:

www.arztwiki.de/wiki/Hippokratischer_Eid

HILKE BERTELSMANN

Honorarverteilung

► Vergütung vertragsärztlicher Leistungen

Hospitalismus

Hospitalismus wird auch als Deprivation bezeichnet. Hospitalismus meint das Auftreten spezifischer psychischer und physischer ► Symptome nach längeren Krankenhaus-, Heim- oder Inhaftierungsaufenthalten, welche durch pflegerische Vernachlässigung gekennzeichnet sind. Man unterscheidet den psychischen und infektiösen Hospitalismus. Der psychische Hospitalismus lässt sich bei Säuglingen und Kindern, aber auch bei Erwachsenen finden. Er zeigt sich als Entwicklungsstörungen oder Rückentwicklung. Oftmals zeigt er sich unter anderem in monotonen Bewegungsabläufen, gestörten Objekt- und Sozialbeziehungen. Der infektiöse Hospitalismus (auch als ► nosokomialen Infektion bekannt), meint Infektionen und Resistenzen, die durch den Aufenthalt in einer Institution entstanden sind.

LITERATURHINWEIS:

Bittner, G./Harms, E. (Hrsg.): Erziehung in früher Kindheit. Pädagogische, psychologische und psychoanalytische Texte. München 1985.

LISA HUNDER

Hospiz – Hospizarbeit – Hospizbewegung

Der Begriff Hospiz leitet sich von lateinisch hospitium (Gastfreundschaft, Herberge, Ort der gastfreundlichen Aufnahme) ab. Im Mittelalter berühmt waren die christlichen Hospize für Pilger. Um 1900 eröffneten die Sisters of Charity in Dublin und London Hospize für arme chronisch Kranke und Sterbende. Im Hospiz St. Joseph in London, arbeitete nach dem 2. Weltkrieg die englische Sozialarbeiterin und Krankenschwester Cicely Saunders. Sie kombinierte die dort praktizierte christliche Fürsorge mit den Erkenntnissen der modernen ► Medizin, insbesondere der Schmerzforschung und eröffnete nach einem zusätzlichen Medizinstudium 1967 im Londoner Stadtteil Sydenham das St. Christopher's Hospice mit dem von ihr geprägten neuen Hospizkonzept, um umfassend den speziellen Bedürfnissen Schwerkranker und Sterbender gerecht werden zu können.

Das, was ein Hospiz- und Palliativangebot ausmacht und charakterisiert, ist die innere Haltung: Die Autonomie sterbender Menschen zu respektieren, ihre Würde zu achten und vor allem zu schützen – auch und gerade im Sterben. Das moderne Hospiz ist daher primär ein Konzept. Seine Realisierungsformen können unterschiedlich sein: Es gibt ambulante, teilstationäre und stationäre Hospizeinrichtungen. Allen gemeinsam ist das Ziel, dass engagierte und qualifizierte ehrenamtliche Hospizhelfer gemeinsam mit Ärzten, Pflegekräften, Sozialarbeitern und Seelsorgern in einem multiprofessionellen Team und Netzwerk arbeiten. Die Hospizbewegung engagiert sich für ein menschenwürdiges Sterben und die Erneuerung unserer Kultur im Umgang mit dem Abschiednehmen und der Trauer. Ziel moderner Hospizarbeit und Palliativversorgung ist es, Leiden und Ängste der Betroffenen zu lindern, ihre ► Lebensqualität zu erhalten und den erkrankten Menschen und ihren Angehörigen zu ermöglichen, deren letzten Lebensabschnitt in würdiger Weise zu verbringen.

Im Gegensatz zu der Entwicklung in Großbritannien entstand die Hospizbewegung in Deutschland erst in der 80er Jahren des 20. Jh. als Bürgerbewegung. Aus dieser Laienbewegung heraus hat die Hospizidee heute schon in viele Bereiche des ► Gesundheitswesens Eingang gefunden: in die ► Krankenhäuser, die ► ambulanten und ► stationären Hospize und ► Palliativstationen sowie in die ambulante Pflege und auch in ► Alten- und Pflegeheime. Das Ehrenamt bildet nach wie vor den Kern der Hospizarbeit. Hospizarbeit und Palliativversorgung haben vor allem die lindernde Hilfe sowie eine ganzheitliche Begleitung zum Ziel, die den Menschen neben den körperlichen Bedürfnissen (Schmerzfreiheit) auch in seinen psycho-sozialen und spirituellen Nöten und Wünschen wahrnimmt. Sie zielt nicht auf lebensverlängernde Maßnahmen um jeden Preis. Ihre lebensbejahende Grundhaltung schließt ► Euthanasie (von Juristen oft als „aktive ► Sterbehilfe" bezeichnet) aus.

Basierend auf dem Konzept der später geadelten *Dame Cicely Saunders* (1896-2005) haben sich folgende, international anerkannte Kriterien für die Hospizarbeit entwickelt:

- Der Sterbende und seine Angehörigen sind gemeinsame Adressaten des Hospiz-Angebotes.
- Die ganzheitliche Unterstützung erfolgt durch ein multiprofessionelles Team (► Palliative Care Team). Seine Mitglieder verfügen über spezielle Kenntnisse in der Symptomkontrolle sowie der psychosozialen und spirituellen Begleitung.
- Qualifizierte ehrenamtliche Helfer sind essentieller Bestandteil des Betreuungsteams.
- Die Kontinuität der Betreuung ist auch nachts oder an Wochenenden rund um die Uhr gewährleistet.
- Trauerbegleitung wird angeboten.

Vertiefend hierzu vergleiche ► Hospiz, ambulantes, ► Hospiz, stationäres, ► Hospizinitiative, ► Hospizdienst, ambulanter, ► Hospiz- und Palliativberatungsdienst, ambulanter, ► Hospiz- und Palliativpflegedienst, ambulanter, ► Palliative Care Team, ► SAPV-Team. Eine Sonderstellung in der Hospizbewegung nimmt die ► Kinderhospizarbeit ein.

Die Hospizbewegung hat sich in Deutschland in Landesverbänden oder Landesarbeitsgemeinschaften je Bundesland und im Deutschen Hospiz- und Palliativverband organisiert. Er hat seinen Sitz in Berlin.

LINK-TIPP:

www.hospiz.net

WOLF DIEMER

Hospiz, ambulantes

Beim ambulanten Hospiz handelt es sich dabei um ein weit verbreitetes Konzept in den USA. Es entspricht dort weitgehend dem ambulanten Palliativteams ► Palliative Care Team und ► SAPV-Team. Für Deutschland vergleiche ► Hospizdienst, ambulanter, ► Hospiz- und Palliativberatungsdienst, ambulanter sowie ► Hospiz- und Palliativpflegedienst, ambulanter.

WOLF DIEMER

Hospiz, stationäres

International wird unter einem stationären Hospiz eine Betreuungseinrichtung für Schwerstkranke und Sterbende verstanden, die genau wie eine ► Palliativstation mit einem multiprofessionellen Team besetzt ist und ärztlich geleitet wird.

Ein stationäres Hospiz ist in Deutschland eine pflegerisch geleitete Einrichtung, in der Schwerkranke mit absehbarem Lebensende i. d. R. organisatorisch unabhängig von einem ► Krankenhaus oder Seniorenheim betreut werden. Wenn ein Sterbender nicht zu Hause gepflegt werden kann und keine Behandlung im Krankenhaus (z. B. auf einer ► Palliativstation) benötigt, bietet das stationäre Hospiz Geborgenheit und kompetente Betreuung. Im Gegensatz zum Krankenhaus steht hier nicht die Therapie, sondern eine möglichst hohe und individuelle ► Lebensqualität im Vordergrund. Rund um die Uhr ist eine Pflegekraft vor Ort, wenn Hilfe benötigt wird.

Konstitutiv für das Hospiz ist neben der Qualifikation der Mitarbeiter die Einbeziehung ehrenamtlicher Hospizhelfer. Anders als in Großbritannien, Irland, USA etc. gehören jedoch in Deutschland Palliativmediziner nicht zum festen Behandlungsteam des stationären Hospizes. Die ärztliche Betreuung soll regelhaft durch den behandelnden ► Hausarzt übernommen werden, in komplexen Situationen steht neuerdings (wo bereits vorhanden) der Palliativarzt des regionalen ► SAPV-Teams als Berater und/oder Behandler zur Verfügung.

Die Angebote der stationären Hospize sind für die Betroffenen kostenfrei. Die Finanzierung stationärer Hospize in Deutschland ist im § 39a Abs. 1 SGB V und einer Rahmenvereinbarung („Rahmenvereinbarung nach § 39a Satz 4 SGB V über Art und Umfang sowie zur Sicherung der Qualität der stationären Hospizversorgung") geregelt. Mindestens 10 % der laufenden Kosten muss jedes Hospiz in Deutschland durch Spenden selbst erwirtschaften (Kinderhospiz 5 %).

WOLF DIEMER

Hospiz- und Palliativberatungsdienst, ambulanter (AHPB)

Der ambulante Hospiz- und Palliativberatungsdienst ist ein Dienst, der zusätzlich zum Einsatz ehrenamtlicher Hospizhelfer im Rahmen eines ambulanten Hospizdienstes palliativpflegerische Beratungsleistungen anbietet. Die palliativpflegerische Beratung wird durch den hauptamtlichen Koordinator, welcher möglichst eine qualifizierte Palliative-Care-Pflegefachkraft sein sollte, gewährleistet. Dazu hat sie eine 160 stündige Palliative-Care-Weiterbildung sowie ein Koordinatoren- und ein Leitungsseminar zu absolvieren. Wenn ein entsprechend weitergebildeter Sozialwissenschaftler oder Theologie die Koordination übernimmt, wird eine weitere Kraft zur Durchführung der palliativen Pflegeberatung (z. B. als Honorarkraft) benötigt.

Patient, Angehörige, ambulanter Pflegedienst und ► Hausarzt profitieren vom Fachwissen dieser Pflegekraft, die häufig folgende Leistungen erbringt: Mithilfe bei der rechtzeitigen Organisation nötiger Hilfsmittel, Unterstützung des Hausarztes bei der Symptomkontrolle, Erklärungen und Pflegeanleitung für die oft engagierten, aber überforderten Angehörigen. Wesentliche Elemente eines AHPB sind ehrenamtliche Hospizhelfer, eine hauptamtliche Koordinationskraft und die hauptamtliche palliativpflegerische Beratung. Die Finanzierung der AHPB ist im § 39a Abs. 2 SGB V und einer Rahmenvereinbarung geregelt. Die Schulung der Ehrenamtlichen kann so finanziert und die Personalkosten des Koordinators von den Krankenkassen weitgehend bezuschusst werden. Zusätzlich sind Spenden unverzichtbar. Die Angebote sind für die Betroffenen kostenfrei.

WOLF DIEMER

Hospiz- und Palliativpflegedienst, ambulanter (AHPP)

Der ambulante Hospiz- und Palliativpflegedienst ist ein Dienst, der zusätzlich zum Einsatz ehrenamtlicher Hospizmitarbeiter im Rahmen eines ambulanten Hospizdienstes palliativpflegerische Beratungs- und direkt auch die Pflegeleistungen anbietet. Die palliativpflegerische Beratung und Pflege wird durch hauptamtliche angestellte Pflegefachkräfte gewährleistet, die eine Palliative-Care-Weiterbildung absolviert haben. Wesentliche Elemente eines AHPP sind die ehrenamtlichen Hospizhelfer, die hauptamtliche Koordinationskraft, die hauptamtliche palliativpflegerische Beratung und Palliativpflege durch eigene Pflegende sowie die 24-Stunden-Rufbereitschaft. Die Finanzierung des angeschlossenen Pflegedienstes erfolgt unabhängig vom § 39a SGB V. In Nordrhein-Westfalen besteht die Möglichkeit eines speziellen Vertrages zur Palliativpflege.

WOLF DIEMER

Hospizdienst, ambulanter (AHD)

Ein AHD oder eine ambulante Hospizgruppe ist die Weiterentwicklung einer Hospizinitiative und hat bereits qualifizierte Hospizhelfer ausgebildet, die für Betroffene und Angehörige psychosoziale Unterstützung im Sterbe- und Trauerprozess anbieten. Die Hospizhelferschulung wird entweder selbst durchgeführt oder vermittelt. Die Hospizhelfer selbst erhalten Begleitung (z. B. Supervision) und Fortbildungen. Häufig besteht auch das Angebot der Trauerbegleitung.

Der AHD ist zu festen Zeiten im Büro erreichbar. Die Angebote der Hospizdienste und Hospize sind für die Betroffenen kostenfrei. Wesentliche Elemente der Arbeit eines AHD sind die ehrenamtliche Mitarbeit und ehren- oder hauptamtliche Koordinationskraft. Die Finanzierung erfolgt alleine durch Spenden. Die Angebote der Hospizdienste sind für die Betroffenen kostenfrei.

WOLF DIEMER

Hospizinitiative

Eine Gruppe Interessierter (oft bereits als Verein organisiert) die sich für die Belange Sterbender und deren Angehöriger einsetzt. Leitbild ist das von Cicely Saunders geschaffene Hospizkonzept (► Hospiz – Hospizarbeit). Diese Tätigkeit beginnt mit Bildungs- und Öffentlichkeitsarbeit. Dazu kommen evtl. einzelne geschulte ehrenamtliche Hospizhelfer, die Betroffenen psychosoziale Begleitung anbieten. Wesentliches Element der Hospizinitiative ist die ehrenamtliche Mitarbeit. Hauptamtliche Mitarbeiter finden sich nicht.

WOLF DIEMER

Hygiene

Im wissenschaftlichen Kontext wird unter Hygiene die Lehre von der Verhütung von ► Krankheiten und der Erhaltung und Festigung der ► Gesundheit verstanden. Demgegenüber steht der Begriff Hygiene im engeren Sinne für die Summe aller Maßnahmen, die der Vorbeugung vor ► Infektionskrankheiten dienen. Dies umfasst insbesondere die Reinigung, die Desinfektion und die Sterilisation.

LITERATURHINWEIS:

Klischies, R./Panther, U./Singbeil-Grischkat, V.: Hygiene und medizinische Mikrobiologie. Lehrbuch für Pflegekräfte. 5. Auflage. Stuttgart 2008.

I

iatrogen

Als iatrogen wird all das bezeichnet, was durch einen ► Arzt hervorgerufen wurde. Im Kontext des ► Gesundheitsmanagements richtet sich der Blick insbesondere auf iatrogene Krankheitsbilder, also die ► Gesundheitskosten verursachenden ► Krankheiten, die durch ärztliche Maßnahmen ausgelöst wurden, vgl. bspw. ► nosokomiale Infektionen. Somit ist dieser Begriff in erster Linie negativ besetzt, wenngleich auch eine aufgrund ärztlichen Zutuns erreichte Heilung als iatrogen anzusehen ist. Ob sich iatrogen auf ein einseitiges dominiertes ► Arzt-Patienten-Verhältnis bezieht, wird dabei nicht deutlich.

ICD 10

Hierbei handelt es sich um die 10. Revision der International Classification of Diseases, eines international üblichen ► Klassifizierungssystems für Krankheiten, herausgegeben von der Weltgesundheitsorganisation (► WHO).

LINK-TIPP:

www.icd-code.de

Impfung

Eine Impfung ist eine vorbeugende Maßnahme gegen verschiedene ► Infektionskrankheiten. Umgangssprachlich hat sich daher der Begriff „Schutzimpfung" durchgesetzt. Bei einer Impfung soll das körpereigene Immunsystem entweder durch die Gabe eines Impfstoffes zur Bildung entsprechender Antikörper stimuliert werden oder durch die Verabreichung der jeweiligen Antikörper unmittelbar gegen den Krankheitserreger vorbereitet sein. Diese Maßnahmen der ► Prävention setzen die Bereitschaft der zu impfenden Personen im Sinne einer Impfbereitschaft voraus. Werden diese Maßnahmen nicht in Anspruch genommen, wie dies im Jahre 2009 bei der sog. Schweinegrippe der Fall war, wird auch von Impfmüdigkeit gesprochen.

LITERATURHINWEIS:

Heft 1 der ► Gesundheitsberichterstattung des Bundes. Berlin 2004.

Individuelle Gesundheitsleistungen (IGeL)

Unter Individuellen Gesundheitsleistungen versteht man medizinisch sinnvolle und wünschenswerte, aber zur Genesung nicht notwendigen Leistungen der sog. Vorsorge- und Service-Medizin. Sie werden von der ► Gesetzlichen Krankenversicherung (GKV) nicht bezahlt werden, da sie nicht zu deren ► Leistungskatalog gehören. Die zu den Individuellen Gesundheitsleistungen zählenden Diagnose- und Behandlungsmethoden sind vom Nachfragenden selbst zu bezahlen.

LINK-TIPP:

www.IGeL-Verzeichnis.de

Infektion

Unter einer Infektion wird die Störung eines Systems durch Krankheitserreger (Bakterien, Viren oder Pilze) verstanden. Dabei kann die Störung in einem unmittelbaren Eindringen und anschließender Vermehrung dieser Krankheitserreger in einem Organismus bestehen. Wirksame Schutzmaßnahmen gegen Infektionen sind ► Impfungen.

Infektionskrankheiten

Als Infektionskrankheiten, umgangssprachlich „Infekt" oder „ansteckende Krankheit", werden die beobachtbaren ► Symptome im Zusammenhang mit einer ► Infektion bezeichnet. Eine Infektionskrankheit ist demnach eine durch Krankheitserreger hervorgerufene ► Krankheit. Da nicht jede Infektion zu einer Erkrankung führt, sind Infektionskrankheiten von Infektionen abzugrenzen. Die ► Behandlung von Infektionskrankheiten erfolgt über die Unterstützung des körpereigenen Immunsystems durch die Gabe die von Antibiotika, wenn der Krankheitserreger ein Bakterium ist, von Antimykotika im Falle von Pilzen oder durch die Gabe von Virostatika bei Viren als jeweiliger Krankheitserreger. Im Rahmen von Maßnahmen der ► Prävention kann auch eine ► Impfung erfolgen.

LITERATURHINWEIS:

Heft 18 der ► Gesundheitsberichterstattung des Bundes. Berlin 2003.

Innungskrankenkasse (IKK)

Die Innungskrankenkasse ist eine der möglichen ► Kassenarten der ► gesetzlichen Krankenversicherung. Zur Gründung einer IKK waren Handwerksinnungen mit mehr als 1.000 Arbeitnehmern und damit auch Versicherten berechtigt.

Inkontinenz

Die Inkontinenz steht für die mangelnde Fähigkeit, das Unvermögen oder die Unfähigkeit, „etwas zurückzuhalten" oder im Körper zu belassen. Bezogen auf den menschlichen Organismus kennt man die Harninkontinenz oder das Einnässen, die Stuhlinkontinenz oder das Einkoten, bei

Frauen die Milchinkontinenz sowie die Flatulenz, also die Unfähigkeit, das Entweichen von Darmgasen zu verhindern. Die Harn- und die Stuhlinkontinenz sind Ansatzpunkte der ► Pflege, wenn die Kontinenz gefördert oder wiedererlangt werden soll.

LITERATURHINWEISE:

Heft 39 der ► Gesundheitsberichterstattung des Bundes. Berlin 2007. *Hayder, D./Kuno, E./Müller, M.*: Kontinenz – Inkontinenz – Kontinenzförderung. Praxishandbuch für Pflegende. Bern 2008. *Friedrich, D.*: Inkontinenz – Multiple Sklerose: Ein Ratgeber bei Blasen- und Darmstörungen. Stuttgart 2010.

Institut für das Entgeltsystem im Krankenhaus (InEK)

Das Institut für das Entgeltsystem im Krankenhaus geht zurück auf die Umstellung der Vergütung der allgemeinen Krankenhausleistungen auf ein durchgängiges, leistungsorientiertes und pauschalierendes Vergütungssystem, welches gemäß § 17b Krankenhausfinanzierungsgesetz (KHG) eingeführt wurde. Grundlage hierfür bildet das deutsche System der ► Diagnosis Related Groups, wodurch jeder stationäre Behandlungsfall mittels einer entsprechenden ► Fallpauschale vergütet wird. Die Aufgaben im Zusammenhang mit der Einführung, Weiterentwicklung und Pflege des neuen Vergütungssystems haben die Selbstverwaltungspartner im ► Gesundheitswesen – die ► Deutsche Krankenhausgesellschaft, die ► Spitzenverbände der Krankenkassen sowie der Verband der privaten Krankenversicherung – der InEK GmbH als deutsches DRG-Institut übertragen. Das InEK ist eine nützliche Datenquelle für Fragen der Funktionsweise des DRG-Systems in den deutschen ► Krankenhäusern.

LINK-TIPP:

www.g-drg.de

Institut für Empirische Gesundheitsökonomie (ifeg)

Das Institut für Empirische Gesundheitsökonomie ist eigenen Angaben zur Folge eine außeruniversitäre Forschungseinrichtung, welche seit mehr als 15 Jahren auf den Gebieten der medizinischen und pharmazeutischen Forschung empirische Auftragsforschungen durchführt. Schwerpunkte sind dabei die ► Gesundheitsökonomie und die ► Versorgungsforschung.

LINK-TIPP:

www.ifeg.de

Institut für Qualität und Wirtschaftlichkeit im Gesundheitswesen (IQWiG)

Das IQWiG wurde im Zuge des GKV-Modernisierungsgesetzes am 1. Juni 2004 als eine Einrichtung der Stiftung für ► Qualität und ► Wirtschaftlichkeit im ► Gesundheitswesen gegründet. Sowohl der ► Gemeinsame Bundesausschuss (GBA) als auch das ► Bundesministeriums für Gesundheit können das IQWiG mit der Nutzenbewertung von diagnostischen und therapeutischen medizinischen Verfahren beauftragen. Die Ergebnisse der Bearbeitung des IQWiG werden im Verlauf ihrer Bearbeitung in Form eines Berichtsplans, eines Vorberichts und schließlich eines Abschlussberichts, also dreimal, dem GBA vorgelegt und abschließend im Internet veröffentlicht. Zu den Berichtsplänen und Vorberichten werden öffentliche Stellungnahmen eingeholt. Die Bewertungen werden dem GBA als Empfehlung zur Beschlussfassung vorgelegt.

Das IQWiG ist ein unabhängiges wissenschaftliches Institut, dessen Entscheidungen weder von den Auftraggebern noch von anderen Interessensgruppen beeinflusst werden dürfen. Es untersucht den ► Nutzen und Schaden medizinischer Leistungen. Dazu kommen Aufgaben bei der Qualitätsbewertung von ► Behandlungsleitlinien, in der Entwicklung neuer ► Disease Management-Programme und in der unabhängigen ► Patienteninformation. Durch das GKV-Wettbewerbsstärkungsgesetz 2007 wurde das IQWiG mit der erweiterten ► Kosten-Nutzen-Bewertung von Arzneimitteln beauftragt. Rechtlich sind die Aufgaben des IQWiGs in den §§ 35b und 139a-c SGB V geregelt. Finanziert wird das IQWiG über den sog. Systemzuschlag.

LITERATURHINWEIS:

Rosenbrock, R./Gerlinger, T.: Gesundheitspolitik – Eine systematische Einführung. Bern 2006.

LINK-TIPPS:

www.iqwig.de

www.gesundheitsinformation.de

HILKE BERTELSMANN

Insuffizienz

Eine Insuffizienz liegt vor, wenn die Funktionsfähigkeit eines Organs als eingeschränkt zu bezeichnen ist. Bezogen auf ausgewählte Organe des menschlichen Körper wird bspw. von der Nieren-, Leber- oder Herzinsuffizienz gesprochen. Insuffiziente Organe können entweder behandelt oder ggf. in der ► Transplantationsmedizin durch ein gespendetes Organ (► Organspende) ersetzt werden.

Integrierte Versorgung (IV)

Unter Integrierter Versorgung versteht man die interdisziplinäre, sektorübergreifende und standardisierte Kooperation aller Behandlungsinstitutionen, die einen ► Patienten in einer Zeitperiode oder im Zeitablauf behandeln. Integrierte Versorgung bedeutet einen Paradigmenwechsel in der Versorgung insbesondere chronisch Kranker. Statt einer sequentiellen Behandlung mit zeitlicher und räumlicher Trennung von ► Prävention, ► Kuration und ► Rehabilitation setzt die Integrierte Versorgung auf einen kombinierten und zielgerichteten präventiven, kurativen und rehabilitativen Behandlungsansatz. Ziele sind eine Steigerung der ► Qualität der Versorgung und eine Senkung der Behandlungskosten durch bessere Abstimmung der Prozesse zwischen Haus- und Fachärzten, ► Krankenhäusern, Rehabilitationseinrichtungen und nicht-ärztlichen Leistungserbringern.

Man unterscheidet bei der Integrierten Versorgung grundsätzlich zwischen indikationsbezogenen und populationsbezogenen Modellen. Die Leistungsanbietergemeinschaften übernehmen dabei die ökonomische Verantwortung für die Versorgung einzelner Krankheitsbilder (Indikationsbezug) oder regional abgegrenzter Versichertenkollektive (Populationsbezug). Für die Versicherten ist die Teilnahme immer freiwillig und muss durch ausdrückliche Erklärung begründet werden. Die Krankenkassen haben die Möglichkeit, monetäre Anreize zur Teilnahme zu geben, z. B. Verzicht auf ► Praxisgebühren.

Im Sozialgesetzbuch sind verschiedene Möglichkeiten der Integrierten Versorgung vorgegeben, z. B. in Form von Strukturverträgen (§ 73a SGB V) oder Modellverträgen (§ 63 SGB V). Im Jahr 2000 ist zudem mit den §§ 140a ff. SGB V die Möglichkeit der Integrierten Versorgung als ► Regelversorgung neu geschaffen worden, in dem mittlerweile auch Pflegeleistungen, die von der ► Sozialen Pflegeversicherung gezahlt werden, einbezogen werden können. Diese Verträge werden bei der Bundesgeschäftsstelle Qualitätssicherung zentral registriert. Es besteht allerdings kein Publikationszwang für die Inhalte oder Ergebnisse der IV-Projekte, sodass bislang wenig über die Effekte dieser Versorgungsform bekannt ist.

LITERATURHINWEIS:

Mühlbacher, A.: Integrierte Versorgung: Management und Organisation. Bern u. a. 2002.

LINK-TIPP:

www.bqs-register140d.de

WOLFGANG GREINER

Intensivmedizin

Die Intensivmedizin beschäftigt sich mit der ► Diagnostik und Therapie lebensbedrohlicher Zustände, bspw. infolge von Unfällen oder operativen Eingriffen, und ► Krankheiten. Die intensivmedizinische Versorgung findet zumeist in speziell dafür ausgestatteten Stationen eines

► Krankenhauses, wie z. B. auf einer Intensivstation oder im Falle der postoperativen intensivmedizinischen Versorgung in sog. ► Aufwachräumen statt. Kennzeichnend für die intensivmedizinische Versorgung sind speziell ausgebildete ► Fachärzte und Pflegekräfte, besondere bauliche und gerätetechnisch sehr aufwendige Ausstattungen und ein gegenüber sonstigen Stationen deutlich höheres Betreuungsverhältnis von zumeist einer Intensiv-Pflegekraft für ein bis drei ► Patienten.

Internet-Apotheke

Eine Internet-Apotheke ist eine ► Apotheke, die keinen persönlichen Verkauf betreibt, sondern einen Arzneimittel-Versandhandel betreibt. Diese Form des Verkaufs von ► Arzneimitteln wurde mit dem GKV-Modernisierungsgesetz etabliert. Kritiker der Internet-Apotheken geben an, dass hier die in üblichen Apotheken angebotenen Beratungen nicht in der entsprechenden Qualität erbracht werden können.

Investitionskosten

Das Krankenhausfinanzierungsgesetz (KHG) versteht unter Investitionskosten

1. die Kosten der Errichtung von Krankenhäusern einschließlich Erstausstattung mit den für den Betrieb notwenigen Anlagegütern sowie
2. die Kosten der Wiederbeschaffung der Anlagegüter mit einer durchschnittlichen Nutzungsdauer von mehr als drei Jahren.

Zu den Investitionskosten gehören nicht die Kosten des Grundstückserwerbs und der Grundstückserschließung sowie deren Finanzierung. Da diese auch nicht zu den ► Betriebskosten rechnen, handelt es sich bei der Krankenhausfinanzierung faktisch um eine „triale Finanzierung“. Die Finanzierung der Investitionen erfolgt je nach Verwendungszweck über Antragsförderung oder jährliche Pauschalbeträge.

Allgemein wird konstatiert, dass die Länder der Finanzierungsverpflichtung nur unzureichend nachkommen. Im Zeitraum von 1998 bis 2008 gingen die KHG-Fördermittel real um 34,5 % zurück. Damit bleibt die Investitionsquote im Krankenhausbereich unter 5 %, wohingegen die Investitionsquote über alle Branchen der deutschen Volkswirtschaft bei knapp 19 % liegt. Effizienzsteigernde Investitionen können somit vielfach nicht oder nur zeitlich verzögert durchgeführt werden. Diese Situation und die mit der ► dualen Finanzierung verbundenen problematischen Steuerungswirkungen haben zu verschiedenen Versuchen des Bundesgesetzgebers geführt, die Krankenhausfinanzierung auf eine ► Monistik umzustellen, zuletzt durch das GKV-Gesundheitsreformgesetz 2000. Bislang sind diese Ansätze an den Ländern gescheitert, die Einschränkungen bei der mit der Investitionsfinanzierung verbundenen ► Krankenhausplanung befürchten. Der zuletzt durch das Krankenhausfinanzierungsreformgesetz 2009 vorgenommene Eingriff in die Investitionsfinanzierung betrifft denn auch lediglich die Form der Mittelbereitstellung: Durch die Entwicklung leistungsorientierter Investitionspauschalen soll den Ländern ab 2012 der Übergang zu fallbezogenen Investitionsentgelten ermöglicht werden.

Für die Länder erwächst aus der Pflicht zur Investitionsfinanzierung auch das Recht auf Krankenhausplanung, die im Sinne einer Vorhalteplanung die bedarfsgerechte Dimensionierung und regionale Verteilung der Angebotskapazitäten bestimmt. Die Planungsinhalte sind je nach Bundesland verschieden und können sich beziehen auf Standort, Fachabteilungen mit Bettenzahl, bestimmte Schwerpunktaufgaben, Versorgungsgebiete und Ausbildungsstätten. Gegenüber den Plankrankenhäusern haben die Krankenversicherungsträger bisher eine Erstattungspflicht (sog. Kontrahierungszwang).

LITERATURHINWEISE:

Fleßa, S.: Grundzüge der Krankenhausbetriebslehre. 2. Auflage. München 2010. *Graumann, M./ Schmidt-Graumann, A.*: Rechnungslegung und Finanzierung der Krankenhäuser. Herne 2007. *Deutsche Krankenhausgesellschaft* (Hrsg.): Bestandsaufnahme zur Krankenhausplanung und Investitionsfinanzierung in den Bundesländern, Stand Juli 2009. Berlin, unter: www.dkgev.de. *Schmidt-Rettig, B.*: Betriebswirtschaftliche Funktionen und Entscheidungen, Finanzierung, in: *Schmidt-Rettig, B./Eichhorn, S.* (Hrsg.): Krankenhaus-Management. Stuttgart 2008. S. 379-426.

EVELINE HÄUSLER

Inzidenz

Inzidenz ist eine Kennzahl der ► Epidemiologie, mit der die Anzahl der Neuerkrankungen an einer bestimmten ► Krankheit in einem bestimmten Zeitraum gemessen wird. Bezogen auf eine bestimmte Population wird von der Inzidenzrate gesprochen, wenn der Anzahl der Personen mit einer Neuerkrankung pro Zeitraum die Anzahl der exponierten Personen gegenübergestellt werden. Vgl. in Abgrenzung dazu die ► Prävalenz.

K

Kassenarten

Der Begriff Kassenarten bezeichnet die institutionellen Erscheinungsformen ► gesetzlicher Krankenversicherungen. Grundsätzlich werden die folgenden Kassenarten unterschieden: die ► Allgemeine Ortskrankenkassen (AOK), die Versicherte einer genau abgegrenzten Regionen, heute eines Bundeslandes, aufnehmen, die Betriebskrankenkassen (BKK) und ► Innungskrankenkassen (IKK), die Landwirtschaftlichen Krankenkassen (LKK), welche sich originär für Landwirte und deren Familien sowie Bezieher einer Rente aus der Alterssicherung der Landwirte zuständig fühlt, die Knappschaft mit den Arbeitnehmer des Bergbaus als Versicherte und die sog. Ersatzkassen, hervorgegangen aus den Vereinigungen der ► Selbsthilfe (► Verband der Ersatzkassen).

Aus Sicht der Versicherten hat dies nur noch einen historischen Charakter. Seit 1996 besteht mit der Einführung des ► Risikostrukturausgleichs das Recht der freien Kassenwahl. Angesichts der sich durch die Einführung des ► Gesundheitsfonds angleichenden ► Beitragssätze der unterschiedlichen Krankenversicherungen verliert auch dieses an Bedeutung.

Kassenarzt

► Vertragsarzt

Kassen(zahn)ärztliche Vereinigung

Die Vertrags(zahn)ärzte bilden für jedes Bundesland – in Nordrhein-Westfalen jeweils für die Landesteile – Kassen(zahn)ärztliche Vereinigungen als Körperschaften öffentlichen Rechts gemäß § 77 Abs. 5 SGB V. Zugelassene (Zahn)ärzte, angestellte (Zahn)ärzte und ermächtigte Krankenhaus(zahn)ärzte sind Mitglieder der für ihren (Zahn)arztsitz maßgeblichen K(Z)V. Der K(Z)V obliegt die Wahrnehmung der Rechte der (Zahn)ärzte gegenüber den Krankenkassen und der Aufsichtsbehörde, dem Landesgesetzgeber. Desweiteren schließt sie mit den Krankenkassen Verträge zur vertragszahnärztlichen Versorgung, wobei es sich einmal um Gesamtverträge über die (zahn)ärztliche Vergütung handelt. Darüber hinaus werden u. a. Vereinbarungen zur Durchführung der Wirtschaftlichkeitsprüfung nach § 106 SGB V oder auch zur Honorarverteilung geschlossen. Die von der K(Z)V geschlossenen Verträge sind für ihre Mitglieder verbindlich.

Die K(Z)V ist mit Satzungsautonomie ausgestattet und regelt so die Rechte und Pflichten ihrer Mitglieder im Verhältnis zur K(Z)V sowie die Zusammensetzung und Wahl ihrer Organe, der Vertreterversammlung und des Vorstandes. Die Vertreterversammlung ist nach wie vor gemäß § 79 Abs. 1 SGB V als Selbstverwaltungsorgan installiert. Der Vorstand besteht nach der gesetzlichen Änderung durch das Gesundheitsmodernisierungsgesetz (► Gesundheitsreform) aus dem Jahr 2005 aus maximal drei hauptamtlich tätigen Personen. Weitere Aufgabe der K(Z)V ist die Sicherstellung und Gewährleistung der vertrags(zahn)ärztlichen Versorgung. Danach hat die K(Z)V gegenüber den Krankenkassen dafür Sorge zu tragen, dass die (zahn)ärztliche Versorgung den gesetzlichen und vertraglichen Vorgaben entspricht. Konkretisiert wird diese Aufgabenstellung durch zahlreiche Vorgaben des 5. Sozialgesetzbuches. Der K(Z)V obliegt danach insbesondere die Gewährleistung für eine ordnungsgemäße Abrechnung ihrer Mitglieder gegenüber den

Krankenkassen und die Sicherstellung des (zahn)ärztlichen ► Notdienstes. Aufgrund der Regelung durch das GKV-WSG erstreckt sich der ► Sicherstellungsauftrag der K(Z)V nunmehr auch auf die (zahn)ärztliche Versorgung im Basistarif der ► privaten Krankenversicherungen. Diese Regelung unterliegt noch der gerichtlichen Prüfung, wobei insbesondere die Systemwidrigkeit dieser gesetzlichen Vorgabe geltend gemacht wird (dazu u. a. BVerfG vom 5. 5. 2008 – 1 BvR 807/08).

LITERATURHINWEISE:

Hess, R.: Kasseler Kommentar. Sozialversicherungsrecht. Band 1, §§ 75 bis 81 a SGB V, München (Stand: 1. 1. 2010). *Schnapp, F. E./Wigge, P.*: Handbuch des Vertragsarztrechts. 2. Auflage. München 2006.

ANNE SANDFORT

Kassenwahl

Das Recht der freien Kassenwahl, also eine der gesetzlichen Krankenversicherungen selbst auswählen zu dürfen, besteht seit dem 1. 1. 1996.

Kinderhospizarbeit

Kinderhospizdienste und stationäre Kinderhospize bieten Familien mit lebensverkürzend erkrankten Kindern ihre Begleitung an. Dabei gibt es im Kindesalter eine Reihe von genetischen und Stoffwechselerkrankungen, die alleine schon die Kinderhospizarbeit von der ► Hospizarbeit mit Erwachsenen unterscheidet. Ziel ist es, möglichst lange eine möglichst hohe ► Lebensqualität für das Kind und seine Familie zu erhalten. Auch die Eltern und die Geschwisterkinder finden im Kinderhospiz Unterstützung, sehen sie sich doch plötzlich mit existenziellen Fragen konfrontiert.

Die Angebote der Kinderhospizdienste und der Kinderhospize sind für die Betroffenen kostenfrei. Stationäre Kinderhospize bieten für Eltern etwa vier Wochen im Jahr Entlastung und Unterstützung an. Für die übrige Zeit ist die Begleitung durch ambulante Kinderhospizdienste wichtig und tragend. Sie können zwar keine Rund-um-die-Uhr-Betreuung leisten, aber durch eine gute Vernetzung ist trotzdem eine wertvolle Unterstützung und Begleitung zu Hause in vertrauter Umgebung möglich.

Die Finanzierung erfolgte bisher im Wesentlichen über Spenden. Die Personalkosten werden über die Krankenkassen bezuschusst. Mit der neuen Rahmenvereinbarung ergeben sich Verbesserungen in der Finanzierung der Kinderhospize. Der Deutsche Kinderhospizverein ist Mitglied im Deutschen Hospiz- und Palliativverband.

LINK-TIPP:

www.deutscher-kinderhospizverein.de

WOLF DIEMER

Klassifikationen von Krankheiten

Die international führende und von der ► WHO herausgegebene Klassifikation von Krankheiten ist die ICD-10. Sie dient der weltweit einheitlichen Verschlüsselung von ► Diagnosen und bildet die Basis für eine international vergleichbare Todesursachenstatistik. Gegebenenfalls erfährt diese Klassifikation eine länderspezifische Ausformulierung. In Deutschland findet somit die ICD-10-GM bei den Ärzten im ambulanten und stationären Bereich Anwendung bei der Verschlüsselung von Diagnosen und Todesursachen. Die Herausgabe und Pflege der deutschen Version der ICD-10 obliegt dem ► Deutschen Institut für Medizinische Dokumentation und Information.

LINK-TIPP:

www.dimdi.de

Klientenzentrierung

Der Begriff Klientenzentrierung geht auf den amerikanischen Psychologen *Carl R. Rogers* (1902-1987) zurück und fand seine Anwendung zunächst im Rahmen der Psychotherapie. Im Mittelpunkt des Behandlungsprozesses steht nach diesem Ansatz der Klient mit seinen Bedürfnissen, Anliegen und Problemen. Der Therapeut erkennt an und respektiert die Autonomie des Klienten bezüglich seiner Entscheidungen und berücksichtigt die Stärken, die der Klient in die Therapie einbringt. Die Therapieziele werden gemeinsam abgesprochen, nachdem der Therapeut den Klienten mit allen relevanten Informationen versehen hat, und es wird eine partnerschaftliche Zusammenarbeit im Verlauf der Therapie zur Erreichung der Ziele angestrebt. Es gibt keine Beeinflussung durch den Therapeuten im Verlauf der Therapie.

Der Ansatz der Klientenzentrierung wird mittlerweile unabhängig von dem psychotherapeutischen Kontext genutzt. Insbesondere in gesundheitsbezogenen Dienstleistungsberufen wird die klientenzentrierte Haltung als eine zentrale Grundlage für die Durchführung medizinischer, sozialer, pflegerischer und therapeutischer Maßnahmen gesehen. Analog finden sich heute die Begriffe der Patienten- oder Nutzerorientierung, die von dem gleichen humanistischen Menschenbild ausgehen und die Person in den Mittelpunkt stellen.

LITERATURHINWEISE:

Krause, A.: Carl R. Rogers und seine klientenzentrierte Psychotherapie. München 2009. *Rogers, C. R.*: Die klientenzentrierte Gesprächspsychotherapie. Geist und Psyche. 17. Auflage. Band 42175, Frankfurt am Main 2005. *Sumsion, T.* (Hrsg.): Klientenzentrierte Ergotherapie. Stuttgart 2002.

URSULA WALKENHORST

Klinik

Als Klinik werden zwei unterschiedliche Dinge bezeichnet. Zum einen wird darunter der Teil der ärztlichen Ausbildung gefasst, welcher in der Klinik stattfindet, also der „praktische Teil" des Studiums der ► Medizin. Dies ist der acht Semester umfassende zweite Teil des Studiums, welchem sich dann das Praktische Jahr anschließt. Zum anderen steht „Klinik" auch für eine einzelne Einheit eines großen ► Krankenhauses, welches i. d. R. eine Einrichtung der Maximalversorgung ist. In einer solchen Klinik findet sich eine bestimmte Fachdisziplin. Das Krankenhaus der Maximalversorgung selbst wird dann als „Klinikum" bezeichnet. Beispiel: Klinik und ► Poliklinik für Urologie am Universitätsklinikum Greifswald.

Klinische Behandlungspfade/Algorithmen

Klinische Behandlungspfade sind geordnete Zusammenstellungen von Behandlungsmaßnahmen unter Angabe von zeitlichen Distanzen und Abhängigkeiten zwischen diesen Maßnahmen zur Standardisierung von Behandlungsprozessen bei definierten Indikationen. Synonyme Bezeichnungen sind z. B. „Clinical Pathway", „Patient Management Path (PMP)", „Patientenpfad", „Behandlungsstandard", „Behandlungsmuster", „Behandlungsplan", „Case Map", „Versorgungspfad".

Eckardt definiert: „Ein integrierter klinischer Pfad (Behandlungspfad) ist ein Steuerungsinstrument. Der Klinische Pfad beschreibt den optimalen Weg eines speziellen Patiententyps mit seinen entscheidenden diagnostischen und therapeutischen Leistungen sowie seiner zeitlichen Abfolge. Interdisziplinäre und interprofessionelle Aspekte finden ebenso Berücksichtigung wie Elemente zur Umsetzung, Steuerung und ökonomischen Bewertung." Prinzipiell können drei Komplexitätsstufen angegeben werden:

Einfache klinische Pfade: Die Maßnahmenabfolge ist linear und nur grob aufgeteilt z. B. nach Tagen. Die einfachste Form von Klinischen Pfaden kann vor allem für Kernprozesse deren Variabilität sehr gering ist zum Einsatz kommen. Dies ist vor allem bei an speziellen Gesundheitsproblemen/Diagnosen orientierten Therapieplänen oder aber Krankenhausaufenthalten der Fall. Auch Nachsorgepläne sind Beispiele für solche einfachen Pfade.

Komplexe Klinische Pfade: Die Maßnahmenabfolge enthält zusätzlich einfache meist duale Entscheidungspunkte. Distanzen zwischen Maßnahmen können differenzierter angegeben sein z. B. bezogen auf den Zeitpunkt der Pfadgenerierung, auf vorangehende Maßnahmen oder aber bezogen auf bestimmte Ereignisse.

Klinische Algorithmen: Hier sind alle bei Algorithmen gängigen Konstrukte wie komplexe Entscheidungen, Schleifen bzw. Iterationen, Module in Form von Untersequenzen etc. vorhanden. Klinische Algorithmen werden vor allem auch in einschlägigen Lehrbüchern zur Ausbildung publiziert.

Oftmals finden sich in ► Leitlinien solche klinischen Pfade und Algorithmen. Das Grundprinzip bei der Anwendung besteht darin, dass zu einem definierten Zeitpunkt bezogen auf die Feststellung der Indikation bei einem Patienten aus dem quasi abstrakt definierten Pfad ein konkreter Behandlungsprozess für einen Patienten abgeleitet bzw. IT-unterstützt in die ► elektronische Patientenakte als Menge von in der Zukunft durchzuführenden Maßnahmen generiert wird.

Diese werden dann zeitgerecht abgearbeitet. Alle an der Behandlung Beteiligten sehen also, was noch geplant ist und welche Maßnahmen des Pfades bereits durchgeführt sind. Pfadabweichungen müssen begründet werden, es kann aber auch geschehen, dass aufgrund bestimmter Vorfälle die Abarbeitung insgesamt abgebrochen wird.

LITERATURHINWEISE:

Sens, B./Eckardt, J./Kirchner, H. (Hrsg.): Praxismanual Integrierter Behandlungspfade. Heidelberg 2009. *Hellmann, W.*: Klinische Pfade. Landsberg 2002. *Greilling, M.*: Prozessmanagement – Der Pfadmanager für die Patientenversorgung. Kulmbach 2008. *Haas, P.*: DV-gestützte Behandlungsplanung und -management, in: das krankenhaus. 2000 (4).

LINK-TIPP:

www.ecqmed.de/frames/gmds/projekt-pfade.htm

PETER HAAS

Klinische Studie

In einer klinischen Studie werden ► Nutzen und Schaden einer medizinischen Intervention exemplarisch an einer Stichprobe von ► Patienten untersucht. Klinische Studien sind experimentelle Studien, deren Design sich von ersten Machbarkeitsstudien an wenigen, gesunden Studienteilnehmern bis zu aufwendigen Studien mit mehreren tausend erkrankten Menschen erstrecken. Im deutschen wird der Name häufig missverstanden, denn eine klinische Studie muss keineswegs in einem klinischen – also stationären – Setting durchgeführt werden.

In der Nutzenbewertung medizinsicher Methoden kommen den randomisierten kontrollierten klinischen Studien (RCT) eine besondere Bedeutung zu, weil dieser Studientyp die geringste Fehlerwahrscheinlichkeit aufweißt. Aber auch nicht-randomisierte Studien und Studien ohne Kontrollgruppe werden unter dem Begriff klinische Studie geführt. Hochwertige klinische Studien werden i. d. R. in medizinischen Journals veröffentlicht und bilden in dieser Form die Grundlage für evidenzbasierte Entscheidungen im ► Gesundheitssystem und für die Erstellung von ► systematischen Reviews, ► HTA-Berichten und evidenzbasierten ► Leitlinien.

LITERATURHINWEIS:

Fletcher, R. H./Fletcher S. W.: Klinische Epidemiologie, Grundlagen und Anwendung. 2. Auflage. Bern 2007.

HILKE BERTELSMANN

Kollektivverträge

Im deutschen ► Gesundheitssystem dominiert gegenwärtig die zentralisierte korporative Koordination durch die Organisationen der sog. Gemeinsamen Selbstverwaltung gegenüber dezentralen Wettbewerbsprozessen. ► Leistungserbringer und ► Gesetzliche Krankenversicherungen schließen im Falle der korporatistischen Steuerung keine einzelwirtschaftlichen Verträge (► Einkaufsmodell) über die abzunehmenden Mengen und die Preise. Vielmehr führen die Verbände und sonstige Zusammenschlüsse der Krankenkassen und der Leistungserbringer Kollektivverhandlungen. Die sich hieraus ergebenden Kollektivverträge sind gegenüber den Mitgliedern verbindlich und begrenzen deren Spielraum im Wettbewerb. Erste nennenswerte Ansätze zur Abkehr von der kollektivvertraglichen Steuerung finden sich im 2. GKV-Neuordnungsgesetz mit der Einführung von ► Modellvorhaben (§ 63 ff. SGB V) sowie dem GKV-Gesundheitsreformgesetz 2000, das die ► Integrierte Versorgung nach § 140a SGB V aus der Taufe hob.

LITERATURHINWEIS:

Sachverständigenrat zur Begutachtung der Entwicklung im Gesundheitswesen (Hrsg.): Koordination und Qualität im Gesundheitswesen. Band 1. Stuttgart 2006.

EVELINE HÄUSLER

Komplexpauschale

Komplexpauschalen sind eine Vergütungsform, mit der Leistungspakete vergütet werden, die von einer Gruppe von Leistungsanbietern (► Leistungserbringer) gemeinsam erbracht werden. I. d. R. erfolgt dabei die Honorierung eines ganzen Behandlungsprozesses über die Sektorgrenzen hinweg, also zwischen stationärer, haus- und fachärztlicher Behandlung sowie der ► Rehabilitation und ► Palliation (z. B. in ► Hospizeinrichtungen). Auch nicht-ärztliche Leistungsanbieter wie Physiotherapeuten, ► Ergotherapeuten und ► Apotheken können Teil des Netzwerkes sein, das in die Komplexpauschal-Honorierung einbezogen ist. Diese Vergütungsform wird häufig im Rahmen der ► Integrierten Versorgung nach §§ 140 ff. SGB V eingesetzt, wobei dann die Verteilung des Honorarbetrages auf die einzelnen beteiligten Leistungserbringer intern nach eigenen Verteilungsmaßstäben vorgenommen wird. Komplexpauschalen setzen ähnlich wie ► Fallpauschalen im stationären Bereich Anreize für ► Wirtschaftlichkeit und Effizienz.

LITERATURHINWEIS:

Greiling, M./Dudek, M.: Schnittstellenmanagement in der Integrierten Versorgung. Stuttgart 2009.

WOLFGANG GREINER

Komplikationen

► Unerwünschte Arzneimittelwirkungen

Konsil

Das Konsil ist neben der ► Weiterbehandlung eine Form der Einbeziehung eines zweiten ► Arztes in die Behandlung eines ► Patienten in der ambulanten Versorgung. Die Weiterbehandlung kommt durch eine ► Überweisung z. B. eines ► Hausarztes zu einem ► Facharzt zustande. In diesem Fall bedeutet es, dass zwischen dem Patienten und dem nun hinzugezogenen Arzt kein separates (auch kein schuldrechtliches) Vertragsverhältnis entsteht. Ebenso stellt der konsultierte Arzt seine Leistungen dem überweisenden Arzt in Rechnung. In diesem Zusammenhang berichtet er – sofern er nicht nur einen klaren Auftrag, z. B. Durchführung einer bestimmten ► Diagnostik auszuführen hatte – über seine diagnostischen und therapeutischen Veranlassungen sowie deren Ergebnisse.

Kontrahierungspflicht

Eine Kontrahierungspflicht oder auch -zwang besteht bspw. bei den gesetzlichen ► Sozialversicherungen. So haben bspw. die ► gesetzlichen Krankenversicherungen einen Versicherten, unabhängig von seiner Krankengeschichte, aufzunehmen. Möglichkeiten der ► Risikoselektion sind gesetzlich ausgeschlossen. Allgemein ist damit also die rechtliche Verpflichtung zum Abschluss eines Rechtsgeschäftes gemeint.

Kopfpauschale

Mit der Zahlung einer Kopfpauschale ist einerseits das Modell der ► Gesundheitsprämie verbunden, mit dem aus Sicht der FDP und den Unionsparteien in Deutschland das System der Finanzierung der ► gesetzlichen Krankenversicherungen umgestaltet werden soll. Es versteht sich als ein vom Bürger für die Krankenversicherung zu zahlender einkommensunabhängiger Beitrag. Andererseits wird unter einer Kopfpauschale ein an die ► Leistungserbringer gezahltes pauschaliertes Entgelt bei der Vergütung von erbrachten Leistungen verstanden, vgl. hierzu bspw. ► Fallpauschale oder ► Diagnosis Related Groups.

Koronare Herzkrankheit (KHK)

Übersetzt bedeutet „Koronare Herzkrankheit“ eine Erkrankung der Herzkranzgefäße. Letztere sind die sog. Koronararterien. Diese Arterien weisen dann üblicherweise die mit einer ► Arteriosklerose verbundenen Erscheinungen und Folgewirkungen auf. Es kommt also zu einer Durchblutungsstörung bei den, den Herzmuskel selbst versorgenden Blutgefäßen, die auch Koronarinsuffizienz bezeichnet wird. Die Koronare Herzkrankheit ist auch aufgrund ihrer Risikofaktoren, wie bspw. das ► Übergewicht, die in Deutschland bezogen auf ihre ► Mortalität führende ► Volkskrankheit. Nicht zuletzt deshalb wurde ein entsprechendes ► Strukturiertes Behandlungsprogramm entwickelt und in ein ► Disease Management-Programm überführt.

LITERATURHINWEIS:

Heft 33 der ► Gesundheitsberichterstattung des Bundes. Berlin 2006.

Kosten

Der Begriff Kosten steht für einen Werteinsatz von Gütern und Dienstleistungen zur Leistungserstellung. Während sich der pagatorische Kostenbegriff an (leistungsbezogenen) Auszahlungen orientiert, werden entscheidungsorientierte Kosten verwendet, um Handlungsalternativen zu bewerten, deren Realisierung diese Kosten auslösen würde. Kosten werden mit Erlösen als Begriffspaar im internen Rechnungswesen, insbesondere in der Kosten- und Leistungsrechnung, verwendet.

Im Rahmen der Datenaufbereitung lassen sich verschiedene Stufen (Kostenarten-, Kostenstellen- und Kostenträgerrechnung), in zeitlicher Hinsicht bestimmte Rechnungssysteme, unterscheiden. Die Deckungsbeitragsrechnung wird für sehr kurzfristige, die Vollkostenrechnung für kurz- bis mittelfristige Entscheidungen eingesetzt. Langfristige Entscheidungen werden auf Grundlage der Investitionsrechnung getroffen. Vor dem Hintergrund der verfolgten Zielsetzung lassen sich bestimmte Kostenkategorien unterscheiden. Dazu zählen in Abhängigkeit von Änderungen der Bezugsgröße (z. B. Produktionsmenge) variable (veränderliche) versus fixe (feste) Kosten. Häufig sind Fixkosten nur auf kurze Sicht oder innerhalb bestimmter Kapazitätsgrenzen fest. Werden diese überschritten, steigen die fixen Kosten auf ein höheres Niveau: sie sind sprungfix. Sind Kosten direkt einem Bezugsobjekt (z. B. Kostenträger) zurechenbar, handelt es sich um Einzelkosten – ansonsten um Gemeinkosten.

Im Rahmen der ► gesundheitsökonomischen Evaluation haben verschiedene Kostenbegriffe eine besondere Bedeutung: Während sich tangible Kosten relativ unproblematisch in Geldwerten messen lassen (z. B. Behandlungskosten), ist die Monetarisierung intangibler Effekte (z. B. Einbuße an ► Lebensqualität aufgrund der Folgen einer ► Krankheit in Form von physischen Beeinträchtigungen oder ► Schmerzen) nicht einfach. In beiden Fällen ist jedoch eine Unterscheidung zwischen direkten und indirekten Kosten möglich. Direkte Kosten bilden denjenigen Ressourcenverzehr ab, der unmittelbar mit bestimmten medizinischen Interventionen verbunden ist und direkt zugeordnet werden kann (z. B. Personal-, Labor- und Verwaltungskosten in einem Krankenhaus). Dabei wird die Menge der verbrauchten Einheiten (z. B. Tabletten) mit den entsprechenden Bewertungskomponenten (z. B. Marktpreise, Opportunitätskosten) multipliziert. Indirekte Kosten bezeichnen in diesem Kontext den Produktivitätsverlust aufgrund von krankheitsbedingter Abwesenheit vom Arbeitsplatz, verminderter Leistungsfähigkeit oder vorzeitigem Tod eines Erwerbstätigen. Zur Berechnung werden häufig der Humankapital- oder der Friktionskostenansatz verwendet. Aufgrund der Knappheit an Ressourcen sind Kosten stets als Opportunitätskosten (Alternativkosten) zu verstehen, die durch die Verwendung in einem Projekt einer anderen Nutzung entzogen und bei ineffizienter Verwendung verschwendet werden.

LITERATURHINWEISE:

Greiner, W.: Die Berechnung von Kosten und Nutzen, in: *Schöffski, O./Graf v. d. Schulenburg, J. M.* (Hrsg.): Gesundheitsökonomische Evaluationen. 3. Auflage. Berlin, Heidelberg 2008. S. 49-63. *Wöhe, G.* (Hrsg.): Einführung in die Allgemeine Betriebswirtschaftslehre. 23. Auflage. München 2008.

PAUL MARSCHALL

Kosten-Analyse

Die Kosten-Analyse (engl.: cost analysis, cost identification analysis) ist die einfachste Form einer ► gesundheitsökonomischen Evaluation. Lediglich die ► Kosten einer Intervention werden einbezogen. Der berücksichtigte Umfang an Kosten ist abhängig von der gewählten Perspektive (direkte sowie indirekte Kosten) und kann Kosten von Medikamenten-Nebenwirkungen bis hin zu sonstigen nicht-medizinischen Kosten (z. B. Transportkosten der ► Patienten) mit beinhalten. Als Ergebnis erhält man etwa die Behandlungskosten für eine bestimmte Therapie. Diese Information kann die Basis für weiterführende Evaluationen, wie etwa einer ► Kosten-Vergleichs-Analyse oder einer ► Kosten-Wirksamkeits-Analyse sein.

LITERATURHINWEISE:

Leidl, R.: Der Effizienz auf der Spur: Eine Einführung in die ökonomische Evaluation, in: *Badura, B./Busse R./Leidl, R.* et al. (Hrsg.): Das Public Health Buch: Gesundheit und Gesundheitswesen. 2. Auflage München 2003. S. 461-484. *Schöffski, O.*: Grundformen gesundheitsökonomischer Evaluationen, in: *Schöffski, O./Graf v. d. Schulenburg, J. M.* (Hrsg.): Gesundheitsökonomische Evaluationen, 3. Auflage. Berlin, Heidelberg 2008. S. 65-94.

PAUL MARSCHALL

Kosten-Effektivität-Analyse

► Kosten-Wirksamkeits-Analyse

Kosten-Kosten-Analyse

► Kosten-Vergleichs-Analyse

Kosten-Nutzen-Analyse

Die Kosten-Nutzen-Analyse (engl.: cost benefit analysis, Benefit-cost analysis) ist das Standardwerkzeug der Wirtschaftlichkeitsanalyse, die in vielen Bereichen, die eine umfassende ökonomische Evaluation erfahren (z. B. öffentliche Planung, Umweltökonomik), allgemein anerkannt ist. Im Bereich der ► Gesundheitsökonomie wird dieser Begriff manchmal als Oberbegriff sämtlicher Methoden der ► gesundheitsökonomischen Evaluation eingesetzt. Ähnlich wie bei betriebswirtschaftlichen Rentabilitätsrechnungen werden hier dem (erforderlichen) Einsatz von Mitteln (► Kosten) die wirtschaftlichen Vorteile (► Nutzen) gegenübergestellt. Der Umfang der berücksichtigten Effekte hängt von der gewählten Perspektive ab. Eine einzelwirtschaftliche Sichtweise weist Ähnlichkeiten zur betriebswirtschaftlichen Investitionsrechnung auf. Im Unterschied dazu werden bei einer gesamtgesellschaftlichen Perspektive volkswirtschaftliche Größen verwendet, die alle relevanten Wirkungen mit einschließen. Wesentliches Kennzeichen ist die vollständige Bewertung von Kosten und Nutzen in Geldeinheiten. Neben methodischen Problemen hinsichtlich der Monetarisierung von Effekten wird diese Studienform im Bereich des ► Gesundheitswesens auch aus ethischen Gründen wegen der Zuweisung eines Geldbetrags für menschliches Leben kritisiert.

LITERATURHINWEISE:

Brent, R.: Cost-Benefit Analysis and Health Care Evaluations. Cheltenham, Northampton 2003.
Schöffski, O./Graf v. d. Schulenburg, J. M. (Hrsg.): Gesundheitsökonomische Evaluationen. 3. Auflage. Berlin, Heidelberg 2008.

PAUL MARSCHALL

Kosten-Nutzwert-Analyse

Die Kosten-Nutzwert-Analyse (engl.: cost utility analysis, CUA) ist eine Methode der ► gesundheitsökonomischen Evaluation, die häufig als Unterform der ► Kosten-Wirksamkeits-Analyse verstanden wird. Kennzeichen dieser Studienform ist die Bewertung des Behandlungserfolgs aus der Patientensicht. Durch die Einbeziehung intangibler Effekte (z. B. ► Lebensqualität) wird der Kritik an der Kosten-Wirksamkeits-Analyse begegnet. Es können gleichzeitig mehrere ► Outcomes berücksichtigt werden. Durch eine Outcome-Normierung sämtlicher Indikatoren und Überführung in Nutzeneinheiten, etwa im Rahmen des ► QALY-Konzepts, sind weitreichende Vergleiche innerhalb des ► Gesundheitswesens möglich. Unterschiedliche Therapieformen, etwa zur Behandlung einer chronischen Bronchitis oder des Mamma-Carcinoms können standardisiert miteinander verglichen werden.

Um Nutzwerte, etwa im Rahmen der Bestimmung der Lebensqualität, zu ermitteln, werden spezifische Skalen, das Verfahren der Standardlotterie sowie die Time-Trade-off-Methode eingesetzt. Während im Falle von Skalen Personen Gesundheitszustände direkt zu bewerten haben, wird bei Lotterien der Nutzwert durch ein Abwägen verschiedener Gesundheitszustände (vollständige Heilung, Tod) die sicher, bzw. wahrscheinlich eintreten, berechnet. Damit wird Unsicherheit und die Risikobereitschaft der Probanden explizit in die Bewertung mit einbezogen. Das Time-Trade-off-Verfahren verzichtet auf Wahrscheinlichkeiten. Die Präferenzen werden hier durch ein Abwägen zwischen einem Zeitraum, der in einem bestimmten Krankheitszustand verbracht wird und einem (kürzeren) Zeitraum bei vollkommener ► Gesundheit, bestimmt.

LITERATURHINWEISE:

Hoffmann, T.: Kosten-Nutzwert-Analyse zur Unterstützung medizinischer Entscheidungsprobleme, in: *Eisenführ, F./Langer, T./Weber, M.* (Hrsg.): Fallstudien zu rationalem Entscheiden. Berlin u. a. 2009. S. 69-87. *Schöffski, O./Graf v. d. Schulenburg, J. M.* (Hrsg.): Gesundheitsökonomische Evaluationen. 3. Auflage. Berlin, Heidelberg 2008.

PAUL MARSCHALL

Kosten-Vergleichs-Analyse

Die Kosten-Vergleichs-Analyse (engl.: cost cost analysis, cost-minimization analysis) ist eine Methode der ► gesundheitsökonomischen Evaluation im Sinne einer Erweiterung der einfachen ► Kosten-Analyse auf zwei oder mehr Alternativen mit identischem Ergebnis. Ziel der Analyse ist die Ermittlung der günstigsten Alternative durch den Vergleich der ► Kosten. Deshalb wird häufig auch die Bezeichnung Kostenminimierungs-Analyse verwendet. Diese Form der Analyse eignet sich vor allem für die pharmakoökonomische Evaluation, denn im Falle von Arzneimitteln muss die Wirksamkeit von zwei Präparaten vollkommen identisch sein.

LITERATURHINWEISE:

Müller-Bohn, T./Ulrich, V.: Pharmakoökonomie. Einführung in die ökonomische Analyse der Arzneimittelanwendung. Stuttgart 2000. *Schöffski, O./Graf v. d. Schulenburg, J. M.* (Hrsg.): Gesundheitsökonomische Evaluationen. 3. Auflage. Berlin, Heidelberg 2008.

PAUL MARSCHALL

Kosten-Wirksamkeits-Analyse

Die Kosten-Wirksamkeits-Analyse (engl.: cost effectiveness analysis) ist eine häufig verwendete Methode der ► gesundheitsökonomischen Evaluation, die gegenüber der ► Kosten-Nutzen-Analyse das Problem der Bewertung von Gesundheitsveränderungen in Geldeinheiten vermeidet. Das ► Outcome medizinischer Interventionen wird hier in physischen Einheiten gemessen, wie bspw. Anzahl geretteter Menschenleben, gerettete Lebensjahre, erfolgreich behandelte oder verhinderte Krankheitsfälle, reduzierte Krankheitshäufigkeit und -dauer, gewonnene Arbeitstage sowie rein klinische Parameter (z. B. Blutdrucksenkung in mmHg oder Cholesterinsenkung in mmol/l). Bei der Darstellung von Kosten und Outcome als Bruch ist es grundsätzlich egal, ob die Kosten im Zähler oder Nenner stehen – üblich ist der erste Fall.

Es besteht kein Konsens darüber, ab welchem Schwellenwert eine medizinische Maßnahme als kosteneffektiv betrachtet werden sollte. Als Orientierung dienen Faustregeln: Eine Intervention sollte etwa weniger als 20.000 US $ oder 20.000 bis 30.000 £ pro gewonnenem ► QALY kosten. Die Beurteilung der Kosteneffektivität erfolgt auch durch Alternativenvergleich. Dies kann Hinweise liefern hinsichtlich der Prioritätensetzung und damit der Rangfolge durchzuführender Interventionen. Aussagen zum Umfang der Umsetzung können durch Inkrementalanalysen gewonnen werden. An dieser Studienform wird kritisiert, dass bei der Darstellung des Behandlungserfolgs intangible Effekte, welche die ► Lebensqualität von ► Patienten betreffen, ausgeblendet werden.

LITERATURHINWEISE:

Müller-Bohn, T./Ulrich, V.: Pharmakoökonomie. Einführung in die ökonomische Analyse der Arzneimittelanwendung. Stuttgart 2000. *Schöffski, O./Graf v. d. Schulenburg, J. M.* (Hrsg.): Gesundheitsökonomische Evaluationen. 3. Auflage. Berlin, Heidelberg 2008.

PAUL MARSCHALL

Kostendämpfung

„Kostendämpfung" ist eine unter semantischen Gesichtspunkten getroffene Wortwahl für öffentlichkeitswirksame Maßnahmen der Eingrenzung des Anstiegs der ► Gesundheitskosten. Ein Beispiel dafür ist die Familie der Kostendämpfungsgesetze der 70er und 80er Jahre des letzten Jahrhunderts, welche mit dem Krankenversicherungs-Kostendämpfungsgesetz (KVKG) aus dem Jahre 1977 begann. Damit wird versucht, dem Begriff der ► „Kostenexplosion" ein gleichwertiges Pendant gegenüberzustellen.

Kostenerstattungsprinzip

Das Kostenerstattungsprinzip ist neben dem ► Sachleistungsprinzip eines der beiden grundlegenden Strukturprinzipien der ► gesetzlichen Krankenversicherungen bezogen auf die zur Verfügung gestellten Leistungen im Krankheitsfall. Beim Kostenerstattungsprinzip (vgl. § 13 SGB V) erstatten die Krankenversicherungen dem Versicherten die Kosten der Behandlung, die ihm gegenüber vom Leistungserbringer in Rechnung gestellt wurden. Über entsprechende ► Wahltarife kann diese Form gewählt werden. Abzüglich eines ► Selbstbehaltes werden dann die Auslagen erstattet. Damit sollen die Versicherten zu einer sparsamen Inanspruchnahme von Leistungen des ► Gesundheitssystems motiviert werden. Gemäß § 13 Abs. 2 SGB V kann der Versicherte zwischen dem Sachleistungsprinzip und dem Kostenerstattungsprinzip wählen.

Kostenexplosion

„Kostenexplosion" ist eine unter semantischen Gesichtspunkten getroffene Wortwahl, mit welcher der Anstieg der Ausgaben für das ► Gesundheitssystem möglichst bildlich verdeutlich werden sollte. Unter betriebswirtschaftlichen Gesichtspunkten ist der Anstieg der Ausgaben im Gesundheitssystem jedoch nur zu einem relativ geringen Anteil auf einen Kostenanstieg zurückzuführen. Originär besteht die „Kostenexplosion" hauptsächlich aus zwei Phänomenen: 1) einem Anstieg der in Anspruch genommenen ► Gesundheitsleistungen und 2) ein rückgängiges Beitragsaufkommen in den gesetzlichen ► Sozialversicherungen. Zudem wirken sich die finanziellen Belastungen, welche aus den ► Fehlsteuerungen im Gesundheitssystem resultieren, steigernd auf die Ausgaben aus. Weitere Gründe für den Anstieg der ► Gesundheitsleistungen sind die Effekte der ► doppelten Überalterung unserer Gesellschaft sowie der ► Arbeitslosigkeit. Das rückgängige Beitragsaufkommen, welches bei einem gleichzeitigen Anstieg der Ausgaben mit höheren Zuführungen zu den ► gesetzlichen Krankenversicherungen aufgefangen werden kann, resultiert aus der Arbeitslosigkeit und dem im ► demografischen Wandel sichtbaren Geburtenrückgang.

LITERATURHINWEIS:

Dilger, A.: „Kostenexplosion" im Gesundheitswesen, in: *Burchert, H./Hering, Th.* (Hrsg.): Gesundheitswirtschaft. München 2002. S. 43-49.

Kostengewicht

Ein Kostengewicht (engl.: cost weight, CW) ist eine Kennzahl (synonym: Bewertungsrelation, Schweregrad, Fall- oder Relativgewicht) im Rahmen der Klassifikation von Behandlungsfällen, wie bspw. in ► DRG-Systemen. Jeder Gruppe von Fällen (DRG) wird ein Kostengewicht zugeordnet. Sie bildet ein Maß für den ökonomischen Schweregrad eines medizinischen Falles und verdeutlicht um welchen Faktor eine DRG teurer oder billiger ist als die mittleren Fallkosten (CW = 1,0) einer Gesamtpopulation. Eine Bewertungsrelation von 2,0 drückt aus, dass diese Leistung doppelt so aufwendig ist wie der Referenzfall. Im deutschen DRG-System werden die Bewertungsrelationen bundesweit einheitlich im Fallpauschalenkatalog geregelt. Wird das Kostengewicht mit dem Basisfallwert (► Basisfallpreis) multipliziert, erhält man den Erlös für eine DRG in Euro und damit den Preis für einen Krankenhausfall. Zählt man die Summe aller Relativgewichte eines Krankenhauses zusammen, so erhält man dessen Case-Mix. Grundlage der Ermittlung der Kostengewichte sind Kostendaten von Krankenhäusern, die an einer bundesweiten Kalkulation teilnehmen.

LITERATURHINWEISE:

Fischer, W.: Diagnoses Related Groups (DRGs) und Pflege, Grundlagen, Codierungssysteme, Integrationsmöglichkeiten. Bern 2002. *Fleßa, S./Weber, W.*: Informationsmanagement und Controlling in Krankenhäusern, in: *Busse, R./Schreyögg, J./Gericke, C.* (Hrsg.): Management im Gesundheitswesen. Berlin, Heidelberg 2006. S. 350-366.

PAUL MARSCHALL

Kostenträger

Umgangssprachlich für ► Leistungsträger

Krankenblatt

Der Begriff Krankenblatt ist die umgangssprachliche Bezeichnung einer Kranken- oder Patientenakte, die zunehmend in elektronischer Form genutzt wird, vgl. ► elektronische Fall- oder ► elektronische Patientenakte.

Krankengeld

Unter Krankengeld werden auf umgangssprachlicher Ebene die von den ► gesetzlichen Krankenversicherungen gezahlten Lohnersatzleistungen im Krankenfall verstanden. Im Jahr 2008 wurden den Angaben der ► Kassenärztlichen Bundesvereinigung zur Folge von den gesetzlichen Krankenversicherungen 6,6 Mrd. € Krankengeld gezahlt, was ca. 4,1 % der Gesamtausgaben entsprach.

Krankenhaus

Ein Krankenhaus ist der Ort der ► stationären Versorgung im ► Gesundheitssystem. Gemäß § 2 Abs. 1 KHG sind Krankenhäuser Einrichtungen, in denen durch ärztliche und pflegerische Hilfeleistung ► Krankheiten, Leiden oder Körperschäden festgestellt, geheilt oder gelindert werden sollen oder Geburtshilfe geleistet wird und in denen die zu versorgenden Personen untergebracht und verpflegt werden können. Unterschieden werden können die derzeit ca. 2.100 Krankenhäuser u. a. hinsichtlich ihrer Trägerschaft (öffentlichrechtliche, freigemeinnützige oder private) oder ihres Versorgungsauftrages (► Grund-, ► Regel-, ► Schwerpunkt- oder Maximalversorgung). Letztere Gliederung und ihre Umsetzung in der ► Gesundheitsversorgung richtet sich insbesondere nach den Ergebnissen der Krankenhausbedarfsplanung. Daten über Krankenhäuser, die dort aufgestellten Betten sowie versorgten ► Patienten und der damit verbundenen Kosten finden sich beim Statistischen Bundesamt, bei der ► Gesundheitsberichterstattung des Bundes oder bei den ► Landeskrankenhausgesellschaften.

LITERATURHINWEIS:

Schmidt-Rettig, B./Eichhorn, S. (Hrsg.): Krankenhausmanagementlehre: Theorie und Praxis eines integrierten Konzepts. Stuttgart 2007.

Krankenhausapotheke

Unter einer Krankenhausapotheke wird eine ► Apotheke verstanden, die nur einem engbegrenzten Personenkreis zugänglich ist. In diesem Fall handelt es sich um die Beschäftigten eines ► Krankenhauses, die zur Erbringung ihrer Leistungen ► Arzneimittel benötigen. Darüber hinaus kann die Krankenhaus-Apotheke auch den sonstigen Kunden gegenüber ihre Leistungen anbieten. Dass die Apotheke Räumlichkeiten in einem Krankenhaus angemietet hat, ist somit nicht das alleinige Merkmal einer Krankenhaus-Apotheke.

Krankenhausbedarfsplanung

Die Krankenhausbedarfsplanung ist ein Teilbereich der ► Krankenhausplanung. Hier steht der Bedarf an stationären Versorgungsleistungen im Mittelpunkt. Je nach ► Gesundheitsrisiken der Bevölkerung einer Region wird bezogen auf die jeweilige Region für einen bestimmten Planungszeitraum ein, nach medizinischen Fachdisziplinen aufgeschlüsselter und mit den entsprechenden Quantitäten untersetzter Plan, an vorzuhaltenden Krankenhausleistungen aufgestellt. Eine der Ausgangsgrößen für derartige Berechnungen ist die ► Krankenhaushäufigkeit. Krankenhäuser, die entsprechend dieses Planes ihre Leistungen vorhalten und dimensionieren, können im Rahmen der ► Krankenhausfinanzierung mit einer staatlichen Förderung der ► Investitionskosten rechnen.

Krankenhausbetriebsvergleich

Der Krankenhausbetriebsvergleich geht zurück auf den Gedanken des sog. Benchmarking, also einen systematischen inner- und außerbetrieblichen Leistungsvergleich. Derartige freiwillige Leistungsvergleiche zielen im Allgemeinen auf die Verbesserung der ► Qualität, der Erhöhung der ► Kundenzufriedenheit und der Senkung der ► Kosten, indem das eigene Unternehmen mit dem besten verglichen wird und so lernen kann. Im besonderen Fall der ► Krankenhäuser erfolgte eine gesetzliche Verankerung dieses entscheidungsunterstützenden Managementinstruments. Im § 5 Abs. 1 BPflV ist geregelt, dass die ► Deutsche Krankenhausgesellschaft oder die Bundesverbände der Krankenhausträger gemeinsam und der Spitzenverband der ► Krankenkassen zur Unterstützung der Vertragsparteien bei der Ermittlung vergleichbarer Krankenhäuser oder Abteilungen und der Bemessung von medizinisch leistungsgerechten Budgets und tagesgleichen ► Pflegesätzen einen Krankenhausvergleich regelmäßig erstellen. Die Krankenhäuser sollen länderbezogen verglichen werden. Hieraus leitet sich ab, dass der Krankenhausbetriebsvergleich eine wichtige Größe im Rahmen der ► Krankenhausplanung darstellt. Entsprechende Ergebnisse flossen auch in die Definition der leistungsorientierten Vergutungen entsprechend dem ► DRG-System ein.

LITERATURHINWEISE:

Saure, C./von Eiff, W. (Hrsg.): Krankenhaus-Betriebsvergleich: Controlling-Instrumente für das Krankenhausmanagement. Köln 2000. *Sieben, G./Litsch, M.*: Krankenhausbetriebsvergleich. Ein Instrument zu leistungsorientierten Preisen im Krankenhausmarkt. Berlin 2000. *Schmitz, H.*: Der Krankenhausbetriebsvergleich als Instrument der internen und externen Koordination. Lohmar, Köln 2000.

Krankenhausfinanzierung

Die Finanzierung eines ► Krankenhauses regelt, auf welche Art und Weise ein Krankenhaus für seine erbrachten Leistungen abgegolten wird. Aktuell erfolgt eine sog. ► duale Finanzierung, nämlich eine Erstattung der ► Betriebskosten und einer Förderung der ► Investitionskosten. Davor wurde die Finanzierung der Krankenhäuser im Sinne der ► Monistik abgewickelt. Auf der

Seite der Betriebskosten sind zudem aktuell auch Veränderungen zu erkennen. Die bisherige Vergütung der Betriebskosten auf der Basis von ► Pflegesätzen wurde auf leistungsbezogene Entgelte in Form von ► Fallpauschalen umgestellt. Sofern ► Patienten ► Zuzahlungen für ihren Krankenhausaufenthalt zu leisten haben, kann grundsätzlich auch von einer sog. trialen Finanzierung der Krankenhäuser gesprochen werden.

LITERATURHINWEIS:

Kampe, D. H./Bächstädt, K.-H. (Hrsg.): Die Zukunft der Krankenhaus-Finanzierung. Wegscheid 2007.

Krankenhaushäufigkeit

Die Kennziffer Krankenhaushäufigkeit ist der Quotient aus der Zahl der Krankenhausfälle (► Patienten), die in einem bestimmten Zeitraum (i. d. R. innerhalb eines Jahres) in einer bestimmten Region (i. d. R. das jeweilige Bundesland) ein ► Krankenhaus aufsuchen und der Zahl der Einwohner der Region. Sie ist eine Grundlage der ► Krankenhausbedarfsplanung.

LITERATURHINWEIS:

Vetter, U./Hoffmann, L.: Leistungsmanagement im Krankenhaus: G-DRGs. Berlin 2005.

Krankenhausinformationssystem

Ein Krankenhausinformationssystem (KIS) umfasst alle Anwendungsprogramme, die in einem ► Krankenhaus zum Einsatz kommen. Gemeinsam mit der Hardware und der Systemsoftware bildet es die Informationssystem-Infrastruktur eines Krankenhauses. KIS sind die heute komplexesten Anwendungen im Gesundheitswesen. Sie unterstützen mittlerweile alle wichtigen Prozesse in den Krankenhäusern, beginnend mit der Aufnahme bis hin zur Entlassung. Die wesentlichen Komponenten eines KIS sind: ► Elektronische Patientenakte, Abteilungssysteme (zum Beispiel ein ► Radiologieinformationssystem), Administrationsmodule sowie eine Kommunikationskomponente. Die zentrale Drehscheibe eines KIS bildet die Elektronische Patientenakte. In ihr werden alle für die Versorgung des Patienten anfallenden Daten gespeichert.

Die Historie der KIS geht auf die 70er Jahre zurück. In den Krankenhäusern wurden damals die Daten nur gesammelt und später in einem Rechenzentrum verarbeitet. Bis in die 90er Jahre bestimmten – dann allerdings als autonome Lösung ausgeprägt – die betriebswirtschaftlichen Routineverfahren (Rechnungswesen, Patientenverwaltung und -abrechnung) den Alltag der Anwendungen im Krankenhaus. Heute finden wir in vielen Krankenhäusern (insbesondere in Krankenhauskonzernen) Mischlösungen, bei denen zentrale und dezentrale Anwendungen nebeneinander stehen. Während die administrativen Verfahren (z. B. Patientenaufnahme, Rechnungswesen und Personalmanagement) bereits in fast allen Krankenhäusern implementiert sind, dürfte die Elektronische Patientenakte erst in ca. 50 % der Krankenhäuser tatsächlich einsatzbereit sein. Defizite bestehen auch noch bei intelligenten betriebswirtschaftlichen Verfahren, wie bspw. Managementinformationssystemen.

Obwohl in den Krankenhäusern der Wunsch nach integrierten KIS bestand und nach wie vor besteht, also dem KIS aus einer Hand, ist es doch insbesondere bei mittleren und größeren Krankenhäusern notwendig, spezielle Subsysteme über Schnittstellen einzubinden. In Universitätskliniken sind es leicht bis zu 50 Subsysteme, die i. d. R. über einen Kommunikationsserver angeschlossen werden müssen. In der Zukunft wird die Kommunikationskomponente nicht nur innerhalb des Krankenhauses zum Einsatz kommen, sondern das Krankenhaus mit anderen Leistungsanbietern des Gesundheitswesens oder dem Patienten selber verbinden.

LITERATURHINWEISE:

Haas, P.: Medizinische Informationssysteme und Elektronische Krankenakten. Berlin, Heidelberg 2005. *Johner, C./Haas, P.* (Hrsg.): Praxishandbuch IT im Gesundheitswesen. München 2009. *Trill, R.* (Hrsg.): Informationstechnologie im Krankenhaus. Neuwied, Kriftel 2002. *Trill, R.*: eHealth in Deutschland – Bestandsaufnahme, Perspektiven, Chancen eines Wachstumsmarkts. Flensburg 2007.

ROLAND TRILL

Krankenhausmanagement

Das Krankenhausmanagement kann als eine spezielle ► Gesundheitsökonomie bezeichnet werden. In Anlehnung an die Definition des ► Gesundheitsmanagement ist das Krankenhausmanagement die Gesamtheit der funktionellen Ansätze eines ► Krankenhauses, die auf die Gesundheit der Menschen ausgerichtet sind. Mit den Menschen sind einerseits die Mitarbeiter (► Betriebliches Gesundheitsmanagement) und andererseits die ► Patienten, die zur ► stationären Versorgung in das Krankenhaus kommen, gemeint. Die funktionellen Ansätze sind sämtlich Belange der Leitung, Planung und Organisation, die die dafür erforderlichen leistungs-, finanz- und personalwirtschaftlichen Prozesse des Krankenhauses (die Institution) umfassen. Sofern sich das Krankenhausmanagement auf die betriebswirtschaftlichen Belange des Krankenhauses bezieht, kann es auch als Teilbereich der ► Gesundheitsbetriebslehre bezeichnet werden.

LITERATURHINWEIS:

Schmidt-Rettig, B./Eichhorn, S. (Hrsg.): Krankenhausmanagementlehre: Theorie und Praxis eines integrierten Konzepts. Stuttgart 2007.

Krankenhausplanung

Die Krankenhausplanung geht über die in der ► Krankenhausbedarfsplanung eng umrissene Planung des Bedarfes von ► Krankenhäusern hinaus. Neben der reinen Bedarfsplanung finden hier die finanzwirtschaftlichen Aspekte auf der Ebene der Vergütung von Krankenhausleistungen genauso eine Beachtung, wie auch die Fragen zur beruflichen Ausbildung von ► Gesundheitsfachberufen in den ► beruflichen Schulen im Gesundheitswesen, die zu einem Großteil an den Krankenhäusern angesiedelt sind. Im Alltag werden jedoch die Begriffe „Krankenhausplanung“ und „Krankenhausbedarfsplanung“ oftmals synonym verwendet.

Krankenkasse

Umgangssprachlich für Krankenversicherung

Krankenschein

Ebenso wie ► Gelber Schein umgangssprachlich für ► Arbeitsunfähigkeitsbescheinigung

Krankenversichertenkarten

► elektrische Gesundheitskarte

Krankheit

In der ► Medizin wird Krankheit als eine Abweichung von ► Gesundheit oder Wohlbefinden verstanden, die sich in einer Störung der Funktion eines Organs, der Psyche oder des gesamten Organismus zeigt. Ähnlich, wie bei der Definition des Begriffes „Gesundheit“ können neben den subjektiven auch verschiedene objektive Wahrnehmungen den Zustand Krankheit beschreiben. So ist bspw. in der ► gesetzlichen Krankenversicherung die Krankheit der ► Versicherungsfall in dessen Folge der Versicherte einen Anspruch auf Leistungen der Krankenkasse hat. Kenntlich wird das Vorliegen einer Krankheit hier insbesondere in der von einem ► Arzt attestierten ► Arbeitsunfähigkeit.

Krankheitskosten

Die Krankheitskosten (engl.: cost of illness) sind der Gegenstand der ► Krankheitskosten-Analyse, die einen konzeptionellen Rahmen für die Erfassung von Krankheitskosten liefert. Der Umfang der erfassten Kostenbestandteile ist dabei von der verfolgten Perspektive (gesamtgesellschaftlich, ► Kostenträger etc.) abhängig. Eine besondere Form ihrer Erhebung bilden Krankheitskostenrechnungen statistischer Einrichtungen. Das Statistische Bundesamt versteht darunter die unmittelbar mit einer medizinischen Heilbehandlung, Maßnahmen der ► Prävention, ► Rehabilitation oder ► Pflege verbundenen Ausgaben unter Berücksichtigung sämtlicher Verwaltungskosten. Nichtmedizinische Aufwendungen, bspw. für private Arztfahrten, oder die unentgeltliche Pflege von Angehörigen bleiben dagegen unberücksichtigt.

Die Krankheitskostenrechnung liefert etwa Angaben darüber, wie stark die Volkswirtschaft durch bestimmte Krankheiten und deren Folgen belastet wird. Sie bietet Hintergrundinformationen zur ► Allokation von Ressourcen im ► Gesundheitswesen, zeigt Zusammenhänge zwischen demografischen Entwicklungen und Gesundheitsausgaben auf und bietet Ansatzpunkte für die Prioritätensetzung. Die Berechnung des Statistischen Bundesamtes orientiert sich an der derzeit aktuellen 10. Revision der ► Internationalen Klassifikation der Krankheiten und verwandter Gesundheitsprobleme (ICD-10). In Staaten wie Australien, Frankreich, Großbritannien, Japan und die USA werden ebenfalls generelle Krankenkostenrechnungen erstellt. Methodische Unterschiede bestehen vor allem in der Definition des Gesundheitswesens und in der Abstimmung der zu berücksichtigenden direkten ► Kosten.

LITERATURHINWEISE:

Forster, T.: Krankheitskostenrechnung für Deutschland, in: Statistisches Bundesamt (Hrsg.): Wirtschaft und Statistik. 12/2004. S. 1432-1440. *Heijinka, R./Koopmanschapd, M./Noethenb, M.* et al. (2008): Cost of illness: An international comparison: Australia, Canada, France, Germany and The Netherlands, in: Health Policy. 88/2008. S. 49-61. *Statistisches Bundesamt* (Hrsg.): Gesundheit – Krankheitskosten 2002, 2004 und 2006. Wiesbaden 2008.

PAUL MARSCHALL

Krankheitskosten-Analyse

Die Krankheitskosten-Analyse (engl.: cost of illness analysis; COI) ist eine deskriptive Methode der ► gesundheitsökonomischen Evaluation. Sie ist ein Spezialfall der ► Kosten-Analyse mit dem Ziel, alle ► Kosten einer bestimmten ► Krankheit oder aller Krankheiten sowie deren Folgen auf regionaler oder nationaler Ebene zu erfassen. Entscheidend für die Interpretation und Vergleichbarkeit der Ergebnisse ist die Berücksichtigung der Perspektive (gesellschaftlich, Kostenträger, Haushalt oder Patient), die Einbeziehung bestimmter Kosten (direkt, indirekt, intangibel) sowie der berücksichtigte Zeithorizont (Jahr, Lebenszeit etc.).

Durch die Darstellung der gesellschaftlichen Belastung durch verschiedene Krankheiten sollen Hinweise für eine rationalere Verwendung von Geldern vermittelt werden. Bei der Berechnung werden zwei Formen unterschieden: Der Bottom-up-Ansatz setzt am einzelnen ► Patienten an. Hierbei werden die durchschnittlichen Behandlungskosten kalkuliert und anschließend mit der Krankheitshäufigkeit multipliziert. Das Top-down-Verfahren geht stattdessen von hoch aggregierten volkswirtschaftlichen Daten aus und verteilt diesen Betrag auf die Erkrankungen mit Hilfe von Verteilungsschlüsseln. Die Ergebnisse von Krankheitskosten-Analysen sind aus zweierlei Gründen relevant. Zum einen wird Entscheidungsträgern im ► Gesundheitswesen eine Schätzung der Belastung einer Erkrankung zur Verfügung gestellt, damit jene bessere Entscheidungen bezüglich der ► Allokation von Ressourcen treffen können. Zum anderen bilden diese Studien die Grundlage weiterer Analysen, weil bereits erste Daten zu den Kosten und Konsequenzen einer Erkrankung erhoben werden. Die Krankheitskostenrechnung des Statistischen Bundesamtes ist eine Anwendung dieser Methode.

LITERATURHINWEISE:

Henke, K.-D./Martin, K.: Die Krankheitskostenrechnung als Entscheidungshilfe, in: Bundesgesundheitsblatt – Gesundheitsforschung – Gesundheitsschutz. 49/2006. S. 19-27. *Schöffski, O./Graf v. d. Schulenburg, J. M.* (Hrsg.): Gesundheitsökonomische Evaluationen. 3. Auflage. Berlin, Heidelberg 2008.

PAUL MARSCHALL

Krebs

Umgangssprachlich für ► Tumorerkrankung

KTL

Die Klassifikation therapeutischer Leistungen (KTL) für die medizinische Rehabilitation wird seit 1997 in der Routine der Reha-Qualitätssicherung der Rentenversicherung eingesetzt, um das therapeutische Leistungsspektrum der Reha-Einrichtungen zu dokumentieren, zu bewerten und auch unter inhaltlichen Gesichtspunkten zu analysieren. Die KTL gilt sowohl für die stationäre wie auch für die ambulante medizinische Rehabilitation von Erwachsenen, Jugendlichen und Kindern. Die routinemäßig erhobenen und ausgewerteten KTL-Daten werden jährlich an die Reha-Einrichtungen und die Rentenversicherungsträger zurückgemeldet.

Eine zunehmende Bedeutung gewinnt die KTL auch bei der Entwicklung und Einführung von Reha-Leitlinien für die medizinische Rehabilitation. Anhand der dokumentierten therapeutischen Leistungen wird ermittelt, ob eine leitliniengerechte Behandlung stattgefunden hat.

Für alle Rehabilitanden gilt die KTL 2007 ab dem 1. 1. 2007. Die vollständig überarbeitete 5. KTL-Auflage ist eine gestraffte, übersichtliche und anwenderfreundliche Klassifikation, die den aktuellen Entwicklungen in der medizinischen Rehabilitation Rechnung trägt. Die KTL wird kontinuierlich weiterentwickelt und an die Erfordernisse der Rehabilitationspraxis angepasst.

LINK-TIPP:

www.deutsche-rentenversicherung-bund.de

KTQ

KTQ steht für „Kooperation für Transparenz und Qualität im Gesundheitswesen“. Hierbei handelt es sich um ein im Jahr 1997 zunächst von der ► Bundesärztekammer und dem ► Verband der Angestellten-Krankenkassen (VdAK) initiiertes, später unter Mitwirkung der ► Deutschen Krankenhausgesellschaft (DKG), dem Deutschen Pflegerat, proCUMCert GmbH und allen ► gesetzlichen Krankenversicherungen, entwickeltes Zertifizierungsverfahren für Krankenhäuser,

Arztpraxen und Reha-Einrichtungen. Das Zertifizierungsverfahren lehnt sich an das erprobte Verfahren der Joint Commission on the Accreditation of Healthcare Organizations (à JCAHO) in den USA an und hat seit 2002 Routinereife erlangt. Zentrales Ergebnis der Entwicklungsarbeit ist der „KTQ-Katalog". Im KTQ-Katalog sind Kategorien zusammengestellt, die im Rahmen einer Zertifizierung von Akutkrankenhäusern abgefragt werden, um Aussagen über die Qualität der Prozessabläufe in der medizinischen Versorgung treffen zu können.

In der aktuell gültigen Version 6.3.1. verfügt der Katalog über 72 Kriterien, die zu folgenden Kategorien zusammengefasst werden: die Patientenorientierung, die Mitarbeiterorientierung, die Sicherheit im Krankenhaus, das Informationswesen, die Krankenhausführung und das ► Qualitätsmanagement. Kennzeichnend für das Verfahren ist weiterhin, dass den einzelnen Kriterien jeweils spezifische Fragenbündel zugeordnet sind. Damit steht für die zunächst vorgeschaltete Selbstbewertung und die über die KTQ-Zertifikatsvergabe entscheidende Fremdbewertung durch Visitatoren eine Systematik als Grundlage zur Verfügung. Diese erlaubt eine relativ transparente und nachvollziehbare Bewertung.

Die vier Schritte des KTQ-Bewertungsverfahrens sind: 1. die Selbstbewertung des Krankenhauses, 2. die Anmeldung zur Fremdbewertung bei einer der KTQ-Zertifizierungsstellen, 3. die Fremdbewertung durch ein KTQ-Visitatorenteam und 4. die Zertifizierung und Veröffentlichung des KTQ-Qualitätsberichts. Laut § 137 SGB V müssen Krankenhäuser seit dem Jahr 2005 einen Nachweis über ein internes Qualitätsmanagement erbringen und ihre Qualitätsberichte veröffentlichen. Welches Verfahren sie dazu anwenden, ist nicht geregelt und bleibt den Krankenhäusern überlassen. Die KTQ® ist ein im Krankenhausbereich sehr populäres Verfahren, um diesen gesetzlichen Verpflichtungen nachzukommen.

LITERATURHINWEISE:

Holzäpfel, S./Neufang, A./Mischo, J.: Krankenhauszertifizierung nach KTQ® und proCumCert. Ein Leitfaden zur Selbstbewertung. Marburg 2004. *KTQ GmbH* (Hrsg.): KTQ-Manual und KTQ-Katalog ab 2009. Berlin 2009. *IQ (Institut für Qualität-Systeme in Medizin und Wissenschaft)* (Hrsg.): Die Gute-Hospital-Praxis 2003. GHP – das erste QM-System in Deutschland für das ganze Krankenhaus. Für die Zertifizierung und Selbst-Bewertung nach DIN EN ISO 9001:2000, EFQM, KTQ und Joint Commission International. Hamburg 2003.

LINK-TIPP:

www.ktq.de

REINHOLD WOLKE

Kundenbindung

Kundenbindung hat den Aufbau langfristiger, ökonomisch vorteilhafter Kundenbeziehungen zum Ziel. Gerade auf wettbewerbsintensiven Märkten ist es aus Unternehmenssicht wichtig, dass der Kunde auch seinen zukünftigen Bedarf an Produkten oder Dienstleistungen beim entsprechenden Unternehmen deckt. Es besteht latent die Gefahr, dass der Kunde zu einem Konkurrenten wechselt.

Im ► Gesundheitswesen tätige Dienstleistungsunternehmen sollten eine freiwillige, auf psychischen Ursachen (Zufriedenheit, Vertrauen, persönliche Beziehungen) basierende Bindung anstreben. Eine Zahnarztpraxis beispielweise profitiert dann, weil der ► Patient regelmäßige Routineuntersuchungen in der Praxis durchführen lässt, weil er ggf. zusätzliche (privat zu bezahlende) Leistungen in Anspruch nimmt, weil er die organisatorischen Abläufe der Praxis kennt und damit das Personal in geringerem Maße bindet, und weil er in seinem Verwandten- und Freundeskreis positiv über die Zahnarztpraxis berichtet, was zu neuen Kunden führen kann. Insgesamt lassen sich so zusätzliche Umsätze erzielen.

Grundsätzlich ist es also auch für Unternehmen im Gesundheitswesen sinnvoll, sich systematisch mit Kundenbindungsmanagement zu beschäftigen, wenn sie längerfristige Kundenbeziehungen anstreben. Hierbei stellt die ► Kundenzufriedenheit eine notwendige Voraussetzung dar. Im Gesundheitswesen ist allerdings eine differenziertere Betrachtung der Thematik erforderlich. Zum Einen können nicht alle dort tätigen Unternehmen mit einem regelmäßigen Bedarf bei den Kunden rechnen, weshalb sich die am Beispiel einer Zahnarztpraxis dargestellten Zusammenhänge nicht ohne weiteres auf eine Rehabilitationsklinik übertragen lassen, da deren Kunden häufig nur einmalig eine Leistung in Anspruch nehmen. Bei einer solchen Konstellation sind Kundenbindungsmaßnahmen aus nachvollziehbaren Gründen wenig sinnvoll. Zum Anderen gilt es zu berücksichtigen, dass als Kunden eines ► Krankenhauses oder einer Rehaklinik nicht immer nur die Patienten anzusehen sind. Wird der Kundenbegriff weiter gefasst, kann man beispielweise auch ► Kostenträger als Kunden auffassen. Bei diesen sind Kundenbindungsmaßnahmen dann wiederum sinnvoll, da von einer regelmäßigen Nachfrage ausgegangen werden kann.

LITERATURHINWEISE:

Bruhn, M./Homburg, Ch. (Hrsg.): Handbuch Kundenbindungsmanagement. 7. Auflage. Wiesbaden 2010. *Kroeber-Riel, W./Weinberg, P./Gröppel-Klein, A.*: Konsumentenverhalten. 9. Auflage. München 2009.

MARC HASENJÄGER

Kundenorientierung

Ein wesentliches Handlungsprinzip des Marketings stellt die Kundenorientierung dar. Im Gesundheitswesen kann synonym auch der Begriff Patientenorientierung verwendet werden. Unter Kundenorientierung versteht man die Ausrichtung von Unternehmen und Unternehmensorganisation (Unternehmenskultur, Strukturen und Mitarbeiter) auf die Kunden und ihre Bedürfnisse. Kundenorientierung ist damit ein Baustein der marktorientierten Unternehmensführung zu der auch die Ausrichtung an Konkurrenzunternehmen (► Wettbewerbsorientierung) zählt.

Ziel der Kundenorientierung ist es, einen möglichst hohen Kundennutzen zu schaffen und die Kundenerwartungen zu erfüllen, wenn möglich sogar zu übererfüllen. Kundenorientierung impliziert somit, dass das Unternehmen sich kontinuierlich und konsequent mit den Wünschen und Erwartungen seiner (potentiellen) Kunden beschäftigt, d. h. diese ermittelt, analysiert und soweit möglich und sinnvoll in Leistungen umsetzt. Kundenorientierung stellt dabei keinen Selbstzweck dar, sondern soll dazu führen, dass Unternehmen langfristig stabile Kundenbeziehungen entwickeln (► Kundenbindung) und dadurch finanzielle Vorteile erzielen können. Kundenorientierung ist die wesentliche Grundvoraussetzung zur Erreichung von ► Kundenzufriedenheit.

Aufgrund der Zunahme des Wettbewerbs im ► Gesundheitswesen und der Übertragung von Erfahrungen mit Leistungsanbietern aus anderen Branchen auf das Gesundheitswesen durch den ► Patienten, gewinnt die Kundenorientierung auch hier immer stärker an Bedeutung. Das gilt in besonderem Maße für Unternehmen, die Gesundheitsleistungen anbieten, bei denen der Kunde freie Wahlentscheidungen bezüglich der Inanspruchnahme treffen kann und für die es mehrere Anbieter gibt, aus denen er auswählen kann. So besteht beispielweise für eine Zahnarztpraxis in einer Innenstadt mit vielen Konkurrenten eine größere Notwendigkeit, sich besonders kundenorientiert auszurichten, als dies bei einer Landarztpraxis in einer dünnbesiedelten Region ohne Wettbewerber der Fall ist. Erwartungen steigen, wenn der Kunde Leistungen selbst bezahlen muss (Beispiel: ► Individuelle Gesundheitsleistungen). Auch situative Faktoren beeinflussen Patientenerwartungen. Ein Beispiel hierfür sind akute notfallmedizinische Erkrankungen oder Verletzungen, die den Einsatz des ► Rettungsdienstes erfordern. Bei diesen zeitkritischen Ereignissen besitzt der Patient wohl kaum Wahlmöglichkeiten. Im Vordergrund steht zunächst, dass er überhaupt eine schnelle medizinische Hilfe erhält.

LITERATURHINWEISE:

Bruhn, M.: Kundenorientierung. 3. Auflage. München 2007. *Homburg, Ch./Werner, H.*: Kundenorientierung mit System. Frankfurt am Main 1998.

MARC HASENJÄGER

Kundenzufriedenheit

Zufriedenheit ist das Ergebnis eines psychischen Prozesses, der im Zusammenhang mit dem Kauf oder dem Konsum eines Produktes bzw. einer Dienstleistung im Inneren des Kunden abläuft. Das Zufriedenheitsniveau des Kunden resultiert dabei aus einem Vergleich zwischen seinen im Vorfeld des Kaufs herausgebildeten Erwartungen bezüglich der vom Unternehmen zu erbringenden Leistungen (Soll-Wert) und den vom Unternehmen erbrachten und von ihm tatsächlich wahrgenommenen Leistungen (Ist-Wert). Unternehmen können nur dann eine hohe Kundenzufriedenheit erreichen, wenn sie sich mit ihrem Angebot optimal auf die Bedürfnisse und Erwartungen ihrer Kunden ausrichten (► Kundenorientierung).

Im Zusammenhang mit Gesundheitsdienstleistungen ist zu berücksichtigen, dass der ► Patient zwar die Erwartung hat, eine hohe medizinisch-fachliche Behandlungsqualität zu erhalten, er diese aber praktisch in vielen Fällen aufgrund von Informationsdefiziten kaum bewerten kann. Stattdessen werden daher vom Patienten häufig stellvertretend andere (nicht-medizinische) Leistungsbestandteile zur Bewertung herangezogen. Darauf müssen sich die Leistungsanbieter einstellen und gezielt Servicekonzepte (z. B. Terminmanagement, Wartezimmergestaltung) und Kommunikationsmaßnahmen (z. B. Flyer, Logo) entwickeln sowie die medizinische Leistungsqualität für den Patienten „greifbar" machen, etwa durch das Aushängen von ► Qualitätsmanagement-Zertifikaten oder Fortbildungsurkunden im Kundenkontaktbereich.

Von hoher Wichtigkeit ist hier auch die persönliche Beziehung der Mitarbeiter zum Kunden (z. B. Freundlichkeit, private Gesprächsthemen). Das Streben nach hoher Kundenzufriedenheit ist für im Wettbewerb stehende Dienstleistungsunternehmen wichtig, weil sich (hoch) zufriedene Kunden häufig ökonomisch vorteilhaft für das Unternehmen verhalten. So steigt etwa die Wahrscheinlichkeit, für Wiederholungskäufe und Weiterempfehlungen (► Kundenbindung). Gerade im ► Gesundheitswesen, wo Kunden aufgrund von Informationsdefiziten häufig ein hohes Kaufrisiko haben, sind Empfehlungen von Freunden und Verwandten von besonderer Bedeutung für die Entscheidung, einen bestimmten ► Leistungserbringer in Anspruch zu nehmen oder nicht. Eine hohe Zufriedenheit der Kunden wirkt sich auch positiv auf die Bereitschaft aus, zusätzliche Leistungen eines Anbieters nachzufragen. Dies ist im Gesundheitswesen gerade für den Bereich der Selbstzahlerleistungen (► Wahlleistungen) von Wichtigkeit. Unternehmen sollten sich beispielweise im Rahmen eines ► Beschwerdemanagements auch um die unzufriedenen Kunden kümmern.

LITERATURHINWEISE:

Homburg, Ch. (Hrsg.): Kundenzufriedenheit. 7. Auflage. Wiesbaden 2008. *Meffert, H./Bruhn, M.*: Dienstleistungsmarketing. 6. Auflage. Wiesbaden 2008. *Kroeber-Riel, W./Weinberg, P./Gröppel-Klein, A.*: Konsumentenverhalten. 9. Auflage. München 2009.

MARC HASENJÄGER

Kur

Umgangssprachlich für stationäre ► Rehabilitation

Kuration

Von einer Kuration wird im Rahmen der ► Gesundheitsversorgung gesprochen, wenn eine ► Behandlung eines ► Patienten erfolgt, die die vollständige Wiederherstellung der ► Gesundheit zum Ziel hat. Damit lässt sie sich von der Palliation, vgl. ► Palliativmedizin, abgrenzen.

Kurlaub

Eine Wortschöpfung bestehend aus den Wörtern „Kur" und „Urlaub". Es kennzeichnet ein eher ausschließlich passives Inanspruchnahmeverhalten einer stationären ► Rehabilitation. Damit steht es zugleich als Ausdruck für ein zumeist schichtspezifisches Gesundheitsbewusstseins. Das oftmals einzig aktive Moment in einem solchen Kurlaub ist der Umgang mit dem „Kurschatten“.

Kurzliegerstation

Unter einer Kurzliegerstation wird die Station eines ► Krankenhauses gefasst, welche ihr Spektrum an Behandlungsleistungen auf das Ziel einer kürzestmöglichen ► Verweildauer ausgerichtet und optimiert hat. Dies gelingt nur, wenn entsprechende ► klinische Behandlungspfade in Verbindung mit einem adäquaten ► Entlassungsmanagement und der Kooperation mit ► Leistungserbringern der ► ambulanten Versorgung im prä- oder poststationären Bereich (z. B. im Rahmen einer ► Integrierten Versorgung) entwickelt und genutzt werden.

L

Landeskrankenhausgesellschaft

Die Landeskrankenhausgesellschaft ist der Zusammenschluss der Träger der zugelassenen ► Krankenhäuser eines Bundeslandes. Zu ihren Aufgaben zählen u. a. die stellvertretend für die Krankenhäuser vorgenommenen vertraglichen Vereinbarungen mit den Krankenkassen und den ► Kassenärztlichen Vereinigungen eines Landes. Vertragsgegenstände sind im weitesten Sinne die Vereinbarungen über die in den Krankenhäusern gemäß der ► Krankenhausbedarfsplanung des jeweiligen Bundeslandes zu erbringenden Leistungen der ► stationären Versorgung (Krankenhausbehandlungen, das ► Belegarztwesen, der ► Notdienst) und die damit verbundenen Wirtschaftlichkeitsprüfungen. Auf der Bundesebene sind die Landeskrankenhausgesellschaften in der ► Deutschen Krankenhausgesellschaft zusammengeschlossen.

Lebensqualität

Die Qualität menschlichen Lebens wird maßgeblich durch die ► Gesundheit geprägt. Dies spiegelt sich in breiten Gesundheitsdefinitionen, wie die der ► Weltgesundheitsorganisation (WHO), wider. Die klassische Definition beinhaltet körperliches, psychisches und soziales Wohlbefinden. Der ► Nutzen medizinischer und pflegerischer Interventionen beschränkt sich nicht nur auf relativ problemlos quantifizierbare tangible Effekte wie die Einsparung von Behandlungskosten und die Verminderung von ► Arbeitsunfähigkeit.

Lebensqualität, ein ► Outcome-Parameter ► gesundheitsökonomischer Evaluationen, entzieht sich aufgrund intangibler Effekte weitgehend der Monetarisierung und kann nicht direkt ermittelt werden. Um indirekte Aussagen durch Selbsteinschätzung (z. B. auf dem Wege eines persönlichen Interviews) oder Fremdeinschätzung (durch Freunde, Verwandte, Arzt) darüber zu treffen, werden Messinstrumente unter Verwendung von ► Lebensqualitätsfragebögen eingesetzt. Da ► chronische Krankheiten oft nicht vollständig geheilt werden können, kann über die dezidierte Erfassung von Behandlungseffekten hinsichtlich des individuellen Wohlbefindens ärztliches Handeln beurteilt werden.

LITERATURHINWEISE:

Radoschewski, M.: Gesundheitsbezogene Lebensqualität – Konzepte und Maße, in: Bundesgesundheitsblatt – Gesundheitsforschung – Gesundheitsschutz. 43/2000. S. 165-189. *Schöffski, O./Graf v. d. Schulenburg, J. M.* (Hrsg.): Gesundheitsökonomische Evaluationen. 3. Auflage. Berlin, Heidelberg 2008.

PAUL MARSCHALL

Lebensqualitätsfragebögen

Dies ist eine Bezeichnung für Instrumente zur Erfassung verschiedener Bezüge der ► Lebensqualität mit zunehmender Anwendung bei epidemiologischen, gesundheitsökonomischen und klinischen Betrachtungen. Seit der Entwicklung erster grundlegender Fragebögen mit Beginn der 1970er Jahre liegen nunmehr über 1.500 Fragebögen für verschiedenste Erkrankungen vor, mit denen die Messung der Lebensqualität in jedem ► Alter möglich ist.

Im Allgemeinen werden diese nach zwei Kriterien klassifiziert:

a) nach der Berücksichtigung der Mehrdimensionalität der Lebensqualität (Profilinstrumente) oder nicht (Indexinstrumente). Profilinstrumente (wie z. B. der SF-36, Sickness Impact Profil (SIP), Nottingham Health Profile (NHP)) ermitteln im Sinne eines Profils isoliert Kennziffern für die einzelnen Facetten der Lebensqualität. Eine Gewichtung der einzelnen Dimensionen ist nötig. Bei Indexinstrumenten (Beispiel: ► EuroQol, SF-6D) werden die Maßzahlen zu einer Größe als Nutzwert kombiniert, was eine Gewichtung der einzelnen Dimensionen erfordert. Erstere werden in klinischen Wirksamkeitsstudien verwendet. Für den Einsatz in Wirtschaftlichkeitsanalysen sind sie nur bedingt geeignet, da die Vergleichbarkeit der Ergebnisse wegen der dimensionalen Trennung nicht möglich ist. Dagegen können Letztere, etwa als ► QALY, in ► Kosten-Nutzwert-Analysen verwendet werden.

b) nach dem Krankheitsbezug: Krankheitsspezifische Fragebögen, die für spezifische Krankheiten (z. B. Arthritis) oder Beschwerden (z. B. Rückenschmerzen) konzipiert wurden, werden vor allem in klinischen Studien eingesetzt. Krankheitsübergreifende oder generische Messinstrumente können dagegen unabhängig von besonderen Krankheiten eingesetzt werden. Zu Letzteren gehören etwa der SF-36, SIP und der ► EuroQol. Für eine möglichst umfassende und ausgewogene Darstellung der Lebensqualität wird der gemeinsame Einsatz von generischen und krankheitsspezifischen Instrumenten empfohlen, wobei Letztere meist sensitiver gegenüber Interventionseffekten sind.

In die Abrechnungssystematik der Ärzte ist der Einsatz von standardisierten, qualitätsgesicherten Lebensqualitätsinstrumenten seit April 2005 (EBM2000 plus) aufgenommen, darunter der HAQ (Health Assessment Questionnaire), der FFbH (Funktionsfragebogen Hannover) und der SF-36. Auch bei der Evaluation von ► Disease Management-Programmen (§ 137 f. SGB V) wird die gesundheitsbezogene ► Lebensqualität mit dem SF-36 und dem SF-6D erfasst. Die Messung muss bei allen Instrumenten bestimmte methodologische Kriterien und Standards erfüllen, damit die Ergebnisse auch verwertbar sind. Als klassische Gütekriterien des Messens gelten: Objektivität (Sind die Ergebnisse unabhängig von Einflüssen der Untersucher oder der Untersuchungssituation bei Durchführung, Auswertung und Interpretation zustande gekommen?), Reliabilität (Wird das Merkmal zuverlässig gemessen oder ist die Messung in zu großem Ausmaß mit Messfehlern behaftet?) und Validität (Wird die tatsächlich gesuchte, nichtbeobachtbare Variable auch tatsächlich durch die gemessene Größe erfasst?).

LITERATURHINWEISE:

Ian McDowell, I.: Measuring Health: A Guide to Rating Scales and Questionnaires. New York 2006. *Schöffski, O./Graf v. d. Schulenburg, J. M.* (Hrsg.): Gesundheitsökonomische Evaluationen. 3. Auflage. Berlin, Heidelberg 2008.

PAUL MARSCHALL

Leid

Unter dem Leid wird ein Sammelbegriff für alle körperlichen und seelischen Belastungen verstanden. Mit Blick auf die ► Gesundheit sind es insbesondere ► Krankheiten, die damit verbundenen ► Schmerzen, ► Phobien, das ► Alter mit seinen entsprechenden Beeinträchtigungen und der ► Tod.

Leistungsausgaben

► Gesundheitskosten

Leistungsempfänger

Unter einen Leistungsempfänger ist ein Versicherter oder beitragsfrei Mitversicherter der aufgrund einer Erkrankung, eines ► Arbeits- oder Wegeunfalls, einer ► Rehabilitation oder einer eingetretenen ► Pflegebedürftigkeit (der Verwirklichung des ► Versicherungsfalls) medizinische, therapeutische oder pflegerische Leistungen im Rahmen des Gesundheitssystems in Anspruch nimmt. In bestimmten Fällen können damit auch die ► Angehörigen des Versicherten gemeint sein. Bspw. richten sich in der ► Pflegeversicherung viele Leistungen an den Angehörigen des Pflegebedürftigen, welcher erfahrungsgemäß in erster Linie derjenige ist, der die ► Pflege des pflegebedürftigen Angehörigen übernimmt. Somit wird er bspw. mit einem Pflegegeld „entlohnt" oder in Schulungen auf eine qualitätsgerechte oder die eigene ► Gesundheit schonende Pflege vorbereitet. In Fällen einer unbezahlten Freistellung von der Arbeit zum Zwecke der Pflege eine pflegebedürftigen Angehörigen stellt die ► gesetzliche Rentenversicherung sicher, dass der pflegende Angehörige weiterhin selbst sozialversichert bleibt, indem die entsprechenden Beiträge von der Pflegeversicherung des Pflegebedürftigen übernommen werden.

Leistungserbringer

Leistungserbringer sind diejenigen Akteure im ► Gesundheitswesen, die dem ► Leistungsempfänger die von ihm nachgefragten oder ihm zugedachten Leistungen zur Verfügung stellen. Auf diese Weise tragen sie dazu bei, dass die mit der Verwirklichung des ► Versicherungsfalls entstandenen Gesundheitsbeeinträchtigungen gemindert oder revidiert werden, folglich eine vollständige Genesung oder eine Reduzierung der gesundheitlichen Beeinträchtigung, wie bspw. im Rahmen der ► palliativmedizinischen Versorgung, sichergestellt ist. Bei den Leistungserbringern sind verschiedene Ebenen zu unterscheiden: die individuelle, die professionelle und die institutionelle Ebene. Im Rahmen der Leistungserbringung ist es ein Individuum, das dem Leistungsempfänger von Angesicht zu Angesicht gegenübersteht. Der „Mensch im Arzt, Therapeuten oder Pflegekraft" vermag ► Schmerzen, ► Leid, Freunde und ähnliches zu empfinden, was in der Interaktion berücksichtigt werden kann. Auf der professionellen Ebene ist von Bedeutung, dass der Leistungserbringer „sein Handwerk" beherrscht, also nachgewiesenermaßen über eine entsprechende Ausbildung verfügt, um die von ihm erwarteten Leistungen adäquat erbringen zu können. Mit dem Verweis auf eine institutionelle Ebene wird darauf aufmerksam gemacht, dass bei einer Vielzahl von Situationen um die Behandlung herum, wie z. B. im stationären Bereich, zwischen dem ► Krankenhaus und dem behandelnden Arzt zu unterscheiden ist, was u. a. im haftungsrechtlichen Kontext (► Arzthaftung) von Bedeutung sein kann. Je nach gesundheitlicher Einschränkung kann davon ausgegangen werden, dass dem Leistungsempfänger nicht nur ein Leistungserbringer, sondern i. d. R. mehrere Leistungserbringer gegenüberstehen. Diese sind i. d. R. aus unterschiedlichen Professionen und entweder in einer oder sogar aus unterschiedlichen Einrichtungen, was einem Netzwerk (► Ärztenetzwerk oder ► Integrierte Versorgung) gleichzusetzen ist.

Leistungskatalog

Der Leistungskatalog ist die Zusammenstellung aller Leistungen der ► gesetzlichen Krankenversicherung, auf die der Versicherte aufgrund seiner Mitgliedschaft in der jeweiligen Krankenkasse einen Anspruch hat. Diese Leistungen haben gemäß dem § 12 Abs. 1 SGB V ausreichend, zweckmäßig und wirtschaftlich zu sein und dürfen das Maß des Notwendigen nicht überschreiten. Es obliegt dem ► Gemeinsamen Bundesausschuss, sie fortlaufend auf ihren diagnostischen und therapeutischen ► Nutzen zu überprüfen.

Leistungsspektrum

Das Leistungsspektrum ist die Gesamtheit von Dienst- oder Sachleistungen, die von einer Einrichtung im ► Gesundheitssystem erbracht werden. Je nach Einrichtung und Versorgungsbereich (ambulante, stationäre oder teilstationäre Versorgung) und je nach ► Leistungsträger (z. B. gesetzliche ► Sozialversicherungen) kann das Leistungsspektrum frei gewählt oder gesetzlich vorgegeben sein. In jedem Fall ist es Gegenstand des den zwischen ► Leistungserbringern und Leistungsträgern vereinbarten ► Leistungskataloges.

Leistungsträger

Als Leistungsträger werden diejenigen Akteure bezeichnet, die für die Vergütung der erbrachten Leistung einstehen. Hauptsächlich sind dies die gesetzlichen Versicherungen (► Sozialversicherungen), denen gegenüber die ► Leistungserbringer die erbrachten Leistungen abrechnen. Umgangssprachlich wird daher oftmals auch der Begriff Kostenträger synonym verwendet. Sofern jedoch nicht die wirklichen Kosten, sondern bspw. im ► Einheitlichen Bewertungsmaßstab (EBM), in der ► Gebührenordnung Ärzte oder in anderen Vergütungs- oder in Leistungsverträgen geregelte Vergütungen oder Honorare abgerechnet und gezahlt werden, ist der Begriff Kostenträger methodisch unsauber.

Leitlinien

Leitlinien (in der Gesundheitsversorgung, daher oft auch Behandlungsleitlinien) sind Entscheidungshilfen für die Beratung, Betreuung und Behandlung von ► Patienten mit einer speziellen Erkrankung. Leitlinien richten sich an professionelle Mitarbeiter im ► Gesundheitswesen und haben das Ziel, die Behandlungsqualität durch zielgruppengerechte Anwendung der derzeit besten Methoden zu verbessern.

Der Begriff Leitlinie ist nicht geschützt und entsprechend können sie von sehr unterschiedlicher ► Qualität sein und sowohl die persönliche Meinung eines Arztes, als auch durch systematische Recherchen den momentan besten wissenschaftlichen Erkenntnisstand darstellen. Evidenzbasierte Leitlinien gelten als „Goldstandard". In diesen Leitlinien beruhen die Empfehlungen für oder gegen eine Behandlungsmethode auf einem ► systematischen Review, in dem alle verfügbare wissenschaftliche Evidenz zusammengestellt und kritisch bewertet wurde. Die Erstellung einer evidenzbasierten Leitlinie ist äußerst aufwendig. In Konsensus-basierten Leitlinien einigen sich Expertengruppen in transparenten Bewertungsverfahren auf den derzeitig angemessenen Behandlungsstandard.

In Deutschland werden Leitlinien vor allem von der Arbeitsgemeinschaft der Wissenschaftlichen Medizinischen Fachgesellschaften e.V. (AWMF) oder von Gremien der ärztlichen Selbstverwaltung erstellt bzw. betreut. International wird die Entwicklung von Leitlinien durch das Guidelines International Network (GIN) gefördert, das auch die weltweit größte Leitliniendatenbank vorhält. Medizinische oder pflegerische Leitlinien sind, im Gegensatz zu ► Richtlinien, nicht rechtlich bindend, die Anwendung in der Praxis erfolgt freiwillig. Allerdings wird die „leitlinienorientierte" Behandlung zunehmend in die Qualitätsstandards von Einrichtungen im Gesundheitswesen aufgenommen und in Gerichtsverfahren zur Feststellung von Behandlungsfehlern herangezogen. Im Rahmen der ► Disease Management-Programme ist die Behandlung nach evidenzbasierten nationalen Versorgungsleitlinien vorgeschrieben.

LINK-TIPPS:

www.awmf-leitlinien.de

www.g-i-n.net

HILKE BERTELSMANN

Letalität

Unter der Letalität wird die Tödlichkeit einer bestimmten ► Krankheit verstanden. Die Letalitätsrate ist demgemäß der Anteil der an einer bestimmten Krankheit Verstorbenen im Vergleich zur Gesamtzahl der an dieser Krankheit Erkrankten. Auf das Individuum bezogen kann eine bekannte Letalitätsrate nicht dazu verwendet werden, um daraus eine Wahrscheinlichkeit des „Überlebens" einer bestimmten Krankheit abzuleiten.

Lifestyle-Arzneimittel

Unter Lifestyle-Arzneimitteln werden ► Arzneimittel verstanden, mit deren Anwendung eine Erhöhung der ► Lebensqualität erwartet wird. Hierunter fallen z. B. Medikamente, die zur Potenzsteigerung, Gewichtsreduzierung, Raucherentwöhnung oder der Steigerung des Haarwuchses beitragen. Die ► Gesetzlichen Krankenversicherungen dürfen die Kosten dafür nicht übernehmen.

Lokaler Versorgungsbedarf

Die Ermittlung eines lokalen Versorgungsbedarfes ist Gegenstand verschiedener Planungsbereiche im ► Gesundheitssystem. Im Rahmen der ► stationären Versorgung wird bei der ► Krankenhausbedarfsplanung vom Versorgungsbedarf im Einzugsgebiet des jeweiligen ► Krankenhauses ausgegangen. Der ► Sicherstellungsauftrag der ► Kassenärztlichen Vereinigungen basiert auf dem zuvor erhobenen Bedarf an ► ambulanter Versorgung. Im Rahmen der ► Community Medicine wird versucht, beide zu verknüpfen, um dementsprechend das Angebot von ► Gesundheitsleistungen einer gesamten Region entsprechend strukturieren und dimensionieren zu können.

M

Malus

Unter einem Malus wird ein negativer Anreiz verstanden. Ein Malus ist das Gegenteil von ► Bonus. Im Rahmen des ► Gesundheitssystems können neben positiven auch negative Anreize bspw. beim Versicherten ein bewusstes Gesundheitsverhalten bewirken. Mali fließen genauso wie Boni in sogenannte ► Bonus-Malus-Regelungen ein.

Managed Care

Managed Care (sinngemäß „gesteuerte Versorgung") beschreibt einen aus den USA stammenden Ansatz zur Anwendung von Managementprinzipien im ► Gesundheitswesen. Dabei steht die Veränderung der medizinischen Versorgungsprozesse im Vordergrund. Ziel ist es, die Ausgestaltung des ► Gesundheitssystems unter Kosten- und Qualitätsgesichtspunkten zu optimieren. Für die Umsetzung des Managed-Care-Ansatzes gibt es unterschiedliche Organisationsformen sowie Managementinstrumente. Der Grundgedanke des Managed Care liegt darin, dass die Versicherten (► Patienten) sowie die ► Leistungserbringer durch die ► Kostenträger geführt werden. Zwei wichtige Organisationsformen sind die Health Maintenance Organization (HMO) und die Point of Service Organization (POS).

Health Maintenance Organization (HMO): Bei dieser Form werden die Versicherungs- und Leistungserstellungsfunktion vollständig integriert. Der Versicherte zahlt eine fixe Prämie an die HMO und erhält dafür eine vom HMO-Arzt festgelegte Behandlung im Krankheitsfall. Der Versicherte verzichtet damit auf eine freie Arztwahl, braucht aber nur einen geringeren Versicherungsbeitrag zu leisten. Point of Service Organization (POS): Diese Form ähnelt grundlegend der HMO. Gegen eine Zuzahlung kann allerdings auch ein Leistungserbringer außerhalb der Organisation gewählt werden.

Wichtige Instrumente des Managed Care lassen sich in die Kategorien Vertragsgestaltung, Vergütungssysteme, Qualitäts- und Kostensteuerung und Evaluationsverfahren einteilen: Innerhalb der Vertragsgestaltung kommt dem Selektiven Kontrahieren (► Einkaufsmodell) eine wichtige Rolle zu. Das Vergütungssystem kann beispielweise in Form einer ► Kopfpauschale aufgebaut sein. Dabei erhält der Arzt pro Periode einen Geldbetrag je Versicherten, zu dessen Versorgung er sich vertraglich verpflichtet. Die Risiken der Versorgung liegen somit beim Leistungserbringer. In Deutschland ist das Vergütungssystem des stationären Sektors in Form von ► Fallpauschalen (► Diagnosis Related Groups) angelegt. Beide Varianten sind pauschalisierte Vergütungssysteme und lösen die Einzelleistungsvergütung ab. Ein Instrument zur Qualitäts- und Kostensteuerung ist der ► Gatekeeper: Dieser ist meist der Hausarzt, welcher im Krankheitsfall die gesamten Abläufe des Versicherten organisiert und überwacht. Weitere Instrumente in dieser Kategorie sind das ► Disease- und ► Qualitätsmanagement sowie die Anwendung von Evaluationsverfahren. Neben solchen der ► evidenzbasierten Medizin sind ebenso die Verfahren der ► gesundheitsökonomischen Evaluationen verbreitet.

Eine abschließende Beurteilung zur Zielerreichung der Managed-Care-Konzepte ist schwierig zu treffen. Nach der Einführung in den USA war durchaus eine Kostensenkung zu spüren. Auch wenn sich eine Qualitätseinschätzung als schwierig erweist, so wird zumindest von einer gleichbleibenden ► Qualität gesprochen und eine Verbesserung in nicht wenigen Fällen angenommen. Auch in Untersuchungen für die Schweiz wurden positive Effekte auf die Kosten nachgewiesen, indem ein kostenbewusstes Verhalten erzielt wurde. In den letzten Jahren ist eine Diffusion von Managed-Care-Instrumenten in die ► Regelversorgung zu beobachten.

LITERATURHINWEISE:

Amelung, V. E.: Managed Care, Wiesbaden 2007. *Breyer, F./Zweifel, P./Kifmann, M.*: Gesundheitsökonomik. Kapitel 11: Organisationsformen der medizinischen Versorgung. 5. Auflage. Berlin et al. 2004.

ANDREAS WERBLOW

Männergesundheit

Ähnlich der Frauen- oder Kinderheilkunde versteht sich die Männergesundheit als einen weiteren spezifischen – hier auf das ► Geschlecht bezogenen – Ansatz der Gesundheitsversorgung von Betroffenen. Dieses Ziel leitet sich aus dem Erfordernis der Reaktion auf das Gesundheitsbewusstsein der Männer ab, welches sich deutlich von dem der Frauen unterscheidet. In einem Interview verwies der Inhaber der ersten Universitätsprofessur für Männergesundheit am Universitätsklinikum Hamburg-Eppendorf u. a. auf die folgenden beiden Punkte:

- Unterschiedliches Körperbewusstsein: Frauen leben in ihrem Körper, Männer benutzen ihren Körper.
- Unterschiedliches Inanspruchnahmeverhalten: Frauen betreiben Vorsorgemedizin, Männer Reparaturmedizin.

Diese auch auf die unterschiedlichen ► Rollen von Männer und Frauen in unserer Gesellschaft zurückgehenden mangelnden ► Gesundheitskompetenzen bei Männern gibt Anlass für eine geschlechterspezifische ► Gesundheitsbildung.

LINK-TIPPS:

www.mann-und-gesundheit.com

www.stiftung-maennergesundheit.de

Marburger Bund

Der Marburger Bund bezeichnet sich „als die gewerkschaftliche, gesundheits- und berufspolitische Interessenvertretung aller angestellten und beamteten Ärzte in Deutschland", genauer „als einzige tariffähige Ärztegewerkschaft in Deutschland und Europas". Damit deckt er im Vergleich zum ► Hartmannbund einerseits nur eine Teilgruppe der Ärzteschaft ab, wendet sich allerdings andererseits arbeitsuchenden Ärzten sowie den Medizinstudenten zu. Im Mittelpunkt der Interessenvertretung stehen demgemäß Anstrengungen für bessere Arbeitsbedingungen und leistungsgerechte Vergütung in ► Krankenhäusern, die Karriereförderung von Ärztinnen und das Engagement für eine praxisnahe Medizinerausbildung.

LINK-TIPP:

www.marburger-bund.de

Markenbildung

Eine Marke ist ein Symbol (Name, Zeichen), das es ermöglicht, die Leistungen eines Unternehmens sowie das Unternehmen als Ganzes identifizierbar zu machen. Eine Marke ist dabei im Bewusstsein der Kunden als Vorstellung über das Unternehmen und dessen Angebot verankert. Hierbei geht es einerseits um Wiedererkennen und andererseits um Vertrauen. Aus Sicht des Kunden stellt eine Marke eine wichtige Orientierungshilfe dar. Aus Sicht des Unternehmens dient die Marke als Möglichkeit zur Differenzierung im Wettbewerb.

Gesundheitsdienstleistungen sind im Vergleich zu anderen Dienstleistungen und Produkten durch besondere Eigenschaften gekennzeichnet. Bei Inanspruchnahmeentscheidungen unterliegt der Kunde im ► Gesundheitswesen daher mehr oder weniger großen Informations- und Bewertungsunsicherheiten mit einem entsprechend ausgeprägten Kaufrisiko. Anbieter müssen deshalb Maßnahmen umsetzen, die das wahrgenommene Kaufrisiko senken. Hierzu bietet sich u. a. der Aufbau einer Marke an, die dem Patienten als Qualitätssignal dient und somit eine Vertrauensfunktion übernehmen kann. Aus der Perspektive der Unternehmen kann eine Marke Wettbewerbsvorteile erzeugen. So besteht etwa die Möglichkeit, Kunden durch entsprechende emotionale Aufladung der Marke an das Unternehmen zu binden. Gerade bei Dienstleistungsunternehmen wie den ► Leistungserbringern im Gesundheitswesen besteht das Problem, die angebotenen, (häufig grundsätzlich austauschbaren) eher abstrakten Leistungen von denen des Wettbewerbs besonders abzuheben. Der Aufbau einer Marke kann hier zur Präferenzbildung bei den Kunden beitragen. Dies ist insbesondere auch deshalb von Bedeutung, weil eine Reihe von Gesundheitsleistungen von der Bevölkerung nur vergleichsweise selten in Anspruch genommen wird.

Mit zunehmendem Wettbewerb um die Kunden am Gesundheitsmarkt werden sich auch die Kommunikationsmaßnahmen verstärken. Eine Marke bietet hier die Möglichkeit, sich im Kommunikationswettbewerb der Unternehmen durchzusetzen. Die Umsetzung eines professionellen Markenmanagements ist erst ab einer gewissen Größe des Unternehmens (finanziell) möglich, im Gesundheitswesen also beispielweise für Krankenhäuser und Rehabilitationskliniken sowie insbesondere auch für Klinikverbünde und -ketten. Aber auch kleinere Anbieter (z. B. Arztpraxen) sollten sich aus den oben genannten Gründen auf einfacherer Ebene mit der Thematik beschäftigen, beispielweise durch die der Einführung eines Corporate Designs.

LITERATURHINWEISE:

Esch, F. R.: Strategie und Technik der Markenführung. 6. Auflage. München 2010. *Homburg, Ch./ Krohmer, H.*: Marketingmanagement. 3. Auflage. Wiesbaden 2009. *Trill, R./Grupe, F.*: Markenbildung in der Gesundheitswirtschaft. Flensburg, Hamburg 2009.

MARC HASENJÄGER

Maximalversorgung

► Krankenhäuser der Maximalversorgung sind daran zu erkennen, dass sie Leistungen aller medizinische Grunddisziplinen sowie die Mehrzahl der medizinischen Spezialdisziplinen: Hals-Nasen-Ohrenheilkunde, Augenheilkunde, ► Geriatrie, ► Intensivmedizin oder Anästhesiologie anbieten. Ergänzt wird das Leistungsspektrum durch die Gesamtheit von Leistungen der bildgebenden ► Diagnostik und eine ► Krankenhausapotheke. Die Anzahl von Krankenhäusern der Maximalversorgung und ihre Dimensionierung sind das Ergebnis der ► Krankenhausbedarfsplanung des jeweiligen Bundeslandes. Die Krankenhäuser der Maximalversorgung verfügen zumeist über 1.000 Betten und übernehmen in ihrem Einzugsgebiet zugleich die Aufgaben eines Krankenhauses der ► Grund- oder ► Regelversorgung. Viele dieser Krankenhäuser sind zugleich ein Universitätsklinikum.

LITERATURHINWEIS:

Schmidt-Rettig, B./Eichhorn, S. (Hrsg.): Krankenhausmanagementlehre: Theorie und Praxis eines integrierten Konzepts. Stuttgart 2007.

MEDICA

Die MEDICA ist die weltweit größte Medizin- und Krankenhaus-Messe. Sie findet jährlich einmal im November in Düsseldorf statt und wird ergänzt durch ein umfangreiches Tagungs- und Kongreßprogramm. Im Jahr 2008 wurden 137.000 Fachbesucher und 4.313 Aussteller gezählt.

LINK-TIPP:

www.medica.de

Medikamentenunverträglichkeit

► Unerwünschte Arzneimittelwirkungen

Medizin

Die Medizin ist die Lehre von der Vorbeugung, Erkennung und ► Behandlung von ► Krankheiten und Verletzungen. Sie wird von ► Ärzten und von Angehörigen weiterer ► Gesundheitsfachberufe ausgeübt. Ziel der Medizin ist die Wiederherstellung oder Bewahrung der ► Gesundheit von ► Patienten. In diesem umfassenden Sinn ist Medizin die Lehre vom gesunden und kranken Lebewesen, da sie mit ihrer Definition auch für die Versorgung von Tieren gilt.

Medizinischer Dienst der Krankenversicherung (MDK)

Der MDK ist der Beratungs- und Begutachtungsdienst der ► gesetzlichen Kranken- und ► Pflegeversicherung. Er ist zuständig für medizinische und pflegerische Fragestellungen der gesetzlichen Kranken- und Pflegekassen und ist auf der Ebene der Bundesländer organisiert. Die Aufgaben und die Organisation des MDK sind in den §§ 275-283 SGB V für die Krankenversicherung und §§ 14-18 sowie §§ 112 und 114 SGB XI für die Pflegeversicherung geregelt. Im Rahmen der Pflegeversicherung übernimmt der MDK bspw. die Aufgabe der ► Pflegebegutachtung oder die Überprüfung der ► Qualität der ► Pflege in den ► Altenpflegeeinrichtungen.

LINK-TIPP:

www.mdk.de

Medizinisches Versorgungszentrum

Der Begriff des Medizinischen Versorgungszentrums (MVZ) entstammt dem Recht der ► Gesetzlichen Krankenversicherung und ist in § 95 Abs. 1 SGB V geregelt. Ein MVZ nimmt als solches an der vertragsärztlichen Versorgung teil. Es handelt sich dabei um eine fachübergreifende, ärztlich geleitete Einrichtung. Leistungserbringer in einem MVZ können nur zur kassenärztlichen Versorgung zugelassene ► Vertragsärzte oder – nach Genehmigung durch den zuständigen Zulassungsausschuss – in dem MVZ angestellte ► Ärzte sein. Ein MVZ ist i. d. R. dann fachübergreifend, wenn es sich um mindestens zwei Ärzte mit verschiedenen Facharzt- oder Schwerpunktbezeichnungen handelt.

Die Voraussetzungen der Zulassung eines MVZ zur Kassenärztlichen Versorgung sind wesentlich komplexer als diejenigen einer ► Einzelpraxis oder ► Gemeinschaftspraxis. Insbesondere kann grundsätzlich jeder ► Leistungserbringer, der an der medizinischen Versorgung der gesetzlich Krankenversicherten teilnimmt (vgl. Kapitel 4 SGB V) Träger eines MVZ sein – somit neben Vertragsärzten bspw. auch ► Apotheker, Physiotherapeuten oder ► Krankenhäuser, jeweils alleine oder in Kooperation. Das MVZ muss allerdings nach § 95 Abs. 1 Satz 2 SGB V jedenfalls „ärztlich geleitet" werden. Der Träger kann sich dabei jeder für ihn zulässigen Organisationsform bedienen. Die Rechtsform der GmbH ist aber besonders für Ärzte und Zahnärzte zum Teil berufsrechtlich (noch) untersagt, sodass hier wie bei einer ► Gemeinschaftspraxis lediglich eine Gesellschaft bürgerlichen Rechts (GbR, „BGB-Gesellschaft") oder eine Partnerschaftsgesellschaft (PartG) in Betracht kommen.

TILL ARENS

Medizinproduktegesetz (MPG)

Das Medizinproduktegesetz enthält die Regelungen über die technischen, medizinischen und Informationsbezogenen Anforderungen für die Herstellung, das Inverkehrbringen sowie die Einfuhr von Medizinprodukten. Ziel dieser Regelungen ist es, die Sicherheit, Eignung und Leistungsfähigkeit entsprechender Produkte zu gewährleisten und gleichzeitig den Schutz des ► Patienten nicht aus den Augen zu verlieren.

Mehrbehandlerpraxis

Als Mehrbehandlerpraxis wird einerseits eine ► Einzelpraxis bezeichnet, in der neben dem Praxisinhaber noch weitere Ärzte in Anstellung regelmäßig tätig sind. Aber auch eine ► Gemeinschaftspraxis stellt im weiteren Sinne eine Mehrbehandlerpraxis dar. Für das allgemeine Verständnis des Begriffs der Mehrbehandlerpraxis kommt es nicht auf die Anzahl der Praxisinhaber, sondern darauf an, ob den Patienten für eine Behandlung mehrere Behandler zur Verfügung stehen.

TILL ARENS

Mobile personenbezogene Speicher- und Verarbeitungsmedien

Den Bestimmungen des ► Bundesdatenschutzgesetzes unterliegen auch mobile personenbezogene Speicher- und Verarbeitungsmedien. Dies allerdings nur dann, wenn sie an den Betroffenen ausgegeben werden, sich auf ihnen ► personenbezogene Daten befinden, die über die bloße Speicherung hinaus automatisiert verarbeitet werden können und bei denen der Betroffene die Verarbeitung nur durch den Gebrauch des Mediums beeinflussen kann (§ 3 Abs. 10 BDSG). Hierunter fallen die Chipkarten der Krankenkassen, auf denen die personenbezogenen Daten der ► Patienten gespeichert sind, vgl. *Gola/Schomerus*, BDSG § 3, Rn. 58. Dabei können Patienten zwar über den Gebrauch entscheiden, indem sie die Karte beispielweise in ein in der Praxis bereitgestelltes Lesegerät eingeben. Die Verarbeitung der Daten können sie aber nicht steuern.

Für derartige Speichermedien gelten gemäß § 6c BDSG besondere Vorschriften. Im Wesentlichen handelt es sich um Informationspflichten. Der Betroffene muss informiert werden über Identität und Anschrift der ausgebenden Stelle, über die Funktionsweise des Mediums einschließlich der zu verarbeitenden personenbezogenen Daten, über seine Rechte nach dem BDSG sowie über die Maßnahmen, die bei Verlust oder Zerstörung zu treffen sind (§ 6c Abs. 1 BDSG). Außerdem müssen die zur Wahrnehmung des Auskunftsrechts erforderlichen Geräte oder Einrichtungen in angemessenem Umfang zum unentgeltlichen Gebrauch zur Verfügung gestellt werden (§ 6c Abs. 2 BDSG). Schließlich müssen die Kommunikationsvorgänge, die auf dem Medium eine Datenverarbeitung auslösen für den Betroffenen eindeutig erkennbar sein (§ 6c Abs. 3 BDSG).

LITERATURHINWEIS:

Bizer, J.: Gesundheitskarte, in: Fox, D./Reimer, H./Buchner, B. (Hrsg.): DuD 2004. S. 243.

AXEL BENNING

Modellvorhaben

Gemäß § 63 Abs. 1 SGB V dürfen die ► gesetzlichen Krankenversicherungen im Rahmen ihrer gesetzlichen Aufgabenstellung zur Verbesserung der ► Qualität und der ► Wirtschaftlichkeit der Versorgung Modellvorhaben zur Weiterentwicklung der Verfahrens-, Organisations-, Finanzierungs- und Vergütungsformen der Leistungserbringung durchführen oder nach § 64 SGB V mit ► Leistungserbringern vereinbaren. Damit sind bspw. innovative Konzepte der Versorgung von ► Patienten oder der Finanzierung erbrachter Leistungen gemeint. So gehen ► Disease-Management-Programme oder das Konzept der ► Integrierten Versorgung auf eine Erprobung im Rahmen von Modellvorhaben zurück.

Monistik

Monistik bezeichnet die in einer Marktwirtschaft gebräuchliche Form der Finanzierung, bei der die von einem Betrieb erbrachte Marktleistung aus einer Quelle, nämlich den Umsatzerlösen, vergütet wird. Aus sozialstaatlichen Erwägungen hat sich in Deutschland in Teilen des Gesundheits- und Sozialbereichs eine hiervon abweichende Finanzierungsform, die sog. ► duale Finanzierung, etabliert. Bei Anwendung der monistischen Finanzierung würden den Krankenhäusern sowohl die Gegenwerte der ► Investitionskosten als auch die Kosten des laufenden Betriebs (► Betriebskosten) über die Umsatzerlöse zufließen. Jedes ► Krankenhaus wäre somit für die Finanzierung von Investitionen und deren Folgekosten selbst verantwortlich. Die staatliche Investitionsförderung und die damit verbundene Kapazitätsplanung entfielen. Beim Übergang auf die Monistik ist folglich die Frage zu klären, ob die entfallenden staatlichen Investitionsfördermittel durch einen Anstieg der von den Krankenversicherungsträgern bzw. den ► Patienten zu zahlenden Entgelten ausgeglichen werden oder von den Krankenhäusern (teilweise) durch ► Rationalisierung einzusparen sind. Außerdem ist darüber zu befinden, ob der ► Sicherstellungsauftrag bei den Ländern bleiben soll. Bereits heute finden sich auch im deutschen ► Gesundheitswesen monistisch finanzierte Leistungsbereiche. Hierzu gehören die ► ambulante Versorgung ebenso wie die ► Rehabilitation und die Krankenhäuser, die das jeweilige Land als nicht bedarfsnotwendig erachtet und deshalb nicht in den ► Krankenhausplan aufgenommen hat.

Aus ökonomischer Sicht weist die Monistik gegenüber der dualen Finanzierung mehrere Vorteile auf:

- Investitionsentscheidungen können durch das Krankenhausmanagement vor Ort zeitnah und unabhängig von zentralen Planungsvorgaben getroffen werden. Entscheidungskompetenz und Ergebnisverantwortung liegen somit in einer Hand. Dies begünstigt eine effiziente Ressourcenallokation.

- Duale Finanzierung verzerrt die Investitionsentscheidungen des Krankenhausmanagements, da sich dieses eher an – erwarteter – Mittelverfügbarkeit denn an ökonomischer Vorteilhaftigkeit orientiert.
- Die Preisrelationen zwischen ambulanter und stationärer Versorgung werden verzerrt, da nur im stationären Bereich die Investitionskosten über Steuermittel finanziert werden.

LITERATURHINWEISE:

Felder, S./Fetzer, S./Wasem, J.: Was vorbei ist, ist vorbei: Zum Übergang in die monistische Krankenhausfinanzierung, in: *Klauber, J./Robra, B.-P./Schellschmidt, H.* (Hrsg.): Krankenhaus-Report 2007. Stuttgart, New York 2008. S. 143-153. *Rürup, B./Albrecht, M.* et al.: Umstellung auf eine monistische Finanzierung von Krankenhäusern. Expertise im Auftrag des Bundesministeriums für Gesundheit. Berlin 2008, unter www.iges.de. *Einwag, M./Geiser, M./Siebig, J.* et al.: Konzept 09: Ordnungspolitischer Rahmen der Krankenhausfinanzierung. Stuttgart 2007.

EVELINE HÄUSLER

Moral Hazard

Moral Hazard liegt vor, wenn eine Person in Folge des Abschlusses einer Versicherung sein Verhalten gegenüber dem Nicht-Versicherungsfall verändert. Oft wird Moral Hazard etwas missverständlich mit „moralischem Risiko“ in die deutsche Sprache übersetzt, was dem Inhalt des Begriffs aber nur unzureichend Rechnung trägt. Mit dem Begriff des Moral Hazard soll nämlich keineswegs eine moralisch verwerfliche Handlung qualifiziert werden. Vielmehr handelt es sich hier um eine vollkommen rationale Verhaltensänderung in Konsequenz der durch den Abschluss einer Versicherung veränderten Anreize.

Im ► Gesundheitswesen gibt es zwei verschiedene Erscheinungsformen von Moral Hazard. Von ex-ante-Moral-Hazard spricht man, wenn ein Versicherungsnehmer nach Abschluss des Versicherungsvertrages, aber vor Eintritt eines Krankheitsfalls, sein Verhalten ändert, und dies von der Versicherung nicht beobachtet werden kann. Ein solches Verhalten ist subjektiv rational, da der Versicherte nun nicht mehr die gesamten Folgen seines Handelns tragen muss. So wird er z. B. unter Umständen Maßnahmen der ► Prävention unterlassen, wenn diese als lästig empfunden werden.

Ein Fall von ex-post-Moral-Hazard liegt vor, wenn nach Abschluss einer Versicherung und nach Eintreten eines Krankheitsfalls der Versicherungsnehmer sein Verhalten im Vergleich zum Nicht-Versicherungsfall ändert. Dies ist insbesondere dann der Fall, wenn er nach Eintritt des Krankheitsfalls eine höhere Menge (im Extremfall seine individuelle Sättigungsmenge) an ► Gesundheitsleistungen konsumiert als er dies getan hätte, wenn er nicht versichert gewesen wäre. Dieser Fall kann grundsätzlich nur dann auftreten, wenn der Versicherer seine Leistung nicht an das Eintreten bestimmter Umweltzustände, sondern nur an die Handlungen des Versicherten knüpfen kann und die Nachfrage nach den entsprechenden Gesundheitsleistungen preiselastisch, also von der Höhe des für die Gesundheitsleistung zu zahlenden Preises abhängig ist. Auch ex-post-Moral-Hazard ist Ergebnis subjektiv rationalen Verhaltens.

Beide Arten von Moral Hazard führen also dazu, dass mehr als die im Referenzfall ohne Versicherung individuell optimale Menge an Gesundheitsleistungen konsumiert wird und die insgesamt zu tragenden ► Kosten damit ansteigen. Dies schlägt sich mittelfristig in Beitragserhöhungen der ► Krankenkassen nieder. Da die erhöhten Beiträge alle Versicherten treffen, handelt es sich bei der beschriebenen Situation um ein Gefangenendilemma: subjektiv rationales Verhalten führt zu einer kollektiv inferioren ► Allokation.

LITERATURHINWEISE:

Arrow, K. J.: Essays in the Theory of Risk-Bearing. Amsterdam 1979. *Berlemann, M./Karmann, A.*: Moral Hazard im Gesundheitswesen – Ein Beispiel aus der Kieferorthopädie, in: Zeitschrift für Wirtschafts- und Sozialwissenschaften. 118/1998. S. 573-595. *Breyer, F./Zweifel, P./Kifmann, M.*: Gesundheitsökonomie. Berlin 2004.

MICHAEL BERLEMANN

Morbidität

Unter der Morbidität wird die Häufigkeit einer ► Krankheit in einer bestimmten Bevölkerungsgruppe verstanden. Wird die Krankheitshäufigkeit auf einen Zeitraum bezogen, dann lassen sich ► Inzidenz und die ► Prävalenz einer bestimmten Krankheit unterscheiden. Unter gesundheitsökonomischen Gesichtspunkten ist sie ein Maß dafür, in welchem Umfang die adäquaten ► Gesundheitsleistungen vorzuhalten sind. Dementsprechend richtet sich danach auch die Höhe der Gelder, die eine ► gesetzliche Krankenversicherung zur Vergütung der für ihre Mitglieder erbrachten Gesundheitsleistungen aus dem ► Gesundheitsfonds erhält. Vgl. auch ► Morbi-RSA.

Morbi-RSA

Mit der Verabschiedung des GKV-Wettbewerbsstärkungsgesetzes (GKV-WSG) wurde ab dem Jahre 2009 ein morbiditätsorientierter Risikostrukturausgleich (Morbi-RSA) eingeführt, der den 1994 eingeführten ► Risikostrukturausgleich (RSA) ablöste. Ausgangspunkt für diese Einführung war die Tatsache, dass einige Krankenkassen durch eine ungünstige Versichertenstruktur und eine überdurchschnittlich hohe Morbiditätslast ihrer Versicherten finanziell benachteiligt würden. Grundsätzlich sollte der Anreiz zur Risikoselektion, wie er sich durch den früheren Risikostrukturausgleich (RSA) entwickelt hatte, reduziert werden.

Der morbiditätsorientierte Risikostrukturausgleich regelt, wie viel Geld die Krankenkasse aus dem ► Gesundheitsfonds zur Deckung der Leistungsausgaben ihrer Versicherten erhalten. Die Höhe der Zuweisung variiert entsprechend der Gesundheitslast der Versicherten. Zu diesem Zweck wurden vom ► Bundesversicherungsamt mit Unterstützung eines wissenschaftlichen Beirates 80 chronische, ausgabenintensive Krankheiten mit etwa 4.000 Einzeldiagnosen ausgewählt, bei denen die durchschnittlichen Leistungsausgaben je Versicherten (festgestellt mit Hilfe der Daten zur Medikamentenverschreibung und der Krankenhausbehandlung) die GKV-weiten durchschnittlichen Leistungsausgaben je Versicherten um mindestens 50 % überstiegen.

Der Beirat hatte sich in seinem Vorschlag streng an diese Kriterien gehalten, in der weiteren Diskussion wurde jedoch moniert, dass ► Krankheiten, die aufgrund ihrer hohen ► Prävalenz zu Mehrkosten führen, nicht in der Liste enthalten waren. Das Bundesversicherungsamt bezog diese Mehrkosten, die im Wesentlichen durch die ► Disease Management-Programme erfasst wurden, mit ein. Der Vorschlag des Beirates umfasste die Einbeziehung von 23,2 % aller Versicherten und 67,0 % der Ausgaben, der später verabschiedete und jetzt gültige Vorschlag bezieht sich auf 39,5 % der betroffenen Versicherten und 54,0 % der Ausgaben. Kritisiert an diesem Vorschlag wird, dass er zu einer Pathologisierung der GKV und zu einer „Jagd" nach chronisch Kranken mit nur leichten Krankheitsausprägungen mit Hilfe von Fehlangaben bei den Krankheiten führen wird.

Die Versicherten werden über ein Klassifikationsmodell den einzelnen Morbiditätsgruppen zugeordnet, was auf der Versichertenkarte vermerkt ist. So werden die unterschiedlich verteilten Krankheitsbelastungen der Versicherten unter den Krankenkassen bei den Ausgleichszahlungen durch den Gesundheitsfonds berücksichtigt. Ob durch den Morbi-RSA eine Steuerungswirkung und ein Abbau unnötiger Bürokratie erzielt wird, müsste durch eine Evaluation gezeigt werden, die jedoch gesetzlich nicht vorgesehen ist. Ebenso sind die Konsequenzen auf die Versorgungsqualität und das Versorgungsmanagement zu evaluieren.

LITERATURHINWEISE:

Busse, R. et al.: Wissenschaftliches Gutachten über die Auswahl von 50-80 Krankheiten zur Berücksichtigung im morbiditätsorientierten Risikostrukturausgleich. Bonn 2007, unter: www.der-gesundheitsfonds.de/fileadmin/redaktion/Dokumente/Gutachten_Beirat_Krankheits auswahl_gesamt.pdf (Datum des Abrufs: 10.2.2010). *Göpffarth, D.* et al.: Jahrbuch Risikostrukturausgleich 2008. Sankt Augustin 2009. *Rosenbrock, R./Gerlinger, T.*: Gesundheitspolitik. Eine systematische Einführung. Bern 2004.

CORNELIA BORMANN

Mortalität

Unter der Mortalität wird die Sterblichkeit verstanden. Im Rahmen der ökonomischen Rahmenbedingungen des ► Gesundheitswesens ist es dann die Sterberate in einer bestimmten Bevölkerungsgruppe, die bspw. beim ► demografischen Wandel und seinen Auswirkungen auf die Finanzierbarkeit des Gesundheitswesens eine Rolle spielt.

Multimorbidität

Unter der Multimorbidität wird in Anlehnung an die ► Morbidität das gleichzeitige Vorliegen mehrerer ► Krankheiten verstanden. Mit steigendem ► Alter (vgl. auch ► demografischer Wandel) steigt die Wahrscheinlichkeit für eine Multimorbidität.

Mundgesundheit

Unter der Mundgesundheit wird gemäß einer Definition der ► WHO die Fähigkeit verstanden, ein breites Spektrum an Nahrungsmitteln zu kauen und zu essen, deutlich zu sprechen, ein sozial akzeptables Lächeln sowie ein entsprechendes dentofaziales Profil zu besitzen, sich im Mundbereich wohl zu fühlen, frei von ► Schmerzen zu sein und über einen frischen Atem zu verfügen.

LITERATURHINWEIS:

Heft 47 der ► Gesundheitsberichterstattung des Bundes. Berlin 2009.

LINK-TIPP:

www.zahnwissen.de

N

Nachsorge

Eine Form der tertiären ► Prävention

Nebenwirkungen

► Unerwünschte Arzneimittelwirkungen

Nichtmedizinische Heilberufe

► Gesundheitsfachberufe

Niederlassungsfreiheit

Voraussetzung für eine Zulassung zur vertrags(zahn)ärztlichen Versorgung ist die Eintragung in das (Zahn)arztregister. Die Voraussetzungen für die Eintragung ergeben sich für Ärzte aus § 95a SGB V und für Zahnärzte aus § 95 Abs. 2 Satz 3 SGB V, in denen die jeweiligen Ausbildungs- bzw. Vorbereitungszeiten vorgegeben sind. Sind diese Voraussetzungen erfüllt besteht grundsätzlich ein Rechtsanspruch auf die Zulassung.

Einschränkungen erfährt dieser Rechtsanspruch durch mögliche Zulassungsbeschränkungen aufgrund der Bedarfsplanung. Gemäß § 99 SGB V stellen ► K(Z)Ven und ► gesetzliche Krankenkassen gemeinsam den Bedarfsplan zur Sicherstellung der vertrags(zahn)ärztlichen Versorgung auf. Bei festgestellter Über- oder Unterversorgung in den entsprechenden Planungsgebieten hat die Selbstverwaltung Konsequenzen dergestalt zu ziehen, dass eine gleichmäßige Versorgung sichergestellt wird. Das kann im Einzelfall die Sperrung eines Planungsgebietes bedeuten. Diese Art der Zulassungsbeschränkung gilt ausschließlich für den ärztlichen Bereich. Für die vertragszahnärztliche Tätigkeit sind Zulassungsbeschränkungen zum 1. 4. 2007 entfallen.

Auch in Planungsbereichen, für die Zulassungssperren angeordnet sind, ist eine Niederlassung unter bestimmten Voraussetzungen möglich. Gemäß § 101 Abs. 1 SGB V können Ärzte desselben Fachgebietes ihre Tätigkeit gemeinsam ausüben, sofern sie sich verpflichten, den bisherigen Leistungsumfang der Praxis nicht zu überschreiten. Gemäß § 101 Abs. 1 Nr. 5 SGB V können auch angestellte Ärzte bei Verpflichtung zur Leistungsbegrenzung in gesperrten Planungsgebieten beschäftigt werden.

Die Einschränkung der Niederlassungsfreiheit durch Altersbegrenzungen ist zwischenzeitlich beseitigt. Die ehemals geltende Zugangsbegrenzung, wonach eine Zulassung nach Vollendung des 55. Lebensjahres nicht möglich war, ist zum 1. 1. 2007 entfallen. Auch die in § 95 SGB V bislang enthaltene Regelung zur Beendigung der Tätigkeit mit Vollendung des 68. Lebensjahres ist zum 1. 1. 2009 aufgehoben worden. Obwohl diese gesetzliche Vorgabe aufgehoben ist, ist derzeit zur Frage der Rechtmäßigkeit einer derartigen Beschränkung der Berufsausübung ein Verfahren vor dem Europäischen Gerichtshof C – 341/08 – anhängig. Vom Ausgang dieses Verfahrens wird es abhängig sein, ob Schadensersatzansprüche der ehemals Betroffenen in Betracht kommen.

LITERATURHINWEIS:

Hess, R.: Kasseler Kommentar. Sozialversicherungsrecht. Band 1, §§ 75 bis 81a SGB V, München (Stand: 1. 1. 2010).

ANNE SANDFORT

Nosokomiale Infektionen

Hierunter werden Infektionen verstanden, die sich ein Patient in einem ► Krankenhaus zuzieht. Die Organisation der Arbeitsabläufe in der medizinischen, pflegerischen und therapeutischen Versorgung in einem Krankenhaus(bau) werden als ursächlich für diese Art von Infektionen angesehen. Nosokomiale Infektionen sind von ökonomischer Bedeutung, treten sie auf, verlängert sich aufgrund erforderlicher Behandlungen die ► Verweildauer eines Patienten um bis zu 10 Tage. Am Beispiel Deutschlands beläuft sich der hieraus ableitende Anstieg der Behandlungskosten Studien zur Folge auf jährlich bis 1,5 Mrd. €. Die Vermeidbarkeit dieser Infektionen wird zwischen 30-50 % geschätzt, wenn entsprechende Maßnahme der ► Hygiene im Krankenhaus greifen.

LITERATURHINWEIS:

Heft 8 der ► Gesundheitsberichterstattung des Bundes: „Nosokomiale Infektionen". Berlin 2002.
Leisten, R./Ragg, S.: Wirtschaftliche Aspekte der Krankenhaushygiene, in: *Burchert, H./Hering Th.* (Hrsg.): Gesundheit und Ökonomie. Interdisziplinäre Lösungsvorschläge. Baden-Baden 1998. S. 73-87.

Notarzt

Ein Notarzt ist ein ► Arzt mit einer entsprechenden Zusatzausbildung, die ihn dazu qualifiziert, in Akutsituationen mit Transportmitteln des ► Rettungsdienstes in kürzestmöglicher Zeit zum ► Patienten zu gelangen und diesen präklinisch, also vor einem Aufenthalt in einem ► Krankenhaus, zu behandeln. Der Notarzt ist klar von einem Arzt im Rahmen des ► Notdienstes abzugrenzen.

Notdienst

Ein Notdienst sichert die Versorgung, wenn es außerhalb der üblichen Öffnungszeiten oder Sprechzeiten zu einem entsprechenden Hilfebedarf kommt. Im ► Gesundheitssystem werden i. d. R. ein Apothekennotdienst, ein Ärztlicher sowie ein Zahnärztlicher Notdienst vorgehalten.

Die Verantwortung für den ärztlichen Notdienst liegt bei der jeweiligen ► Kassenärztlichen Vereinigung.

Nutzen

Dies ist der Ausdruck der Fähigkeit eines Gutes oder einer Dienstleistung Bedürfnisse zu befriedigen. Dieser Begriff spielt im Rahmen der Volkswirtschaftslehre und hier vor allem in der Wirtschaftstheorie eine große Rolle. Eine wahrgenommene Nützlichkeit oder Vorteilhaftigkeit ist die Voraussetzung für individuelles oder gemeinsames Handeln. Der Nutzen liefert damit etwa Hinweise zur Erklärung von gesundheitsrelevanten Verhaltensweisen (wie z. B. Rauchen versus Sport), dient aber auch als wichtige Grundlage der Entscheidungsvorbereitung selbst.

Bei ► gesundheitsökonomischen Evaluationen mit vergleichendem Charakter werden durch Nutzengrößen Ergebnisse einer Intervention erfasst. Die verschiedenen Studientypen unterscheiden sich danach, wie der Nutzen gemessen wird. Im Rahmen der ► Kosten-Nutzen-Analyse wird er in Geldeinheiten erfasst. Die ► Kosten-Wirksamkeits-Analyse misst dagegen den ► Outcome auf Grundlage einer eindimensionalen Skala oder natürlichen bzw. physischen Einheiten (klinische Parameter, Fallzahlen). Dagegen erfolgt bei der ► Kosten-Nutzwert-Analyse die Nutzenmessung in Einheiten einer kardinalen Nutzenfunktion, mit der das mehrdimensionale Konzept von ► Gesundheit in einen skalaren Index übergeführt wird. Nutzen und ► Kosten können im Grunde als zwei Teile derselben Sache verstanden werden. So spiegelt sich der Nutzen einer medizinischen Intervention einerseits in Kosteneinsparungen, andererseits in nicht-monetären Größen wider.

LITERATURHINWEISE:

Breyer, F./Zweifel, P./Kifmann, M.: Gesundheitsökonomik. 5. Auflage. Berlin, Heidelberg 2005.
Greiner, W.: Die Berechnung von Kosten und Nutzen, in: *Schöffski, O./Graf v. d. Schulenburg, J. M.* (Hrsg.): Gesundheitsökonomische Evaluationen. 3. Auflage. Berlin, Heidelberg 2008. S. 49-63.

PAUL MARSCHALL

O

Objektivität

Die Objektivität ist ein Gütekriterium in der empirischen Sozialforschung oder auch beim Einsatz von ► Lebensqualitätsfragebögen im Rahmen der ► gesundheitsökonomischen Evaluation. Damit wird die Erwartung ausgedrückt, dass die Qualität eines Fragebogens (also der Befragungsergebnisse) nicht von der Befragung oder der Person des Fragenden, sondern ausschließlich vom Befragten abhängt. Die drei Gütekriterien Objektivität, ► Reliabilität und ► Validität stehen im engen Zusammenhang. Die Objektivität ist die Voraussetzung für die Reliabilität, während aus letzterer wiederum die Validität eines Messinstrumentes folgt.

Öffentlicher Gesundheitsdienst

Als ein Teil des öffentlichen Gesundheitswesens ist der Öffentliche Gesundheitsdienst (ÖGD) mit verschiedenen Aufgaben betraut, mit denen die ► Gesundheit der Bevölkerung geschützt werden soll: Neben dem traditionellen Gesundheitsschutz (z. B. Maßnahmen gegen ► Infektionen, ► Hygiene, Verringerung von Krankheitsrisiken) gehören auch die ► Gesundheitsförderung und ► Prävention sowie die Planung und Steuerung des ► Gesundheitswesens mit dem Ziel, diese Rahmenbedingungen qualitativ zu verbessern. In Deutschland ist die Verantwortung auf Bund und Bundesländer verteilt. Die Aufgaben sind in den Bundes- und Landesgesetzen, den Verordnungen und im EU-Recht festgeschrieben. Ausführende Organisationen sind die Gesundheitsämter auf lokaler Ebene, die Untersuchungsämter, Bezirksregierungen und Ministerien auf Landesebene, das ► Bundesministerium für Gesundheit auf Bundesebene sowie weitere Institute (z. B. das Robert-Koch-Institut). Die Aufgaben des ÖGD variieren sehr stark in der Form der Wahrnehmung: So geht es einerseits um die Kontrollfunktion, dass beauftragte Institutionen bestimmte Aufgaben auch eigenverantwortlich umsetzen, andererseits werden die Behörden selbst zu Akteuren, wenn sie selbst gesundheitliche Leistungen – etwa Impfaktionen – vornehmen und steuern. Experten gehen davon aus, dass der ÖGB künftig mehr als Koordinator, Anwalt, Mittler und Berater der Öffentlichkeit, der Politik und den Akteuren im Gesundheitswesen gefordert sein wird.

LITERATURHINWEISE:

Wildner, M./Zöllner, H./Zapf, A.: Der Öffentliche Gesundheitsdienst als Prototyp staatlicher Gesundheitsfürsorge, in: Forum Public Health. 17/2009. *Wildner, M./Zöllner, H./Sigl, C.* et al.: Der öffentliche Gesundheitsdienst im internationalen Vergleich – Euregio Bodensee 2009, in: *Locher, W. G./Wildner, M./Kerscher, G. F.* (Hrsg.): Der öffentliche Gesundheitsdienst im internationalen Vergleich – Euregio Bodensee. München 2009.

SUSANNE WERNER

Ordination

Österr. Begriff für ambulante Arztpraxis

Ordnungswidrigkeiten nach BDSG

Verstöße gegen das ► Bundesdatenschutzgesetzes stellen zunächst eine Ordnungswidrigkeit dar, vgl. § 43 BDSG. Ordnungswidrigkeiten sind rechtswidrige, vorwerfbare Handlungen, die gegen einen gesetzlich normierten Tatbestand verstoßen, denen der Gesetzgeber aber keinen solchen kriminellen Unwertgehalt beigemessen hat, dass er sie mit Strafe bedroht und somit den Straftaten gleichgestellt hat. Ordnungswidrig handelt nach dem BDSG derjenige, der die Vorschriften des BDSG missachtet. Die Taten betreffen zunächst die Datenverarbeitung selbst, also das unbefugte Erheben, Nutzen oder Verarbeiten, aber auch die unzulässige Übermittlung sowie das unberechtigte Abrufen von Daten. Derartige Handlungen können gemäß § 43 Abs. 3 BDSG mit einer Geldbuße von bis zu 300.000 € geahndet werden. Darüber hinaus stellen aber auch die Nichtbeachtung von Meldepflichten bzw. das nicht rechtzeitige Unterrichten des Betroffenen Ordnungswidrigkeiten dar. Derartige Handlungen können ebenfalls mit einer Geldbuße von bis zu 300.000 € geahndet werden. Derartige Handlungen können aber auch einen Straftatbestand darstellen, nämlich dann wenn die Ordnungswidrigkeit als vorsätzliche Tat gegen Entgelt oder in der Absicht, sich oder einen anderen zu bereichern oder einen anderen zu schädigen, begangen wird, vgl. § 44 BDSG (► Straftaten nach BDSG). Dies wird mit einer Freiheitsstrafe von bis zu zwei Jahren oder einer Geldstrafe bestraft.

LITERATURHINWEISE:

Gola, P./Schomerus, R.: Bundesdatenschutzgesetz. 10. Auflage. München 2010. *Gola, P./Jaspers, A.*: Das novellierte BDSG im Überblick. 5. Auflage. Heidelberg u. a. 2009.

AXEL BENNING

Organspende

Mit der Organspende wird das Bereitstellen von Organen zum Zwecke der Transplantation (► Transplantationsmedizin) bezeichnet. Im Transplantationsgesetz findet sich der rechtliche Rahmen für die Organspende nach dem ► Tode sowie für die unter bestimmten Bedingungen auch mögliche Lebendspende.

LITERATURHINWEIS:

Heft 17 der ► Gesundheitsberichterstattung des Bundes. Berlin 2003. *Blum, K.*: Organspendesituation in deutschen Krankenhäusern. Studie des Deutschen Krankenhausinstituts im Auftrag der Deutschen Krankenhausgesellschaft. Band 13: Wissenschaft und Praxis der Krankenhausökonomie. Düsseldorf 2007.

Outcome

Outcome ist die Bezeichnung für die interventionsbedingte Veränderung des gegenwärtigen oder zukünftigen Gesundheitszustands. Dieser Begriff ersetzt den allgemein in den Wirtschaftswissenschaften gebräuchlichen Begriff „Output". Die Messung des Outcomes im Rahmen ► gesundheitsökonomischer Evaluationen erfolgt je nach Art der Maßnahme in Form klinischer Parameter (Blutdruck), gesundheitlicher Effekte (Tumor-Vermeidung), über Veränderungen der Lebenserwartung, ► Lebensqualität (gewonnene, symptomfreie Tage, gewonnene Arbeitstage) bis hin zu monetären Outcomes (Zahlungsbereitschaft). Bei ► Kosten-Wirksamkeits-Analysen ist die Wahl des oder der Outcome-Maßgrößen von besonderer Bedeutung, da je nach verwendetem Parameter unterschiedliche Alternativen als ökonomisch besonders vorteilhaft gelten können.

LITERATURHINWEISE:

Fleßa, S.: Gesundheitsökonomik: Eine Einführung in das wirtschaftliche Denken für Mediziner. 2. Auflage. Berlin, Heidelberg 2007. *Schöffski, O./Graf v. d. Schulenburg, J. M.* (Hrsg.): Gesundheitsökonomische Evaluationen. 3. Auflage. Berlin, Heidelberg 2008.

PAUL MARSCHALL

Outsourcing

Engl. Begriff für ► Ausgliederung

P

Packungsbeilage

► Gebrauchsinformationen

PACS

► Picture Archiving and Communication System

Palliative Care Team (PCT)

Palliative Care Teams sind ursprünglich die multiprofessionell besetzen Teams in einem stationären ► Hospiz (z. B. in Großbritannien) oder auf einer ► Palliativstation. Ein solches Team besteht aus Palliativärzten, palliativen Pflegekräften, entsprechend weitergebildeten Sozialarbeitern, Seelsorgern, Psychologen und anderen Therapeuten. Palliative Care Teams in der ambulanten Versorgung sind selbständige Organisationseinheiten mit eigenständigem Versorgungsauftrag für Palliativpatienten. PCTs bestehen (im engeren Sinne der Leistungserbringung der SAPV) mindestens aus entsprechend qualifizierten Ärzten und Pflegefachkräften, möglichst mit einem festen Personalstamm. Für die koordinierende Tätigkeit sind Erfahrungen und Kenntnisse im Bereich des ► Case-Managements erforderlich. PCTs verfügen über eine besondere Personalstruktur und Ausstattung, die eine spezialisierte ambulante palliativmedizinische und palliativpflegerische Versorgung (► SAPV) sicherstellen.

WOLF DIEMER

Palliativmedizin – Palliativversorgung (Palliative Care)

Die Palliativmedizin ist gemäß der Definition der ► Weltgesundheitsorganisation (WHO) von 2002 ein Ansatz zur Verbesserung der ► Lebensqualität von ► Patienten und ihren Familien, die mit Problemen konfrontiert sind, welche mit einer lebensbedrohlichen Erkrankung einhergehen. Dies geschieht durch Vorbeugen und Lindern von Leiden durch frühzeitige Erkennung, sorgfältige Einschätzung und Behandlung von Schmerzen sowie anderen Problemen körperlicher, psychosozialer und spiritueller Art. Das Hauptziel von Palliativversorgung ist der Erhalt, die Förderung bzw. – soweit möglich – die Verbesserung der ► Lebensqualität für ► Patienten und ihr soziales Umfeld (auch über die Sterbephase hinaus).

Im Deutschen wird sowohl „Palliativmedizin" wie auch „Palliativversorgung" als Übertragung des englischen Begriffes „Palliative Care" verwendet. Im engeren Sinn kann unter „Palliativmedizin" (engl.: „Palliative Medicine") auch der unverzichtbare, ärztliche Beitrag zur Palliativversorgung verstanden werden. Der englische Begriff „Palliative Care" umfasst in jedem Fall die gesamte Palliativversorgung von der ärztlichen Behandlung über die palliative Pflege und weitere Therapien unter Einbeziehung der ehrenamtlichen Hospizhelfer. Die wissenschaftliche Gesellschaft für die Palliativversorgung in Deutschland (Mitglieder sind Ärzte, Pflegende und Mitglieder anderer Berufsgruppen) ist die Deutsche Gesellschaft für Palliativmedizin. Politische Ziele organisiert der deutsche Hospiz- und Palliativverband. Beide Organisationen haben ihren Sitz in Berlin.

LINK-TIPPS:

www.dgpalliativmedizin.de

www.hospiz.net

WOLF DIEMER

Palliativpatient

Palliativpatienten sind ► Patienten mit einer nicht heilbaren, fortgeschrittenen und progredienten Erkrankung mit begrenzter Lebenserwartung, die an den körperlichen, psychosozialen oder seelischen Folgen dieser Erkrankung leiden. I. d. R. hat der Verlauf der Erkrankung einen Punkt erreicht, bei dem die Erhaltung der ► Lebensqualität ganz im Vordergrund steht. Palliativpatienten benötigen in besonderem Maße Linderung von körperlichen ► Symptomen, Achtung ihrer Würde, psychosoziale Unterstützung sowie Angebote der spirituellen Begleitung bis zum Tod. Auch das soziale Umfeld von Palliativpatienten (Familie, Freunde, Nachbarn) ist betroffen und benötigt oft Hilfe (z. B. in Form einer Pflegeanleitung und psychosozialer Unterstützung). Je nach Intensität oder Komplexität der Beschwerden bzw. der psychosozialen Situation sind Angebote der allgemeinen und/oder der spezialisierten ambulanten Palliativversorgung und durch Hospizdienste oder ein stationäres Hospiz erforderlich.

WOLF DIEMER

Palliativstation

Bereits 1975 wurde im Royal Victoria Hospital in Montreal die erste Station zur palliativen Versorgung Schwerkranker und Sterbender nach dem Vorbild des St. Christopher's Hospice in London eingerichtet. Die erste Palliativstation in Deutschland folgte erst 1983 in der Kölner Chirurgischen Universitätsklinik. Die Palliativstation ist eine Abteilung in oder an einem ► Krankenhaus. Sie ist spezialisiert auf die Behandlung, Betreuung und Begleitung von ► Palliativpatienten. Charakteristisch für die Palliativstation ist das multiprofessionelle ► Palliative Care Team aus hierfür speziell qualifizierten Ärzten, Pflegenden, Sozialarbeitern, Seelsorgern, Psychologen und weiteren Therapeuten, ergänzt durch ehrenamtliche Hospizhelfer.

Auf der Palliativstation können medizinische, pflegerische, psychosoziale und spirituelle Probleme wechselnde Priorität haben. Deshalb sind Kommunikation und Zusammenarbeit von besonderer Bedeutung. Die Palliativstation arbeitet vernetzt mit den anderen Krankenhausabteilungen, niedergelassenen Haus- und Fachärzten, SAPV-Leistungserbringern, ambulanten Pflege- und Hospizdiensten, stationären Hospizen und anderen geeigneten Einrichtungen. Ziel ist es, krankheits- und therapiebedingte Beschwerden zu lindern und wenn möglich, die Krankheits- und Betreuungssituation der Betroffenen so zu stabilisieren, dass sie wieder in die ambulante Versorgung entlassen werden können. Dazu bedarf es eines besonders guten ► Entlassungsmanagements, um die Situation zu Hause so stabil wie möglich zu gestalten. Hierzu zählen die Vermeidung der Überforderung der Angehörigen, die Einbeziehung von ► SAPV und ► Hospizdienst sowie die Versorgung mit den erforderlichen Hilfsmitteln.

Palliativstationen werden wie alle Teileinheiten des Krankenhauses nach ► Fallpauschalen finanziert, für ihre besonders personalaufwendige Betreuung erhalten sie im deutschen DRG-System ein gestaffeltes Zusatzentgelt, wenn sie ► Patienten länger als 6 Tage mit besonders komplexen Therapien behandeln (OPS 8-982: Palliativmedizinische Komplexbehandlung). Einige Palliativstationen können auf Antrag noch tagesgleiche ► Pflegesätze abrechnen (als besondere Einrichtung).

WOLF DIEMER

Palliativversorgung, allgemeine ambulante (AAPV)

Die allgemeine ambulante Palliativversorgung dient dem Ziel, die ► Lebensqualität und die Selbstbestimmung von Palliativpatienten so weit wie möglich zu erhalten, zu fördern und zu verbessern und ihnen ein menschenwürdiges Leben bis zum Tod in ihrer gewohnten Umgebung, in stationären Pflegeeinrichtungen bzw. stationären Hospizen zu ermöglichen. Die AAPV beinhaltet die Palliativversorgung, die von Leistungserbringern der Primärversorgung (in erster Linie den niedergelassenen Haus- und Fachärzten sowie den ambulanten Pflegediensten) mit palliativmedizinischer Zusatzqualifikation erbracht werden kann. Der Großteil der Palliativpatienten, die medizinische und pflegerische Versorgung benötigen, kann auf diese Weise ausreichend versorgt werden. Die Leistungserbringer in der AAPV sind i. d. R. nur zu einem kleineren Teil ihrer Zeit mit der Versorgung von Palliativpatienten beschäftigt. Die Versorgung richtet sich an palliativmedizinischen Therapiezielen und -inhalten aus. Geschulte ehrenamtliche Hospizmitarbeiter werden je nach Bedarf aktiv eingebunden. Reichen die therapeutischen Möglichkeiten nicht aus, um den Bedürfnissen der Betroffenen gerecht zu werden, sind die Strukturen der spezialisierten ambulanten Palliativversorgung (► SAPV) einzubeziehen.

WOLF DIEMER

Palliativversorgung, spezialisierte ambulante (SAPV)

Die spezialisierte ambulante Palliativversorgung wurde im Rahmen der Gesundheitsreform 2007 (vgl. GKV-WSG) mit zwei eigenständigen Paragraphen (§§ 37b und 132d) neu in das Sozialgesetzbuch V aufgenommen. Gemäß § 37b SGB V sind der Anwendungsbereich und die Bestandteile der SAPV wie folgt geregelt: „Versicherte mit einer nicht heilbaren, fortschreitenden und weit fortgeschrittenen Erkrankung bei einer zugleich begrenzten Lebenserwartung, die eine besonders aufwendige Versorgung benötigen, haben Anspruch auf spezialisierte ambulante Palliativversorgung. ... Die spezialisierte ambulante Palliativversorgung umfasst ärztliche und pflegerische Leistungen einschließlich ihrer Koordination insbesondere zur Schmerztherapie und Symptomkontrolle und zielt darauf ab, die Betreuung der Versicherten nach Satz 1 in der vertrauten Umgebung des häuslichen oder familiären Bereichs zu ermöglichen."

Mit der Definition der Begriffe „nicht heilbar" und „fortschreitende" bzw. „weit fortgeschrittene Erkrankung" in § 3 seiner ergänzenden Richtlinie bestätigt der ► Gemeinsame Bundesausschuss, dass nur ► Palliativpatienten eine SAPV erhalten können. Die spezialisierte ambulante Palliativversorgung ist also die besonders aufwendige ärztliche und pflegerische ambulante Versorgung von Palliativpatienten. Sie dient – in Ergänzung zur allgemeinen ambulanten Palliativversorgung – dem Ziel, die ► Lebensqualität und die Selbstbestimmung von Palliativpatienten so weit wie möglich zu erhalten, zu fördern und zu verbessern und ihnen ein menschenwürdiges Leben bis zum Tod in ihrer gewohnten Umgebung, in stationären Pflegeeinrichtungen bzw. stationären Hospizen zu ermöglichen.

Nur ein Teil aller Schwerkranken und Sterbenden benötigt in der ambulanten Palliativversorgung diese besondere Versorgungsform. Die SAPV richtet sich an Palliativpatienten und deren Angehörige, wenn die Intensität oder Komplexität der aus dem Krankheitsverlauf resultierenden Probleme den Einsatz spezialisierter Leistungserbringer (besser natürlich durch ein Palliative Care Team als SAPV-Team) notwendig macht – vorübergehend oder dauerhaft. Sie erfolgt im Rahmen einer ausschließlich auf Palliativversorgung ausgerichteten Versorgungsstruktur. Diese beinhaltet insbesondere spezialisierte palliativärztliche und palliativpflegerische Beratung und/ oder (Teil-)Versorgung, einschließlich der Koordination von notwendigen Versorgungsleistungen bis hin zu einem umfassenden, individuellen Unterstutzungsmanagement.

Multiprofessionalität, eine 24-stündige Erreichbarkeit an sieben Tagen in der Woche und Spezialistenstatus in der Palliativversorgung tätigen einzelnen Leistungserbringer sind unverzichtbar. Die Leistungserbringer müssen regelmäßige multiprofessionelle Teamsitzungen und Fallbesprechungen durchführen und eng mit den Strukturen der Primärversorgung (z. B. niedergelassene Ärzte, Pflegedienste, ► Krankenhäuser, stationäre Pflegeeinrichtungen) sowie den Einrichtungen der ► Hospizbewegung zusammenarbeiten.

SAPV kann als alleinige Beratungsleistung und Koordinationsleistung, als additiv unterstützende Teilversorgung oder vollständige Palliativversorgung verordnet werden (Pflegeleistungen gemäß SGB XI sind nicht Bestandteil von SAPV). Daraus folgt, dass die SAPV die ► allgemeine ambulante Palliativversorgung (AAPV) dieser Patienten durch ► Hausärzte und Pflegedienste ergänzt, diese aber nicht ersetzen kann, und dass es sich bei der SAPV um eine Regelversorgung handelt, auf die der ambulant zu versorgende Palliativpatient, der ihrer bedarf, einen Rechtsanspruch hat. Erst bei SAPV-Vollversorgung kann der Hausarzt keine eigenen Palliativleistungen mehr abrechnen.

Der Gesetzgeber nimmt an, dass etwa 10 % aller ambulant betreuter Palliativpatienten SAPV benötigen. In der Gesetzesbegründung wurde ausgeführt, dass für die flächendeckende Versorgung aller Palliativpatienten in Deutschland ca. 330 SAPV-Teams erforderlich sein werden. Drei Jahre nach Verabschiedung des Gesetzes haben die Krankenkassen (Stand: Juni 2010) erst mit 76 Vertragspartnern Verträge über SAPV-Versorgung abgeschlossen.

WOLF DIEMER

Patient

Patient, lat. = leidend. Damit wird ein an einer Erkrankung Leidender beschrieben. Insofern es kein passendes Pendant im Sinne eines Genesenen dazu gibt, ist im Allgemeinen jeder gemeint, der bspw. auch ohne ► Schmerzen oder anderen Leiden nur eine Leistung des ► Gesundheitswesens im Bereich der ► Diagnostik in Anspruch nimmt.

Patientenautonomie

Unter einer Patientenautonomie wird die Befähigung eines ► Patienten verstanden, möglichst rationale Entscheidungen über die eigene ► Gesundheit, alternative Angebote bezogen auf eine erforderliche ► Diagnostik oder Therapie oder von ► Gesundheitsgütern, einschließlich der Person des Dienstleisters, selbst oder mit Unterstützung treffen zu können.

LITERATURHINWEIS:

Dierks, M.-L./Bitzer, E.-M./Lerch, M./Martin, S./Röseler, S/Schienkiewitz, A./Siebeneick, S./Schwartz, F.: Patientensouveränität. Der autonome Patient im Mittelpunkt. Arbeitsbericht Nr. 195 der Akademie für Technikfolgeabschätzung in Baden-Württemberg. Stuttgart 2001.

Patientengut

Der Begriff Patientengut kann auf eine Begriffsfindung im Bereich der medizinischen Forschung und anfänglich auch der ► gesundheitsökonomischen Evaluation zurückgeführt werden. Dementsprechend wird unter Patientengut eine Zahl der für die jeweilige Forschungsfrage gewonnenen ► Patienten bezeichnet werden.

Patienteninformationen

Sind schriftliche und mündliche Materialien, die ► Patienten helfen, ihre ► Krankheit und die ärztlichen ► Diagnosen und Therapien besser zu verstehen, die eigenen Einflussmöglichkeiten auf den Verlauf ihrer Krankheit und auf ihre individuelle ► Lebensqualität auszuschöpfen und Entscheidungen, die im Krankheitsverlauf nötig werden, zusammen mit den Therapeuten und Pflegekräften verantwortlich zu treffen. Informationen, die im Bereich der Gesundheitsförderung und Prävention dem Erhalt der Gesundheit gelten, werden Gesundheitsinformationen genannt.

Die Rolle der Patienten bei Gesundheitsentscheidungen hat sich in den letzten zehn Jahren, u. a. durch die politisch aktiven ► Selbsthilfegruppen, stark verändert. Früher wurde Vertrauen in die ärztliche Entscheidung gefordert, heute sollen und wollen die Patienten in Form einer partizipativen Entscheidungsfindung an gesundheitsrelevanten Entscheidungen beteiligt werden. Patienteninformationen werden z. B. als Patienten-Leitlinie über das Internet, Printmedien und direkte Beratung verbreitet. Da die Hersteller von Gesundheitsleistungen ein großes Interesse daran haben, diese Informationen zu beeinflussen, müssen Patienteninformationen immer kritisch auf ihre ► Objektivität geprüft werden. Objektive, evidenzbasierte Patienteninformationen stellt z. B. das ► Institut für Qualität und Wirtschaftlichkeit zur Verfügung. Kritisch an der Entwicklung der Patienteninformationen muss gesehen werden, dass sie i. d. R. auf gebildete Menschen aus dem deutschen Kulturraum ausgerichtet sind und dadurch die gesundheitlich am meisten gefährdeten Gruppen der Bevölkerung kaum erreichen.

LITERATURHINWEIS:

Hurrelmann, K./Leppin, A.: Moderne Gesundheitskommunikation. Bern 2005.

LINK-TIPPS:

www.ebm-netzwerk.de/links/patienteninfo

www.patienteninformation.de

HILKE BERTELSMANN

Patientenquittung

Eine Patientenquittung ist ein Versuch der ► Gesundheitspolitik, die Beziehung zwischen ► Arzt und ► Patient insbesondere für die ► Leistungsträger transparent zu gestalten. Gemäß § 305 Abs. 2 SGB V haben die Patienten seit dem 1. 1. 2004 die Möglichkeit, sich von ihrem Arzt einen schriftlichen Beleg über die der Krankenversicherung des Patienten gegenüber abgerechneten Leistungen ausstellen zu lassen. Diese Form des Leistungsnachweises verfehlt seine Wirkung, so lange der Patient die Übernahme der erbrachten Leistung garantiert bekommt. Zu einer erhofften Erhöhung des Kostenbewusstseins des Patienten trägt es nicht bei.

Patientenselektion

Unter einer Patientenselektion wird nicht nur die im Rahmen ► gedeckelter Leistungen oder begrenzter Budget anfallenden Entscheidung der Auswahl eines ► Patienten, dem gegenüber die jeweilige Leistung erbracht wird, verstanden. Damit kann auch eine Bewertung und Auswahl von Patienten dahingehend gemeint sein, ob sie bspw. im Rahmen der ► Behandlung einer ► Tumorerkrankung für ein bestimmtes diagnostisches oder therapeutisches Verfahren geeignet sind.

Patiententestament

► Patientenverfügung

Patientenuniversität

Die Patientenuniversität, angesiedelt an der Medizinischen Hochschule Hannover, hat das übergreifende Ziel der ► Gesundheitsbildung und des ► Empowerments. Damit ist der Anspruch verbunden, das Recht der Bürger auf gesundheitliches Lernen zu stärken, die Rechte der Patienten zu unterstützen und die Gesundheitssystemkompetenz von Patientenorganisationen und ihren Vertretern zu fördern. Die Patientenuniversität dient dazu, durch strukturierte Bildungsangebote das universitäre Wissen und aktuelle Forschungsergebnisse nicht nur Expertenkreisen, sondern der Bevölkerung insgesamt zur Verfügung zu stellen. Sie will Wissen der Medizin vermitteln, über körperliche und seelische Abläufe im menschlichen Körper aufklären und Erkrankte und ihre Angehörigen im Umgang mit der Erkrankung unterstützen, aber auch Kenntnisse über Strukturen des Gesundheitswesens und methodische Grundlagen verständlich machen.

LINK-TIPP:

www.patienten-universitaet.de

Patientenverfügung

Eine Patientenverfügung ist eine schriftliche Vorausverfügung einer einwilligungsfähigen und volljährigen Person. Mit dieser Vorausverfügung soll für den Fall der Einwilligungsunfähigkeit der betroffenen Person vorgebeugt werden. Gegenstand einer solchen Verfügung ist die Beantwortung der Frage, ob der ► Patient in bestimmte jedoch zum Zeitpunkt der Festlegung noch nicht unmittelbar bevorstehende Untersuchungen des Gesundheitszustands, Heilbehandlungen oder ärztliche Eingriffe einwilligt oder nicht.

LITERATURHINWEIS:

Schnell, M. W. (Hrsg.): Patientenverfügung. Begleitung am Lebensende im Zeichen des verfügten Patientenwillens – Kurzlehrbuch für die Palliative Care. Bern 2010.

LINK-TIPP:

www.patientenverfuegung.de

Patientenzufriedenheit

► Zufriedenheitsmessung und ► Kundenzufriedenheit

Pay-for-Performance

Bei Pay-for-Performance (auch P4P) handelt es sich um ein leistungsorientiertes Vergütungskonzept, das die Vergütung von Leistungen mit dem Erreichen bestimmter Ergebnisparameter verknüpft. Pay-for-Performance gehört, ebenso wie die Selektivverträge (► Einkaufsmodell), zu den Elementen von ► Managed-Care-Konzepten. Ihren Ursprung haben Programme zur leistungsorientierten Vergütung in den USA (z. B. Programm der Integrated Healthcare Association, IHA, Kalifornien). Darüber hinaus kommt P4P u. a. in der ► hausärztlichen Versorgung im Nationalen Gesundheitsdienst in Großbritannien zur Anwendung. Auch in Deutschland sind leistungsorientierte Vergütungsvereinbarungen im Rahmen von Selektivverträgen möglich.

Aktuelle P4P-Ansätze kombinieren monetäre Anreize in Form einer leistungsorientierten Vergütung mit nicht-monetären Anreizen durch die Veröffentlichung von Qualitätsdaten (Public Reporting). Kernaufgabe bei der Gestaltung eines P4P-Ansatzes im ► Gesundheitswesen ist es, die medizinische Leistungsperformanz objektiv abzubilden. Hierzu werden, auch im internationalen Vergleich, vier Bewertungsdimensionen herangezogen: die klinischen Indikatoren (z. B. Impfraten), die ► Patientenzufriedenheit, die Praxisorganisation (z. B. IT-Ausstattung, Kommunikation mit den Patienten) und die Kosteneffizienz (z. B. Arbeitsunfähigkeitstage innerhalb einer Subpopulation). Generell besteht bei leistungsorientierten Vergütungskonzepten die Gefahr der Patientenselektion.

LITERATURHINWEISE:

Emmert, M.: Pay for Performance im Gesundheitswesen – Ein Ansatz zur Verbesserung der Gesundheitsversorgung. Schriften zur Gesundheitsökonomie. Band 14, Burgdorf 2008. *Lüngen, M./Gerber, A./Lauterbach, K. W.*: Pay-for-Performance: Neue Impulse für den Wettbewerb zwischen Krankenhäusern?, in: *Klauber, J./Robra, B.-P./Schellschmidt, H.* (Hrsg.): Krankenhaus-Report 2007, Stuttgart, New York 2008. S. 157-169. *Sachverständigenrat zur Begutachtung der Entwicklung im Gesundheitswesen* (Hrsg.): Koordination und Verantwortung, Voraussetzungen einer zielorientierten Gesundheitsversorgung. BT-Drucks. 16/6339, 2007, Ziffer 732 ff.

EVELINE HÄUSLER

Personenbezogene Daten

Dem Schutzbereich des ► Bundesdatenschutzgesetzes unterliegen nur die personenbezogenen Daten. Dabei handelt es sich um Einzelangaben über persönliche und sachliche Verhältnisse einer bestimmten oder bestimmbaren natürlichen Person, die das Gesetz auch als Betroffener bezeichnet, § 3 Abs. 1 BDSG.

Einzelangaben sind Informationen, die sich auf eine bestimmte – einzelne – natürliche Person beziehen oder geeignet sind, einen Bezug zu ihr herzustellen. Die Aufzählung von persönlichen oder sachlichen Verhältnissen soll lediglich verdeutlichen, dass der Begriff umfassend zu verstehen und nicht auf Daten beschränkt ist, die ihrer Natur nach personenbezogen sind. Deshalb sind z. B. auch die Beschreibung eines Autos nebst Kfz-Kennzeichen Einzelangaben i. S. d. § 3 Abs. 1 BDSG.

Als persönliche Verhältnisse werden Angaben über den Betroffenen selbst, seine Identifizierung und Charakterisierung angesehen. Beispiele hierfür sind Name, Anschrift, Familienstand, Ausweisnummer, Geburtsdatum, Staatsangehörigkeit, Konfession, Beruf, Erscheinungsbild, Eigenschaften, Aussehen, Gesundheitszustand, betriebliche Telefonnummer, Versicherungsnummer sowie E-Mail-Adresse. Sämtliche Eintragungen in einer Krankenakte (vgl. auch ► eKrankenakte) stellen somit personenbezogene Daten dar.

Sachliche Verhältnisse werden dagegen beschrieben durch Angaben über einen auf den Betroffenen beziehbaren Sachverhalt wie z. B. Gesundheitszustand oder vertragliche Beziehungen zu Dritten – z. B. das Arbeitsverhältnis oder der Behandlungsvertrag.

Personenbezogen sind allerdings nur die Daten, die sich auf eine bestimmte oder bestimmbare Person beziehen. Das ist dann der Fall, wenn die Daten mit dem Namen des Betroffenen verbunden sind oder sich der Bezug aus dem Inhalt bzw. dem Zusammenhang unmittelbar herstellen lässt. Für die Bestimmbarkeit kommt es auf die Kenntnisse, Mittel und Möglichkeiten der speichernden Stelle an. Die Daten müssen nicht unbedingt mit dem Namen des Betroffenen verbunden sein. Es reicht vielmehr aus, wenn die Verbindung ohne größeren Aufwand hergestellt werden kann, wie etwa bei Chipkarten (► mobile personenbezogene Speicher- und Verarbeitungsmedien).

LITERATURHINWEISE:

Gola, P./Schomerus, R.: Bundesdatenschutzgesetz. 10. Auflage. München 2010. *Gola, P./Jaspers, A.*: Das novellierte BDSG im Überblick. 5. Auflage. Heidelberg u. a. 2009.

AXEL BENNING

Pflege

ist die Übernahme oder Anleitung elementarer, persönlicher Körperpflege (► Grundpflege) sowie die spezifische, ärztlich angewiesene Pflegehandlung bei ► Symptomen oder Erkrankungen (► Behandlungspflege). Pflege ist Beziehungs- und Körperarbeit, da sie körperlich (physisch und psychisch) schwer ist und am ► Patienten durchgeführt wird. Die Pflege ist seit Jahrzehnten auf dem Weg der Professionalisierung, welche durch die wissenschaftliche Arbeit im Rahmen der Pflegeforschung vorangetrieben wird.

LITERATURHINWEISE:

Menche, N. (Hrsg.): Pflege heute. 4. Auflage. München 2007. *Schroeter, K. R./Rosenthal, T.*: Soziologie in der Pflege, Grundlagen, Wissensbestände und Perspektiven. Weinheim, München 2005.

LISA HUNDER

Pflegebedürftigkeit

Unter der Pflegebedürftigkeit wird der ► Versicherungsfall der gesetzlichen ► Pflegeversicherung verstanden. In der Pflegebedürftigkeit spiegelt sich gemäß § 14 Abs. 1 SGB XI der Umfang des Hilfebedarfs einer Personen wider, der wegen einer körperlichen, geistigen oder seelischen ► Krankheit oder ► Behinderung für die gewöhnlichen und regelmäßig wiederkehrenden Verrichtungen im Ablauf des täglichen Lebens auf Dauer, voraussichtlich für mindestens sechs Monate, in erheblichem oder höherem Maße aufzuwenden ist. Zu den Verrichtungen im Ablauf des täglichen Lebens zählen die Körperpflege, die Ernährung, die Mobilität und die hauswirtschaftliche Versorgung. Der Hilfebedarf bemisst sich derzeit noch in Minutenwerten. Aktuell wird die Bemessung der Pflegebedürftigkeit und das damit verbundene Verfahren der Pflegebegutachtung überarbeitet.

LITERATURHINWEIS:

Wingenfeld, K./Büscher, A.: Pflegebedürftigkeit aus pflegewissenschaftlicher Perspektive, in: Die Schwester/Der Pfleger. 48. Jg. (2009). Nr. 1. S. 60-62.

Pflegebegutachtung

Die Pflegebegutachtung, vgl. § 18 SGB XI, ist das Verfahren, welches gewählt wird, um die ► Pflegebedürftigkeit festzustellen.

Pflegeberatung

Seit dem 1. 1. 2009 gibt es den gesetzlichen Anspruch auf eine Pflegeberatung. Die Beratung erfolgt durch ausgewiesene Pflegeberater, die i. d. R. Mitarbeiter einer ► Pflegeversicherung sind und über Wissen aus den Bereichen des Sozialrechts, der ► Pflege und der Sozialarbeit verfügen. Ziel dieser Beratungen ist es, sich den Sorgen und Fragen der Pflegebedürftigen sowie deren ► Angehörigen anzunehmen, über das vorhandene Leistungsangebot zu beraten und die Betroffenen persönlich zu begleiten.

Pflegekonzepte

Ein Pflegekonzept ist die einrichtungsspezifische Verschriftlichung der erbrachten Pflege-Dienstleistungen. Es umfasst außerdem eine detaillierte, fachlich kompetente Beschreibung von deren ► Qualität. Im Pflegekonzept sollte die Einrichtung Aussagen über ihre personelle Aufstellung und die internen Prozessabläufe treffen. Das Pflegekonzept ist vom Pflegemodell, welches den theoretischen Hintergrund der pflegerischen Arbeit darstellt, und vom Pflegeleitbild, welches die Unternehmensphilosophie umfasst abzugrenzen.

LITERATURHINWEISE:

Löser, A.: Pflegekonzepte in der stationären Altenpflege. Leicht und sicher selbst erstellen. Hannover 2008. *Knäppli, S.*: Pflegekonzepte. Band 1, 6. Auflage. Bern 2007.

LISA HUNDER

Pflegende Kinder

Kinder und Jugendliche, die regelmäßig für ein oder mehrere chronisch kranke Familienmitglieder sorgen, ihnen helfen und sie pflegen, werden als pflegende Kinder bezeichnet. Sie stellen eine in Deutschland bislang kaum wahrgenommene und verborgene Gruppe pflegender ► Angehöriger dar. Pflegende Kinder übernehmen die Tätigkeiten, die durch die Erkrankung unbesetzt sind: Sie „füllen die Lücken". Ihr Einsatz reicht von gelegentlichen Hilfestellungen bis hin zur alleinverantwortlichen Rund-um-die-Uhr-Betreuung. Die Kinder helfen bei der Mobilisation, bei Körper- und Intimpflege, bei der Nahrungsaufnahme und der Ausscheidung, sie übernehmen medizinische Tätigkeiten, leisten emotionale Unterstützung und sorgen für die Sicherheit des pflegebedürftigen Angehörigen. Sie kümmern sich auch um den Haushalt und um jüngere Geschwister. Zudem sind sie immer in Bereitschaft, um schnell auf unvorhersehbare Krisen reagieren zu können.

Kaum ein pflegendes Kind redet über die z.T. vielfältigen Tätigkeiten zu Hause, die meisten fürchten sich vor Ausgrenzung und Stigmatisierung. Familien, in denen Kinder intensiv in die ► Pflege eingebunden sind, scheuen die Öffentlichkeit aus Angst davor, dass die Familie durch das Eingreifen von Autoritäten (z. B. Jugendämtern) auseinander gerissen wird. So erfährt kaum jemand, wie innerhalb der Familie pflegerische Aufgaben zur Bewältigung des Alltags verteilt werden. Je stärker der Unterstützungsbedarf, desto unsichtbarer wird die Not der Familie. Die meisten Kinder übernehmen ihre Aufgaben sehr selbstverständlich und begründen dies aus ihrem Familienverständnis heraus.

Nicht jedes pflegende Kind erfährt durch sein Engagement nachteilige Auswirkungen, doch für manche kann die Pflege zu einer unüberwindbaren Belastung werden. Dominiert die Pflege den Alltag der Kinder, drohen nachteilige emotionale, soziale, schulische und körperliche Auswirkungen für ihre gesamte Entwicklung. Schlafmangel als Folge von Sorgen und nächtlicher Bereitschaft führt zu Konzentrationsschwächen und nachlassenden Schulleistungen. Manche Kinder haben kaum Zeit zu lernen. In Extremsituationen kommt es zu Fehlzeiten, die sich über Wochen hinziehen können. Einige sind so stark in die Betreuung ihrer Angehörigen eingebunden, dass sie keine Zeit für sich selbst haben. Wenn dieser Zustand anhält, leben sie ohne Kontakt zu Gleichaltrigen, also sozial isoliert. Wie viele Kinder in Deutschland betroffen sind, ist nicht bekannt. Überträgt man Zahlen eines britischen Zensus aus dem Jahr 2001 auf Deutschland, beträgt die ► Prävalenz in der Altersgruppe zwischen fünf und 18 Jahren hierzulande 2,1 % – in Zahlen ausgedrückt: ca. 225.000 pflegende Kinder und Jugendliche. Unterstützung sollte sich an die gesamte Familie richten, nur so können alle Betroffenen Entlastung erfahren. Zentrale Komponenten eines familienorientierten Hilfekonzeptes sind: Jemanden zum Reden haben, Information und Beratung, flexible Alltagshilfen sowie Auszeiten.

LITERATURHINWEISE:

Becker, S.: Global Perspectives on Children's Unpaid Caregiving in the Family. Research and Policy on 'Young Carers' in the UK, Australia, the USA and Sub-Saharan Africa, in: Global Social Policy 7(1). 2007. S. 23-50. *Metzing, S.*: Kinder und Jugendliche als pflegende Angehörige. Erleben und Gestalten familialer Pflege. Bern, Göttingen, Toronto, Seattle 2007.

SABINE METZING-BLAU

Pflegesatz

Pflegesätze sind eine Form der pauschalisierten Honorierung als festgelegter Betrag pro Tag für Leistungen eines ► Krankenhauses oder Heimes. Sie sind für Krankenhäuser in der Bundespflegesatzverordnung geregelt, die bis zur Einführung von ► DRGs für alle Krankenhäuser verbindlich war. Mittlerweile rechnen im stationären Bereich im Wesentlichen nur noch psychiatrische Kliniken nach tagesgleichen Pflegesätzen ab. Man unterscheidet dabei Basis- und Abteilungspflegesatz, die immer zusammen abgerechnet werden. Mit dem Basispflegesatz werden nichtmedizinische, sog. Hotel-Leistungen (z. B. Reinigung, Verpflegung und Heizung) abgerechnet. Er ist für ein Krankenhaus einheitlich festgelegt. Der Abteilungspflegesatz unterscheidet sich dagegen je nach Fachabteilung (z. B. Psychiatrie und Kinderpsychosomatik) und wird für die medizinischen Leistungen gezahlt, also vor allem für den ärztlichen und pflegerischen Aufwand sowie die medizinischen Sachkosten wie z. B. für Medikamente (► Arzneimittel), Krankentransporte und Verbandsmaterial. Aus ökonomischer Sicht haben tagesgleiche Pflegesätze den Nachteil, einen Anreiz für lange ► Verweildauern der ► Patienten zu bieten, da das Krankenhaus jeden zusätzlichen Tag abrechnen und daher großen Einfluss auf den effektiven Preis einer Behandlung nehmen kann. Andererseits ist das Risiko, dass Patienten aus medizinischer Sicht zu früh entlassen werden, bei dieser Honorierungsform besonders gering, und das Behandlungskostenrisiko wird im Vergleich zu einer ► Fallpauschale weitgehend auf die Krankenversicherung verlagert.

LITERATURHINWEIS:

Schulenburg, M./Greiner, W.: Gesundheitsökonomik. 2. Auflage. Tübingen 2007.

WOLFGANG GREINER

Pflegeversicherung

Die gesetzliche Pflegeversicherung ist die fünfte Säule des deutschen Systems der ► Sozialversicherungen und wurde erst im Jahr 1995 ins Leben gerufen. Gesetzlich geregelt ist sie im SGB XI. Die Aufgabe der Pflegeversicherung ist es, im Falle der festgestellten ► Pflegebedürftigkeit entsprechend der Schwere der Pflegebedürftigkeit Leistungen für die Betroffenen und deren ► Angehörige bereitzustellen. Dabei wird nach den beiden Grundsätzen:

1) Vorrang der häuslichen vor der stationären Pflege, vgl. § 3 SGB XI, und

2) Vorrang von Prävention und medizinischer Rehabilitation vor Pflege, vgl. § 5 SGB XI, verfahren. Das gesetzliche Ziel der Pflegeversicherung findet sich im § 2 Abs. 1 SGB XI, wo fixiert wurde, dass die Leistungen der Pflegeversicherung dem Pflegebedürftigen helfen soll, trotz ihres Hilfebedarfs ein möglichst selbständiges und selbstbestimmtes Leben zu führen, welches der Würde des Menschen entspricht. Die Hilfen sind darauf auszurichten, die körperlichen, geistigen und seelischen Kräfte der Pflegebedürftigen wiederzugewinnen oder zu erhalten. Den Angaben des Statistischen Bundesamtes zur Folge nahmen im Jahre 2007 rund 2,24 Mio. Menschen Leistungen der gesetzlichen Pflegeversicherung in Anspruch. Davon ließen sich 1,03 Mio. Pflegebedürftige ein Pflegegeld auszahlen, um sich selbst eine Pflege zu organisieren. Rund eine halbe

Mio. Pflegebedürftige wurden ambulant durch einen Pflegedienst gepflegt und 0,7 Mio. Pflegebedürftige in stationären Formen der ► Altenpflegeeinrichtungen versorgt. Die Zahl der Pflegebedürftigen ist seit Bestehen der gesetzlichen Pflegeversicherung kontinuierlich gestiegen und wird bedingt durch den ► demografischen Wandel und der damit verbundenen ► doppelten Überalterung unserer Gesellschaft weiter steigen.

Pharmazeutische Industrie

Die Pharmazeutische Industrie beschäftigt sich mit der Entwicklung, der Herstellung und dem Vertrieb von ► Arzneimitteln und ist somit ein wesentlicher Akteur in einem ► Gesundheitssystem. Zur Pharmazeutischen Industrie zählten im Jahr 2009 laut Angaben des Bundesverbandes der pharmazeutischen Industrie e.V. 877 pharmazeutische und 387 Biotechnologie-Unternehmen. In diesen Unternehmen waren etwas mehr als 108.000 Mitarbeiter beschäftigt, die pharmazeutische Produkte für das Inland und den Export produzierten. Allein die durch die ► gesetzlichen Krankenversicherungen bezahlten Arzneimittel beliefen sich im Jahr 2009 auf 30,7 Mrd. €, welches einer Steigerung gegenüber dem Jahr 2008 im Umfang von 5,1 % entspricht. Für die Erforschung und Entwicklung neuer Arzneimittel wurden 4,6 Mrd. € verausgabt. Aktuell sind in der ► Roten Liste (2010) 8.500 Präparate verzeichnet.

LINK-TIPP:

www.bpi.de

Phobien

Von einer Phobie wird gesprochen, wenn es Ängste auslösende Objekte oder Situationen gibt. Phobien haben gemeinsam, dass die Betroffenen Ängste vor etwas haben, vor denen Menschen ohne Angststörungen normalerweise keine Angst haben.

LITERATURHINWEIS:

Heft 21 der ► Gesundheitsberichterstattung des Bundes. Berlin 2004.

Physiotherapie

Die Physiotherapie ist eine Form der äußerlichen Anwendung von ► Heilmitteln. Bei diesen Heilmitteln steht das an die Fähigkeiten des ► Patienten angepasste Vermitteln eines adäquaten Bewegungsverhaltens im Mittelpunkt. Der diese Form der Behandlung Ausübende wird als Physiotherapeut bezeichnet und er gehört zu den ► Gesundheitsfachberufen. Der Einsatz dieser Heilmittel setzt eine ärztliche Verordnung voraus. Den Angaben des Statistischen Bundesamtes zur Folge gab es im Jahre 2009 in Deutschland rund 115.000 in Voll-, Teil- oder in geringfügiger Beschäftigung tätige Physiotherapeuten. Davon waren etwas mehr als 16.000 an ► Krankenhäusern und knapp 10.000 in Einrichtungen der Vorsorge und ► Rehabilitation beschäftigt. Somit wird deutlich, dass das Hauptbetätigungsfeld von Physiotherapeuten in den Bereich der ► ambulanten Versorgung mit ► Gesundheitsleistungen einzuordnen ist.

LINK-TIPP:

www.zvk.org

Picture Archiving and Communication System

Ein Picture Archiving and Communication System (PACS) ist heutzutage aus einem modernen ► Krankenhausinformationssystem nicht mehr wegzudenken. Mit Zunahme der bildgebenden Diagnoseverfahren (Röntgentechnik, Computertomographie, Magnetresonanztomographie, Ultraschall u. a.) wurde es notwendig, ein PACS im medizinischen Behandlungsprozess einzusetzen.

Es ist für das Management der Bilddaten, die durch die radiologischen Untersuchungen anfallen, zuständig. Es verbindet das ► Radiologieinformationssystem mit allen Leistungsstellen des Krankenhauses. Die technischen Anforderungen an diese Systeme werden deutlich, wenn man sich vergegenwärtigt, dass der Speicherbedarf für Bildinformationen pro Jahr zwischen 3 und 10 TByte beträgt – mit steigender Tendenz!

Neben der digitalen Langzeitarchivierung kümmert sich das System um die örtliche Bereitstellung der Bilder an den eingerichteten Befund- bzw. Betrachtungsarbeitsplätzen. Zu dieser Bereitstellung gehört auch, die Bilder im Rahmen der ► Telemedizin auch externen Einrichtungen zur Verfügung zu stellen.

Im Einzelnen beinhaltet ein PACS folgende Module: ein Langzeitarchiv zur digitalen Archivierung der Untersuchungen, ein Kurzzeitarchiv für einen schnellen Zugriff auf die aktuellen Untersuchungen, Befundungs- und Betrachtungskonsolen zur filmlosen ► Befundung sowie Demonstrationseinheiten zur Vorstellung der Befunde im Rahmen klinischer Konferenzen. Um die Erfordernisse der Befundung zu erfüllen, hat ein PACS spezielle Verfahren der Bildpräsentation anzubieten: eine vergleichende Betrachtung mehrerer Bilder (inkl. einer Bildüberlagerung und -manipulation), eine vergleichende Befundung von Bildstapeln sowie eine 3-D-Visualisierung (besonders wichtig, da sich diese Darstellungen als besonders aussagekräftig herausgestellt haben). Um seine Funktion erfüllen zu können, ist eine Investition in ein leistungsstarkes Netzwerk (100 Mbit) und Monitore mit einer Befundqualität möglich machenden Auflösung erforderlich.

LITERATURHINWEISE:

Haas, P.: Gesundheitstelematik. Berlin, Heidelberg 2006. *Johner, C./Haas, P.* (Hrsg.): Praxishandbuch IT im Gesundheitswesen. München 2009. *Kramme, R.*: Wörterbuch Technische Medizin. Berlin, Heidelberg 2004. *Dreyer, K. J.* et al.: PACS a guide to the digital revolution. Berlin, Heidelberg 2006.

ROLAND TRILL

Points of Service Organization (PSO)

► Managed Care

Poliklinik

Die Gesundheitsversorgungsstrukturen der DDR waren gekennzeichnet von einer ausgeprägten Schnittstelle zwischen der ambulanten und stationären Gesundheitsversorgung der Bevölkerung. Hierzu zählten insbesondere die Ambulatorien und Polikliniken. Unter Ambulatorien wurden ambulante Einrichtungen des staatlichen Gesundheitswesens in Städten, auf dem Land und in Betrieben verstanden, die sich auf das Angebot von ärztlichen Leistungen aus zwei Bereichen beschränkten. Polikliniken wiesen demgegenüber neben ärztlichen Leistungen in den Bereichen: Innere Medizin, Gynäkologie, Stomatologie, Pädiatrie und Chirurgie auch labor- und röntgendiagnostische sowie physiotherapeutische Leistungsangebote auf.

Zur Lösung der heutigen Probleme in der Versorgung Deutschlands mit ambulanten medizinischen Leistungen wird eine Anlehnung an derartigen damaligen Strukturen genommen, vgl. ► Medizinische Versorgungszentren oder ► Ärztehäuser.

Prävalenz

Kennzahl der ► Epidemiologie, mit der die Gesamtzahl der Erkrankungsfälle an einer bestimmten ► Krankheit zu einem Zeitpunkt (Punktprävalenz) oder innerhalb eines bestimmten Zeitraumes (Periodenprävalenz) gemessen wird. Bezogen auf eine Population wird von der Prävalenzrate gesprochen, wenn die Anzahl der Erkrankten im Verhältnis zur Anzahl der untersuchten Personen gerechnet wird. Vgl. hierzu auch die ► Inzidenz.

Prävention

Prävention kann als traditioneller medizinisch orientierter Ansatz verstanden werden, der sich historisch bis in die Antike als „Hygiene“ und „Diätetik“ zurückverfolgen lässt. *Waller* (2006, S. 185) betont hierzu, dass bis in die zweite Hälfte des 19. Jh. insbesondere die Vorbeugung gegenüber ► Infektionskrankheiten im Vordergrund hygienischer Maßnahmen innerhalb der ► Medizin standen und ► Hygiene erst in den 70er Jahren des 19. Jh. in die modernen Naturwissenschaften (v. a. die Bakteriologie, Toxikologie und Immunologie) zerfallen sei.

Differenziert wird die medizinische Prävention nach der klassischen Einteilung von *Caplan* (1964) in primäre, sekundäre und tertiäre Prävention: Die primäre Prävention zielt auf Krankheitsvermeidung ab, noch bevor erste Krankheitszeichen erkennbar sind. Primärpräventive Maßnahmen zur Krankheitsvermeidung beziehen sich ganz wesentlich auf Schutzimpfungen gegenüber Infektionskrankheiten und umfassen ferner z. B. die Jod- und Vitamin-D-Prophylaxe.

Die sekundäre Prävention bezieht sich auf die Krankheitsfrüherkennung durch entsprechende medizinische Früherkennungs- bzw. Vorsorgeuntersuchungen; auf diesem Feld findet üblicherweise auch die ärztliche Gesundheitsaufklärung statt. Die Inanspruchnahme von sekundärpräventiven Maßnahmen kann auch unter dem Aspekt des Gesundheitsverhaltens betrachtet werden, da es um eine aktive Teilnahme an Früherkennungs- und Vorsorgemaßnahmen geht.

Die tertiäre Prävention bzw. Rehabilitation zielt auf die Beeinflussung des Krankheitsverlaufes bzw. auf die Verhinderung von Rückfällen ab; hier werden ebenfalls traditionell Gesundheitsaufklärung und -beratung von ► Patienten zumeist von Ärzten wahrgenommen. Für den Bereich der tertiären medizinischen Prävention ist der Übergang zur ► Kuration als fließend zu bezeichnen.

Als zentrales Problem primärer, sekundärer und tertiärer Prävention wird immer wieder eine unzureichende Beteiligung der Adressaten bzw. deren nicht ausreichend vorsorgliches Gesundheitsverhalten im Hinblick auf die Inanspruchnahme von präventiven Leistungen thematisiert. Vor diesem Hintergrund erscheint auch eine Differenzierung präventiver Strategien in ► Verhaltensprävention und ► Verhältnisprävention bedeutsam, die nicht als Gegensatzpaar, sondern als sich wechselseitig ergänzende Maßnahmen verstanden werden sollen. Dabei zeigt insbesondere die Verhältnisprävention eine konzeptionelle Nähe zum betrieblichen Arbeitsschutz bzw. zu Maßnahmen der Arbeitssicherheit.

LITERATURHINWEISE:

Bonse-Rohmann, M.: Gesundheitsverhalten und Gesundheitsbildung von Auszubildenden – Ein empirischer Beitrag aus berufs- und wirtschaftspädagogischer Perspektive. Europäische Hochschulschriften. Band XI/778, Frankfurt am Main 1999. S. 35-41. *Hurrelmann, K./Laaser, U.*: Gesundheitsförderung und Krankheitsprävention, in: *Hurrelmann, K./Laaser, U./Razum, O.* (Hrsg.): Handbuch Gesundheitswissenschaften. 4. Auflage. Weinheim, München 2006. S. 749-780. *Waller, H.*: Gesundheitswissenschaft. Eine Einführung in Grundlagen und Praxis. 4. Auflage. Stuttgart 2006.

MATHIAS BONSE-ROHMANN

Praxisbedarf

► Sprechstundenbedarf

Praxisbesonderheiten

Als „Praxisbesonderheit" wird eine Vereinbarung zwischen den ► Krankenkassen und der ► Kassenärztlichen Vereinigung gemäß § 84 Abs. 6 und 8 SGB V verstanden. Mit diesem Instrument soll niedergelassenen Ärzten die Möglichkeit eingeräumt werden, Überschreitungen des Budgets (► Vergütung vertragsärztlicher Leistungen) nicht wie sonst üblich, nicht erstattet, sondern ausgezahlt zu bekommen. Eine Budgetüberschreitung kann auftreten, wenn ein niedergelassener Arzt entweder eine überdurchschnittlich hohe Zahl von ► Patienten hat, die eine besonders kostenintensive ► Behandlung benötigen, oder die Zusatzqualifikation des ► Arztes der Praxis einen Zustrom von Patienten mit schweren Krankheitsbildern beschert.

Praxisfiliale

Nach den Änderungen durch das VÄndG kann die (zahn)ärztliche Tätigkeit an verschiedenen Orten ausgeübt werden und ist nicht mehr zwingend an einen Vertrags(zahn)arztsitz gebunden. Ermöglicht wurde die Gründung überörtlicher ► Berufsausübungsgemeinschaften (BAG) gemäß § 33 Abs. 2 ZV. Voraussetzung ist, dass das jeweilige Mitglied der BAG seine Versorgungspflicht am Vertrags(zahn)arztsitz erfüllt. Die Erfüllung der Versorgungspflicht kann unter Einbeziehung angestellter (Zahn)ärzte erfolgen. Der Umfang der Tätigkeit an anderen Standorten ist im Verhältnis zur Tätigkeit am Vertrags(zahn)arztsitz begrenzt. Die Einzelheiten dazu ergeben sich aus den Bundesmantelverträgen Ärzte bzw. Zahnärzte (abrufbar unter www.kbv.de und www.kzbv.de). Bei der zeitlichen Begrenzung der Tätigkeit außerhalb des eigenen Vertrags(zahn)arztsitzes werden 13 Wochenstunden als angemessen betrachtet. Diese Vorgabe orientiert sich an der Entscheidung des Bundessozialgerichts vom 30. 1. 2002 – B 6 KA 20/01R.

Überörtliche Berufsausübungsgemeinschaften können auch K(Z)V-übergreifend gegründet werden. In diesem Fall hat die BAG den Vertrags(zahn)arztsitz zu wählen, mithin die für sie zuständige K(Z)V, der für sämtliche Entscheidungen hinsichtlich der Leistungserbringung dieser BAG zuständig ist. Die BAG ist gemäß § 33 Abs. 3 ZV(Z) mindestens zwei Jahre an diese Wahl gebunden. Die Bildung einer überörtlichen Berufsausübungsgemeinschaft unterliegt der Genehmigung durch den Zulassungsausschuss.

LITERATURHINWEISE:

Schallen, R.: Zulassungsverordnung für Vertragsärzte. 5. Auflage. Heidelberg 2007. *Bäune, S./ Meschke, A./Rothfuß, S.*: Kommentar zur Zulassungsverordnung für Vertragsärzte und Vertragszahnärzte. Heidelberg 2008.

ANNE SANDFORT

Praxisgebühr

► Selbstbeteiligung

Praxisgemeinschaft

Der Begriff der Praxisgemeinschaft (PG), auch Organisationsgemeinschaft, beschreibt eine auf rein organisatorische Aspekte beschränkte Kooperation mehrerer, im Übrigen rechtlich selbständiger ► Einzelpraxen oder auch ► Gemeinschaftspraxen. Im Gegensatz zu einer Gemeinschaftspraxis erfolgt im Rahmen einer PG gerade keine gemeinsame Leistungserbringung der jeweiligen Praxen gegenüber dem Patienten und/oder im Verhältnis zur jeweiligen ► Kassen(zahn)ärztlichen Vereinigung. Der Zusammenschluss der Praxen zu einer PG erfolgt stattdessen üblicherweise ausschließlich im Hinblick auf die gemeinsame Nutzung von Praxisräumen, Praxiseinrichtungen oder (besonderen) Apparaten sowie die gemeinsame Beschäftigung von Hilfspersonal (► Gesundheitsfachberufe).

Der Zusammenschluss erfolgt durch Gründung einer Gesellschaft. Typische Rechtsform der PG ist die Gesellschaft bürgerlichen Rechts (GbR, „BGB-Gesellschaft"). Aber auch andere Gesellschaftsformen, etwa die GmbH, sind im Rahmen einer PG möglich, selbst wenn diese nach dem jeweiligen Berufsrecht keine zulässige Niederlassungsform darstellen. Denn der Behandlungsvertrag wird gerade nicht von der Gesellschaft, sondern von der jeweiligen Praxis abgeschlossen. Die ärztliche Berufsausübung gegenüber dem Patienten erfolgt daher weiterhin in zulässiger Niederlassungsform, während sich der Gesellschaftszweck der PG auf rein interne, organisatorische Aspekte beschränkt. Die PG erfordert auch keinen gemeinsamen Praxissitz.

Der Zusammenschluss zu einer PG ist auch im Rahmen der kassenärztlichen Versorgung zulässig, vgl. § 33 Abs. 1 ZV Ärzte bzw. Zahnärzte. Sie ist der Kassen(zahn)ärztlichen Vereinigung anzuzeigen, eine gesonderte Genehmigung ist nicht erforderlich. Die Anzeige dient insbesondere der Überwachung, damit die getrennte Leistungserbringung eingehalten wird und kein beliebiger Austausch von Patienten erfolgt. Ebenso unzulässig ist die gemeinsame Beschäftigung von Ärzten.

TILL ARENS

Praxis-Suchdienst

Unter Praxis-Suchdiensten werden im Allgemeinen Angebote im Internet, aber auch telefonische Dienste verstanden, die dem Benutzer eine Suche nach bestimmten Fachärzten oder Ärzten mit bestimmten Tätigkeitsschwerpunkten ermöglichen. Üblicherweise wird dieser Service von den zuständigen ► (Zahn-)Ärztekammern und/oder ► Kassen(zahn)ärztlichen Vereinigungen angeboten. Daneben finden sich im Internet zahlreiche weitere Angebote privater Anbieter kommerzieller und nicht-kommerzieller Art, die jedoch nicht alle seriös und zum Teil kostenpflichtig sind. Die Stiftung Warentest hat auf ihrer Internetseite einige wesentliche Praxis-Suchdienste aufgelistet.

LINK-TIPP:

www.test.de

TILL ARENS

Praxisklinik

Als Praxisklinik wird eine Einrichtung der ► ambulanten Versorgung verstanden, welche sich auf Leistungen spezialisiert hat, die bisher ausschließlich stationär erbracht wurden. Ein Beispiel hierfür wäre ein ambulantes Operationszentrum. Insofern hier ggf. die ► Patienten nach einer solchen OP auch eine Übernachtung in Anspruch nehmen, wird eine Praxisklinik der ► teilstationären Versorgung zugerechnet.

Praxismanagement

Das Praxismanagement ist der Teilbereich der ► Gesundheitsbetriebslehre, der sich auf die betriebswirtschaftlichen Belange einer Arztpraxis bezieht.

Primär-Prävention

► Prävention

Primary Nursing

Das Primary Nursing ist eine Organisationsform der ► Pflege. Dabei ist jedem ► Patienten eine Pflegekraft fest zugeordnet und für die gesamte Pflege und Versorgung dieses Patienten verantwortlich. Ist die Primary Nurse (die verantwortliche Pflegekraft) nicht im Dienst, so werden ihre Aufgaben von einer Vertretung, entsprechend ihrer Anweisungen, übernommen. Das Primary Nursing wird vielfach in der psychiatrischen oder in der Altenpflege in Form der ► Bezugspflege ausgeführt.

LITERATURHINWEISE:

Mischo-Kelling, M. (Hrsg.): Primary Nursing, Ein personenbezogenes Pflegesystem. 2. Auflage. Bern 2005. *Stuhl, T.*: Primary nursing in der Altenpflege. Hannover 2006.

LISA HUNDER

Privatkliniken

Darunter werden ► Krankenhäuser gefasst, die sich in privater Trägerschaft befinden. In Deutschland gibt es erstmals mehr private als öffentliche Krankenhäuser. Für 2009 zählte das Statistische Bundesamt 663 Kliniken in privater und 649 in öffentlicher Trägerschaft, womit erstmals mehr private als öffentliche Krankenhäuser gezählt wurden. Weitere 768 Kliniken waren in der Hand freier gemeinnütziger Einrichtungen. Zehn Jahre zuvor hatte es 854 Krankenhäuser in öffentlicher und 468 in privater Trägerschaft gegeben. Die Privatkliniken sind in Landesverbänden organisiert. Auf Bundesebene werden sie durch den Bundesverband Deutscher Privatkliniken e.V. in der ► Gesundheitspolitik vertreten.

LINK-TIPP:

www.bvdp.de

Prophylaxe

eine Form der primären ► Prävention

Prozessqualität

Die Prozessqualität ist neben der Ergebnis- und der Strukturqualität einer der drei nach *Avedis Donabedian* (* 1919; † 2000) benannten Aspekte von ► Qualität. Dabei geht er davon aus, dass es einer Optimierung der Prozess- und Strukturqualität bedarf, um die Ergebnisqualität zu verbessern. Als Prozesse werden dabei die Abläufe bei der Erstellung einer Leistung verstanden.

LITERATURHINWEIS:

Donabedian, A./Bashur, R.: An Introduction to Quality Assurance in Health Care. Oxford University Press 2002.

Pschyrembel

„Der Pschyrembel" ist ein klinisches Wörterbuch, welches bereits in der 262. Auflage vorliegt. Das im Jahr 1894 von *Otto Dornblüth* begründete und von der 19. bis zur 254. Auflage von *Willibald Pschyrembel* herausgegebene und weiterentwickelte enzyklopädische Werk hat mit seinen ca. 35.000 Begriffen zwischenzeitlich den Status eines Standardwerks in der ► Medizin erreicht.

LITERATURHINWEIS:

Dornblüth, H.: Pschyrembel Klinisches Wörterbuch. 262. Aufl., Berlin 2010.

Public Health

Engl. Begriff für ► Gesundheitswissenschaften

Punktwert

► Vergütung vertragsärztlicher Leistungen

Punktzahl

► Vergütung vertragsärztlicher Leistungen

Q

QALY

Qualitätskorrigierte Lebensjahre (Quality adjusted Life Years) sind eine wichtige Kennzahl bei der ► gesundheitsökonomischen Evaluation zur kombinierten Bewertung menschlichen Lebens in quantitativer (Lebenserwartung) und qualitativer (► Lebensqualität) Hinsicht. Leitgedanke ist hierbei, dass gesund verbrachte Lebensjahre für einen ► Patienten nicht den gleichen Wert haben, wie Lebenszeit mit schlechter ► Gesundheit. Ein QALY von 1 bedeutet ein Jahr in voller Gesundheit, während ein QALY von 0 mit dem ► Tod korrespondiert. Die Bewertung der Lebensqualität erfolgt hier auf der Grundlage individueller Präferenzen und basiert konzeptionell auf der Erwartungsnutzentheorie. QALY bilden ein eindimensionales Outcome-Maß für den Nutzwert eines Lebensjahres. Die Methode ist krankheitsübergreifend und damit bei jeder gesundheitsrelevanten Intervention einsetzbar.

Wenn es durch eine Behandlung möglich ist, die Lebenszeit eines Patienten zu verlängern oder die Lebensqualität zu verbessern, so lässt sich die in gewonnenen QALYs ausdrücken. Der Effekt der Behandlung als Differenz zwischen Anfangszustand und Wert danach wird in ► Kosten-Nutzwert-Analysen den ► Kosten gegenübergestellt. QALY fundierte Ergebnisse von Kosten-Nutzwert-Analysen lassen sich in einer Liste zusammenfassen, die danach geordnet ist, wie relativ preiswert die Generierung eines QALYs ist. Zur Quantifizierung der Lebensqualität werden verschiedene Instrumente eingesetzt. Dazu gehören neben der Standard-Gamble-Methode und der Time-Trade-Off-Methode auch Indexinstrumente wie z. B. der ► EuroQol.

Die theoretische Basis des QALY-Konzepts ist nicht unumstritten. Zahlreiche empirische Studien haben gezeigt, dass etwa die Annahme eines konstanten Zusammenhangs zwischen den Restlebensjahren und der Verbesserung der Lebensqualität nicht haltbar ist. Als Alternativen zum QALY-Konzept wurden die Ansätze Years of Healthy Life (YHL) und Health-adjusted Life Years (HALY) entwickelt. Konzeptionell unterscheiden sie sich nur gering vom QALY-Ansatz, werden jedoch eher selten eingesetzt. Das Konzept der Disability-adjusted Life Years (DALY) bezieht sich auf spezifische Erkrankungen und nicht wie die QUALYs auf Gesundheits- oder Lebensqualitätszustände. Das Konzept der Healthy-years Equivalents (HYEs) gilt als theoretisch überlegen.

LITERATURHINWEISE:

Breyer, F./Zweifel, P./Kifmann, M.: Gesundheitsökonomik. 5. Auflage. Berlin, Heidelberg 2005.
Schöffski, O./Greiner, W.: Das QALY-Konzept als prominentester Vertreter der Kosten-Nutzwert-Analyse, in: *Schöffski, O./Graf v. d. Schulenburg, J. M.* (Hrsg.): Gesundheitsökonomische Evaluationen. 3. Auflage. Berlin, Heidelberg 2008. S. 95-137.

PAUL MARSCHALL

Qualifikationsbezogenes Zusatzvolumen

► Vergütung vertragsärztlicher Leistungen

Qualität

Der Begriff „Qualität" ist schillernd und wird in vielen Kontexten verwendet. Es gibt mehrere Definitionen von Qualität. So findet sich im Lexikon „Etymologie der deutschen Sprache" die folgende Beschreibung von Qualität: „Beschaffenheit; Güte, Wert; Klangfarbe (eines Vokals)". Der Begriff wurde im 16. Jh. aus Lateinischen „qualitas" „Beschaffenheit, Verhältnis, Eigenschaft" entlehnt, das vom lateinischen „Qualis" „wie beschaffen" abgeleitet ist. Der Gebrauch von „Qualität" ist zum Teil vom französischen „Qualité" beeinflusst worden. Dazu existiert das Adjektiv qualitativ „der Beschaffenheit, dem Wert nach" (Duden 1989). Folglich wird Qualität traditionell als die Eigenschaften von Sachgütern oder Dienstleistungen beschreibend verstanden.

Die DIN 55350 vom Mai 1987 rückte die Erfordernisse der Kunden in den Vordergrund. Hier wird Qualität beschrieben als die „Beschaffenheit einer Einheit bezüglich ihrer Eignung, festgelegte und vorausgesetzte Erfordernisse zu erfüllen". Nicht sämtliche Eigenschaften von Sachgütern oder Dienstleistungen sind für die Qualitätsbeurteilung bedeutsam, sondern nur die für die beabsichtigte Verwendung relevanten Eigenschaften. Dagegen erstreckt sich der Qualitätsbegriff im Rahmen von Total-Quality-Konzepten, wie dem ► Total-Quality-Management als umfassende Variante des ► Qualitätsmanagements, auf das gesamte Unternehmen.

Die DIN EN ISO 9000:2005 definiert Qualität knapp als „Grad, in dem ein Satz inhärenter Merkmale Anforderungen erfüllt"; wobei ein inhärentes Merkmal definiert ist als Qualitätsmerkmal, ein Merkmal als eine kennzeichnende Eigenschaft. Hiervon abgeleitet versuchen *Kamiske/Brauer* (2006) Qualität verständlicher zu formulieren als: „Grad, in dem Qualitätsmerkmale eines Produktes (Anmerkung des Autors: genauer Sachgut) oder einer Dienstleistung Anforderungen erfüllen". Folglich treten neben den Kundenanforderungen auch die Anforderungen von Mitarbeitern, Kapitalgebern und der Öffentlichkeit (rechtliche Anforderungen), an deren Erfüllung sich die umfassende Qualität eines Unternehmens („Total Quality") orientiert. Die Qualität gibt damit an, inwieweit ein Sachgut oder eine Dienstleistung den bestehenden Anforderungen entspricht und fokussiert nicht ausschließlich auf den Endnutzer.

Bezogen auf die Qualität der ► Gesundheitsversorgung finden sich in der Literatur ebenfalls zahlreiche Definitionen. Deren jeweilige Akzentuierung spiegelt, vor dem Hintergrund wachsenden Medizinfortschrittes und ökonomischer Zwänge, das Bemühen um eine konsensfähige Definition von Qualität wider. Aufgeführt werden soll hier eine Definition von *Donabedian*, der bereits vor rund 50 Jahren Qualität als Grad („extent") der Konformität definiert, die zwischen der Dienstleistung („actual care") und den Anforderungen („preset criteria for good care") besteht. Seine Definition von Qualität der Gesundheitsversorgung lautet: „Quality of care is the extent to which actual care is in conformity with preset criteria for good care". Damit entspricht diese Definition hinsichtlich ihrer Aktualität der ► DIN EN ISO 9000:2005.

LITERATURHINWEISE:

DIN Deutsches Institut für Normung e.V.: DIN EN ISO 9000: Qualitätsmanagementsysteme – Grundlagen und Begriffe. Berlin 2005. *Donabedian, A.*: Explorations in Quality Assessment and Monitoring. Vol. 1-111, Ann Arbor 1980, 1982, 1985. *GMS (Medizinische Informatik, Biometrie und Epidemiologie)* (Hrsg.): Begriffe und Konzepte des Qualitätsmanagements. 3. Auflage 2007, unter: www.egms.de/static/en/journals/mibe/2007-3/mibe000053.shtml. *Kamiske, G. F./Brauer,*

J.-P.: Qualitätsmanagement von A bis Z: Erläuterungen moderner Begriffe des Qualitätsmanagements. 5. Auflage. München 2006.

REINHOLD WOLKE

Qualitätsbeauftragter

Zu dem Aufgabengebiet eines Qualitäts(management)beauftragten kann die Einführung, Umsetzung und Weiterentwicklung eines einrichtungsinternen ► Qualitätsmanagements gehören. In diesem Zusammenhang sind sie als Beauftragte der Leitung der Organisation für die Sicherstellung und Überprüfung der im Unternehmen angewandten Verfahren zur Qualitätssicherung zuständig. Als Beispiele können in diesem Zusammenhang folgende Teilaufgaben genannt werden:

- regelmäßige Analyse des Qualitätsniveaus der Leistungen der Organisation,
- Planung, Initiierung, Koordination und Evaluation von Maßnahmen zur Qualitätsentwicklung (z. B. interne Audits),
- Planung, Initiierung, Koordination und Evaluation von internen Qualitätsmanagement-Projekten (z. B. Qualitätszirkel),
- Entwicklung und Überprüfung von Instrumenten im Rahmen des Qualitätsmanagements,
- interne und externe Kommunikation für den Bereich Qualitätsmanagement,
- beratende und unterstützende Funktion in qualitätsrelevanten Fragen in der Organisation,
- Teilnahme an externen Überprüfungen und Audits (z. B. Heimaufsicht ► MDK),
- Sammlung, Erfassung und systematische Auswertung von Informationen im Rahmen des Qualitätscontrollings sowie
- regelmäßige Berichterstattung an die Leitung der Organisation zum Entwicklungsstand des Qualitätsmanagements.

LITERATURHINWEISE:

Bölicke, C.: Standards in der Pflege: entwickeln – einführen – überprüfen. München 2006. *Fröse, S.*: Was Qualitätsbeauftragte in der Pflege wissen müssen. Hannover 2008.

REINHOLD WOLKE

Qualitätshandbuch

Das Qualitätshandbuch ist ein Dokument, in dem das Qualitätsmanagementsystem einer Organisation dargestellt wird. In der ► DIN EN ISO 9000:2005, Nr. 3.7.4 wird das Qualitätsmanagement-Handbuch als „Dokument (3.7.2), in dem das Qualitätsmanagementsystem (3.2.3) einer Organisation (3.3.1) festgelegt ist“, beschrieben. Für jedes ► Qualitätsmanagement bedarf es einer exakten Dokumentation, welche alle Elemente des Verfahrens sowie die Anforderungen und Bestimmungen beinhaltet. Die Regelungen sollten in einem Qualitätshandbuch allen Beteiligten zugänglich sein. Der Inhalt des Qualitätshandbuches sollte nach *Jaster* (1997) Aufschluss geben über:

- die Qualitätspolitik der betreffenden Organisation,
- die Darlegung der Qualitätsziele,
- eine Beschreibung des Qualitätsmanagementsystems,
- die Verfahrensweisen für das Qualitätsmanagement,
- die Qualitätskriterien,
- einen Plan zur Qualitätssicherung mit einem zeitlichen Ablauf des Verfahrens.

Qualitätshandbücher müssen hinsichtlich Detaillierung und Format an die Größe und Komplexität einer einzelnen Organisation angepasst sein. Musterhandbücher können dazu beitragen, die Erarbeitung eines organisationsspezifischen Handbuches zu erleichtern. Einen Leitfaden für die Erstellung eines QM-Handbuches stellt die DIN EN ISO 10013:1996 bereit.

LITERATURHINWEISE:

DIN Deutsches Institut für Normung e.V.: DIN EN ISO 9000: Qualitätsmanagementsysteme – Grundlagen und Begriffe. Berlin 2005. *Jaster, H. J.*: Qualitätssicherung im Gesundheitswesen. Stuttgart 1997. *Wagemannn, B.*: Qualitätshandbücher nach DIN ISO 9001 für ambulante Pflegedienste. Hannover 2004.

LINK-TIPP:

www.qmhandbuch.de

REINHOLD WOLKE

Qualitätsmanagement

Qualitätsmanagement wird in der ► DIN EN ISO 9000:2005, Nr. 3.2.8 beschrieben als „Aufeinander abgestimmte Tätigkeiten zum Leiten und Lenken einer Organisation bezüglich Qualität". Unter dem Begriff Qualitätsmanagement werden folglich alle Maßnahmen innerhalb eines Betriebes zusammengefasst, die darauf abzielen, die ► Qualität der produzierten Sachgüter oder Dienstleistung zu steuern. Wie die Definition deutlich macht, ist Qualitätsmanagement der Oberbegriff für alle qualitätsbezogenen Tätigkeiten. Das Qualitätsmanagement selbst umfasst eine Kaskade unterschiedlicher Funktionen (*Sens 2001*): Es beinhaltet zunächst einmal das Festlegen der Qualitätspolitik (z. B. als Vision oder Leitbild) und der Qualitätsziele (als quantifizierte, konkrete bezüglich der Qualität angestrebte Ergebnisse), die im Rahmen einer Qualitätsplanung aufgestellt werden. Der Grad der Zielerreichung wird mittels der Qualitätslenkung beobachtet und gesteuert. Dabei handelt es sich im betriebswirtschaftlichen Sinn um ein Controlling, bei dem Abweichungen in Bezug auf die Zielerreichung ermittelt und ggf. rechtzeitig gegengesteuert wird.

Die Summe der qualitätsorientierten Tätigkeiten, einschließlich der Ergebnisse, kann im Rahmen der Qualitätssicherung nach innen und außen dargelegt werden, um Vertrauen in die Leistungsfähigkeit einer Institution zu schaffen, die durch Qualitätsverbesserung beständig erhöht wird. Um diese Aktivitäten im Unternehmen umzusetzen, wird im Allgemeinen ein Qualitätsmanagementsystem „zum Leiten und Lenken einer Organisation bezüglich der Qualität" mit entsprechenden Strukturen und Ressourcen etabliert (z. B. nach DIN EN ISO 9000 f.). Der Nachweis, dass ein Qualitätsmanagementsystem eingeführt ist und bestimmten Anforderungen entspricht, kann im Rahmen einer ► Zertifizierung erbracht werden (GMS 2007).

In der Literatur wird darauf hingewiesen, dass Qualitätsmanagement imVerantwortungsbereich aller Ausführungsebenen liegt, jedoch der obersten Leitung eine besondere Verantwortung zukommt. Qualitätsmanagement umfasst alle Aspekte im Rahmen der Unternehmensführung, die mit der von der obersten Leitungsebene formulierten, grundlegenden Einstellung sowie den Absichten, Zielsetzungen und Maßnahmen in Bezug auf die Erreichung und Verbesserung von Qualität im Zusammenhang stehen. Dabei sind vielfältige Einflussmöglichkeiten zu berücksichtigen, insbesondere Aspekte der Wirtschaftlichkeit, der Gesetzgebung, der Arbeitssicherheit, des Gesundheitsschutzes und der Umwelt. Hinzu kommen die Wünsche und Anforderungen der Kunden (*Füermann/Dammasch* 2002). Die Unternehmensleitung trägt eine nicht delegierbare Verantwortung für das Qualitätsmanagement und muss darüber hinaus auch aktiv für die konsequente Umsetzung auf allen Hierarchieebenen sorgen (*Kamiske/Brauer* 2006).

LITERATURHINWEISE:

DIN Deutsches Institut für Normung e.V.: DIN EN ISO 9000: Qualitätsmanagementsysteme – Grundlagen und Begriffe. Berlin 2005. *Füermann, T./Dammasch, C.*: Prozessmanagement. Anleitung zur Steigerung der Wertschöpfung. 2. Auflage. München 2002. *GMS (Medizinische Informatik, Biometrie und Epidemiologie)* (Hrsg.): Begriffe und Konzepte des Qualitätsmanagements, 3. Auflage 2007, unter: www.egms.de/static/en/journals/mibe/2007-3/mibe000053.shtml. *Kamiske, G. F./Brauer, J.-P.*: Qualitätsmanagement von A bis Z: Erläuterungen moderner Begriffe des Qualitätsmanagements. 5. Auflage. München 2006.

REINHOLD WOLKE

Quartalsabrechnung

► Vergütung vertragsärztlicher Leistungen

R

Rabattvertrag

Rabattverträge sind ein seit April 2007 genutztes Instrument zur Reduzierung der Ausgaben der ► Gesetzlichen Krankenversicherungen für ► Arzneimittel. Hierfür schließt eine Krankenkasse einen Vertrag über die Abnahme eines bestimmten Präparates. Wenn ein ► Patient von seinem ► Arzt ein Medikament verschrieben bekommt, welches nicht mit einem Substitutionsverbot belegt ist, tauscht der ► Apotheker es wirkstoffgleich mit dem Präparat aus, über welches die Krankenkasse mit einem Arzneimittelhersteller des Patienten einen solchen Rabattvertrag abgeschlossen hat.

Radiologieinformationssystem

Ein Radiologieinformationssystem (RIS) ist ein Subsystem des ► Krankenhausinformationssystems (KIS). Neben dem Laborinformationssystem stellt es i. d. R. die wichtigste Komponente im Diagnoseprozess eines Krankenhauses dar. Es ist in das KIS eingebunden, bezieht von dort Patientendaten (z. B. Name, Versicherung, Aufträge) und stellt seinerseits Befunde zur durchgeführten ► Diagnostik für den Versorgungsprozess bereit. Es plant, steuert und dokumentiert die gesamte Organisation in radiologischen Abteilungen oder (i. d. R. großen) radiologischen Praxen. Dabei ist es mit den bildgebenden Modalitäten gekoppelt. Die Kommunikation erfolgt über den DICOM-Standard (DICOM = Digital Imaging and Communication in Medicine).

Im Einzelnen nimmt ein RIS die folgenden Funktionen wahr: Auftrags- und Befundkommunikation, Material- und Leistungserfassung, Terminverwaltung für Modalitäten, Räume und Personen, Patientendatenverwaltung und Leistungsabrechnung, Arztbrief- und/oder Befundschreibung, Steuerung eines digitalen Archivs, Auftrags- und Ergebnisschnittstellen zu den Modalitäten. Das RIS ist die Anwendung des KIS, in der die ► Spracherkennung am häufigsten zum Einsatz kommt.

LITERATURHINWEISE:

Johner, C./Haas, P.: Praxishandbuch IT im Gesundheitswesen: Erfolgreich einführen, entwickeln, anwenden und betreiben. München 2009. *Trill, R.* (Hrsg.): Informationstechnologie im Krankenhaus. Neuwied, Kriftel 2002. *Gärtner, A.*: Medizintechnik und Informationstechnologie. Band 2, Köln 2005.

ROLAND TRILL

Randomisierung

Verfahren aus der empirischen Sozialforschung, welches bspw. übertragen auf gesundheitswissenschaftliche Forschungen zu einer zufälligen Zuordnung von Probanden auf eine Experimentier- oder Kontrollgruppe führt. Mit einem solchen Verfahren wird eine Vielzahl zuordnungsbedingter systematischer Fehler ausgeschlossen.

Rationalisierung

Unter einer Rationalisierung wird im Allgemeinen eine Prozessoptimierung im Sinne der Stiftung eines Prozessnutzens verstanden. Eine Prozessoptimierung im Rahmen der ► Gesundheitsversorgung hat hauptsächlich die Reduzierung des Mitteleinsatzes zum Ziel. Die Verbesserung des Ergebnisses einer Gesundheitsversorgung ist nur begrenzt möglich. Ansätze einer solchen Prozessoptimierung lassen sich in der Etablierung ► Strukturierter Behandlungsprozesse oder eines ► Case-Managements erkennen. Neben diesen eher konzeptionellen Ansätzen werden auch mit der Nutzung von Informations- und Kommunikationstechnologien wie bspw. der ► Telemedizin oder der ► Gesundheitstelematik Rationalisierungen, die nicht zu Lasten, sondern zu Gunsten der ► Gesundheit des ► Patienten gehen, angestrebt.

Rationierung

Zu einer Rationierung von Gesundheitsleistungen kommt es, wenn der Umfang der Leistungen (► gedeckelte Leistungen) begrenzt ist. Dies ist bspw. im Bereich der ► ambulanten Versorgung der Fall, wenn ein niedergelassener ► Arzt über den Abrechnungszeitraum (in diesem Falle das Quartal) hinweg mit einem zur Verfügung gestellten Budget (► Vergütung vertragsärztlicher Leistungen) auszukommen hat, oder wie es im ► Einheitlichen Bewertungsmaßstab der Fall ist, pro ► Patient und Quartal eine bestimmte Leistung nur entsprechend oft erbracht und damit auch abgerechnet werden darf.

Rauchfreies Krankenhaus

► Gesundheitsförderndes Krankenhaus

Regelleistungsvolumen

► Vergütung vertragsärztlicher Leistungen

Regelversorgung

► Krankenhäuser der Regelversorgung sind daran zu erkennen, dass sie neben den sog. medizinischen Grunddisziplinen Innere Medizin, Chirurgie, Gynäkologie/Geburtshilfe und Pädiatrie auch die Spezialdisziplinen Hals-Nasen-Ohrenheilkunde, Augenheilkunde, ► Geriatrie, ► Intensivmedizin und Anästhesiologie anbieten. Für derartige Spezialdisziplinen können auch nur ► Belegbetten vorgehalten werden. Ergänzt wird das Leistungsspektrum zumeist durch Leistungen der bildgebenden ► Diagnostik oder eine ► Krankenhausapotheke. Die Anzahl von Krankenhäusern der Regelversorgung und ihre Dimensionierung sind das Ergebnis der ► Krankenhausbedarfsplanung des jeweiligen Bundeslandes.

LITERATURHINWEIS:

Schmidt-Rettig, B./Eichhorn, S. (Hrsg.): Krankenhausmanagementlehre: Theorie und Praxis eines integrierten Konzepts. Stuttgart 2007.

Rehabilitation

Die Rehabilitation umfasst Maßnahmen, um die körperlichen, beruflichen oder sozialen Fähigkeiten und Möglichkeiten eines ► Patienten zu fördern oder wiederherzustellen. Seit Mitte der 90er Jahre des letzten Jahrhunderts hat die Rehabilitation mit der Einrichtung eines rehabilitationswissenschaftlichen Forschungsschwerpunktes einen Aufschwung erlebt. So haben sich neben der klassischen Form der stationären Rehabilitation, auch beeinflusst durch die veränderten gesellschaftlichen Rahmenbedingungen, ambulante und teilstationäre Formen der Rehabilitation entwickelt.

LITERATURHINWEISE:

Hillert, A. (Hrsg.): Medizinisch-beruflich orientierte Rehabilitation, Grundlagen und Praxis. Köln 2009. *Bundesarbeitsgemeinschaft für Rehabilitation* (Hrsg.): Rehabilitation und Teilhabe, Wegweiser für Ärzte und andere Fachkräfte der Rehabilitation. Köln 1994.

LISA HUNDER

Reliabilität

Die Reliabilität ist ein Gütekriterium in der empirischen Sozialforschung oder auch beim Einsatz von ► Lebensqualitätsfragebögen im Rahmen der ► gesundheitsökonomischen Evaluation. Damit wird die Erwartung ausgedrückt, dass es gelingt, im Wiederholungsfall bei identischen Rahmenbedingungen Befragungsergebnisse in der gleichen Qualität hervorzubringen. Die drei Gütekriterien ► Objektivität, Reliabilität und ► Validität stehen im engen Zusammenhang. Die Reliabilität ist die Voraussetzung für die Validität. Zugleich ist sie das Ergebnis der Objektivität eines Messinstrumentes.

LITERATURHINWEIS:

Wirtz, M./Caspar, F.: Beurteilerübereinstimmung und Beurteilerreliabilität. Göttingen 2002.

Rentenversicherung

Die gesetzliche Rentenversicherung ist eine Säule der deutschen ► Sozialversicherungen. Sie erbringt gemäß § 9 SGB VI Leistungen zur medizinischen ► Rehabilitation, Leistungen zur Teilhabe am Arbeitsleben sowie Leistungen, um den Auswirkungen einer ► Krankheit oder ► Behinderung auf die Erwerbsfähigkeit der Versicherten entgegenzuwirken oder zu überwinden. Dadurch sollen Beeinträchtigungen der Erwerbsfähigkeit der Versicherten oder ihr vorzeitiges Ausscheiden aus dem Erwerbsleben verhindert oder die Versicherten möglichst dauerhaft in das Erwerbsleben eingegliedert werden. Die Leistungen zur Teilhabe haben Vorrang vor den Zahlungen einer Rente, die bei erfolgreichen Leistungen zur Teilhabe nicht oder voraussichtlich erst zu einem späteren Zeitpunkt erbracht werden brauchen. Die gesetzlichen Rentenversicherungen sind in der Deutschen Rentenversicherung Bund mit Hauptsitz in Berlin zusammengefasst. Eigenen Angaben zur Folge beschäftigt sie 15.000 Mitarbeiter, die sich um 25 Mio. Versicherte, 8 Mio. Rentner sowie 3 Mio. Arbeitgeber im In- und Ausland kümmern.

LINK-TIPP:

www.deutsche-rentenversicherung-bund.de

Rettungsdienst

Als Rettungsdienst wird die Gesamtheit aller Maßnahmen und Einrichtungen bezeichnet, die jederzeit einsatzbereit sind, um bei medizinischen Notfällen aller Art, wie bspw. Verletzungen nach Unfällen, Vergiftungen oder akuten Erkrankungen, den sich daraus ergebenden Hilfebedarf zu decken. Dabei wird auf qualifiziertes Personal, wie z. B. einen ► Notarzt, und geeignete Rettungsmittel zurückgegriffen. Der Rettungsdienst hat sich je nach Einsatzgebiet in den sog. bodengebundenen Rettungsdienst, die Luftrettung, sowie Berg- und die Wasserrettung spezialisiert. Neben der Erstversorgung umfassen die Maßnahmen des Rettungsdienstes auch die Übergabe des Betroffenen an die jeweiligen Einrichtungen der ► Gesundheitsversorgung.

Rezept

► elektronisches Rezept

Rezeptgebühr

► Selbstbeteiligung

Richtlinie

Richtlinien sind untergesetzliche Normen, die, ähnlich wie Gesetze, für alle Beteiligten verbindlich sind. Im ► Gesundheitswesen erlassen der ► Gemeinsame Bundesausschuss und der ► Bewertungsausschuss Richtlinien.

HILKE BERTELSMANN

RIS

► Radiologieinformationssystem

Risikoselektion

Unter dem Begriff der Risikoselektion wird die Vorgehensweise von Versicherungen zusammengefasst, die zu versichernden Risiken nach bestimmten Gleichheitskriterien auszuwählen. Gelingt kein Ausgleich des Risikos über die Gesamtzahl der Versicherten, werden von denjenigen, bei denen ein höheres Risiko festgestellt wurde, ein erhöhter Versicherungsbeitrag erhoben oder sie werden ganz von der Versicherung ausgeschlossen. Damit dies nicht geschieht, unterliegen die gesetzlichen ► Sozialversicherungen der sog. ► Kontrahierungspflicht.

Risikostrukturausgleich

Im Jahre 1994 wurde mit dem Gesundheitsstrukturgesetz ein Risikostrukturausgleich (RSA) in die ► gesetzliche Krankenversicherung eingeführt. Dieser sollte die Unterschiede in der Versicherten- und Risikostruktur zwischen einzelnen Krankenkassen, die historisch gewachsen waren und sich durch die Möglichkeit der freien Kassenwahl durch die Versicherten verstärkt hatten, ausgleichen. Ziel war es, gleiche und faire Wettbewerbschancen um die Versicherten für alle Krankenkassen zu schaffen und Anreize zu wirtschaftlichem Handeln zu setzen.

Bis zum 31. 12. 2008 sah das RSA-Verfahren einen Ausgleichsanspruch einer Krankenkasse aufgrund der Parameter ► Alter, ► Geschlecht, Berufs-/Erwerbsfähigkeitsstatus sowie Anzahl der beitragsfrei mitversicherten Familienangehörigen vor. Für jede Krankenkasse wurde der Beitragsbedarf (standardisierte Leistungsausgaben) mit Hilfe der genannten Kriterien ermittelt und mit den tatsächlichen beitragspflichtigen Einnahmen der Mitglieder abgeglichen. Damit wurde die Finanzkraft einer Krankenkasse festgelegt. Übersteigt die Finanzkraft einer Krankenkasse ihren Beitragsbedarf, wird die Differenz den Krankenkassen zugeleitet, deren Beitragsbedarf ihre Finanzkraft unterschreitet. So werden die finanziellen Ausstattungen der Krankenkassen dem standardisierten Beitragsbedarf angepasst. Es handelt sich also beim RSA um ein Umverteilungsverfahren zwischen den Krankenkassen, die auf diese Weise als Geber- oder Empfängerkassen identifiziert werden konnten. Als Empfänger aus dem Risikostrukturausgleich galten die ► Allgemeinen Ortskrankenkassen, Geber waren insbesondere die ► Betriebskrankenkassen.

Um wettbewerbliche Fehlentwicklungen und finanzielle Anreize zur Risikoselektion zu korrigieren, wurden im Jahre 2002 Verfeinerungen vorgenommen, die die Teilnahme an ► Disease Management-Programmen und erhöhte Ausgaben für Krankenhausbehandlungen, Arzneimittel, Krankengeld (z. B. Dialysebehandlung) berücksichtigten. Trotzdem konnte damit der Gesundheitszustand und Versorgungsbedarf der Versicherten als wettbewerbsverzerrende Größen nicht ausreichend berücksichtigt werden, sodass es im Jahre 2009 zur Einführung des ► morbiditätsorientierten Risikostrukturausgleichs kam.

LITERATURHINWEISE:

Bundesversicherungsamt (Hrsg): Wie funktioniert der Risikostrukturausgleich? Bonn. *Lauterbach, K. W./Wille, E.*: Modell eines fairen Wettbewerbs durch den Risikostrukturausgleich. Sofortprogramm „Wechslerkomponente und solidarische Rückversicherung" unter Berücksichtigung der Morbidität. Abschlussbericht. Köln, Mannheim 2001. *Rosenbrock, R./Gerlinger, T.*: Gesundheitspolitik. Eine systematische Einführung. Bern 2004.

CORNELIA BORMANN

Robert-Koch-Institut (RKI)

Das RKI ist ein Bundesinstitut im Geschäftsbereich des ► Bundesministeriums für Gesundheit und zentrale Einrichtung der Bundesregierung auf dem Gebiet der Krankheitsüberwachung und -prävention und damit auch die zentrale Einrichtung des Bundes auf dem Gebiet der anwendungs- und maßnahmenorientierten biomedizinischen Forschung. Die Kernaufgaben des RKI sind die Erkennung, Verhütung und Bekämpfung von ► Krankheiten, insbesondere der ► Infektionskrankheiten. Zu den Aufgaben gehört der generelle gesetzliche Auftrag, wissenschaftliche Erkenntnisse als Basis für gesundheitspolitische Entscheidungen zu erarbeiten. Vorrangige Aufgaben liegen in der wissenschaftlichen Untersuchung, der epidemiologischen und medizinischen Analyse und Bewertung von Krankheiten mit hoher Gefährlichkeit, hohem Verbreitungsgrad oder hoher öffentlicher oder gesundheitspolitischer Bedeutung. Das RKI berät die zuständigen Bundesministerien, insbesondere das Bundesministerium für Gesundheit (BMG), und wirkt bei der Entwicklung von Normen und Standards mit. Es informiert und berät die Fachöffentlichkeit sowie zunehmend auch die breitere Öffentlichkeit. Im Hinblick auf das Erkennen gesundheitlicher Gefährdungen und Risiken fungiert das RKI im Sinne eines Frühwarnsystems.

LINK-TIPP:

www.rki.de

Rote Liste

Die Rote Liste ist das Standardverzeichnis von ► Arzneimitteln für ► Ärzte und ► Apotheker mit wesentlichen Informationen über derzeit etwa 8.500 deutsche Arzneimittel. Nach Indikations- und Wirkstoffgruppen gegliedert, ermöglicht sie einen Vergleich der Medikamente aus pharmakologischer und preislicher Sicht. Sie erscheint jährlich aktualisiert als Buchausgabe bzw. halbjährlich in Form elektronischer Publikationen und richtet sich an Fachkreise. Zu jedem Präparat sind u. a. folgende Informationen enthalten: Handelsname, Wirkstoffname, Zusammensetzung des Präparates, Herstellerfirma, Packungsgrößen, Indikationen, Gegenanzeigen, Informationen zu Schwangerschaft und Stillzeit, Nebenwirkungen, Wechselwirkungen, Intoxikationen, Warnhinweise, Dosierungen und Preisangaben.

LITERATURHINWEIS:

Rote Liste Service GmbH (Hrsg.): Rote Liste 2010. Frankfurt am Main 2010.

LINK-TIPP:

www.rote-liste.de

MARIA HOELTZENBEIN

S

Sachleistungsprinzip

Das Sachleistungsprinzip ist neben dem ► Kostenerstattungsprinzip eines der beiden grundlegenden Strukturprinzipien der ► gesetzlichen Krankenversicherungen bezogen auf die zur Verfügung gestellten Leistungen im Krankheitsfall. Beim Sachleistungsprinzip werden dem Versicherten gemäß § 2 SGB V im Bedarfsfall Leistungen in Form von Sach- oder Dienstleistungen bereitgestellt. Die Krankenversicherungen unterliegen damit der Verpflichtung, über Verträge mit Leistungserbringern dafür Sorge zu tragen, dass mit den vereinbarten ► Gesundheitsleistungen eine ► Gesundheitsversorgung ausreichend, zweckmäßig und wirtschaftlich unter Berücksichtigung des medizinischen Fortschritts sichergestellt wird. Diese Regelung entbindet die Versicherten mit der Ausnahme von ► Selbstbeteiligungen oder ► Zuzahlungen den ► Leistungserbringer für die erbrachte Leistung zu vergüten. Unter ökonomischen Gesichtspunkten ist anzumerken, dass diese Trennung von Leistung und Gegenleistung zu einer über den tatsächlichen Bedarf hinausgehenden Inanspruchnahme von Leistungen führen kann. Mit der ► Patientenquittung wurde seinerzeit versucht, auf der Seite des Patienten ein Bewusstsein wider eines solchen Verhältnisses zu entwickeln.

Sachverständigenrat für die „Konzertierte Aktion" im Gesundheitswesen

Hierbei handelt es sich um den entsprechend §142 SGB V im Jahre 1985 eingesetzten Expertenrat, der die „Konzertierte Aktion", ein Gremium bestehend aus Vertretern der an der gesundheitlichen Versorgung der Bevölkerung Beteiligten, durch die Erstellung von Gutachten, in denen die Entwicklungen im ► Gesundheitswesen analysiert und Möglichkeiten seiner Weiterentwicklung aufgezeigt wurden, unterstützte. Mit Inkrafttreten des GKV-Modernisierungsgesetzes (GMG) zum 1. 1. 2004 und der damit verbundenen Abschaffung der Konzertierten Aktion ist aus ihm der ► Sachverständigenrat zur Begutachtung der Entwicklung im Gesundheitswesen hervorgegangen.

LINK-TIPP:

www.svr-gesundheit.de

Sachverständigenrat zur Begutachtung der Entwicklung im Gesundheitswesen

Hierbei handelt es sich um das zum 1. 1. 2004 eingesetzte Nachfolgegremium des ► Sachverständigenrates für die „Konzertierte Aktion" im Gesundheitswesen. Der Sachverständigenrat zur Begutachtung der Entwicklung im ► Gesundheitswesen hat die Aufgabe, im Abstand von zwei Jahren Gutachten zu erstellen und in diesem Rahmen

- die Entwicklung in der gesundheitlichen Versorgung mit ihren medizinischen und wirtschaftlichen Auswirkungen zu analysieren,
- unter Berücksichtigung der finanziellen Rahmenbedingungen und vorhandenen Wirtschaftlichkeitsreserven Prioritäten für den Abbau von Versorgungsdefiziten und bestehenden ► Überversorgungen zu entwickeln,
- Vorschläge für medizinische und ökonomische Orientierungsdaten vorzulegen sowie
- Möglichkeiten und Wege zur Weiterentwicklung des Gesundheitswesens aufzuzeigen.

Der jetzige Sachverständigenrat wurde von Bundesgesundheitsminister Dr. Philipp Rösler berufen und am 13. 7. 2010 offiziell ernannt. Das Gremium umfasst sieben Mitglieder.

LINK-TIPP:

www.svr-gesundheit.de

SAPV-Team

Wie in den vorangegangenen Modellprojekten in Greifswald und Göttingen (1995-2004) ist auch in der ► spezialisierten ambulanten Palliativversorgung (SAPV) in multiprofessionellen Teams (ähnlich wie auf einer Palliativstation) die palliative Versorgung Schwerstkranker und Sterbender mit besonders komplexen Behandlungserfordernissen zu Hause zu erbringen. Leider konnte sich der ► Gemeinsame Bundesausschuss in der Beratung seiner Richtlinie zur SAPV nicht auf ein Konzept eines gemeinsamen Palliative Care Teams als SAPV-Team auch für die spezialisierte ambulante Palliativversorgung festlegen. Daher entstehen derzeit bundesweit sehr unterschiedliche Betreuungskonzepte für die spezialisierte ambulante Palliativversorgung von gemeinsam agierenden und organisierten multiprofessionellen SAPV-Teams bis hin zu „virtuellen" Teams einzeln agierender Ärzte und Pflegender. Hier steht zu hoffen, dass für die Lösung der komplexen Behandlungsprobleme des Palliativpatienten zukünftig auch im spezialisierten ambulanten Bereich multiprofessionelle Teams wie auf einer Palliativstation vorgeschrieben werden.

WOLF DIEMER

Sekundär-Prävention

► Prävention

Selbsthilfegruppen

Zusammenschluss von Menschen mit einem vergleichbaren gesundheitlichen Problem. Dies sind entweder die unmittelbar selbst von einer ► Krankheit, einem Suchtproblem oder einer ► Behinderung betroffenen ► Patienten oder deren ► Angehörige. Ziel ist es, sich gemeinsam Informationen über das gesundheitliche Problem zu beschaffen und zu erarbeiten, gesammelte

Erfahrungen auszutauschen und Unterstützung bei der Bewältigung der entsprechenden gesundheitlichen Probleme anzubieten oder in Anspruch zu nehmen. Die vorwiegend auf das gesundheitliche Problem ausgerichteten Selbsthilfegruppen werden zunehmend regional gebündelt und zum Teil sogar über die entsprechenden Kommunen koordiniert. Vielerorts finden sich sog. Selbsthilfekontaktstellen oder -büros.

Im Zuge der Diskussion um eine stärkere Bürgerorientierung des Gesundheitswesens durch Beteiligung von Patienten kommen Selbsthilfegruppen und ihren Organisationen zunehmend sowohl gesundheitspolitische Funktionen als auch eine erste finanzielle Unterstützung zu. Entsprechend § 20 Abs. 4 SGB V sollen die Gesetzlichen Krankenversicherungen mit dem Inkrafttreten der GKV-Gesundheitsreform 2000 für Maßnahmen der Prävention oder Rehabilitation bestimmter Krankheitsbilder Selbsthilfegruppen finanziell bis zu einem Höchstbetrag von zur Zeit 0,55 € (Stand: 2007) je Versicherten und Jahr fördern. Ein bundesweiter Dachverband aller Selbsthilfegruppen ist die Deutsche Arbeitsgemeinschaft Selbsthilfegruppen e. V.

LITERATURHINWEIS:

Heft 23 der Gesundheitsberichterstattung des Bundes: „Selbsthilfe im Gesundheitsbereich", Berlin 2004.

LINK-TIPP:

www.dag-selbsthilfegruppen.de

Selektivvertrag

► Einkaufsmodell

Schmerz

Der Schmerz ist eine komplexe Sinneswahrnehmung, die auf eine Störung der ► Gesundheit hinweist. I. d. R. wird dem Schmerz der Charakter eines Warn- oder Leitsignals bezogen auf eine eingetretene, potentielle oder eine empfundene Gewebeschädigung zugeschrieben. Diese Warnfunktion hat der chronische Schmerz, wie er bspw. bei einer übermäßigen ► Selbstmedikation mit schmerzstillenden ► Arzneimitteln entstehen kann, verloren. Stattdessen hat er sich zu einem eigenständigen und behandlungsbedürftigen Krankheitsbild entwickelt.

LITERATURHINWEIS:

Diemer, W./Burchert, H.: Chronische Schmerzen – Kopf- und Rückenschmerzen, Tumorschmerzen. Heft 7 der ► Gesundheitsberichterstattung des Bundes. Berlin 2002.

Schmerzambulanz

Eine Schmerzambulanz ist eine auf die ► Behandlung von ► Schmerzen spezialisierte Einrichtung in der ► ambulanten oder ► stationären Versorgung.

LITERATURHINWEIS:

Diemer, W./Burchert, H.: Chronische Schmerzen – Kopf- und Rückenschmerzen, Tumorschmerzen. Heft 7 der ► Gesundheitsberichterstattung des Bundes. Berlin 2002.

Schwerpunktversorgung

Eine Schwerpunktversorgung wird von Einrichtungen des ► Gesundheitssystems angeboten, die sich auf ► Patienten mit bestimmten ► Krankheiten spezialisiert haben. Im Bereich der ► ambulanten Versorgung sind dies die sog. Schwerpunktpraxen. Im Bereich der ► stationären Versorgung findet sich die Schwerpunktversorgung insbesondere in den ► Krankenhäusern der ► Spezialversorgung. Insofern sich solche Einrichtungen auf die ► Behandlung bestimmter Krankheiten ausgerichtet haben, findet dort die Versorgung von Patienten zumeist im Rahmen von ► Disease-Management-Programmen statt. Bei sektorübergreifenden Kooperationen wird das Finanzierungsinstrument der ► Integrierten Versorgung genutzt.

Selbstbehalt

Der Selbstbehalt ist ein Instrument der Vertragsgestaltung von Krankenversicherungen. Diese gewähren Versicherten einen Prämien- oder Beitragsnachlass, wenn sie im Gegenzug einen bestimmten Betrag der ► Krankheitskosten selbst zu tragen bereit sind (Selbstbehalt). Die Versicherung greift dann erst oberhalb des vereinbarten Selbstbehaltes. Ziel des Selbstbehaltes ist es, einen Anreiz für ökonomisches Verhalten zu setzen und die Versicherten zu einer sparsamen Leistungsinanspruchnahme zu bewegen.

Der Selbstbehalt ist ein seit der Gesundheitsreform 2007 in Deutschland freiwillig angebotener ► Wahltarif der Krankenkassen. Dieser beinhaltet, dass der Versicherte die jeweils angefallenen Kosten (klassischerweise für ► Arzneimittel, Arzt- und Krankenhausbehandlung) bis zu einem vereinbartem Betrag selbst übernimmt. Wird dieser vereinbarte Selbstbehalt nicht überschritten, das heißt die Krankenkasse hat im Kalenderjahr keine Leistungen zu finanzieren, erhält der Versicherte eine Prämie bzw. einen Teil seiner Beiträge zurückerstattet. Eine Inanspruchnahme von Leistungen wird entsprechend bis zur Höhe des Selbstbehaltes von der Prämie abgezogen. Gleichwohl ist die mögliche Ersparnis bzw. Prämie immer geringer als der zu zahlende Selbstbehalt und darf pro Jahr maximal 600 € bzw. 20 % der Gesamtbeiträge ausmachen.

Häufig bleiben viele Leistungen, in Abhängigkeit von der Krankenkasse, vom Selbstbehalt unberührt. Eine Inanspruchnahme dieser Leistungen führt somit nicht zu einer Anrechnung auf den Selbstbehalt. Beispiele hierfür sind: Leistungen zur ► Prävention und für Schutzimpfungen, Leistungen zur Verhütung von Zahnerkrankungen, Gesundheitsuntersuchungen wie z. B. die Krebsvorsorge sowie Kinderuntersuchungen. Es bestehen noch weitere Differenzierungen zwischen den einzelnen Krankenkassen. So gibt es nach Einkommensklassen gestaffelte Selbstbehalt-Tarife, in denen die maximalen Selbstbehalte lediglich von den Versicherten mit dem größten Einkommen beansprucht werden können. Im Gegenzug dazu ist für geringere Einkommensgruppen der maximale Selbstbehalt niedriger. Somit ist das Risiko beim Selbstbehalt-Tarif kalkulierbar. Allerdings muss sich der Versicherte drei Jahre lang an diesen Tarif binden – auch Beitragssatzsteigerungen gelten nicht als Kündigungsgrund.

LITERATURHINWEISE:

Berlemann, M./Karmann, A./Werblow, A.: Moral Hazard: Anreize zur Verhaltensänderung, in: *Hoffmann, S./Müller, S.* (Hrsg.): Gesundheitsmarketing: Gesundheitspsychologie und Prävention. Bern 2010. S. 143-151. *Breyer, F./Zweifel, P./Kifmann, M.*: Gesundheitsökonomik. Kapitel 6: Optimale Ausgestaltung von Krankenversicherungsverträgen. 5. Auflage. Berlin et al. 2004.

ANDREAS WERBLOW

Selbstbeteiligung

Der Begriff der Selbstbeteiligung (auch: ► Selbstbehalt, Kostenbeteiligung, Zuzahlung) stammt aus dem Versicherungswesen und bezeichnet den Anteil an den Schadenskosten, den der Versicherungsnehmer im Versicherungsfall selbst zu tragen hat. Dieser kann auf einen Zeitraum oder aber auch pro Schadensfall definiert und jeweils als Absolut- oder Prozentbetrag festgelegt oder vertraglich vereinbart werden. Die Versicherung trägt dann die Differenz zwischen Schaden und Selbstbeteiligung.

Selbstbeteiligungen sind im Bereich der Krankenversicherung in Deutschland stark verbreitet. Zum Beispiel im Rahmen der ► gesetzlichen Krankenversicherung finden sich gleich eine ganze Reihe solcher Selbstbeteiligungen. Neben der Praxisgebühr von derzeit 10 € pro Quartal sieht der Gesetzgeber zum Beispiel eine Selbstbeteiligung an Medikamenten und Hilfsmitteln, Krankenhaus- und Rehabilitationskosten vor.

Im Bereich der Krankenversicherung dient die Selbstbeteiligung vorrangig dem Ziel der Kostendämpfung. Bei einer Vollversicherung besteht die Gefahr, dass die ► Krankheitskosten durch ► Moral-Hazard-Verhalten der Versicherten in die Höhe getrieben werden. Der zentrale Grund hierfür liegt in der durch eine Vollversicherung entstehenden Entkoppelung von individuellem Verhalten und zu verantwortenden Konsequenzen dieses Verhaltens. Die Selbstbeteiligung soll helfen, diese Entkoppelung zu vermeiden, indem sie dem Versicherten einen gewissen Teil der Schadenskosten auferlegt. Allerdings gibt es hierbei einen Trade-Off: Einerseits senkt eine höhere Selbstbeteiligung zunehmend das Risiko eines kostensteigernden Moral-Hazard-Verhaltens der Versicherten. Andererseits verschlechtert ein zunehmender Selbstbeteiligungssatz auch zunehmend die Güte der durch die Versicherung eigentlich bezweckten Verbesserung der Risikoallokation. Der Sinn der Versicherung besteht nämlich ja letztlich darin, risikoaversen Menschen die Absicherung gegen nutzenmindernde Risiken gegen Zahlung einer Versicherungsprämie zu erlauben. Auch wird mit einer hohen Selbstbeteiligung zunehmend das Ziel der gesetzlichen

Krankversicherungspflicht verfehlt, die Gefahr einer aus einem Schadensfall resultierenden Zahlungsunfähigkeit des Betroffenen zu minimieren.

LITERATURHINWEISE:

Götze, R./Salomon, T.: Fair Fee. Eine einkommens- und morbiditätsadjustierte Zuzahlung für die Gesetzliche Krankenversicherung in Deutschland, in: *Becker, U./Davy, U./Evers, A.* et al. (Hrsg.): Zeitschrift für Sozialreform. 55(1). Stuttgart 2009. S. 71-90. *Knappe, E.*: Selbstbeteiligung der Patienten als Finanzierungs- und Steuerungsinstrument, in: *Albring M. /Wille, E.* (Hrsg.): Die GKV zwischen Ausgabendynamik, Einnahmeschwäche und Koordinierungsproblemen. Frankfurt am Main 2003. S. 235-250. *Werblow, A.*: Alles nur Selektion? Der Einfluss von Selbstbehalten in der Gesetzlichen Krankenversicherung, in: *Zimmermann, K. F./Schäfer, D.* et al. (Hrsg.): Vierteljahreshefte zur Wirtschaftsforschung. 71/2002. S. 427-436.

MICHAEL BERLEMANN

Selbstdiagnostik

Von einer Selbstdiagnostik wird gesprochen, wenn der ► Patient selbst ihm zur Verfügung stehende Instrumente und Verfahren der ► Diagnose anwendet. Die Befähigung zur Selbstdiagnostik ist Ausdruck eines entsprechenden ► Empowerments, welches die ► Gesundheitskompetenzen des Betroffenen stärken soll. Abgesehen von den Aufwendungen, die zu leisten sind, um diese Befähigung herbeizuführen, trägt die Selbstkompetenz zur Entlastung des ► Gesundheitssystems bei. Als Beispiel kann hier das Blutzuckermessen bei der Selbstversorgung eines an ► Diabetes mellitus Erkrankten angeführt werden. Die Selbstdiagnostik kann somit der ► Selbstmedikation vorausgehen.

Selbstkostendeckungsprinzip

Das Selbstkostendeckungsprinzip ordnet sich ein in die unterschiedlichen Formen der Finanzierung von ► Krankenhäusern. Das bis zur Inkraftsetzung des Gesundheitsstrukturgesetzes im Jahre 1993 geltende Prinzip garantierte den Krankenhäusern die Erstattung ihrer Kosten. Dies erfolgte einerseits über die Erstattung von ► Investitionskosten und andererseits über die Erstattung der ► Betriebskosten auf der Basis von ► Pflegesätzen. Mit der Umstellung der Vergütung durch Pflegesätze auf eine Vergütung nach ► Diagnosis Related Groups oder ► Fallpauschalen wandelt sich das Selbstkostendeckungsprinzip in der Form eines Erstattungs- zu einem Leistungsprinzip mit den damit verbundenen Konsequenzen. Hier sind u. a. die Verkürzung der ► Verweildauer oder die Ausgliederung von bisher stationär erbrachter Leistungen in den Bereich der ► ambulanten Versorgung zu nennen. Letzteres führte dort aufgrund der ► gedeckelten Leistungen zu einem Finanzierungsengpass, welchem mit dem Konzept der ► Integrierten Versorgung begegnet werden soll.

Selbstmedikation

Unter der Selbstmedikation wird die Eigenbehandlung mit ► Arzneimitteln verstanden. Für eine Selbstmedikation bieten sich insbesondere verschreibungsfreie Arzneimittel an, die freiverkäuflich in ► Apotheken, anderen Einzelhandelseinrichtungen oder über das Internet zu beziehen sind. Indikationsbereiche für Selbstmedikationen sind die sog. Alltagsbeschwerden wie etwa ► Schmerzen (Kopf- und Gliederschmerzen), Durchfall, Erkältungsbeschwerden oder Übelkeit. Sofern von vorherigen Verordnungen noch Restbestände an verschreibungspflichtigen Medikamenten vorhanden sind, finden diese auch im Rahmen der Selbstmedikation Verwendung. Eine große Bedeutung kommt dabei der Bratungskompetenz des ► Apothekers zu. Wenngleich die Selbstmedikation entlastend auf das Budget wirkt, wird sie von ärztlicher Seite kritisch betrachtet. So kann z. B. bei einem überhöhten oder länger andauernden Gebrauch von Schmerzmedikamenten eine Chronifizierung des Kopfschmerzes auftreten.

LITERATURHINWEISE:

Lennecke, K./Hagel, K./Przondziono, K.: Selbstmedikation für die Kitteltasche: Leitlinien zur pharmazeutischen Beratung. 3. Auflage. Stuttgart 2007. *Bundesverband der Arzneimittelhersteller* (Hrsg.): Selbstmedikations-Liste 2006, Stuttgart 2006.

Selbst-Schuld-Krankheiten

„Wenn jemand raucht, dann braucht er sich nicht zu wundern, dass er Lungekrebs bekommt und daran stirbt – selbst schuld. Es steht ja sogar auf der Zigaretten-Packung drauf." Die hinter dieser oder weiteren Aussagen zu anderen ► Krankheiten liegenden Sichtweise steht für das, was gemeinhin als Selbst-Schuld-Krankheit bezeichnet wird. In Zeiten einer ► „Kostenexplosion" im Gesundheitswesen verbunden mit steigenden Beiträgen zur Krankenversicherung wird schnell versucht, einen Schuldigen dafür auszumachen. Eine Stigmatisierung bspw. als Raucher, Übergewichtiger, Magersüchtiger oder Risikosportler ist dabei ein erster Schritt. Damit wird im Prinzip dem Stigmatisierten eine mangelnde ► Gesundheitskompetenz unterstellt, die am Ende zu einer Belastung der Solidargemeinschaft führt. Dass damit jedoch nur eine Selbstoffenbarung mangelnder Kenntnisse über mögliche Ursachen-Wirkungs-Zusammenhänge bei der Entstehung von Krankheiten erfolgt, wird nicht bemerkt.

Sicherstellungsauftrag

Die ► Kassen(zahn)ärztlichen Vereinigungen unterliegen gemäß § 72 SGB V dem Sicherstellungsauftrag. Damit ist gemeint, dass sie dafür Sorge zu tragen haben, dass in der ► ambulanten Versorgung ein qualitativ angemessenes, örtliches und jederzeit bedarfsdeckendes sowie wirtschaftliches Versorgungsangebot einschließlich eines ► Notdienstes bereitgehalten wird. Damit befinden sich die Kassen(zahn)ärztlichen Vereinigungen in einer Verpflichtung gegenüber den ► gesetzlichen Krankenversicherungen. Stellen diese eine Versorgungslücke fest, so haben die gesetzlichen Krankenversicherungen gemäß § 140 Abs. 2 SGB V die Möglichkeit, ► Eigeneinrichtungen der Krankenkassen einzurichten.

Solidaritätsprinzip

Das Solidaritätsprinzip ist ein Strukturprinzip der deutschen ► Sozialversicherungen. Zusammengefasst bedeutet es, dass sich die Leistungen aus den Sozialversicherungen grundsätzlich nicht nach dem individuellen Risiko des Versicherten, sondern nach dem tatsächlichen Leistungsbedarf richten. Am Beispiel der ► gesetzlichen Krankenversicherung bemisst sich der Anspruch auf medizinische Leistungen nach den von ► Ärzten als erforderlich und zweckmäßig erkannten Leistungen und eben nicht nach der jeweiligen Beitragshöhe. Ein weiteres Merkmal des Solidaritätsprinzips in der gesetzlichen Krankenversicherung ist die Möglichkeit der beitragsfreien Mitversicherung von Familienmitgliedern. Die Leistungen für das Krankentagegeld (► Krankengeld) hingegen richten sich in ihrer Höhe nach dem versicherungspflichtigen Einkommen des Versicherten.

Sonderentgelt

Ein Sonderentgelt ist eine Honorierungsform, bei der alle anfallenden Leistungen (Personal und Sachmittel) für bestimmte operative Eingriffe mit einem Pauschalbetrag abgegolten werden. Dieser Betrag ist unabhängig davon, welche und wie viele Einzelleistungen je ► Patienten tatsächlich erbracht worden sind. Im Gegensatz zu ► Fallpauschalen wird bei Sonderentgelten der stationäre Aufenthalt nach der Operation zusätzlich vergütet. Vorteil ist, dass kaum die Gefahr einer unangemessenen Verkürzung der ► Verweildauer besteht, da notwendige zusätzliche Behandlungstage im ► Krankenhaus gesondert vergütet werden. Andererseits besteht ein ökonomischer Anreiz, die Patienten länger als medizinisch nötig stationär zu behandeln, da die Krankenhäuser auf diese Weise eine bessere Auslastung ihrer Kapazitäten erreichen können. Sonderentgelte wurden in Deutschland 2004 durch ► DRGs abgelöst.

LITERATURHINWEIS:

Schulenburg, M./Greiner, W.: Gesundheitsökonomik. 2. Auflage. Tübingen 2007.

WOLFGANG GREINER

Sozialdatenschutz

Sozialdatenschutz betrifft lediglich das Verhältnis zwischen Arbeitgeber und Arbeitnehmer. Patientendaten unterliegen dagegen nicht den besonderen Vorschriften des Sozialdatenschutzes. Diese besonderen Vorschriften sind die §§ 67 ff. SGB X. Jeder hat einen Anspruch darauf, dass die ihn betreffenden Sozialdaten (§ 67 Abs. 1 SGB X) von den Leistungsträgern – also den entsprechenden Sozialversicherungsträgern – nicht unbefugt erhoben, verarbeitet oder genutzt werden, § 35 SGB I. Soweit Sozialleistungsträger ► personenbezogene Daten verarbeiten, sind neben den Vorschriften des Sozialgesetzbuches auch diejenigen der Datenschutzgesetze anwendbar. Dies gilt insbesondere für die Auftragsdatenverarbeitung der §§ 67 ff. SGB X. Danach darf eine Offenbarung personenbezogener Daten nur dann erfolgen, wenn der Betroffene hierzu im Einzelfall schriftlich seine Einwilligung erteilt hat oder soweit eine gesetzliche Offenbarungspflicht besteht. Gesetzliche Offenbarungspflichten ergeben sich aus §§ 67d-77 SGB X. Es sind bspw. die Fälle der Amtshilfe (§§ 67e und 68 SGB X), der Erfüllung sozialer Aufgaben (§ 69 SGB X), der Durchführung des Arbeitsschutzes (§ 70 SGB X) oder des Schutzes der inneren und äußeren Sicherheit (§ 72 SGB X). Die Vorschriften der §§ 67 ff. SGB X sind denen des ► Bundesdatenschutzgesetzes ähnlich. Der Einzelne hat im Prinzip dieselben Rechte wie im BDSG, nämlich Auskunft (§ 83 SGB X), Berichtigung, Löschung und Sperrung (§ 84 SGB X) sowie einen Schadensersatzanspruch, vgl. § 82 SGB X, der auf § 7 BDSG verweist.

AXEL BENNING

Sozialgesetzbuch (SGB)

Mit dem Sozialgesetzbuch wird die Absicht verfolgt, alle sozialrechtlichen Vorschriften in einem Gesetzbuch zusammenzufassen. Es umfasst derzeit 12 Bücher, sie beinhalten im Einzelnen:

- SGB I Sozialgesetzbuch – Allgemeiner Teil,
- SGB II Sozialgesetzbuch – Grundsicherung für Arbeitsuchende,
- SGB III Sozialgesetzbuch – Arbeitsförderung,
- SGB IV Sozialgesetzbuch – Gemeinsame Vorschriften für die Sozialversicherung,
- SGB V Sozialgesetzbuch – Gesetzliche Krankenversicherung,
- SGB VI Sozialgesetzbuch – Gesetzliche Rentenversicherung,
- SGB VII Sozialgesetzbuch – Gesetzliche Unfallversicherung,
- SGB VIII Sozialgesetzbuch – Kinder- und Jugendhilfe,
- SGB IX Sozialgesetzbuch – Rehabilitation und Teilhabe behinderter Menschen,
- SGB X Sozialgesetzbuch – Verwaltungsverfahren und Sozialdatenschutz,
- SGB XI Sozialgesetzbuch – Soziale Pflegeversicherung und
- SGB XII Sozialgesetzbuch – Sozialhilfe.

Da ein Großteil der im ► Gesundheitssystem erbrachten Leistungen über gesetzliche ► Sozialversicherungen abgerechnet werden, wird das Gesundheitssystem durch verschiedene Sozialgesetzbücher berührt. Hier sind in erster Linie die SGB V, VI, VII, IX und XI zu nennen.

LINK-TIPP:

www.sozialgesetzbuch.de

Sozialmedizin

Die Sozialmedizin ist ein Teilgebiet der ► Medizin oder auch eine Zusatzbezeichnung, die ein Arzt nach Erbringung der entsprechenden Leistungen im Rahmen von Weiterbildungen führen darf. Als Teilgebiet der Medizin beschäftigt sich die Sozialmedizin mit den Wechselwirkungen zwischen ► Gesundheit und ► Krankheit, ihren Risiken und den gesellschaftlichen Rahmenbedingungen. Dabei werden u. a. die Perspektiven der ► Prävention, ► Rehabilitation und der ► Gesundheitsökonomie einbezogen. Die Sozialmedizin umfasst zudem die wissenschaftliche Auseinandersetzung mit dem und die praktische Gestaltung des Gesundheitszustandes der Bevölkerung, und seiner Determinanten, der Organisation des ► Gesundheitswesens und des Systems der ► Sozialversicherungen sowie den Wirkungen (► Nutzen) und ► Kosten der medizinischen Versorgung.

LITERATURHINWEISE:

Waller, H.: Sozialmedizin: Grundlagen und Praxis. 6. Auflage. Stuttgart 2007. *Klemperer, D.*: Sozialmedizin – Public Health. Lehrbuch für Gesundheits- und Sozialberufe. Bern 2010.

Sozialrechtliches Leistungsdreieck

Aus der Bezeichnung „sozialrechtliches Leistungsdreieck" lässt sich erkennen, dass grundsätzlich drei Akteure in die Erbringung einer Leistung im entsprechenden ► Versicherungsfall (z. B. die ► Behandlung einer ► Krankheit, die Durchführung einer ► Rehabilitation oder das Erbringen von Pflegeleistungen) eingebunden sind. Insofern es um „Leistungen" geht, werden ► Leistungserbringer, ► Leistungsempfänger und ► Leistungsträger unterschieden, vgl. auch die folgende Abbildung.

ABB. 4: Grundstruktur des sozialrechtlichen Leistungsdreiecks

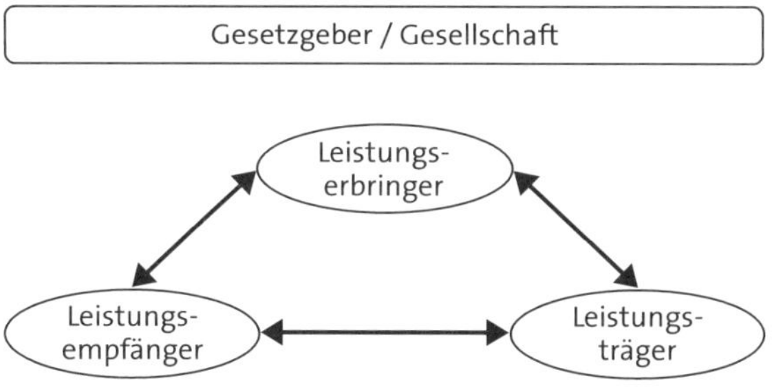

Zwischen den drei Akteuren bestehen oder entstehen Rechtsbeziehungen. Zwischen dem Leistungsempfänger und dem Leistungsträger besteht ein Versicherungsvertrag. Im Rahmen dieses Vertrages zahlt der Leistungsempfänger seine monatlichen Beiträge (auch Versicherungsprämie genannt). Im Gegenzug erhält er im Bedarfsfall (bei der Verwirklichung des Versicherungsrisikos oder dem Eintreten des ► Versicherungsfalls) Leistungen der entsprechenden ► Sozialversicherung in Aussicht gestellt. Am Beispiel der ► gesetzlichen Krankenversicherung beruhen diese Leistungen entweder auf dem ► Sachleistungs- oder dem ► Kostenerstattungsprinzip. Die Beziehung zwischen dem Leistungsempfänger und dem Leistungserbringer beruht auf einem Behandlungsvertrag, der bei Beginn der Behandlung zustande kommt. Der Leistungsempfänger äußert seinen Hilfe- oder Behandlungsbedarf und stellt ggf. zugleich die Erstattung der zu erbringenden Leistungen in Aussicht, indem er bekannt gibt, bei welcher Krankenkasse er versichert ist. Der Leistungserbringer deckt durch Leistungen der ► Diagnostik, Therapie, ► Kuration usw. den Behandlungsbedarf. Die erbrachten Leistungen rechnet er anschließend gegenüber dem Leistungsträger ab. Dieser wiederum erstattet ihm den jeweiligen Betrag. Im Rahmen der ► ambulanten Versorgung ist zwischen beide noch die ► Kassenärztliche Vereinigung geschaltet. In der ► stationären Versorgung erfolgt die Vergütung direkt. Die Grundlage dafür ist der zwischen beiden abgeschlossene Leistungsvertrag.

Da die Sozialgesetzgebung unserer Gesellschaft einerseits den Grundstein für das sozialrechtliche Leistungsdreieck gelegt hat und andererseits aufgrund der gesellschaftlichen und demografischen Rahmenbedingungen eine hohe Gesetzgebungsdynamik aufweist, ist das sozialrechtliche Leistungsdreieck um den Gesetzgeber oder die Gesellschaft zu ergänzen. Das ► Sozialgesetzbuch selbst definiert nicht, was unter einem Leistungserbringer, Leistungsempfänger und Leistungsträger zu verstehen ist, gleichwohl finden diese Bezeichnungen in den jeweiligen Sozialgesetzbüchern eine entsprechende Verwendung.

Sozialversicherung

Von einer Sozialversicherung kann gesprochen werden, wenn die im ► Versicherungsprinzip enthaltenen grundlegenden Regelungen nach sozialen Gesichtspunkten ausgeformt sind. So erfolgt der Zusammenschluss der Personen nicht freiwillig, sondern zwangsweise oder automatisch per Gesetz. Die Beiträge werden nicht risikobezogen, sondern unabhängig vom Risiko des jeweiligen Versicherten erhoben. Eine solche risikounabhängige Größe ist bspw. das Einkommen des Versicherten. Die Beiträge sind ein genau geregelter Prozentsatz vom Einkommen. Als sozial galt lange Zeit, dass die Beiträge in die gesetzliche Kranken-, Renten-, Pflege- und Arbeitslosenversicherung zwischen dem Arbeitnehmer und dem Arbeitgeber hälftig aufgeteilt werden. Seit geraumer Zeit ist dies bei der gesetzlichen Pflege- sowie bei der Krankenversicherung nicht mehr der Fall. Hier wurde der Arbeitgeberanteil quasi bei 50 % „eingefroren". Beitragssatzsteigerungen fallen somit dem Arbeitnehmer zu. Beschäftigte mit einem geringen Einkommen bleiben beitragsfrei sozialversichert. Beschäftigte mit sehr hohen Einkommen haben nur Beiträge bezogen auf den ► Beitragsbemessungssatz zu zahlen.

Das deutsche System der Sozialversicherungen umfasst die ► gesetzlichen Krankenversicherung (1883), die gesetzliche ► Unfallversicherung (1884), die gesetzliche ► Rentenversicherung (1889), die Arbeitslosenversicherung (1927) und die gesetzliche ► Pflegeversicherung (1995). Getreu dem ► Versicherungsprinzip soll jede dieser Versicherungen einem Versicherungsrisiko vorbeugen, z. B. ist dies im Falle der Krankenversicherung die ► Krankheit, bzw. die mit ihrer Behandlung verbundenen Kosten und die gleichzeitig auftretenden Verdienstausfälle. Insofern dies i. d. R. von einem Betroffenen nicht bewusst gesteuert werden kann, wurde seinerzeit darin ein sog. großes Lebensrisiko gesehen, für welches der Staat ein entsprechendes Vorsorgesystem bereitzustellen hat. Die anderen Lebensrisiken sind der ► Arbeitsunfall (Unfallversicherung), das Ausscheiden aus dem Erwerbsleben (Rentenversicherung), die ► Arbeitslosigkeit (Arbeitslosenversicherung) und die ► Pflegebedürftigkeit (Pflegeversicherung).

Spezialversorgung

► Krankenhäuser der Spezialversorgung sind daran zu erkennen, dass sie sich i.d.R. auf eine oder mehrere der medizinischen Spezialdisziplinen: Hals-Nasen-Ohrenheilkunde, Augenheilkunde, ► Geriatrie, ► Intensivmedizin oder Anästhesiologie ausgerichtet haben. Die Anzahl von Krankenhäusern der Spezialversorgung und ihre Dimensionierung sind das Ergebnis der ► Krankenhausbedarfsplanung des jeweiligen Bundeslandes. Die Krankenhäuser der Spezialversorgung zeichnen sich durch eine relative „Patientenferne" aus, da sie nur in geringer Zahl und somit nur an ausgewählten Orten in einem Bundesland vorgehalten werden.

LITERATURHINWEIS:

Schmidt-Rettig, B./Eichhorn, S. (Hrsg.): Krankenhausmanagementlehre: Theorie und Praxis eines integrierten Konzepts. Stuttgart 2007.

Spital

Österr. Begriff für ► Krankenhaus

Spitzenverbände der Krankenkassen

Diese veraltete und heute eher umgangssprachlich genutzte Bezeichnung steht für den gemäß § 217a SGB V mit der ► Gesundheitsreform 2007 gegründeten „Spitzenverband Bund der Krankenkassen", abgekürzt: GKV-Spitzenverband. Als die zentrale Interessenvertretung aller ► gesetzlicher Kranken- und ► Pflegeversicherungen gestaltet er die Rahmenbedingungen für die gesundheitliche Versorgung von ca. 70 Mio. Versicherten in Deutschland. Der GKV-Spitzenverband erledigt eigenen Angaben zur Folge alle wettbewerbsneutralen Aufgaben für die gesetzliche Kranken- und Pflegeversicherung und ist gleichzeitig der Spitzenverband der Pflegekassen. Darüber hinaus ist er Träger des ► Medizinischen Dienstes des Spitzenverbandes.

LINK-TIPP:

www.gkv-spitzenverband.de

Sprechstundenbedarf

Damit ist der Teil an Verbrauchsmaterialien gemeint, der im unmittelbaren Versorgungsprozess genutzt und verbraucht wird. Die Besonderheit dieser Verbrauchsmaterialien besteht darin, dass sie sich i.d.R. nicht einem konkreten Behandlungsfall zurechnen lassen, oder ihre Zurechnung zu aufwendig ist. Somit fallen sie zu Lasten der Gemeinkosten.

Standards

► Leitlinien

Stationäre Versorgung

Unter der stationären Versorgung werden diejenigen ► Gesundheitsleistungen zusammengefasst, die in Verbindung mit einem stationären Aufenthalt in einem ► Krankenhaus erbracht werden. Wesentlicher Grund für die Unterscheidung in stationäre und ► ambulante Versorgung sind die unterschiedlichen Vergütungsstrukturen für die entsprechenden Leistungen, denn eine Vielzahl stationär erbrachter Leistungen könnten eigentlich auch ambulant erbracht werden. Mit der Umstellung der Vergütung der Krankenhäuser auf leistungsorientierte ► Fallpauschalen sind Tendenzen der ► Ausgliederung entsprechender Leistungen in den ambulanten Bereich, wie bspw. in ► Praxiskliniken oder ► Medizinische Versorgungszentren, mit erforderlich gewordenen Anpassungen bisheriger Vergütungsstrukturen in beiden Bereichen zu beobachten.

Sterbebegleitung

Damit ist eine der Hauptaufgaben in der ► Hospizbewegung und der ► Palliativversorgung gemeint. Diese beiden Bereiche lehnen intentional (absichtlich) lebensverkürzende Maßnahmen ► Euthanasie ab. Sterbebegleitung bedeutet jedoch die psychosoziale Begleitung eines Sterbenden. Diese Begleitung wird von Haupt- und Ehrenamtlichen gemeinsam geleistet.

WOLF DIEMER

Sterbehilfe

Ist ein überkommener Begriff und steht für: Therapiebegrenzung (sog. „passive Sterbehilfe"), aktive ► Euthanasie (sog. „aktive Sterbehilfe") und lindernde Behandlungen im Sterbeprozess (sog. „indirekte Sterbehilfe"). Der Begriff „Sterbehilfe" steht sowohl für gebotene Behandlungen als auch für verbotene und moralisch verwerfliche Handlungen. Da er also beides beinhaltet, sollte er zugunsten präziser Begriffe ganz verlassen werden.

WOLF DIEMER

Straftaten nach BDSG

Verstöße gegen das ► Bundesdatenschutzgesetzes können auch strafrechtliche Konsequenzen nach sich ziehen. Das ist immer dann der Fall, wenn vorsätzlich gegen Entgelt oder in der Absicht, sich oder einen anderen zu bereichern oder einen anderen zu schädigen eine Handlung begangen wird, die einen der in § 43 Abs. 2 BDSG genannten Ordnungswidrigkeitstatbestände erfüllt, § 44 BDSG (► Ordnungswidrigkeiten nach BDSG).

Die in § 43 Abs. 2 BDSG genannten Taten sind im Wesentlichen das unbefugte Erheben, Verarbeiten, Bereithalten, Übermitteln oder Abrufen von Daten. Als Strafe können eine Freiheitsstrafe von bis zu zwei Jahren oder eine Geldstrafe verhängt werden. Allerdings wird die Tat nur auf einen entsprechenden Antrag hin verfolgt. Die Strafverfolgungsbehörden können also nicht von sich aus tätig werden. Antragsberechtigt gemäß § 44 Abs. 2 BDSG sind der Betroffene, die ► verantwortliche Stelle, der Bundesbeauftragte für den Datenschutz und die Aufsichtsbehörden.

AXEL BENNING

Strukturierte Behandlungsprogramme

Auch bezeichnet als Chronikerprogramme oder ► Disease Management-Programme (DMP). Diese werden in Deutschland seit 2002 implementiert und gehören zu den modernen Entwicklungen einer integrativen ► Gesundheitsversorgung. In Disease Management-Programmen sollen chronisch kranke Menschen durch eine aufeinander abgestimmte und kontinuierliche Betreuung mehr Lebensqualität erlangen und vor Spätfolgen ihrer Erkrankung weitgehend bewahrt werden. Die Programme richten sich an Therapeuten und ► Patienten. Die Teilnahme ist freiwillig, nach Vertragsschließung aber verbindlich. ► Diagnose, Therapie und ► Prävention im Rahmen eines solchen Programms basieren auf evidenzbasierten ► Leitlinien. Entwickelt werden diese Programme im ► Gemeinsamen Bundesausschuss, der wissenschaftlich vom ► Institut für Qualität und Wirtschaftlichkeit im Gesundheitswesen unterstützt wird. Die rechtlichen Grundregeln für die DMPs finden sich im § 137f SGB V. Finanziert werden sie aus Geldern des ► Gesundheitsfonds, die den ► Gesetzlichen Krankenversicherungen für die Teilnehmer zuerkannt werden. Derzeit gibt es Strukturierte Behandlungsprogramme für die folgenden Erkrankungen: ► Koronare Herzkrankheit, ► Diabetes mellitus Typ I und II, ► Brustkrebs sowie ► Asthma bzw. Chronisch obstruktive Lungenerkrankung (COPD).

LINK-TIPPS:

www.g-ba.de/institution/themenschwerpunkte/chronikerprogramme

www.bundesversicherungsamt.de/cln_048/nn_1046648/DE/DMP/dmp__node.html?__nnn=true

HILKE BERTELSMANN

Strukturqualität

Die Strukturqualität ist neben der Prozess- und der Ergebnisqualität einer der drei nach *Avedis Donabedian* (* 1919; † 2000) benannten Aspekte von ► Qualität. Dabei geht er davon aus, dass nur durch eine Optimierung der Prozess- und Strukturqualität die Ergebnisqualität verbessert werden kann. Als Struktur wird dabei die Zusammensetzung der in den Prozessen der Leistungserstellung zusammenwirkenden Faktoren bezeichnet.

LITERATURHINWEIS:

Donabedian, A./Bashur, R.: An Introduction to Quality Assurance in Health Care. Oxford University Press 2002.

Suizid, ärztlich assistierter

Ärztlich assistierter Suizid wird gemäß der European Association for Palliative Care definiert als Handlung eines ► Arztes, die mit der Absicht erfolgt, eine Person auf deren freiwilliges und angemessenes Verlangen hin die eigenständige Selbsttötung zu ermöglichen, indem eine Medikation zur Selbstverabreichung bereitgestellt wird.

Da der Suizid in Deutschland straffrei ist, ist auch die Beihilfe (Assistenz) zum Suizid nicht strafbar (anders z. B. in Österreich). Doch neben der moralischen Verwerflichkeit stehen die ärztliche Berufsordnung und die von Juristen formulierte Garantenpflicht der Suizidbeihilfe entgegen. Auch Laien können in Deutschland wegen unterlassener Hilfeleistung belangt werden, daher existieren hier keine „Sterbehilfeorganisationen", die – ähnlich wie in der Schweiz – Suizidbeihilfe in Deutschland durchführen.

WOLF DIEMER

Symptom

Hierunter wird ein Krankheitszeichen verstanden, welches bspw. vom ► Patienten in Form von Beschwerden oder körperlichen Veränderungen wahrgenommen wird und den Anlass zum Aufsuchen eines Arztes gibt. Im Rahmen der ► Diagnostik können sich diese Symptome dann durch die erhobenen und medizinisch gesicherten Daten zu einem ► Syndrom verfestigen.

Syndrom

Damit ist ein Krankheitsbild gemeint, welches sich aus mehreren ► Symptomen ableiten lässt.

Systematischer Review

Unter einem systematischen Review versteht man eine Übersichtsarbeit auf der Basis von Primärstudien zu einer klar formulierten gesundheitsrelevanten Fragestellung, bei der systematisch und anhand expliziter Kriterien die relevante Literatur zusammengeführt wird. Systematische Reviews bestehen aus folgenden Bausteinen:

- Operationalisierung der Fragestellung mit den Bausteinen: Population, Intervention, Kontrolle und Outcome sowie den geeigneten Studientypen,
- systematische Literaturrecherche in allen verfügbaren wissenschaftlichen Datenbanken und Auswahl der Literatur anhand definierter Ein- und Ausschlusskriterien,

- kritische Bewertung der Studienqualität,
- gemeinsame qualitative und eventuell auch quantitative (Meta-Analyse) Darstellung der Ergebnisse.

Cochrane-Reviews sind Systematische Reviews zu medizinischen Methoden, die nach einem hochstandardisierten Verfahren weltweit einheitlich erstellt und in der Cochrane Library zur Verfügung gestellt werden. Systematische Reviews haben in der ► Gesundheitsversorgung eine hohe Bedeutung, weil sie Entscheidungen im Sinne einer evidenzbasierten Praxis auf der Basis der derzeit besten wissenschaftlichen Erkenntnis ermöglichen. Sie bilden das Kernstück für individuelle Therapieentscheidungen in der ► evidenzbasierten Medizin oder Pflege „am Krankenbett", für Therapiestandards in Form von evidenzbasierten ► Leitlinien und für gesundheitspolitische Entscheidungen in Form von ► Health-Technology-Assessments.

LITERATURHINWEIS:

Busse, R./Gerhardus, A./Gibis B. et al. (Hrsg.): Health Technology Assessment. Konzepte, Methoden, Praxis für Wissenschaft und Entscheidungsfindung. Berliner Schriftenreihe Gesundheitswissenschaften. Berlin 2008.

LINK-TIPPS:

www.ebm-netzwerk.de

www.cochrane.de/de/links_intro.htm

HILKE BERTELSMANN

T

Tagesklinik

► Praxisklinik

Target-Costing

Traditionelles Kostenmanagement basiert darauf, dass die bei der Produktherstellung oder Leistungserbringung anfallenden Kosten mit einem Gewinnaufschlag versehen werden, um den Angebotspreis des Unternehmens festzulegen. Target-Costing (Zielkostenrechnung) beruht dagegen auf der umgekehrten Perspektive: Ein Produkt oder eine Leistung darf nur so teuer sein, wie vom Markt akzeptiert. Basierend auf dieser Überlegung kann man ein marktbezogenes Kostenmanagement betreiben: Ausgehend vom Marktpreis werden die maximal erlaubten Kosten ermittelt, die während der Produktherstellung oder Leistungserbringung anfallen dürfen, weil der Markt sie nur in dieser Höhe akzeptiert. Vom Marktpreis wird dazu zunächst der gewünschte Gewinn abgezogen. Anschließend wird dann zurückgerechnet, was einzelne Komponenten einer Leistung bzw. eines Produktes kosten dürfen, d. h. die gesamten Zielkosten einer Leistung werden auf einzelne Leistungsbausteine aufgeteilt.

Diese Denkweise (Zielkostendenken) lässt sich auch im ► Gesundheitswesen anwenden. Krankenhäuser beispielweise sind durch das System der ► Diagnosis Related Groups mit Preisvorgaben konfrontiert. Diese ► Fallpauschalen geben den Erlös vor, den ein Krankenhaus für eine bestimmte Leistung erzielen kann. Höhere Beträge werden von den ► Kostenträgern nicht akzeptiert. Zieht man hiervon einen gewünschten Gewinn ab, dann verbleibt ein Betrag, der für die Deckung sämtlicher durch den ► Patienten bei seiner ► Behandlung verursachten Kosten sorgen muss. Voraussetzung für die Anwendung des Verfahrens ist also, zu analysieren, welche Kosten der Patient aktuell an jedem Punkt im Behandlungsprozess verursacht. Diese tatsächlichen Kosten dürfen die zugehörigen ermittelten Zielkosten nicht überschreiten. Wenn die tatsächlichen Kosten über den Zielkosten liegen, muss durch Veränderungen (z. B. Optimierung von ► Behandlungspfad, Mitarbeiterverhalten und/oder Materialeinsatz) versucht werden, die Kosten auf das anvisierte Niveau zu senken. Bei der Kostenanalyse sind ggf. auch Leistungen zu berücksichtigen, die im Rahmen der ► Integrierten Versorgung von den Krankenhäusern an externe (ambulante) Anbieter ausgelagert werden.

LITERATURHINWEISE:

Baus, J.: Controlling. 4. Auflage. Berlin 2003. *Horvath, P.*: Target Costing. Stuttgart 1993. *Seidenschwarz, W.*: Target Costing. 2. Auflage. München 2011. *Posluschny, P.*: Prozessorientiertes Kostenmanagement in Krankenhausbetrieben. Mannheim 2007.

MARC HASENJÄGER

Teilstationäre Versorgung

Eine Teilstationäre Versorgung ist entweder ein Mix aus einer ambulanten und stationären Leistung oder eine in einer stationären Einrichtung erbrachte Leistung, ohne dass der ► Patient deshalb dort übernachtet. Einrichtungen, die sich auf ein solches Leistungsangebot spezialisiert haben, werden auch als Tages- oder ► Praxiskliniken bezeichnet.

Telematik im Gesundheitswesen

► Gesundheitstelematik

Telemedizin

Telemedizin ist die eng auf die medizinische Versorgungssituation begrenzte Nutzung von Informations- und Kommunikationstechnologien. Telemedizin versteht sich als ein Instrument, um aus der Überwindung des Mangels an Kooperation in der medizinischen Versorgung und der Reduzierung von Defiziten im Umgang mit Informationen „Prozessnutzen" zu ziehen. Telemedizin hilft somit, räumliche und zeitliche Distanzen in der medizinischen Versorgungssituation effizient zu überwinden. Mit Blick auf den ► Patienten steht insbesondere der medizinische ► Nutzen im Mittelpunkt. Für die an dessen Versorgung beteiligten Einrichtungen hingegen lassen sich durch den Einsatz der Telemedizin Wirtschaftlichkeitsreserven erschließen. Eine Einrichtung, an welcher sich diese Effekte besonders deutlich ablesen lassen, ist das ► Krankenhaus: der Ort der ► stationären Versorgung. Dort laufen die Kooperations- und Informationsstränge bezogen auf die entsprechende ► Behandlung zusammen. Die Telemedizin ist ein wesentlicher Bestandteil der ► Gesundheitstelematik.

LITERATURHINWEISE:

Jäckel, A. (Hrsg.): Telemedizinführer Deutschland. Ausgaben der Jahre 2000 bis 2009. Darmstadt. *Düsenberg, F.* (Hrsg.): e-Health 2010. Informationstechnologien und Telematik im Gesundheitswesen. Solingen 2009. *Burchert, H.*: Effekte und Grenzen der Telemedizin aus Sicht der Ökonomie, in: Betriebswirtschaftliche Forschung und Praxis. 55. Jg. (2003) Heft 1. S. 1-22.

LINK-TIPPS:

www.telemedizin.de

www.e-health-com.de

Tertiär-Prävention

► Prävention

Tod

► Mortalität

Total-Quality-Management (TQM)

Der Denkansatz des TQM, in der deutschen Übersetzung auch als umfassendes ► Qualitätsmanagement bezeichnet, geht davon aus, dass vom Top-Management bis hin zum einzelnen Mitarbeiter der untersten Hierarchiestufe die Verpflichtung zur Qualität besteht. Eine der DIN EN ISO 8402 entstammende Definition lautet: „Auf die Mitwirkung aller ihrer Mitglieder gestützte Managementmethode einer Organisation, die Qualität in den Mittelpunkt stellt und durch Zufriedenstellung der Kunden auf langfristigen Geschäftserfolg sowie auf Nutzen für die Mitglieder der Organisation und für die Gesellschaft zielt."

Folglich soll mit der Betonung der Verantwortung des Managements und der Mitarbeiter die Voraussetzung geschaffen werden, dass die Qualitätsverbesserung bereits am Anfang eines Leistungserstellungsprozesses steht. Als Resultat einer Fehlervermeidung (► Fehlermanagement), die zusätzliche Folgekosten (z. B. durch Nachbessern von Leistungen, Garantieleistungskosten) ausschließt, steht am Ende eine Produktivitätssteigerung für die Organisation. Deutlich zeichnet sich hier die Grundlage des TQM ab, die bereits 1930 von *Demig/Juran* entwickelte Theorie der kontinuierlichen Qualitätsverbesserung.

Jaster (1997) führt zum Thema weiter aus, dass jeder Arbeitsvorgang Teil eines Prozesses ist. Prozesse erfordern von jedem das Denken in Zusammenhängen, das Erkennen von Verknüpfungen sowie das Berücksichtigen des geforderten Endergebnisses. Ganzheitliches Denken und Handeln sind folglich unabdingbare Forderungen an das Qualitätsmanagement. Es besagt, dass die Qualität von Sachgütern und Dienstleistungen von vier großen „Ms" geprägt wird:

- „Mensch, der plant und die Planung umsetzt,
- Material, das bezogen und weiterverarbeitet wird,
- Methode der Behandlung, Weiterverarbeitung und Auslieferung sowie
- Maschine, die der Be- oder Verarbeitung dient."

Das TQM als Unternehmenskonzept beinhaltet nach *Jaster* (1997) drei Prinzipien: Das erste Prinzip stellt die Grundlagen für das TQM dar. Es beschreibt das Streben eines Unternehmens nach höchster Qualität. Qualitätsmängel sind nicht zu tolerieren. Toleranzen oder Zulässigkeitsbereiche für Qualitätsmerkmale existieren nicht, um ausgeschöpft zu werden, sondern um unterboten zu werden. Das zweite Prinzip des TQM steht für ► Kundenorientierung. Die Strategie eines Betriebes darf nach den Gesichtspunkten des TQM nicht auf der reinen Marketinganalyse zur Erforschung der Kundenwünsche basieren, sondern geht noch einen Schritt weiter. Der Mitarbeiter der nächsten Produktionsstufe ist der nächste Kunde. Diese Aussage führt zu einer Unterscheidung in externe und interne Kunden: Externe Kunden sind die Grundlage für die Existenz eines Unternehmens. Interne Kunden sind alle Mitarbeiter eines Unternehmens. Das dritte Prinzip des TQM verlangt die Weiterentwicklung vom ► Qualitätsmanagement zu einem TQM im Sinne eines ganzheitlichen, unternehmensweiten Managementansatzes, der neben der Kundenorientierung die Integration der Mitarbeiterorientierung, des Umweltschutzes, der gesellschaftlichen Verantwortung und Partnerschaften beinhaltet (vgl. EFQM).

„Damit kann Total-Quality-Management als die umfassendste (Qualitäts-)Strategie angesehen werden, die für ein Unternehmen denkbar ist. Vom Kunden über die eigenen Mitarbeiter bis hin zum Zulieferanten werden alle Bereiche erfasst und integriert", *Kamiske/Brauer* (2006).

LITERATURHINWEISE:

DIN Deutsches Institut für Normung e. V.: DIN EN ISO 9000: Qualitätsmanagementsysteme – Grundlagen und Begriffe. Berlin 2005. *Jaster, H. J.*: Qualitätssicherung im Gesundheitswesen. Stuttgart 1997. *Kamiske, G. F./Brauer, J.-P.*: Qualitätsmanagement von A bis Z: Erläuterungen moderner Begriffe des Qualitätsmanagements. 5. Auflage. München 2006. *GMS (Medizinische Informatik, Biometrie und Epidemiologie)* (Hrsg.): Begriffe und Konzepte des Qualitätsmanagements. 3. Auflage 2007, unter: www.egms.de/static/en/journals/mibe/2007-3/mibe000053.shtml.

REINHOLD WOLKE

Transplantationsmedizin

Die Transplantationsmedizin ist die Fachdisziplin der ► Medizin, die sich auf die Verpflanzung von organischem Material spezialisiert hat. Als „Transplantat" können dabei Zellen, Gewebe, Organe oder ganze Organsysteme in Frage kommen. Entsprechende organische Materialien stammen entweder aus einer ► Organspende oder aus einer Eigenspende.

LITERATURHINWEIS:

Heft 17 der ► Gesundheitsberichterstattung des Bundes. Berlin 2003.

Tumorerkrankung

Eine Tumorerkrankung ist im Allgemeinen eine krankhafte Gewebeveränderung. Im weitesten Sinne wird darunter eine Gewebeveränderungen mit einem zusätzlichen Platzbedarf verstanden. Im engeren Sinne kommt es bei Tumoren jedoch zu einer Neubildung von Gewebe. Daher wird umgangssprachlich oft auch von „Geschwüren" oder vom „Krebs" gesprochen. Unterschieden werden kann in sog. gutartige oder bösartige Tumore. Jedweder Tumor hat die Eigenschaft, dass er über eine lange Zeit seiner Entstehung keine ► Symptome zeigt. Dies macht die Tumorerkrankung zu einer heimtückischen ► Krankheit. In einer Statistik der Mortalitätsraten bei den ► Volkskrankheiten in Deutschland aus dem Jahre 2006 nehmen die bösartigen Neubildungen nach den ► koronaren Herzkrankheiten den zweiten Platz ein. Allein am Lungenkrebs verstarben über 40.000 Menschen. Insofern eine Tumorerkrankung lange Zeit symptomlos verläuft, werden im Rahmen der ► Prävention Anstrengungen unternommen, um sie so früh wie möglich zu erkennen.

LITERATURHINWEIS:

Hefte 22, 25 sowie 36 und 37 der ► Gesundheitsberichterstattung des Bundes.

U

Übergewicht

Unter dem Übergewicht wird ein Gewicht verstanden, welches eine bestimmte Höhe des ► Body-Mass-Indexes ausmacht. Es kann als Vorstufe der ► Adipositas angesehen werden.

Überleitungsmanagement

Synonym für ► Entlassungsmanagement

Überversorgung

Der ► Sachverständigenrat zur Begutachtung der Entwicklung im Gesundheitswesen hat in seinem Gutachten 2000/2001 die Bedarfsgerechtigkeit und Wirtschaftlichkeit der Versorgung mit Gesundheitsleistungen zum Gegenstand. In diesem Zusammenhang wurde es erforderlich, neben den Begriffen ► Unterversorgung und ► Fehlversorgung auch zum Begriff Überversorgung eine SGB V-konforme Definition zu entwickeln. Demnach wird unter einer Überversorgung eine über die Bedarfsdeckung hinaus erfolgte Versorgung verstanden. Im Einzelnen sind dies eine Versorgung mit nicht indizierten Leistungen, Leistungen ohne hinreichend gesichertem Netto-Nutzen (medizinische Überversorgung) oder Leistungen mit nur geringem Nutzen, die den Ressourceneinsatz nicht mehr rechtfertigten oder in ineffizienter, also wirtschaftlich nicht vertretbarer, Form erbracht wurden (ökonomische Überversorgung).

LITERATURHINWEIS:

Sachverständigenrat zur Begutachtung der Entwicklung im Gesundheitswesen: Bedarfsgerechtigkeit und Wirtschaftlichkeit. Band III: Über-, Unter- und Fehlversorgung. 2000/2001.

Überweisung

► elektronische Überweisung

Unerwünschte Arzneimittelwirkungen

Die meisten ► Arzneimittel verursachen neben der gewünschten Hauptwirkung auch nicht erwünschte Effekte, sog. unerwünschte Arzneimittelwirkung (UAW), wobei die Begriffe Nebenwirkung und UAW im Sprachgebrauch häufig synonym verwendet werden. Eine UAW ist eine schädliche Zusatzwirkung einer Substanz, die unbeabsichtigt ist und die bei ordnungsgemäßer Verwendung des Arzneimittels in therapeutischer Dosierung auftritt. Von den Nebenwirkungen abgrenzen kann man toxische ► Symptome bei einer Überdosierung. Nebenwirkungen eines Arzneimittels sind häufig unspezifisch; es können aber auch arzneistofftypische und dosisabhängige Symptome oder allergische Reaktionen auftreten. Auch die Anwendung von Medikamenten in der Schwangerschaft kann zu unerwünschten Wirkungen bei dem erwarteten Kind führen, wie z. B. das Auftreten von Extremitätenfehlbildungen nach mütterlicher Thalidomid-Therapie im 1. Schwangerschaftsdrittel. Für die Risikoabschätzung sind bei neuen Arzneimitteln auf den ► Gebrauchsinformationen oder der „Packungsbeilage" die Häufigkeiten der bekannten Nebenwirkungen angegeben. Unerwünschte Nebenwirkungen können dem Bundesinstitut für Arzneimittel und Medizinprodukte gemeldet werden, das eine Datenbank zur Spontanerfassung der UAWs führt.

LITERATURHINWEISE:

Mutschler, E.: Arzneimittelwirkungen: Lehrbuch der Pharmakologie und Toxikologie. 9. Auflage. Stuttgart 2008. *Lüllmann, H.*: Pharmakologie und Toxikologie. 16. Auflage. Stuttgart 2006. *Sweetman, S. C.*: Martindale: The Complete Drug Reference. 36. Auflage. London 2009.

LINK-TIPP:

www.bfarm.de

MARIA HOELTZENBEIN

Unfallkasse

umgangssprachlich für ► Unfallversicherung oder ► Berufsgenossenschaft

Unfallklinik

Eine Unfallklinik ist ein ► Krankenhaus, welches sich auf die medizinische Behandlung der Folgen von ► Arbeitsunfällen spezialisiert hat. Daher ist der Träger einer solchen Unfallklinik eine oder mehrere gesetzliche ► Unfallversicherungen. Zu den ersten Unfallkliniken in Deutschland zählt das „Bergmannstrost", welches 1894 in Halle (Saale) gegründet wurde. Wie bereits aus dem Namen ersichtlich wird, hatte es sich auf die Versorgung verletzter Bergleute spezialisiert. Darüber hinaus werden in einer Unfallklinik auch ► Patienten der Region versorgt, die eine unabhängig von einem Arbeitsunfall erforderliche ► stationäre Versorgung nachfragen.

Unfallversicherung, gesetzliche

Die gesetzliche Unfallversicherung ist der Teil des deutschen Systems der ► Sozialversicherungen, der gegen den ► Versicherungsfall ► Arbeitsunfall versichert. Träger der gesetzlichen Unfallversicherung sind die ► Berufsgenossenschaften. Eine gesetzliche Verankerung findet die Unfallversicherung im SGB VII. Zu den Aufgaben einer Unfallversicherung zählen nicht nur Leistungen der gesundheitlichen Versorgung von verunfallten oder an einer Berufskrankheit erkrankten Arbeitnehmern, sondern auch entsprechende Maßnahmen der ► Prävention. Pflichtversichert sind u. a. alle Arbeitnehmer, Unternehmer sowie Schüler und Studenten. Zum

1.7.2007 sind alle gesetzlichen Unfallversicherungen und die Berufsgenossenschaften zur „Deutschen Gesetzlichen Unfallversicherung“ fusioniert.

Universitätsklinikum

Ein Universitätsklinikum unterscheidet sich von einem „normalen“ ► Krankenhaus dadurch, dass es an einer medizinischen Fakultät einer Universität angegliedert ist und dort neben der üblichen ► stationären Versorgung von ► Patienten auch Ausbildungsleistungen für Studenten der ► Medizin erbringt sowie medizinische Forschungen durchgeführt werden. Die Universitätskliniken befinden sich i. d. R. in der Trägerschaft der jeweiligen Universität. Es gibt in Deutschland bisher mit der Ruhr-Universität Bochum nur eine Universität, deren medizinische Fakultät über kein eigenes Universitätsklinikum verfügt. In diesem Fall erbringen die regionalen Krankenhäuser der Umgebung die Aufgaben der praktischen Ausbildung der Medizin-Studenten und der medizinischen Forschung.

Unternehmenskultur im Krankenhaus

Die Elemente der Kultur eines Krankenhauses sind entscheidend geprägt durch das ethische, am ► hippokratischen Eid ausgerichtete Verständnis der dort Beschäftigten und dessen Reflexion in der Gesellschaft. Eine der zentralen Basisannahmen geht dabei auf das in der Gesellschaft vorherrschende Verständnis von der Funktion eines ► Krankenhauses zurück: Im Krankenhaus werden ► Patienten durch das ausschließlich auf ihr Wohl ausgerichtete Handeln der Ärzte, des Pflegepersonals, der Therapeuten usw. von ihren Leiden befreit – es ist der Ort der Heilung. Demgemäß haben sich im Krankenhaus seit dessen Entstehung in der Antike bewusst und unbewusst Normen und Werte herausgebildet, die diesem Bild entsprechen. Diese schlagen sich in Symbolen wie bspw. der Chefarztvisite nieder, in der der leitende Arzt persönlich am Bett des Patienten erscheint, um in einem wissenschaftlichen, für den Erkrankten zumeist unverständlichen Diskurs mit seinem Gefolge den Fortgang der Heilung zu besprechen.

Der anhaltende Kostendruck im ► Gesundheitswesen lenkt auch im Krankenhaus das Augenmerk auf den wirtschaftlichen Erfolg. Neben der Ausrichtung auf den Behandlungs- und Heilungsprozess bedarf es daher einer Weiterentwicklung der in Krankenhäusern gültigen kulturellen Muster. Die Krankenhauskultur muss zunehmend auch das Ziel des wirtschaftlichen Erfolges, der in Geldeinheiten auszudrückenden Effizienz in ihren Wertekanon integrieren, um veränderten externen Anforderungen zu genügen und den Fortbestand der Einrichtung zu gewährleisten.

Eine der entscheidenden Erfolgsdeterminanten stellt dabei die Betonung des Wertes der ► Kundenorientierung, also der konsequenten Ausrichtung der Kultur an Nachfragerbedürfnissen dar. Wer aber sind die Kunden eines Krankenhauses? Untersuchungen zeigen, dass Krankenhausführungskräfte weniger den Patienten selbst, als vielmehr die Angehörigen, die den Erkrankten nach seiner Heilung wieder in den Kreis der Familie aufnehmen können, als Kunden ansehen. Auch der einweisende Arzt, der seinen Patienten nach erfolgter stationärer Versorgung wieder in die anschließende ambulante Betreuung übernimmt, oder die Krankenversicherung, die einerseits die Kosten der Behandlung trägt, andererseits aber auch die Kündigung von Versorgungsverträgen vornehmen kann, werden häufig als Nachfrager der Leistungen eines Krankenhauses genannt.

Trotz der gezeigten Mehrdimensionalität des Kundenbegriffes ist die Kultur des Krankenhauses schwerpunktmäßig auf die Patienten selbst auszurichten. Zwar ist es der einweisende Arzt, der in der Masse der Fälle die Empfehlung bezogen auf das „richtige Krankenhaus" ausspricht und diesem damit die Erkrankten vermittelt, die wiederrum den Umsatz der Einrichtung gewährleisten. Den Weg ins Krankenhaus aber muss der Patient alleine beschreiten. Er und kein anderer hat sich zum Zwecke der Heilung in die Obhut der behandelnden Mediziner zu begeben. Ohnehin verliert das Wort des Arztes angesichts steigender ► Zuzahlungen, ► Selbstbehalte und zahlungspflichtiger ► Wahlleistungen an Bedeutung. Der „Glaube" an die Autorität der Mediziner schwindet im gleichen Maße, wie die ► Arzt-Patienten-Beziehung im Krankenhaus eine wachsende Monetarisierung erfährt.

Da damit auch das gesellschaftliche Verständnis vom Krankenhaus aufzuweichen droht, steigt der Druck auf die dort tätigen Führungskräfte, einen entsprechenden Ausgleich zu schaffen. Wie sieht die erfolgreiche kulturelle Veränderung aus? Der Patient muss verstärkt an der Krankenhauskultur teilhaben können. Er ist in die Rituale einzubeziehen. Ein erstes Anzeichen für die maßgebliche Neuausrichtung des Arzt-Patienten-Verhältnisses könnte bspw. eine Verringerung des ärztlichen Paternalismus darstellen. Solange jedoch die „Gallenblase" oder der „Kreuzbandriss" und nicht die Erkrankten Gegenstand der Chefarztvisite sind, bleibt der Patient, was er dem Lateinischen nach ist: der Erduldende.

LITERATURHINWEIS:

Simon, H. (Hrsg.): Unternehmenskultur und Strategie. Herausforderungen im globalen Wettbewerb. Frankfurt am Main 2001.

Unterversorgung

Der ► Sachverständigenrat zur Begutachtung der Entwicklung im Gesundheitswesen hat in seinem Gutachten 2000/2001 die Bedarfsgerechtigkeit und Wirtschaftlichkeit der Versorgung mit Gesundheitsleistungen zum Gegenstand. In diesem Zusammenhang wurde es erforderlich, neben den Begriffen ► Überversorgung und ► Fehlversorgung auch zum Begriff Unterversorgung eine SGB V-konforme Definition zu entwickeln. Demnach wird unter einer Unterversorgung eine nur teilweise erbrachte Leistung oder gänzlich verweigerte Leistungserbringung verstanden, obgleich ein individuell, professionell, wissenschaftlich und gesellschaftlich anerkannter Bedarf besteht und Leistungen mit gesichertem Netto-Nutzen und in wirtschaftlich vertretbarer Form zu Verfügung stehen.

LITERATURHINWEIS:

Sachverständigenrat zur Begutachtung der Entwicklung im Gesundheitswesen: Bedarfsgerechtigkeit und Wirtschaftlichkeit. Band III: Über-, Unter- und Fehlversorgung. 2000/2001.

V

Validität

Die Validität ist ein Gütekriterium in der empirischen Sozialforschung oder auch beim Einsatz von ► Lebensqualitätsfragebögen im Rahmen der ► gesundheitsökonomischen Evaluation. Hierunter wird ein Maß dafür verstanden, ob die bei der Messung erzeugten Daten, den erwarteten zu messende Größen entsprechen. Die Validität wird durch eine vorausgehende Experten-Schätzung festgelegt. Die drei Gütekriterien ► Objektivität, ► Reliabilität und Validität stehen im engen Zusammenhang. Validität setzt Reliabilität voraus, während letztere die Folge einer Objektivität eines Messinstrumentes ist.

LITERATURHINWEISE:

Schnell, R./Hill, P. B./Esser, E.: Methoden der Empirischen Sozialforschung. 8. Auflage. München 2008.

VERAH

Abk. für **Ver**sorgungs**a**ssistentin in der **H**ausarztpraxis. Hierunter wird ein Angebot ähnlich der ► AGnES oder ► EVA verstanden, welches der Deutsche Hausärzteverband e.V. mit Sitz in Köln in seinem Institut für hausärztliche Fortbildung im Deutschen Hausärzteverband (IhF) e.V. bereithält. Die an die medizinischen Fachangestellten gerichtete Fortbildung zur „VERAH – **Ver**sorgungs**a**ssistentin in der **H**ausarztpraxis" zielt darauf ab, „ ... die Hausarztpraxis als zentralen Ort der Versorgung zu stärken, die Berufszufriedenheit der Medizinischen Fachangestellten zu steigern und die Hausärztinnen und Hausärzte durch hochqualifizierte Unterstützungsleistungen zu entlasten".

LINK-TIPP:

www.hausaerzteverband.de

Verantwortliche Stelle

Verantwortliche Stelle im Sinne des ► Bundesdatenschutzgesetzes ist jede Person oder Stelle, die ► personenbezogene Daten für sich selbst erhebt, verarbeitet oder nutzt oder dies durch andere im Auftrag vornehmen lässt, vgl. § 3 Abs. 7 BDSG. Hierzu zählen auf jeden Fall der Arbeitgeber, gleich ob er die Daten selbst verarbeitet oder durch Dritte im Wege der Auftragsdatenverarbeitung verarbeiten lässt sowie die Arztpraxis oder das Krankenhaus, welche Patientendaten verarbeiten. Es ist also jede Stelle, die allein oder gemeinsam mit anderen über die Zwecke und Mittel der Verarbeitung von personenbezogenen Daten entscheidet. Verantwortliche Stelle ist nicht nur die Organisationseinheit eines Unternehmens, welche die Daten tatsächlich erhebt und verarbeitet, wie z. B. die Personalabteilung. Vielmehr ist die natürliche oder juristische Person, der die Organisationseinheit angehört, einschließlich sämtlicher Untergliederungen, wie etwa Abteilungen, als verantwortliche Stelle anzusehen. Ansprüche aus dem BDSG wie etwa Auskunft, Berichtigung, Löschung, Sperrung und Schadensersatz sind immer gegenüber der verantwortlichen Stelle geltend zu machen.

LITERATURHINWEISE:

Gola, P./Schomerus, R.: Bundesdatenschutzgesetz. 10. Auflage. München 2010. *Gola/P., Jaspers, A.*: Das novellierte BDSG im Überblick. 5. Auflage. Heidelberg u. a. 2009.

AXEL BENNING

Verband der Angestellten-Krankenkassen

Im VdAK waren bis Anfang 2009 die Ersatzkassen der Angestellten organisiert. Aufgabe der Ersatzkassen der Angestellten war es, dieser Berufsgruppe den adäquaten Krankenversicherungsschutz zu gewähren. Dies führte zu einer traditionsreichen berufsständigen Trennung des Krankenversicherungsschutz von Arbeitern und Angestellten, der erst zum 1. 1. 2009 mit der Gründung des ► Verbandes der Ersatzkassen endgültig überwunden werden konnte.

Verband der Ersatzkassen

Am 1. 1. 2009 ging der VdEK aus dem ► Verband der Angestellten-Krankenkassen hervor. Er umfasst zudem den Ende 2008 aufgelösten ► Arbeiter-Ersatzkassen-Verband. Damit wurde nun die bereits 1996 begonnene Überwindung der Trennung in Arbeiter- und Angestellten-Ersatzkassen vollständig abgeschlossen.

LINK-TIPP:

www.vdek.com

Verhaltensprävention

Hierunter wird eine strategische Option von Maßnahmen der ► Prävention verstanden, die die Beeinflussung des gesundheitlichen Verhaltens von Individuen, wie z. B. durch Aufklärung über die Gefahren des Rauchens, zum Ziel haben.

Verhältnisprävention

Hierunter wird eine strategische Option von Maßnahmen der ► Prävention verstanden, die einer gesundheitspolitisch gesteuerten Verbesserung der gesundheitlichen Verhältnisse von Individuen, wie z. B. durch Einführung von gesundem Schulfrühstück, Airbags in Autos oder gesetzlichen Vorschriften über Arbeits- und Pausenzeiten, gleichzusetzen sind.

Vergütung vertragsärztlicher Leistungen

Das Abrechnungssystem zur Vergütung vertragsärztlicher Leistungen unterliegt einem ständigen Wandel. Zudem bestehen hinsichtlich der Abrechnungssystematik auch zwischen den für die Vergütung vertragsärztlicher Leistungen zuständigen ► Kassenärztlichen Vereinigungen Unterschiede.

Grundsätzlich basiert die Abrechnung vertragsärztlicher Leistungen auf dem Einheitlichen Bewertungsmaßstab (EBM). Im Sinne einer Gebührenordnung bestimmt der EBM den Inhalt und den Wert der Leistungen, die ein ► Vertragsarzt gegenüber seiner ► Kassenärztlichen Vereinigung (KV) in Rechnung stellen kann. Die Höhe der Gebühren wird auf Landesebene zwischen der jeweiligen KV und den Krankenkassen über den für den EBM geltenden Punktwert jährlich festgelegt. Dabei haben sich die Vertragspartner an dem auf Bundesebene festgelegten Punktwert zu orientieren. Dieser beträgt für das Jahr 2010 3,5048 Cent. Bei der Festlegung der Punktwerte auf Landesebene können versorgungsspezifische Besonderheiten wie die Sicherstellung unterversorgter Gebiete und/oder die Förderung ausgewählter Leistungen (z. B. im Rahmen der ► Prävention von Erkrankungen) berücksichtigt werden.

Die Gebührenhöhe einer Leistung errechnet sich schließlich durch Multiplikation der ihr zugeordneten Punktzahl und dem Punktwert des KV-Bezirks. Aufgrund der grundsätzlichen unterschiedlichen Punktwerte zwischen den KV-Bezirken hat jeder KV-Bezirk seine eigene Euro-Gebührenordnung.

Einer Leistungsausweitung soll mit dem Instrument eines arzt- und/oder praxisbezogenen Budgets begegnet werden. Dieses als sog. verrechnungsfähige Gesamtvolumen bezeichnete Budget stellt die Obergrenze dar, bis zu der eine Praxis oder ► Praxisgemeinschaft Leistungen auf Grundlage des EBM abrechnen kann. Dieses verrechnungsfähige Gesamtvolumen setzt sich ab dem dritten Quartal 2010 aus dem Regelleistungsvolumen (RLV) und dem qualifikationsbezogenen Zusatzvolumen (QZV) zusammen. Während im Rahmen des RLV die Regelleistungen der jeweiligen Arztgruppe budgetiert werden, erfolgt im Rahmen des QZV die Budgetierung der Zusatzleistungen. Bei diesen handelt es sich um ausgewählte Leistungen, die bis dato weitestgehend keiner Mengensteuerung unterlagen. Neben den budgetierten Leistungen gibt es weiterhin die keiner Budgetierung unterliegenden freien Leistungen. Zu diesen zählen u. a. Leistungen wie Früherkennungsuntersuchungen, Impfungen und Leistungen, die im Rahmen des organisierten Notfalldienstes erbracht werden.

Die Höhe des RLV einer Praxis oder Praxisgemeinschaft bestimmt sich aus der RLV-relevanten Fallzahl der in der Praxis oder Praxisgemeinschaft tätigen Ärzte des Vorjahresquartals, dem arztgruppenspezifischen Fallwert der Arztgruppe für das RLV, dem Umfang der ärztlichen Tätigkeit sowie der budgetrelevanten Fallzahl der Arztgruppe des Vorjahresquartals. Bei der RLV-relevanten Fallzahl handelt es sich um die Anzahl der Behandlungsfälle des Vorjahresquartals. Für nicht-fachgleiche Praxen (Praxisgemeinschaften), wie z. B. ► Medizinische Versorgungszentren (MVZ), bedeutet das, dass aus einem Behandlungsfall auch nur immer ein RLV-relevanter Fall resultiert, obwohl Ärzte unterschiedlicher Fachgruppen an der Behandlung des ► Patienten beteiligt waren. Als Ausgleich erhalten die in der Praxisgemeinschaft tätigen Ärzte einen Aufschlag auf das Regelleistungsvolumen. Dieser besteht zumeist in einem von der Anzahl der in einer nicht-fachgleichen Praxis vertretenen Arztgruppen abhängigen prozentualen Aufschlag auf das RLV. Die arztgruppenspezifischen Fallwerte für das RLV werden durch die KV quartalsweise festgelegt. Ausgangspunkt für deren Ermittlung ist die mit den Krankenkassen im Land ausgehandelte Gesamtvergütung. Von dieser werden ggf. die für den Fremdkassenzahlungsausgleich und für die Vergütung der Psychotherapeuten notwendigen Mittel abgezogen. Die verbleibenden Mittel werden in einem weiteren Schritt in fach- und hausärztliche Mittel getrennt. Von diesen werden dann die zwar über die Gesamtvergütung, aber nicht innerhalb der Budgets abzugeltenden freien Leistungen sowie die Zusatzleistungen abgezogen. Die restlichen Mittel werden anhand des in Punkten gemessenen Leistungsanteils auf die Arztgruppen verteilt. Durch die Division der einer Arztgruppe im Quartal zur Verfügung stehenden finanziellen Mittel durch die RLV-relevante Fallzahl der Arztgruppe bestimmt die KV schließlich den arztgruppenspezifischen Fallwert für das RLV. Der Umfang der ärztlichen Tätigkeit gibt an, wie viele Stunden Sprechstunde angeboten werden. Zudem ist er für die Ermittlung des RLV relevant. Auf Grundlage der RLV-relevanten Fallzahl der Arztgruppe ermittelt die KV die Abschläge für die über der durchschnittlichen RLV-Fallzahl der Arztgruppe des Vorjahresquartals hinausgehenden Fälle. Dies erfolgt in gestaffelter Form. Keinen Abschlag gibt es bei bis zu 150 % der durchschnittlichen RLV-relevanten Fallzahl der Arztgruppe des Vorquartals. Zwischen 150-170 % gehen die Mehrfälle dieses Bereichs zur Berechnung des RLV mit 75 % des Fallwertes ein. Mehrfälle zwischen 170-200 % werden mit 50 % des Fallwerts berücksichtigt. Mehrfälle über 200 % gehen nur noch mit 25 % des Fallwerts in die RLV-Berechnung ein.

Für die Ermittlung der Höhe des QZV hat der Bewertungsausschuss den Kassenärztlichen Vereinigungen drei Rechenwege vorgegeben. Bei diesen handelt es sich um die leistungsfallbezogene Berechnung, die arztbezogene Rechnung und die fallbezogene Rechnung. Im Folgenden soll lediglich die fallbezogene Berechnung erläutert werden. Zur Berechnung des QZV eines Arztes wird die QZV-relevanten Fallzahl des Arztes im Vorjahresquartal mit dem arztgruppenspezifischen Fallwerte für das QZV multipliziert. Bei der QZV-relevanten Fallzahl handelt es sich um die Anzahl an Leistungsfällen, d. h. die Anzahl an Scheinen, auf die Zusatzleistungen abgerechnet wurden. Die arztgruppenspezifischen Fallwerte für das QZV bestimmt die KV mittels Division des verbleibenden Anteils der für Zusatzleistungen einer Arztgruppe zustehenden Gesamtvergütung durch die Fallzahl der Ärzte, die Anspruch auf das QZV haben.

LITERATURHINWEISE:

Kassenärztliche Bundesvereinigung (Hrsg.): Informationen für die Praxis, Änderung der Honorarverteilung zum 1. Juli 2010. Infobrief. Berlin 2010. *Kassenärztliche Vereinigung Bremen* (Hrsg.): Änderungen der Honorarverteilung zum 1. Juli 2010. Sonderinformation für die Praxis. Bremen 2010. *Kassenärztliche Vereinigung Sachsen-Anhalt* (Hrsg.): Vereinbarung zur regionalen Umsetzung der Beschlüsse des Bewertungsausschusses nach § 87b Abs. 4 SGB V ab dem 3. Quartal 2010 zwischen der Kassenärztlichen Vereinigung Sachsen-Anhalt und den Krankenkassen. Magdeburg 2010. *Institut des Bewertungsausschusses* (Hrsg.): Beschluss des Bewertungsausschusses nach § 87 Abs. 1 Satz 1 SGB V in seiner 218. Sitzung am 26. März 2010 mit Wirkung zum 1. Juli 2010, Teil F. Beschluss gemäß § 87b Abs. 4 Satz 1 SGB V zur Berechnung und zur Anpassung von arzt- und praxisbezogenen Regelleistungsvolumen nach § 87b Abs. 2 und 3 SGB V mit Wirkung zum 1. Juli 2010. Berlin 2010.

DIRK KLEBINGAT

Verschreibungspflicht

Die Verschreibungspflicht für ► Arzneimittel wurde zum Schutze des ► Patienten im Arzneimittelgesetz so vorgesehen. Damit soll sichergestellt werden, dass nach einer Verordnung durch den behandelnden ► Arzt der Patient seine Arzneimittel nur aus den Händen eines sich durch Beratungskompetenz und Fachwissen auszeichnenden ► Apothekers erhält. Im Bedarfsfall kann der Apotheker Fragen zur Handhabung und Anwendung sowie zu möglicherweise ► unerwünschten Arzneimittelwirkungen beantworten.

Versicherungsfall

Von einem Versicherungsfall spricht man, wenn sich das Versicherungsrisiko verwirklicht hat, also die entsprechende Versicherung zur Leistung verpflichtet ist. Ein Arbeitsunfall ruft Leistungen der ► gesetzlichen Unfallversicherung hervor, ebenso wenn die ► Pflegebegutachtung eine ► Pflegebedürftigkeit konstatiert hat. Bei einer ► gesetzlichen Krankenversicherung gibt es ein solches formales Merkmal nicht, welches zur Inanspruchnahme der Versicherungsleistungen erfüllt sein muss.

Versicherungsfreiheit

Hierunter wird im deutschen Sozialversicherungssystem der Status einer Person gegenüber den Sozialversicherungsträgern verstanden. Grundsätzlich gilt eine ► Versicherungspflicht. Von diesem Grundsatz gibt es Ausnahmen. Demnach sind kraft ausdrücklicher gesetzlicher Regelung bestimmte Personenkreise versicherungsfrei. Dazu zählen bspw. Beamte, Ärzte oder Geistliche, für die jeweils eigene Sicherungssysteme die Risiken ► Gesundheit und ► Alter absichern. Ebenso sind abhängig Beschäftigte in der gesetzlichen Kranken- und Pflegeversicherung versicherungsfrei, wenn ihr regelmäßiges Jahresarbeitsentgelt die Versicherungspflichtgrenze mindestens drei Jahre in Folge übersteigt. Diese Personen dürfen selbst entscheiden, ob sie sich privat krankenversichern wollen oder freiwillig gesetzlich krankenversichert bleiben.

Versicherungsfremde Leistungen

Hierunter werden Leistungen einer gesetzlichen Versicherung verstanden, die nach allgemeinem Verständnis nicht zu den versichernden Risiken zählen. Im Rahmen der ► gesetzlichen Krankenversicherung werden bspw. Leistungen bei einer Schwanger- oder Mutterschaft oder die beitragsfreie Mitversicherung von Familienangehörigen als eine solche Leistung angesehen, da diese bekanntlich nicht mit einer ► Krankheit gleichzusetzen sind. Ebenso finden sich solche Beispiele in der ► gesetzlichen Rentenversicherung. Das Bewusstsein für versicherungsfremde Leistungen entwickelte sich mit den Anstrengungen um eine Kostensenkung im ► Gesundheitswesen.

Versicherungspflicht

Hierunter wird im deutschen Sozialversicherungssystem der Status einer Person gegenüber den Sozialversicherungsträgern verstanden. Demnach sind grundsätzlich alle abhängig Beschäftigten versicherungspflichtig in der Kranken-, Pflege-, Renten- sowie Arbeitslosenversicherung. Von diesem Grundsatz gibt es Ausnahmen, vgl. hierzu ► Versicherungsfreiheit.

Versicherungsprinzip

Hinter dem Prinzip einer Versicherung wird ein Zusammenschluss von Personen verstanden, der zustande kommt, weil die Betroffenen ein gemeinsames Risiko aufweisen, gegen das sie sich absichern wollen. Zu diesem Zwecke der Vorsorge vor dem ► Versicherungsfall zahlen sie Beiträge in eine gemeinsame Kasse ein, aus welcher im Versicherungsfall die zu erbringenden Leistungen finanziert werden können. Im Rahmen der ► Sozialversicherungen weist dieses grundlegende Prinzip eine Reihe von sozialen Besonderheiten auf.

Versorgungsforschung

Die Versorgungsforschung beschäftigt sich mit den Auswirkungen von real erbrachten Gesundheitsdienstleistungen auf den Patienten bzw. einer Gruppe von Patienten. Aus systemtheoretischer Sicht ist Versorgungsforschung ein Forschungsgebiet, welches untersucht, wie das ► Gesundheits- bzw. Versorgungssystem und seine kulturellen, sozialen, personalen, technischen, ökonomischen und organisatorischen Eigenheiten und Rahmenbedingungen den Input, Output und Outcome des Versorgungssystems selbst beeinflussen. *Pfaff* (2003, S. 23.) hat dazu das folgende systemtheoretische Modell des Versorgungssystems aufgestellt:

ABB. 5: Systemtheoretisches Modell des Versorgungssystems

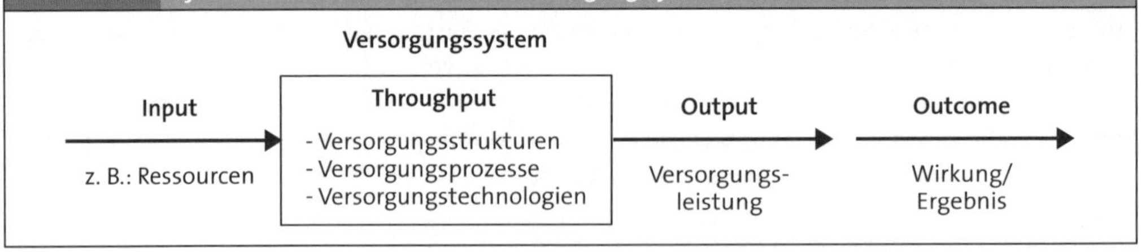

In einem Versorgungssystem herrschen nicht nur einfache Ursache-Wirkungs-Beziehungen vor, sondern Wechselwirkungen und Rückkoppelungsprozesse. Das führt zu komplexen Systemen, die nicht durch lineare Maßnahmen gesteuert werden können. Da jedoch ein solidarisch finanziertes Gesundheitssystem nur bedingt ohne Planung und Steuerung auskommt, versucht die Versorgungsforschung hier Erklärungsmodelle zu finden, die es Entscheidungsträgern im Gesundheitssystem oder der ► Gesundheitspolitik ermöglichen sollen, sachgerechte Entscheidungen zu treffen. Teilgebiete der Versorgungsforschung sind u. a. die Bedarfs-, Inanspruchnahme-, Organisations- oder Qualitätsforschung sowie Health Technology Assessment und die Versorgungsökonomie.

LITERATURHINWEIS:

Pfaff, H. (Hrsg.): Gesundheitsversorgung und Disease Management. Grundlagen und Anwendungen der Versorgungsforschung. Bern 2003.

ERNEST G. PICHLBAUER

Versorgungsgerechtigkeit

Versorgungsgerechtigkeit stellt einen jener Surrogatparameter (► Fehlsteuerung) dar, anhand derer man die Funktionstüchtigkeit eines solidarischen ► Gesundheitssystems messen will. Die Schwierigkeiten dieses Parameters liegen in der Definition. Weder „Versorgung" noch „Gerechtigkeit" können endgültig und allgemeingültig definiert werden. Daher ist per se Versorgungsgerechtigkeit einem stetigen Wandel unterworfen.

In einer Definition der ► WHO wird festgehalten, dass Versorgungsgerechtigkeit dann besteht, wenn jeder die faire Chance hat, sein eigenes Gesundheitspotential voll auszuschöpfen, und – falls durch das Gesundheitssystem vermeidbar – niemand in seinem Streben nach diesem Potential benachteiligt wird. Versorgungsgerechtigkeit ist daher dann gegeben, wenn jeder individuell durch das Gesundheitssystem die Chance erhält, so gesund wie möglich zu werden oder zu bleiben und so die gesundheitlichen Unterschiede zwischen einzelnen Menschen und soziodemografischen Gruppen auf das möglichst geringste Niveau – bedingt durch nicht vermeidbare Unterschiede, die natürlich vorgegeben sind – gebracht werden.

Grundsätzlich ist Versorgungsgerechtigkeit ein Output-Parameter (im Gegensatz zu Zugangsgerechtigkeit, die einen Input-Parameter darstellt ► Versorgungsforschung). Das bedeutet, dass weniger die Ausstattung des Systems bewertet werden soll, als mehr das, was das System „erzeugt". Damit ist Versorgungsgerechtigkeit ein Parameter, der sich mit einzelnen Patienten und der Frage beschäftigt, ob der Patient eine adäquate Versorgung erhält. Adäquat ist dabei im Sinne von „gesellschaftlich gebilligt" zu verstehen. Dies festzustellen ist jedoch nicht trivial.

Selbst unter der Voraussetzung unendlicher Ressourcen und ihrer idealen Aufteilung, bleibt das Problem bestehen. In einem monokausalen Modell wäre die adäquate Versorgung jene, die eine Krankheit verhindert oder heilt. Jedoch ist die Definition von Gesundheit und Krankheit keinesfalls geklärt. Gesundheit und Krankheit ist eine Frage komplex ineinandergreifender sozioökonomischer Faktoren wie Bildung, Einkommen, Altersversorgung etc., die alle irgendwie das Gesundheitsbewusstsein und damit die Krankheitsanfälligkeit beeinflussen.

Werden diese Aspekte einbezogen, dann sind monokausale Maßnahmen (z. B. eine Operation) nicht ausreichend, um festzustellen, ob die Versorgung adäquat war. Selbst dann, wenn eine Krankheit damit geheilt wurde. Schließlich könnte die Krankheit ja bereits Ausdruck der soziodemografischen Unterschiede sein. Damit ist die Versorgung mit Maßnahmen der ► Prävention offenbar nicht adäquat gewesen. Wollte man diesen Gedanken fortführen, wird man feststellen, dass Versorgungsgerechtigkeit immer ein Thema der Ethik und Moral ist und dass die Abgrenzung des Gesundheitssystems von allen anderen gesellschaftlichen Themen sehr schwer wird. Daher entwickelt sich in den letzten Jahren auch die Idee, Gesundheit als Querschnittsmaterie zu betrachten und in allen Politikbereichen zu bedenken (► Gesundheitspolitik).

In der Praxis wird Versorgungsgerechtigkeit meist politisch – genauer: populistisch – verwendet, um Ressourcen einzufordern, Veränderungen im System zu verhindern oder Einrichtungen vor der Schließung zu bewahren.

LITERATURHINWEISE:

Ståhl, T./Wismar, M./Ollila, E. et al.: Health in all Policies. Prospekts and Potentials. Finnland 2006, unter: www.euro.who.int/document/e89260.pdf (Datum des Abrufs: 2. 5. 2010). *Whitehead, M.*: The concepts and principles of equity and health. Health Promotion International Vol. 6, No. 3, 1991.

ERNEST G. PICHLBAUER

Versorgungswerk

Die berufsständischen Versorgungseinrichtungen der klassischen verkammerten freien Berufe (► Apotheker, Architekten, ► Ärzte, Rechtsanwälte, Steuerberater, Tierärzte und Zahnärzte) zählen zu der ersten, öffentlich-rechtlich ausgestalteten Säule der sozialen Absicherungssysteme. Sie sind entstanden nachdem der Gesetzgeber zu Beginn der 50er Jahre des vergangenen Jahrhunderts die Angehörigen der freien Berufe aus der gesetzlichen ► Rentenversicherung ausgeschlossen hat.

Aufgabe der berufsständischen Versorgungswerke ist es, eine wirksame Alters-, Hinterbliebenen- und Invaliditätsabsicherung zu schaffen. Die Selbstverwaltungsstruktur ermöglicht dabei eine auf die jeweilige Berufsgruppe und die Bedürfnisse der jeweiligen Versichertengemeinschaft zugeschnittene Absicherung. Im Hinblick auf die Finanzierung beinhalten die berufsständischen Versorgungswerke i. d. R. kapitalbildende Elemente. Die Kapitalanlage erfolgt nach den auch für Lebensversicherungen geltenden Grundsätzen. Anders als in der privaten Versicherungswirtschaft stehen die erwirtschafteten Überschüsse aber ausschließlich für den versicherten Personenkreis zur Verfügung, sodass ein fremdnütziger Zweck ausgeschlossen ist. Durch die Pflichtmitgliedschaft in dem jeweils zuständigen Versorgungswerk entfallen Akquisitions- und Provisionszahlungen, worin ein weiterer entscheidender Vorteil für die Leistungsfähigkeit der Versorgungswerke liegt.

LITERATURHINWEIS:

Sellmann, H.: Unternehmen Zahnarztpraxis. Herne 2005.

HELMUT ROTH

Vertragsarzt

Als Vertragsarzt wird jeder niedergelassener ► Arzt bezeichnet, der gesetzlich krankenversicherte ► Patienten versorgt. Die umgangssprachlich oftmals noch zu vernehmende Bezeichnung „Kassenarzt“ rührt einerseits daher, dass es sich hierbei um einen Arzt handelt, der mit einer „Krankenkasse“ abrechnet. Andererseits hat es eine historische Begründung. Während früher Vertragsärzte Ärzte waren, die gegenüber den ► Ersatzkassen abrechneten, wurde von Kassenärzten gesprochen, wenn sie Leistungen für Patienten der sog. Primärkassen erbrachten. Da die Primärkassen deutlich mehr Versicherte auf sich vereinen konnte, ist die Bezeichnung „Kassenarzt“ bis heute erhalten geblieben.

Vertrauensärztlicher Dienst

Vorläufer des ► Medizinischen Dienstes der Krankenkassen

Verweildauer

Der Begriff steht für die Dauer des Aufenthaltes eines ► Patienten im Krankenhaus, also vom Zeitpunkt der stationären Aufnahme bis zur Entlassung. Empirisch lässt sich ein Zusammenhang zwischen der Verweildauer und der Art der Vergütung eines Krankenhauses herstellen. Seit der Umstellung von der Vergütung nach ► Pflegesätzen auf ► Fallpauschalen ist die durchschnittliche Verweildauer gesunken. Während sie im Jahr 1996 über alle ► Krankenhäuser betrachtet noch bei 12 Tagen lag, betrug sie 2008 bereits nur noch 8,1 Tage.

Daraus eine gestiegene Effizienz der Behandlung im Krankenhaus abzuleiten, geht nicht, da die Verkürzung eines Aufenthaltes in einem Krankenhaus i. d. R. mit einer Auslagerung von bisher im Krankenhaus erbrachter Leistungen in den ► ambulanten Bereich verknüpft ist. Als Vergütungsform für das sich daraus bestehend aus einer verkürzten stationären Versorgung eines Patienten in Verbindung mit einer entsprechenden prä- und postationären ambulanten Versorgung hat sich die ► Integrierte Vorsorgung herauskristallisiert.

LINK-TIPP:

www.gbe.de

Virtual Physiological Human

Virtual Physiological Human (VPH) ist eine seit 2005 genutzte Bezeichnung für die „in silico“-Nachbildung komplexer physiologischer Prozesse wie z. B. ein „Virtual Heart“. VPH ist ein methodologisches Rahmenkonzept, dass die Erforschung des menschlichen Körpers als ein einziges komplexes System bzw. die Erstellung entsprechender Computermodelle ermöglicht. Klinische Simulationen können z. B. zur Abklärung von OP-Indikationen dienen, wie die Analyse des Blutflusses in erweiterten Hirnarterien beim @neurIST-Projekt. VPH-Projekte nutzen vielfach ► GRID-Computing für ihre anspruchsvollen Aufgaben.

VPH ist auch ein Leitkonzept für die Forschungsförderung der Europäischen Kommission. Angestrebt wird durch VPH eine Verbesserung der ► Gesundheitsversorgung in folgenden Punkten: stärker individualisierte Therapien; geringerer Bedarf an Tierversuchen; stärker ganzheitlicher Zugang zur ► Medizin und vor allem eine bessere ► Prävention vor ► Krankheiten. Nicht zuletzt durch die Integration von genetischen Daten unterstützt VPH die sog. personalisierte Medizin, besser als „prädiktive Medizin" bezeichnet. Wie bereits durch den Deutschen Ethikrat aufgegriffen, ist die Balance zwischen diagnostischen Erkenntnissen und therapeutischen Möglichkeiten nicht immer gewährleistet, sodass sich die prädiktiven Erkenntnisse für die Betroffenen auch nachteilig auswirken können.

LINK-TIPPS:

www.europhysiome.org/

www.biomedtown.org/biomed_town/STEP/Reception/step_presentations/RoadMap/vph_roadmap_printed_3.pdf

www.vph-noe.eu

www.ethikrat.org/presse/pressemitteilungen/2009/deutscher-ethikrat-veranstaltete-forum-zu-fragen-der-personalisierten-medizin

STEPHAN H. SCHUG

Volkskrankheiten

Wenngleich es keine genaue Abgrenzung von Volkskrankheiten und ► Zivilisationskrankheiten gibt, seien hier unter Volkskrankheiten ► Krankheiten gefasst, die aufgrund ihrer Verbreitung und ihrer ökonomischen Wirkungen (► Krankheitskosten, ► Erwerbsunfähigkeiten, ► Mortalitäten, Umfang an vorzuhaltenden ► Gesundheitsleistungen, gesellschaftlich von Bedeutung sind. In ihrem Bezug auf eine Gesellschaft (also einen sich für das ► Gesundheitssystem verantwortlichen Staat) grenzen sie sich von den ► Zivilisationskrankheiten ab. Dementsprechend lassen sich Listen von Volkskrankheiten bspw. aus entsprechenden Statistiken ableiten, vgl. *Henke/Troppens* 2009.

LITERATURHINWEIS:

Henke, K.-D./Troppens, S.: Volkskrankheiten – Begriffsbestimmung aus Sicht der Gesundheitsökonomie, in: *Schumpelick, V./Vogel, B.* (Hrsg.): Volkskrankheiten: Gesundheitliche Herausforderungen in der Wohlstandsgesellschaft. Freiburg im Breisgau 2009. S. 98-111.

Vormundschaft

Die Vormundschaft steht für eine gesetzlich geregelte und gerichtlich veranlasste rechtliche Fürsorge um eine unmündige Person, also um eine Person, der die Merkmale einer üblichen Geschäftsfähigkeit fehlen. Hierunter fällt auch die Sorge um deren Vermögen. Seit 1992 wird gerichtlich keine Vormundschaft mehr bestellt, was mit einer Entmündigung des Betroffenen verbunden war, sondern eine ► Betreuung angeordnet.

Vorsorge

Umgangssprachlich für ► Prävention

W

Wahlleistungen

Wahlleistungen sind besondere ärztliche Leistungen vor allem durch leitende Krankenhausärzte (z. B. Chefärzte) sowie nicht-ärztliche Krankenhausleistungen, insbesondere höherwertige Unterbringung (z. B. im Ein- oder Zweibettzimmer) gemäß § 22 BPflV und § 17 KHEntgG. Sie umfassen also keine (im Vergleich zu den allgemeinen Krankenhausleistungen) zusätzlichen medizinischen Angebote. Die ► Patienten schließen hierzu mit dem ► Krankenhaus gesonderte Verträge (§ 17 Abs. 2 KHEntgG). Es gilt das ► Kostenerstattungsprinzip, d. h. der Patient zahlt den Rechnungsbetrag direkt an das Krankenhaus und kann dies von seiner ► privaten Krankenversicherung erstatten lassen, soweit entsprechender (freiwilliger) Versicherungsschutz vorliegt.

Die Krankenhäuser sind nicht völlig frei in der Festsetzung des Entgeltes für Wahlleistungen. Der Verband der Privaten Krankenversicherung und die ► Deutsche Krankenhausgesellschaft haben für die Unterkunfts-Wahlleistung gemeinsame Empfehlungen (auch zu Preisen für Komfortelemente der Unterbringung) erarbeitet, an die sich die meisten Krankenhäuser in Deutschland halten.

LITERATURHINWEIS:

Hentze, J./Kehres, E.: Buchführung und Jahresabschluss in Krankenhäusern. 3. Auflage. Stuttgart 2007.

WOLFGANG GREINER

Wahltarife

Wahltarife sind Satzungsleistungen der ► Krankenkassen an ihre Versicherten, die diese abweichend vom standardisierten Versicherungsangebot freiwillig in Anspruch nehmen können (§§ 53 und 65a SGB V). Man unterscheidet zwischen Tarifen, die Krankenkassen anbieten müssen, und anderen, die sie anbieten können. Für alle Wahltarife (außer denen zur Teilnahme an besonderen Versorgungsformen) gilt eine Mindestbindungsfrist für die Versicherten von drei Jahren, d. h. für diese Zeit können die Versicherten i. d. R. weder den Tarif noch die Kasse wechseln.

Zu den obligatorisch anzubietenden Wahltarifen gehören Angebote (Prämienzahlungen oder Zuzahlungsermäßigungen) für die Teilnahme an besonderen Versorgungsformen (also ► Modellvorhaben, ► hausarztzentrierte Versorgung, besondere ambulante ärztliche Versorgung, ► Disease Management-Programme und ► Integrierte Versorgung) sowie Angebote für einen individuellen Krankengeldanspruch für bestimmte Versicherte, die keinen oder einen eingeschränkten Krankengeldanspruch haben. Die Krankenkassen können freiwillig Selbstbehalts-, Kostenerstattungs-, Bonus-, Beitragsrückgewährs- und Leistungsbeschränkungstarife sowie Tarife, die Kosten für ► Arzneimittel der besonderen Therapierichtungen (z. B. anthroposophische und homöopathische Medizin) abdecken, anbieten.

Die Krankenkassen müssen gegenüber der jeweils zuständigen Aufsichtsbehörde (meist dem ► Bundesversicherungsamt) für jeden Wahltarif nach längstens drei Jahren nachweisen, dass dieser sich durch Einnahmen, Einsparungen und Effizienzsteigerungen selbst finanziert.

LITERATURHINWEIS:

Scherenberg, V./Greiner, W.: Präventive Bonusprogramme – Auf dem Weg zur Überwindung des Präventionsdilemmas. Bern 2008.

WOLFGANG GREINER

Weiterbehandlung

Die Weiterbehandlung ist neben dem ► Konsil eine Form der Einbeziehung eines zweiten ► Arztes in die Behandlung eines Patienten in der ambulanten Versorgung. Die Weiterbehandlung kommt durch eine ► Überweisung z. B. eines Hausarztes zu einem Facharzt zustande. In diesem Fall bedeutet es, dass zwischen dem Patienten und dem nun hinzugezogenen Arzt ein separates (auch schuldrechtliches) Vertragsverhältnis entsteht. Ebenso rechnet der weiterbehandelnde Arzt seine erbrachten Leistungen gegenüber der ► Kassenärztlichen Vereinigung ab. Der überweisende Arzt erhält auf Wunsch bspw. in Form eines ► Arztbriefes eine Information über die veranlasste ► Diagnostik, deren Ergebnisse und unternommene Therapie.

Weltgesundheitsorganisation (WHO)

Die Weltgesundheitsorganisation ist eine Organisation der Vereinten Nationen und hat ihren Sitz in Genf und weltweit sechs Regionalbüros. Ziel der WHO ist es, über eine Zusammenarbeit der Mitgliedsstaaten zur Verbesserung der Gesundheitsaufklärung und der Versorgung mit ► Gesundheitsleistungen zum Schutz der ► Gesundheit beizutragen. Ein besonderer Aufgabenschwerpunkt sind die gesundheitsbezogenen Probleme der Dritte-Welt-Länder.

LINK-TIPP:

www.euro.who.int

Wettbewerbsorientierung

Ein wesentliches Handlungsprinzip des Marketings stellt die Wettbewerbsorientierung dar. Hierunter versteht man die Ausrichtung von Unternehmen und Unternehmensorganisation (Unternehmenskultur, Strukturen und Mitarbeiter) an Konkurrenten und deren Angeboten. Wettbewerbsorientierung, auch Konkurrenzorientierung genannt, ist damit ein Baustein der marktorientierten Unternehmensführung, zu der auch die Ausrichtung auf den Kunden (► Kundenorientierung) zählt.

Ziel der Wettbewerbsorientierung ist es, Angebotsvorteile gegenüber den Wettbewerbern am Markt zu erzielen. Hierzu gehört bspw., dass das Unternehmen Leistungen anbietet, die andere Unternehmen nicht anbieten (Differenzierungsvorteile im Hinblick auf ► Qualität oder Leistungsangebot), dass Leistungen schneller erbracht werden (Zeitvorteil), oder dass Leistungen kostengünstiger angeboten werden können (Kostenvorteile). Grundlage der Wettbewerbsorientierung ist die Durchführung einer Konkurrenzanalyse, d. h. die Ermittlung von Stärken und Schwächen der Wettbewerbsunternehmen und ein anschließender Vergleich mit den eigenen Stärken und Schwächen. So können beispielweise Angebotslücken am Markt und Ideen für die Weiterentwicklung des eigenen Leistungsangebotes entdeckt werden. Die Positionierung des Unternehmens am Markt kann dann über den gezielten Ausbau eigener Stärken und die konsequente Nutzung der Schwächen der Wettbewerber verteidigt bzw. verbessert werden.

Andere medizinische Leistungserbringer als Konkurrenten anzusehen, erfordert bei vielen Akteuren des Gesundheitsmarktes ein Umdenken. Aufgrund der Wettbewerbsintensivierung in vielen Bereichen des deutschen Gesundheitswesens müssen die Unternehmen ihre wichtigsten Wettbewerber regelmäßig beobachten. So sollten sich beispielweise kleinere Krankenhäuser auf bestimmte Fachgebiete spezialisieren, um dauerhaft am Markt bestehen zu können. Die Entscheidung bezüglich der Art der Spezialisierung wird dabei sinnvollerweise auch auf Grundlage der Ergebnisse einer Wettbewerbsanalyse gefällt. In Regionen oder Fachgebieten, wo Leistungsanbieter mit vergleichsweise wenigen oder keinen Wettbewerbern am Markt konfrontiert sind, ist die Wettbewerbsorientierung aus nachvollziehbaren Gründen von geringer Bedeutung.

LITERATURHINWEISE:

Meffert, H./Bruhn, M.: Dienstleistungsmarketing. 6. Auflage. Wiesbaden 2008. *Romppel, A.*: Competitive Intelligence. Berlin 2006. *Graumann, J./Weissman, A.*: Konkurrenzanalyse und Marktforschung. Landsberg a. L. 1998.

MARC HASENJÄGER

Widerspruchsregelung

Hierunter wird das Gegenteil zur sog. ► Zustimmungsregelung verstanden. Bei einer Widerspruchsregelung bedarf es keiner vorherigen Zustimmung desjenigen, dessen Rechte durch ein Vorhaben eines Dritten beeinträchtigt werden. Sollte er mit der Veränderung seiner Rechtsposition nicht einverstanden sein, hat er einen Widerspruch einzulegen. Im ► Gesundheitswesen findet sich mit der ► Organspende ein solcher Bereich, in welchem in anderen Ländern diese Form der „Zustimmung" gilt. Im Vergleich zu diesen Ländern wird dem deutschen Gesundheitswesen dadurch ein geringeres Aufkommen an Organspendern konstatiert.

Wirtschaftlichkeitsgebot

Insbesondere den im Auftrag der gesetzlichen Sozialversicherungen tätigen Leistungserbringer im deutschen Gesundheitswesen ist die Verpflichtung zum wirtschaftlichen Handeln ins Gesetz geschrieben, denn sie haben sich selbst in ihrem Handeln am Wirtschaftlichkeitsgebot auszurichten. Im § 12 Abs. 1 SGB V heißt es bspw.: „Die Leistungen müssen ausreichend, zweckmäßig und wirtschaftlich sein; sie dürfen das Maß des Notwendigen nicht überschreiten. Leistungen, die nicht notwendig oder unwirtschaftlich sind, können Versicherte nicht beanspruchen, dürfen die Leistungserbringer nicht bewirken und die Krankenkassen nicht bewilligen." Ausreichend bedeutet in diesem Zusammenhang, dass die Leistungen entsprechend dem gegenwärtigen medizinischen Wissensstand auf den Bedarf der Betroffenen auszurichten ist. Zweckmäßig meint, dass die vorgesehene Leistung zur Erreichung des Behandlungszieles beiträgt. Wenn nun die vorgesehenen Leistungen in ihrer Art und Umfang als ausreichend und zweckmäßig einzuschätzen sind, so kann davon ausgegangen werden, dass sie das Maß des Notwendigen erfüllen.

Wirtschaftlichkeitsreserven

Das deutsche Gesundheitssystem weist eine Vielzahl von Wirtschaftlichkeitsreserven auf. Hierunter sind in Anlehnung an die Definition der Wirtschaftlichkeit Maßnahmen der Kostensenkung oder der qualitativen oder quantitativen Ergebnisverbesserung zu verstehen. Hinweise auf die bereits erkannten und angegangenen Möglichkeiten der Kostensenkung ergeben sich bspw. aus gewählten Gesetzesbezeichnungen wie „Kostendämpfungs-Gesetz", mit welchem u. a. gegen die ► „Kostenexplosion" im Gesundheitswesen angekämpft werden soll. Hierzu zählt auch das Offenlegen und die Diskussion von ► Fehlsteuerungen im Gesundheitswesen. Hinweise auf Ansatzpunkte zur Verbesserung der Ergebnisse der gesundheitlichen Leistungserbringung zeigen sich zwar nicht so offensichtlich, sind aber auch erkennbar. Der Übergang zu ► strukturierten Behandlungsprogrammen, die auf z.T. internationalen Leitlinien aufbauen, sollen zur Verbesserung der ► Qualität einer Gesundheitsleistung beitragen.

LITERATURHINWEIS:

Wehling, M.: Das Geld im Gesundheitswesen reicht noch lange, wenn die Verschwendung aufhört. Teil 1, in: monitor Versorgungsforschung. 2. Jg. Heft 6/2009. S. 46-51; Teil 2, in: monitor Versorgungsforschung. 3. Jg. Heft 1/2010. S. 33-39.

Wissenschaftliches Institut der AOK

Das Wissenschaftliches Institut der AOK (abgekürzt WIdO) ist das Forschungsinstitut des AOK-Bundesverbandes. Im Gegensatz zum ► Zentralinstitut für die kassenärztliche Versorgung nimmt es bei gesundheitsbezogenen Forschungen nicht die Perspektive der Leistungserbringer, sondern der größten gesetzlichen Krankenversicherung ein. Zur Nutzung stehen dabei u. a. die Versorgungsdaten der ca. 24 Mio. AOK-Versicherten oder der unmittelbare Zugang zu den Versicherten bereit. Das WIdO wurde im Jahre 1976 gegründet und hat das Ziel, mit seinen Forschungs- und Entwicklungsarbeiten, die sich über die Bereiche ► Ambulante Versorgung, ► Arzneimittel, ► Gesundheitssystem, ► Heil- und Hilfsmittel, ► Krankenhaus, ► Pflege und ► Prävention erstrecken, zur Sicherstellung einer qualitativ hochwertigen und wirtschaftlichen Gesundheitsversorgung beizutragen und die Weiterentwicklung der ► gesetzlichen Krankenversicherung zu begleiten. Die umfangreichen Ergebnisse sind auf der Internetseite des WIdO verzeichnet, in Schriftenreihen (vgl. Krankenhaus-Report zum Themenbereich Krankenhaus) oder Periodika veröffentlicht oder stehen in einer Publikationsdatenbank zur Recherche bereit.

LINK-TIPP:

www.wido.de

Wohlfahrtspflege

Der Begriff Freie Wohlfahrtspflege steht für eine Vielzahl von Institutionen oder Vereinigungen, die auf freigemeinnütziger Grundlage in Not- oder Gefährdungssituationen Leistungen der Information, Betreuung, ► Prävention, ► Pflege oder ► Kuration erbringen. Organisiert hat sich die Wohlfahrtspflege in sog. Wohlfahrtsverbänden. Die größten Verbände in Deutschland sind die Arbeiterwohlfahrt, der Deutsche Caritasverband, der Paritätische Wohlfahrtsverband, das Deutsche Rote Kreuz, das Diakonische Werk und die Zentralwohlfahrtsstelle der Juden in Deutschland.

Die Wohlfahrtsverbände richten ihre Tätigkeiten nach religiösen, humanitären oder politischen Grundsätzen aus. Ein Großteil der sozialen Einrichtungen und Einrichtungen des Gesundheitswesens befinden sich in der Trägerschaft der Wohlfahrtsverbände. Insofern sie Gesundheitsleistungen erbringen, fließen ihnen finanzielle Gegenleistungen aus den jeweiligen Sozialversicherungen (bspw. für Pflegeleistungen Mittel entsprechenden SGB V oder XI) zu. Die i. d. R. bestehenden Deckungslücken werden durch ehrenamtlich Tätige gefüllt.

Z

Zahlerkasse

► Risikosstrukturausgleich

Zahnärztekammer

Zahnärztekammern (ZÄK) sind als ► Heilberufskammern Körperschaften des Öffentlichen Rechts, die gesetzlich übertragene Pflichtaufgaben und freiwillige Aufgaben sowie die Interessen des Berufsstands der Zahnärzte wahrnehmen. Wesentliche Aufgabe der ZÄK ist dabei die umfassende Aufsicht über die Berufsausübung ihrer Mitglieder.

Die Berufsausübung, häufig aber auch bereits die Zulassung zur Berufsausübung eines Zahnarztes, führt zu einer Zwangsmitgliedschaft in der jeweils örtlich zuständigen ZÄK. Hieran knüpfen sich weitere Pflichten, insbesondere Meldepflichten und die Pflicht zur Beitragszahlung, an. Demgegenüber steht das Recht jedes Mitglieds der ZÄK zur Inanspruchnahme der (Dienst-)Leistungen der Kammer und zur Teilhabe an deren politischen Leben.

Die vielseitigen, den ZÄK zugewiesenen Aufgaben sind im Wesentlichen in den jeweiligen Heilberufs- oder Kammergesetzen der Länder geregelt. Sie umfassen i. d. R. etwa die Überwachung der Erfüllung der Berufspflichten der Zahnärzte sowie die Regelung der Weiterbildung zum Fachzahnarzt und ebenso die Sicherstellung eines zahnärztlichen ► Notdienstes. Für diese Aufgaben haben die ZÄK entsprechende Satzungen, etwa eine Berufsordnung oder eine Weiterbildungsordnung, zu erlassen. Auch die Fachzahnarztprüfungen selbst werden von den ZÄK abgenommen; zudem haben sie die berufliche Fortbildung der Zahnärzte zu fördern. Weiter obliegt den ZÄK i. d. R. ausdrücklich, den ► Öffentlichen Gesundheitsdienst und auch die Aufsichtsbehörde fachlich zu unterstützen sowie die Sicherung der ► Qualität im Gesundheitswesen zu fördern. Die ZÄK haben zudem Begutachtungs- und/oder Schlichtungsstellen im Hinblick auf mögliche Behandlungsfehler einzurichten. Nicht zuletzt haben die ZÄK aber auch die beruflichen Belange und Interessen der Zahnärzte wahrzunehmen, für ein kollegiales Verhältnis zu sorgen sowie Sozial- bzw. Versorgungseinrichtungen (► Versorgungswerke) für diese zu schaffen. Auch durch das Berufsbildungsgesetz zugewiesene Aufgaben der Berufsbildung des zahnmedizinischen Fachpersonals werden durch die ZÄK wahrgenommen.

TILL ARENS

Zentralinstitut für die kassenärztliche Versorgung (ZI)

Das ZI ist das im Jahre 1973 gegründete Forschungsinstitut der ► Kassenärztlichen Bundesvereinigung und der ► Kassenärztlichen Vereinigungen der Länder. Demgemäß konzentriert es seine Forschungstätigkeiten, die entweder selbst bearbeitet oder fremdvergeben werden, insbesondere auf den Bereich der ambulanten Versorgung mit Gesundheitsleitungen. Eigenen Angaben zur Folge gehören zu den wesentlichen Aufgabenbereichen: die ► Gesundheitsökonomie und Wirtschaftlichkeitsanalysen in der ► ambulanten Versorgung, die ► Versorgungsforschung, die Konzeption und Auswertung von Programmen im Bereich der primären und sekundären ► Prävention, ► Disease-Management für chronische Erkrankungen (z. B. ► Diabetes, ► Brustkrebs und ► koronare Herzerkrankungen), Therapie- und Schulungsprogramme im Bereich Diabetes und Hypertonie sowie der gesamten Bereich der Nutzung von Informations- und Kommunikationstechnologien im Gesundheitswesen, wie bspw. die ► Telematik, die Datenverarbeitung in der Arztpraxis, der Datenträgeraustausch zwischen Arztpraxis und Kassenärztlichen Vereinigungen, die Entwicklung von DV-Schnittstellen für den Datentransfer, die Konzeption für die Infrastruktur des ► elektronischen Arztausweises als Komplementärfunktion zur ► Krankenversichertenkarte sowie die Bereitstellung von ► Arzneimittelinformationen im Arzneimittelinformationssystem und der Medizinische Klassifikation ► ICD-10.

Die Ergebnisse dieser Studien sind auf der Internetseite des ZI verzeichnet, in einer Schriftenreihe im Deutschen Ärzteverlag veröffentlicht oder stehen zum Teil zum Download bereit.

LINK-TIPP:

www.zi-berlin.de

Zertifizierung

Bei der Zertifizierung handelt es sich um ein „Verfahren, nach dem eine dritte Seite schriftlich bestätigt, dass ein Produkt, ein Prozess oder eine Dienstleistung mit festgelegten Anforderungen konform ist“ (DIN EN 45020:1998). Hiervon abzugrenzen ist die ► Akkreditierung. Im Allgemeinen wird mit dem Begriff Zertifizierung der Nachweis der Konformität durch ein Audit und nicht nur die offizielle Bestätigung durch eine akkreditierte Stelle verstanden: Nach ► DIN EN ISO 9000:2005 dienen Audits der Ermittlung, inwieweit die Anforderungen an das Qualitätsmanagementsystem erfüllt sind. Erkenntnisse aus Audits werden verwendet, um die Wirksamkeit des Qualitätsmanagementsystems zu bewerten und Verbesserungsmöglichkeiten zu erkennen.

Das Audit-Verfahren (hier nach DIN ISO) lässt sich in die folgenden Schritte gliedern: 1. Auswahl der Zertifizierungsstelle, 2. Anmeldung bei der Zertifizierungsstelle, 3. Fragebogen und Projektgespräch, 4. Handbuchprüfung, 5. Handbuchprüfbericht, 6. Vor-Audit (nur bei Bedarf und nach Vereinbarung), 7. Zertifizierungs-Audit und 8. Zertifizierung.

Zertifikate werden oft zeitlich befristet vergeben. Mittels des erlangten Zertifikats bestätigt eine Organisation die Einhaltung von Normenvorgaben (z. B. nach DIN ISO 9001) gegenüber Dritten. Die Organisation erlangt dadurch i. d. R. einen Vertrauensvorschuss durch die Kunden in Bezug auf dessen Qualitätsfähigkeit. Verbreitete Zertifizierungskonzepte für Einrichtungen des Gesundheitswesens sind bspw. „DIN EN ISO 9001“, die unterschiedlichen ► KTQ®-Zertifikate, der „Joint Commission Internationale Standards für Krankenhäuser (JCI)“, „QEP Qualität und Entwicklung in Praxen®“ sowie „EPA/Praxissiegel“ für allgemeinmedizinische Praxen. Im Rahmen des ► EFQM-Modells sind zwei der Zertifizierung ähnliche Stufen möglich: „Verpflichtung zu Excellence“ und „Anerkennung für Excellence“.

LITERATURHINWEISE:

DIN Deutsches Institut für Normung e.V.: DIN EN ISO 9000: Qualitätsmanagementsysteme – Grundlagen und Begriffe. Berlin 2005. *Görres, S.*: Qualitätssicherung in Pflege und Medizin. Bern 1999. *Kamiske, G. F./Brauer, J.-P.*: Qualitätsmanagement von A bis Z: Erläuterungen moderner Begriffe des Qualitätsmanagements. 5. Auflage. München 2006.

LINK-TIPP:

www.dqs.de

REINHOLD WOLKE

Zivilisationskrankheiten

Wenngleich es keine genaue Abgrenzung von ► Volkskrankheiten und Zivilisationskrankheiten gibt, sei hier unter einer Zivilisationskrankheit eine ► Krankheit verstanden, die ihre Ursachen in den vorherrschenden Lebensverhältnissen bestimmter Kulturkreise haben. Dabei können regionale (Industrie- oder Dritte-Welt-Länder) oder zeitliche (vor-industrielles und Industriezeitalter) Aspekte als Unterscheidungskriterien herangezogen werden. Eine Reihe von Krankheiten aus dem Mittelalter gelten heute aufgrund von Maßnahmen der ► Hygiene, des medizinischen Fortschritts, entwickelter Konzepte für ► Prävention und Therapie als überwunden oder weisen eine deutlich geringere ► Letalität auf.

Zufriedenheitsmessung

Das Konstrukt der Zufriedenheitsmessung stammt aus der Psychologie und wird nun auch in Unternehmen auf dem Gesundheitsmarkt eingesetzt. Mit verschiedenen Messinstrumenten kann die Zufriedenheit entweder von Kunden oder von Mitarbeitern erfasst werden. Bei Kundenbefragungen steht z. B. die Zufriedenheit mit pflegerischen Leistungen oder mit dem betreuenden Personal im Mittelpunkt. Mitarbeiterbefragungen haben die Erfassung der Zufriedenheit mit den Arbeitsbedingungen zum Ziel. Durch derartige Messungen kann das Unternehmen die Arbeitsergebnisse und Verbesserungspotentiale erkennen, aber auch die Motivation und Zufriedenheit der Mitarbeiter und Kunden steigern. Voraussetzung dafür ist, dass ihre persönliche Meinung gefragt und geachtet wird. Auch der Gesetzgeber schreibt die Erfassung und angebrachte Darstellung von Ergebnis- und ► Lebensqualität in stationären Pflegeeinrichtungen, welche die Zufriedenheit umfasst, vor. Vgl. hierzu insbesondere § 115 Abs. 1a SGB XI.

LITERATURHINWEISE:

Wingenfeld, K.: Studien zur Nutzerperspektive in der Pflege, in: Veröffentlichungsreihe des Instituts für Pflegewissenschaft an der Universität Bielefeld (P03-124). Bielefeld 2003. *Schönberg, F.*:

Qualitätssicherung und Nutzerperspektive in stationären Einrichtungen der Altenpflege. Möglichkeiten und Grenzen von Bewohnerbefragungen. Frankfurt am Main 2006.

LISA HUNDER

Zusatzbeitrag

► Gesundheitsfonds

Zusatzversicherungen

Unter einer Zusatzversicherung wird in diesem Kontext eine private Krankenversicherung verstanden, die bspw. ein gesetzlich Krankenversicherter entweder zur Absicherung von Leistungen, die bisher gesetzlich mitversichert waren und aus dem Leistungskatalog der ► gesetzlichen Krankenversicherung herausgefallen sind, oder zum Erhalt besonderer Leistungen (► Wahlleistungen) abschließt.

Zustimmungsregelung

Hierunter wird das Gegenteil zur sog. ► Widerspruchsregelung verstanden. Bei einer Zustimmungsregelung bedarf es der vorherigen Zustimmung desjenigen, dessen Rechte von einem Vorhaben eines Dritten beeinflusst werden. Im deutschen ► Gesundheitswesen findet sich mit der ► Organspende ein solcher Bereich, in welchem derzeit die Zustimmungsregelung gilt. Im Vergleich zu Ländern, in denen Widerspruchsregelung gilt, wird ein geringeres Aufkommen an Organspendern konstatiert.

Zuweiser

Patienten, die eine Leistung des ► Gesundheitssystems in Anspruch nehmen wollen, aber nicht wissen bei welchem ► Leistungserbringer, bedürfen der Information. Sozialversicherungsrechtlich ist es problematisch, dass die ► gesetzliche Krankenversicherung ihren Mitgliedern bestimmte Leistungserbringer empfiehlt. Zudem würde dies gegen das Recht der freien ► Arztwahl verstoßen. Anders auf der Seite der Leistungserbringer. Hier haben sich Strukturen herausgebildet, in denen ► Patienten bspw. von einem ► Hausarzt einem genau (nicht nur fachrichtungsbezogen, sondern namentlich) bestimmten ► Facharzt, einem bestimmten ► Krankenhaus oder einem bestimmten Therapeuten zugewiesen werden. Diejenigen, die zuweisen, werden als Zuweiser bezeichnet. Neben dieser persönlichen Zuweisung haben sich mit Einrichtungen wie ► Gesundheitszentren, ► Medizinische Versorgungszentren, ► Ärztehäuser usw. formale Zuweiserstrukturen herausgebildet, die aufgrund der räumlichen Nähe des anderen Leistungserbringers keinerlei persönlicher Zuweisung mehr bedürfen.

Zuzahlungsbefreiung

► Zuzahlungen

Zuzahlungen

Zuzahlungen werden in Deutschland meist als proportionale Selbstbeteiligung oder als fixe Gebühr auf jede Inanspruchnahme von ► Gesundheitsleistungen erhoben. So zahlt der Versicherte bspw. für jedes Medikament 10 % des Apothekenabgabepreises (proportionale Selbstbeteiligung), aber mindestens 5 € (Gebühr) und maximal 10 € (bzw. maximal den Preis des Arzneimittels, wenn dieser niedriger als 5 € ist). Ähnliche Regelungen bestehen bei Verbandsmitteln, Fahrkosten, ► Heil- und Hilfsmitteln, Krankenhaus- und Rehabilitationsmaßnahmen sowie ambulanten Visiten (► Praxisgebühr). Die Steuerungswirkung zu einem wirtschaftlichen Inanspruchnahmeverhalten der ► Patienten ist aufgrund der niedrigen oberen Begrenzung gering. In bestimmten Bereichen wie Zahnersatz und Medikamenten außerhalb des Patentschutzes sind Festbeträge vorgesehen, bei denen der Patient den übersteigenden Betrag selbst tragen muss. Der GKV-Spitzenverband kann andererseits Medikamente, die mindestens 30 % unter dem entsprechenden Festbetrag liegen, von Zuzahlungen ausnehmen.

Ausgenommen von der Zuzahlungspflicht sind Kinder bis 18 Jahre sowie Versicherte, die bereits mehr als 2 % (bei chronisch Kranken 1 %) ihres Haushaltsbruttoeinkommens für Zuzahlungen aufgewendet haben. Mit dieser sog. Überforderungsklausel für Härtefälle soll vermieden werden, dass gerade bei chronisch Kranken und multimorbiden Patienten notwendige medizinische Leistungen aus finanziellen Gründen nicht in Anspruch genommen werden können und es daher zu gesundheitlichen Schädigungen kommt.

LITERATURHINWEIS:

Schulenburg, M./Greiner, W.: Gesundheitsökonomik. 2. Auflage. Tübingen 2007.

LINK-TIPP:

www.bmg.bund.de

WOLFGANG GREINER

Zweigpraxis

Die Gründung einer Zweigpraxis außerhalb des Vertrags(zahn)arztsitzes war auch früher schon unter eng gefassten Voraussetzungen zulässig, und zwar dann, wenn eine Versorgung der Patienten anderenfalls nicht sicher zu stellen war. Durch das VÄndG ist hinsichtlich der Genehmigungsfähigkeit der Zweigpraxis eine Liberalisierung eingetreten. Gemäß § 24 Abs. 3 Zulassungsverordnung ist die Tätigkeit außerhalb des Vertrags(zahn)arztsitzes an weiteren Orten zulässig, wenn die Versorgung der Patienten verbessert und die ordnungsgemäße Versorgung der Patienten am Vertrags(zahn)arztsitz nicht beeinträchtigt werden. Die nähere Ausgestaltung dieser abstrakt formulierten Vorgaben ergibt sich aus den dazu ergangenen Bestimmungen der Bundesmantelverträge (BMV). Für den ärztlichen Bereich sind BMV-Ä und Ersatzkassenvertrag (EKV) unter www.kbv.de und für den zahnärztlichen Bereich sind der BMV-Z und der Ersatzkassenvertrag Zahnärzte (EKV-Z) unter www.kzbv.de abrufbar.

Zweigpraxen können auch außerhalb des K(Z)V-Bereichs, in dem der Vertrags(zahn)arztsitz besteht, gegründet werden. Hier bedarf es einer Ermächtigung durch den für den Standort der Zweigpraxis zuständigen Zulassungsausschuss. Die Tätigkeit am Ort der Zweigpraxis kann durch den Praxisinhaber selbst erbracht werden. Er ist auch berechtigt, angestellte Zahnärzte einzusetzen. Die Gründung einer Zweigpraxis innerhalb eines K(Z)V-Bereichs unterliegt dem Genehmigungserfordernis durch die K(Z)V.

LITERATURHINWEISE:

Schallen, R.: Zulassungsverordnung für Vertragsärzte. 5. Auflage. Heidelberg 2007. *Bäune, S./ Meschke, A./Rothfuß, S.*: Kommentar zur Zulassungsverordnung für Vertragsärzte und Vertragszahnärzte. Heidelberg 2008.

ANNE SANDFORT

Zweiklassen-Medizin

Der Begriff steht für eine Sichtweise einerseits auf die Steuerung der ► Leistungserbringer und andererseits für die ► Qualität oder den Umfang der erbrachten Leistungen. Hinsichtlich der Steuerung der Leistungserbringer wird von einer Unterteilung der ► Patienten nach ihrem Versicherungsstatus in gesetzlich oder privat Krankenversicherte ausgegangen. Mit Blick auf die Qualität oder den Umfang der erbrachten Leistungen ist ein sich unterscheidender Katalog der von der gesetzlichen oder privaten Krankenversicherung zu erstatteten Leistungen gemeint. Privatkrankenversicherte Patienten erfahren tendenziell eine doppelte Bevorzugung: Ein Leistungserbringer wird für eine Leistung oftmals besser bezahlt. Zudem ist das Spektrum der erstatteten Leistungen größer. Aktuell ist indes zu beobachten, dass sich diese Unterschiede zusehends angleichen.

Zweite Meinung

Soll eine Therapieempfehlung bspw. durch das Votum eines anderen ► Arztes bestätigt werden, spricht man vom Einholen einer zweiten Meinung oder auch Zweitmeinung. Diese in Deutschland oftmals noch als ein „Untergraben" der Autorität des Arztes und daher gegebenenfalls auch nur auf die Initiative von ► Patienten zurückgehende Erscheinung ist in anderen ► Gesundheitssystemen bereits zwingender Bestandteil.

AUTORENVERZEICHNIS

Amelung, Volker
Prof. Dr. oec., geb. 1965, Professor für Gesundheitssystemforschung an der Medizinischen Hochschule Hannover, Vorstandsvorsitzender des Bundesverbandes Managed Care e.V. Berlin.

Arens, Till
Assessor iur., geb. 1975, Justiziar bei der Zahnärztekammer Westfalen-Lippe.

Bals, Thomas
Prof. Dr. phil. habil., Dipl.-Psych., geb. 1957, Professor für Berufspädagogik im Fachbereich Erziehungs- und Kulturwissenschaften der Universität Osnabrück.

Benning, Axel
Prof. Dr. iur., geb. 1962, Professor für Wirtschaftsrecht am Fachbereich Wirtschaft und Gesundheit der Fachhochschule Bielefeld.

Berlemann, Michael
Prof. Dr. rer. pol., Dipl.-Ök., geb. 1968, Professor für das Fachgebiet: Volkswirtschaftslehre, insbes. Politische Ökonomik & Empirische Wirtschaftsforschung an der Fakultät Wirtschafts- und Sozialwissenschaften der Helmut-Schmidt-Universität Hamburg, zugleich Leiter des Kompetenzbereichs Weltwirtschaft am Hamburgischen Welt-Wirtschafts-Institut (HWWI).

Bertelsmann, Hilke
Prof. Dr. rer. nat., Dipl.-Biol., M.P.H., geb. 1970, Lehrstuhl für Gesundwissenschaften an der Fachhochschule der Diakonie, Bielefeld.

Bonse-Rohmann, Mathias
Prof. Dr. rer. medic., Dipl.-Ghl., geb. 1960, Professur für das Fachgebiet: Erziehungswissenschaft mit dem Schwerpunkt Berufspädagogik, Didaktik der beruflichen Bildung unter pflegepädagogischer und pflegewissenschaftlicher Perspektive an der Fakultät Soziale Arbeit, Gesundheit und Pflege der Hochschule Esslingen.

Bormann, Cornelia
Prof. Dr. phil. habil., Dipl.-Soz., geb. 1954, Professur für das Fachgebiet: Gesundheitswissenschaften am Fachbereich Wirtschaft und Gesundheit der Fachhochschule Bielefeld.

Burchert, Heiko
Prof. Dr. rer. pol., Dipl.-Ing.-Ök., geb. 1964, Professur für das Fachgebiet: Betriebswirtschaftliche und rechtliche Grundlagen des Gesundheitswesens am Fachbereich Wirtschaft und Gesundheit der Fachhochschule Bielefeld.

Diemer, Wolf
Dr. med., geb. 1955, Palliativmediziner, Schmerztherapeut und Medizinethiker, Leiter des Zentrums für Palliativmedizin am EvK Herne und Vorstandsmitglied des Deutschen Hospiz- und Palliativverbandes.

Greiner, Wolfgang
Prof. Dr. rer. pol., Dipl.-Ök., geb. 1965, Professor für das Fachgebiet Gesundheitsökonomie und Gesundheitsmanagement an der Fakultät für Gesundheitswissenschaften der Universität Bielefeld.

Grunau, Janika
Dipl.-Ghl., geb. 1985, wissenschaftliche Mitarbeiterin im Fachgebiet Berufs- und Wirtschaftspädagogik, Fachbereich Erziehungs- und Kulturwissenschaften an der Universität Osnabrück.

Haas, Peter
Prof. Dr. sc. hum., Professor für das Lehrgebiet Medizinische Informatik an der Fachhochschule Dortmund.

Hasenjäger, Marc
Prof. Dr. rer. oec., Dipl.-Ök., geb. 1973, Honorarprofessor für Marketing und Vertrieb am Fachbereich Wirtschaft und Gesundheit der Fachhochschule Bielefeld.

Häusler, Eveline
Prof. Dr. rer. pol., Dipl.-Kffr., geb. 1964, Professorin für Management und Controlling im Gesundheitsbereich am Fachbereich Management, Controlling, HealthCare der Fachhochschule Ludwigshafen am Rhein.

Hoeltzenbein, Maria
Dr. med., geb. 1965, Fachärztin für Humangenetik, Pharmakovigilanzzentrum Embryonaltoxikologie im Berliner Betrieb für Zentrale Gesundheitliche Aufgaben (BBGes)/Charité Universitätsmedizin Berlin.

Hunder, Lisa
Bachelor of Arts „Gerontologie“, geb. 1986, Studentin im Master-Studiengang „Soziologie“ an der Universität Bielefeld.

Klebingat, Dirk
Dipl.-Kfm., geb. 1975, Verwaltungsleiter der Medizinischen Versorgungszentren, MEDIGREIF Unternehmensgruppe Betriebsgesellschaft für Krankenhäuser und Integrative Gesundheitszentren mbH Greifswald.

Küper, Claudia
B. Sc. Pflege und Gesundheit, Ergotherapeutin, geb. 1983, Studentin im Master-Studiengang „Rehabilitationswissenschaften“ an der Technische Universität Dortmund.

Marschall, Paul
Dr. rer. pol., Dipl.-Volksw., geb. 1966, wissenschaftlicher Mitarbeiter im Lehrstuhl für Allgemeine Betriebswirtschaftlslehre und Gesundheitsmanagement an der Rechts- und Staatswissenschaftlichen Fakultät der Ernst-Moritz-Arndt-Universität Greifswald.

Metzing-Blau, Sabine
Jun.-Prof. Dr. rer. medic., MScN, BScN, Krankenschwester, geb. 1967, Juniorprofessur Pflegewissenschaft mit dem Schwerpunkt Kinder und Jugendliche, Departement für Pflegewissenschaft der Privaten Universität Witten/ Herdecke gGmbH.

Pichlbauer, Ernest G.
Dr. med., geb. 1969, arbeitet in Österreich selbständig als unabhängiger Experte für Versorgungsforschung und gesundheitpolitischer Kolumnist.

Roth, Helmut
Dr. jur., geb. 1968, Hauptgeschäftsführer des Versorgungswerkes der Zahnärztekammer Westfalen-Lippe.

Sandfort, Anne
geb. 1962, Justitiarin der Kassenzahnärztliche Vereinigung Westfalen-Lippe.

Schug, Stephan H.
Dr. med., Dipl.-Psych. und M.P.H., geb. 1958, selbständiger Berater (IQmed Beratung im Gesundheitswesen, Frankfurt am Main), Geschäftsführer der Deutschen Gesellschaft für Gesundheitstelematik e.V. und Chief Medical Officer von EHTEL, Brüssel, Belgien.

Trill, Roland
Prof. Dr., Dipl.-Kfm., Dipl.-Handelslehrer, geb. 1952, Professor für Betriebswirtschaftslehre, Organisation und Planung, eHealth an der Fachhochschule Flensburg, Teilnahme am Health Executive Programm der Cornell University, N. Y.

Walkenhorst, Ursula
Prof. Dr. P. H., Dipl.-Päd., Ergotherapeutin, geb. 1963, Professorin und Studiengangsleiterin für das Fachgebiet: Ergotherapie. Hochschule für Gesundheit, Bochum.

Werblow, Andreas
Dr. rer. pol., geb. 1965, wissenschaftlicher Mitarbeiter am Gesundheitsökonomischen Zentrum der Technischen Universität Dresden.

Werner, Susanne
Soziologin M.A., Gesundheitswissenschaftlerin M.P.H., langjährige Redakteurin bei einer Tageszeitung, geb. 1961, seit 2005 selbstständige Kommunikationsberaterin in Berlin mit Schwerpunkt Gesundheitskommunikation und Gesundheitsmanagement.

Wolke, Reinhold
Prof. Dr. P.H., M.P.H., Dipl.-Kfm. (FH), geb. 1964, Professor für das Fachgebiet Gesundheits- und Sozialökonomie in der Fakultät Soziale Arbeit, Gesundheit und Pflege der Hochschule Esslingen.

LITERATURVERZEICHNIS

Amelung, V. E.: Managed Care: Neue Wege im Gesundheitsmanagement, 4. Aufl., Wiesbaden 2007.

Ärzte-Zeitung: Die Patienten-Information 08.2008, 20 Fragen und Antworten zum Thema Geld und Gesundheit.

Badura, B./Schröder, H./Christian, V. (Hrsg.): Fehlzeiten-Report 2008, Betriebliches Gesundheitsmanagement: Kosten und Nutzen, Heidelberg 2009.

Becker-Berke, St.: Stichwort Gesundheitswesen. Ein Lexikon für Einsteiger und Insider. 2. Aufl., Bonn 2000.

Becker-Berke, St./Lautwein-Reinhard, B.: Stichwort Gesundheitswesen, Ein Lexikon für Einsteiger und Insider. 3. Aufl., Bonn und Frankfurt am Main, 2007.

Breyer, F./Zweifel, P./Kifmann, M.: Gesundheitsökonomik, 4. Aufl., Berlin 2004.

Burchert, H./Hering Th. (Hrsg.): Gesundheitswirtschaft, Aufgaben und Lösungen, München und Wien 2002.

Busse, R./Schreyögg, J./ Gericke, Ch.: Management im Gesundheitswesen, Heidelberg 2006.

Dornblüth, O.: Pschyrembel Klinisches Wörterbuch, 262. Aufl., Berlin 2010, de Gruyter.

Graf von der Schulenburg, J.-M./Kielhorn, A./Greiner, W./Vollmer, T.: Praktisches Lexikon der Gesundheitsökonomie, Sankt Augustin 1998.

Graf von der Schulenburg, J.-M. und Schöffski, O. (Hrsg.): Gesundheitsökonomische Evaluationen, 3. Aufl., Berlin 2008.

Graumann, M./Schmidt-Graumann, A.: Rechnungslegung und Finanzierung der Krankenhäuser, Herne 2007.

Hajen, L./Petow, H./Schumacher, H.: Gesundheitsökonomie: Strukturen – Methoden – Praxis, 5. Aufl., Stuttgart 2009.

Kampe, D. H./Bächstädt, K. H. (Hrsg.): Die Zukunft der Krankenhaus-Finanzierung, Wegscheid 2007.

Klemperer, D.: Sozialmedizin – Public Health, Lehrbuch für Gesundheits- und Sozialberufe, Bern 2010.

Korosec, I./Pichlbauer, E. G.: Gesunde Zukunft, Österreichs Gesundheitsversorgung, 2007. Neu: Diskussionsgrundlage zu neuen Strategien im Gesundheitswesen.

Lauterbach, K. W./Lüngen, M./Schrappe, M.: Gesundheitsökonomie, Management und Evidence-based Medicine: Handbuch für Praxis, Politik und Studium, 3. Aufl., Stuttgart 2009.

Lauterbach, K. W./Stock, St./Brunner, H.: Gesundheitsökonomie. Ein Lehrbuch für Mediziner und andere Gesundheitsberufe. 2. Aufl., Bern 2009.

Meifert, M. T./Kesting, M.: Gesundheitsmanagement im Unternehmen: Konzepte, Praxis Perspektiven, Berlin 2005.

Niehoff, J.-U.: Gesundheitssicherung – Gesundheitsversorgung – Gesundheitsmanagement: Grundlagen, Ziele, Aufgaben, Perspektiven, Berlin 2007.

Ortwein, I.: Kleines Lexikon des deutschen Gesundheitswesens, 4. Aufl., Bensheim 1998.

Schmidt-Rettig, B./Eichhorn S. (Hrsg.): Krankenhausmanagementlehre: Theorie und Praxis eines integrierten Konzepts. Stuttgart 2007.

Seelos, H.-J.: Lexikon Medizinmanagement, München und Wien 2008.

Seelos, H.-J.: Management von Medizinbetrieben, Wiesbaden 2010.

Simon, M.: Das Gesundheitssystem in Deutschland, Eine Einführung in Struktur und Funktionsweise, 3. Aufl., Bern 2009.

Vetter, U./Hoffmann, L.: Leistungsmanagement im Krankenhaus: G-DRGs, Berlin 2005.

Waller, H.: Sozialmedizin: Grundlagen und Praxis. 6. Aufl., Stuttgart 2007.

Genutzte Online-Lexika

Gablers Wirtschaftslexikon, unter:
wirtschaftslexikon.gabler.de

Gesundheitsberichterstattung des Bundes, unter:
www.gbe-bund.de

Gesundheitslexikon der Bad Heilbrunner Naturheilmittel GmbH & Co. KG mit Sitz in Bad Heilbrunn in Zusammenarbeit mit der Forschungsstelle für Gesundheitserziehung am Institut für Biologie und ihre Didaktik der Universität zu Köln, unter:
www.tee.org/index.php?id=200

Lexikon des AOK-Bundesverbandes, unter:
www.aok-bv.de/lexikon

Lexikon der Deutschen Rentenversicherung Bund, unter:
www.deutsche-rentenversicherung-bund.de/nn_20278/SharedDocs/de/Navigation/Service/Servicebereich_20II/Lexikon/Lexikon__node.html__nnn=true

QUELLENVERZEICHNIS

1. Gesetze und Verordnungen

Arzneimittelgesetz vom 12. 12. 2005. In: BGBl 2005 I S. 3394, zuletzt geändert durch Art. 1 der Verordnung vom 28. 9. 2009. In: BGBl 2009 I S. 3172.

Arzneimittelpreisverordnung vom 14. 11. 1980. In: BGBl, 1980 I S. 2147, zuletzt geändert durch Art. 7 und 7 des Gesetzes vom 17. 7. 2009. In: BGBl 2009 I S. 1990.

Berufsordnung der Ärztekammer Schleswig-Holstein vom 3. 2. 1999. In: Amtsblatt für Schleswig-Holstein, zuletzt geändert am 9. 4. 2008.

Berufsordnung für die nordrheinischen Ärztinnen und Ärzte vom 14. 11. 1998. In: MBl. NRW, 1999, S. 350, zuletzt geändert am 17. 3. 2007. In: MBl. NRW, 2007, S. 406.

Bundesdatenschutzgesetz vom 14. 1. 2003. In: BGBl 2003 I S. 66, zuletzt geändert durch Art. 1 des Gesetzes vom 14. 8. 2009. In: BGBl 2009 I S. 2814.

Bundesmantelvertrag Ärzte vom 17. 3. 2009.

Bundesmantelvertrag Ärzte/ Ersatzkassen vom 17. 3. 2009.

Bundesmantelvertrag Zahnärzte vom 1. 7. 2008.

Bundespflegesatzverordnung vom 26. 9. 1994. In: BGBl 1994 I S. 2750, zuletzt geändert durch Art. 4 des Gesetzes vom 17. 3. 2009. In: BGBl 2009 I, S. 534.

Bürgerliches Gesetzbuch vom 2. 1. 2002. In: BGBl 2002 I S. 42, zuletzt geändert durch Gesetz vom 28. 9. 2009. In: BGBl 2009 I S. 3161.

Entgeltfortzahlungsgesetz vom 26. 5. 1994. In: BGBl 1994 I S. 1014, zuletzt geändert durch Art. 80 des Gesetzes vom 23. 12. 2003. In: BGBl 2003 I S. 2848.

Ersatzkassenvertrag Zahnärzte vom 1. 7. 2008.

EU-Richtlinie 89/391/EWG des Rates vom 12. 6. 1989. In: Amtsblatt Nr. L 183 vom 29/06/1989 S. 0001 – 0008.

Gesetz über das Apothekenwesen (Apothekengesetz – ApoG) vom 15. 10. 1980. In: BGBl 1980 I S. 1993, zuletzt geändert durch Art. 16a des Gesetzes vom 28. 5. 2008. In: BGBl 2008 I S. 874.

Gesetz über den Verkehr mit Arzneimitteln (Arzneimittelgesetz – AMG) vom 12. 12. 2005. In: BGBl 2005 I S. 2294, zuletzt geändert durch Art. 1 der Verordnung vom 28. 9. 2009. In: BGBl 2009 I S. 3172.

Gesetz über den Verkehr mit Betäubungsmitteln (Betäubungsmittelgesetz – BtMG) vom 1. 3. 1994. In: BGBl 1994 I S. 358, zuletzt geändert durch Art. 1 und 2 der Verordnung vom 19. 12. 2009. In: BGBl 2009 I S. 3944.

Gesetz über die Spende, Entnahme und Übertragung von Organen und Geweben (Transplantationsgesetz – TPG) vom 4. 9. 2007. In: BGBl 2007 I S. 2206, zuletzt geändert durch Art. 3 des Gesetzes vom 17. 7. 2009. In: BGBl 2009 I S. 1990.

Gesetz über die Werbung auf dem Gebiet des Heilwesens (Heilmittelwerbegesetz – HWG) vom 19.10.1994. In: BGBl 1994 I S. 3068, zuletzt geändert durch Art. 2 des Gesetzes vom 26.4.2006. In: BGBl 2006 I S. 984.

Gesetz über Medizinprodukte (Medizinproduktegesetz – MPG) vom 7.8.2002. In: BGBl 2002 I S. 3146, zuletzt geändert durch Art. 12 des Gesetzes vom 24.7.2010. In: BGBl 2010 I S. 983, 993.

Gesetz zur Modernisierung der gesetzlichen Krankenversicherung vom 14.11.2003. In: BGBl 2003 I S. 2190, zuletzt geändert durch Art. 1 des Gesetzes vom 15.12.2004. In: BGBl 2004 I S. 3445.

Gesetz zur Reform der gesetzlichen Krankenversicherung ab dem Jahr 2000 vom 22.12.1999. In BGBl 1999 I S. 2626, zuletzt geändert durch Art. 3 des Gesetzes vom 15.2.2002. In: BGBl 2002 I S. 684.

Gesetz zur Stärkung des Wettbewerbs in der gesetzlichen Krankenversicherung vom 26.3.2007. In: BGBl 2007 I S. 378, zuletzt geändert durch Art. 4 des Gesetzes vom 15.12.2008. In: BGBl 2008 I S. 2426.

Gesetz zur Verbesserung der Wirtschaftlichkeit in der Arzneimittelversorgung (Arzneimittelversorgungs-Wirtschaftlichkeitsgesetz – AVWG) vom 26.4.2006. In BGBl 2006 I S. 984.

Gesetz zur wirtschaftlichen Sicherung der Krankenhäuser und zur Regelung der Krankenhauspflegesätze (Krankenhausfinanzierungsgesetz – KHG) vom 10.4.1991. In: BGBl 1991 I S. 886, zuletzt geändert durch Art. 1 des Gesetzes vom 17.3.2009. In: BGBl 2009 I S. 534.

Grundgesetz für die Bundesrepublik Deutschland vom 23.5.1949. In: BGBl S. 1, zuletzt geändert durch Art. 1 des Gesetzes vom 29.7.2009. In: BGBl 2009 I S. 2248.

Handelsgesetzbuch vom 10.5.1897. In: RGBl. 1897 I S. 219, zuletzt geändert durch Art. 6a des Gesetzes vom 31.7.2009. In: BGBl 2009 I S. 2512.

Krankenhausentgeltgesetz vom 23.4.2002. In: BGBl 2002 I S. 1422, zuletzt geändert durch Art. 18 des Gesetzes vom 17.7.2009. In: BGBl 2009 I S. 1990.

Krankenhausfinanzierungsgesetz vom 29.6.1972. In: BGBl 1972, I, S. 1009, Änderung der Fassung am 10.4.1991. In: BGBl 1991 I S. 886.

Krankenhausfinanzierungsgesetz vom 10.4.1991. In: BGBl 1991 I S. 886, zuletzt geändert durch Art. 1 des Gesetzes vom 17.3.2009. In: BGBl 2009 I S. 534.

Krankenpflegegesetz vom 4.6.1985. In: BGBl 1985 I S. 893, zuletzt geändert durch Art. 20 des Gesetzes vom 27.4.2002. In: BGBl 2002 I S. 1467.

Krankenpflegegesetz vom 16.7.2003. In: BGBl 2003 I S. 1442, zuletzt geändert durch Art. 12a des Gesetzes vom 17.7.2009. In: BGBl 2009 I S. 1990.

Muster-Berufsordnung für die deutschen Ärztinnen und Ärzte in der Fassung der Beschlüsse des 100. Deutschen Ärztetages 1997 in Eisenach, zuletzt geändert durch den Beschluss des Vorstands der Bundesärztekammer am 24.11.2006.

Richtlinie des Bundesausschusses der Ärzte und Krankenkassen über die Verordnung von Heilmitteln und Hilfsmitteln in der vertragsärztlichen Versorgung (Heilmittel- und Hilfsmittel-Richtlinie) vom 17.6.1992. In: Bundesanzeiger Nr.183b vom 29.9.1992, zuletzt geändert am 18.2.1998.

Sozialgesetzbuch Erstes Buch – Allgemeiner Teil vom 11.12.1975. In: BGBl 1975 I S.3015, zuletzt geändert durch Art.7 Abs.5 des Gesetzes vom 7.7.2009. In: BGBl 2009 I S.1707.

Sozialgesetzbuch Viertes Buch – Gemeinsame Vorschriften für die Sozialversicherung vom 23.12.1976. In: BGBl 1976 I S.3845, in der Fassung der Bekanntmachung vom 12.11.2009. In: BGBl 2009 I S.3710.

Sozialgesetzbuch Fünftes Buch – Gesetzliche Krankenversicherung vom 20.12.1988. In: BGBl 1988 I S.2477, zuletzt geändert durch Art.4 des Gesetzes vom 14.4.2010. In: BGBl 2010 I S.410.

Sozialgesetzbuch Sechstes Buch – Gesetzliche Rentenversicherung vom 18.12.1989. In: BGBl 1989 I S.2261, in der Fassung der Bekanntmachung vom 19.2.2002. In: BGBl 2002 I S.754, 1404, 3384, zuletzt geändert durch Art.2 des Gesetzes vom 5.8.2010. In: BGBl 2010 I S.1127.

Sozialgesetzbuch Neuntes Buch – Rehabilitation und Teilhabe behinderter Menschen vom 19.6.2001. In: BGBl 2001 I S.1046, zuletzt geändert durch Art.2 des Gesetzes vom 30.7.2009. In: BGBl 2009 I S.2495.

Sozialgesetzbuch Elftes Buch – Soziale Pflegeversicherung vom 26.5.1994. In: BGBI 1994 I S.1014), zuletzt geändert durch Art.3 des Gesetzes vom 30.7.2009. In: BGBl 2009 I S.2495.

Verordnung über den Betrieb von Apotheken (Apothekenbetriebsordnung – ApBetrO) vom 26.9.1995. In: BGBl 1995 I S.1195, zuletzt geändert durch Art.2 der Verordnung vom 2.12.2008. In: BGBl 2008 I S.2338.

Verordnung zur Regelung der Krankenhauspflegesätze (Bundespflegesatzverordnung – BPflV) vom 26.9.1994. In: BGBl 1994 I S 2750, zuletzt geändert durch Art.3 des Gesetzes vom 24.7.2010. In: BGBl 2010 I S.983.

Vertragsarztrechtsänderungsgesetz vom 22.12.2006. In: BGBl 2006 I S.3439.

Zulassungsverordnung für Vertragsärzte vom 28.5.1957. In: BGBl 1957 I S.572, zuletzt geändert durch Art.13 des Gesetzes vom 28.5.2008. In: BGBl 2008 I S.874.

Zulassungsverordnung für Vertragszahnärzte vom 28.5.1957. In: BGBl 1957 I S.582, zuletzt geändert durch Art.40 des Gesetzes vom 2.12.2007. In: BGBl 2007 I S.2686.

Zweites GKV-Neuordnungsgesetz vom 23.6.1997. In: BGBl 1997 I S.1520, zuletzt geändert durch Art.13 des Gesetzes vom 22.12.1999. In: BGBl 1999 I S.2626, aufgelöst durch Art.217 des Gesetzes vom 14.8.2006. In: BGBl 2006 I S.1869.

2. Gerichtsurteile

OLG Koblenz, Urteil vom 2.3.2000, 2 Ws 92 – 94/00, NJW, 2000, S.875.

BGH, Urteil vom 16.1.1959, VI ZR 179/57, BGHZ, 29, S.176.

BGH, 04.10.1994, VI ZR 205/93, NJW, 1995, S.778.

BGH, Urteil vom 27. 9. 1983, VI ZR 230/81, NJW, 1984, S. 655.

BGH, Urteil vom 28. 2. 1984, VI ZR 70/82, NJW, 1984, S. 1808.

BSG, Urteil vom 30. 1. 2002, B 6 KA 20/01R, NJW, 2002, S. 3278.

EuGH, Urteil vom 12. 1. 2010, C – 341/08, NJW, 2010, S. 587.

BVerfG, Urteil vom 5. 5. 2008, 1 BvR 807/08. Unter: medizinrecht-urteil.de/Arztrecht-Krankenhausrecht/Wie-steht-es-um-die-aerztliche-/-zahnaerztliche-Behandlungspflicht-gegenueber-Privatpatienten.html,
Datum des Abrufs: 10. 6. 2010.

VERZEICHNIS EMPFEHLENSWERTER PERIODIKA

Ausgewählte Zeitschriften aus dem Bereich Gesundheitsmanagement

Nützliche Informationen über die in der Übersicht enthaltenen Zeitschriften sind wie folgt strukturiert:

Name der Zeitschrift, Name des Verlages, Erscheinungsweise.

1. Deutschsprachige Zeitschriften

Ärzte Zeitung, Ärztezeitung Verlagsgesellschaft, Tageszeitung (Mo-Fr)

Bundesgesundheitsblatt, Springer-Verlag GmbH, monatlich

Case Management, Hüthig-Verlag, halbjährlich

Das Gesundheitswesen, Thieme, monatlich

Das Krankenhaus, Kohlhammer Verlag, monatlich

Die Gesundheitswirtschaft, Bibliomed – Medizinische Verlagsgesellschaft mbH, zweimonatlich

Deutsches Ärzteblatt, Deutscher Ärzte-Verlag GmbH, wöchentlich

E-Health-Com, HEALTH-CARE-COM GmbH, zweimonatlich

E-Health-Praxis, HEALTH-CARE-COM GmbH, quartalsweise

f&w: Führen und Wirtschaften im Krankenhaus, Bibliomed – Medizinische Verlagsgesellschaft mbH, zweimonatlich

G+G Gesundheit und Gesellschaft, KomPart Verlagsgesellschaft mbH & Co. KG, 11 Ausgaben pro Jahr

Gesundheitsberichterstattung des Bundes, Robert Koch-Institut Berlin, mehrere Ausgaben pro Jahr kostenlos zu beziehen unter www.gbe.de

Gesundheitsökonomie & Qualitätsmanagement, Thieme, zweimonatlich

Gesundheitspolitik – Management – Ökonomie, pmi Verlag AG, quartalsweise

Jahrbuch Kritische Medizin und Gesundheitswissenschaften, Argument Hamburg, eine Ausgabe pro Jahr, kein Abo möglich

KMA Das Gesundheitswirtschaftsmagazin, WIKOM-Verlag, monatlich

KU Gesundheitsmanagement, Baumann Fachverlage GmbH & Co. KG, monatlich

KU Gesundheitswelt, Baumann Fachverlage GmbH & Co. KG, monatlich

Management & Krankenhaus, Git Verlag, monatlich

Monitor Versorgungsforschung, eRelation AG – Content in Health, Bonn, quartalsweise

Public Health Forum – Forschung, Lehre, Praxis, Elsevier, quartalsweise

Zeitschrift für Evidenz, Fortbildung und Qualität im Gesundheitswesen, Elsevier, 10 pro Jahr

Weiterhin sind für Literaturrecherchen nutzbar die Zeitschriften:

- der Apotheker-, Ärzte- und Zahnärztekammern auf Landes- oder Bundesebene,
- der Kassenärztlichen und Kassenzahnärztlichen Vereinigung auf Landes- oder Bundesebene,
- der Ärzteverbände (Marburger sowie Hartmann-Bund) sowie auch
- der Verbände der Pharmaindustrie oder Medizintechnik.

Diese sind mittlerweile auch als online-Ausgaben kostenlos nutzbar.

2. Englischsprachige Zeitschriften

British Journal of Medical Economics, Brookwood Medical Publications, quartalsweise

Health Affairs, Project Hope, monatlich

Health Economics, Wiley, monatlich

Health Policy, Elsevier, 15 Ausgaben pro Jahr

International Journal of Technology Assesment in Health Care, Cambridge University Press, quartalsweise

Journal of Health Economics, Elsevier, zweimonatlich

Journal of Public Economics, Elsevier, monatlich

Journal of Public Policy, Cambridge University Press, 3 pro Jahr

PharmacoEconomics, Adis, monatlich

Quality of Life Research, Springer Netherlands, 10 pro Jahr